21世纪交通版高等学校教材

公路工程定额原理与估价

（第二版）

石勇民　　　　主编
周　直　崔新媛　主审

人民交通出版社

内 容 提 要

本书介绍了公路工程定额的基本原理和概预算、投资估算、投标报价的估价方法。主要内容包括：定额测定的基本方法；施工定额、预算定额、概算定额、施工机械台班定额的编制方法及应用；公路工程概、预算的费用组成和编制；投资估算的编制；施工企业投标价以及标后预算的编制；工程结算与竣工决算。

本书可作为公路工程管理专业的教材，也可供造价工程师、监理工程师、施工企业经营管理人员、科研人员以及施工技术人员参考。

图书在版编目(CIP)数据

公路工程定额原理与估价/石勇民主编. —2版. —北京：人民交通出版社，2013.8

ISBN 978-7-114-10858-7

Ⅰ.①公… Ⅱ.①石… Ⅲ.①道路工程—预算定额—高等学校—教材②道路工程—概算定额—高等学校—教材③道路工程—工程造价—估价—高等学校—教材 Ⅳ.①U415.13

中国版本图书馆CIP数据核字(2013)第202858号

21世纪交通版高等学校教材

书　　名：公路工程定额原理与估价（第二版）
著 作 者：石勇民
责任编辑：曲　乐　郑蕉林
出版发行：人民交通出版社股份有限公司
地　　址：（100011）北京市朝阳区安定门外外馆斜街3号
网　　址：http://www.ccpress.com.cn
销售电话：（010）59757973
总 经 销：人民交通出版社股份有限公司发行部
经　　销：各地新华书店
印　　刷：北京虎彩文化传播有限公司
开　　本：787×1092　1/16
印　　张：21.5
字　　数：528千
版　　次：2004年2月　第1版
　　　　　2013年12月　第2版
印　　次：2021年7月　第3次印刷　总第8次印刷
书　　号：ISBN 978-7-114-10858-7
定　　价：39.50元

21世纪交通版
高等学校教材(公路与交通工程)编审委员会

总　序

当今世界,科学技术突飞猛进,全球经济一体化趋势进一步加强,科技对于经济增长的作用日益显著,教育在国家经济与社会发展中所处的地位日益重要。进入新世纪,面对国际国内经济与社会发展所出现的新特点,我国的高等教育迎来了良好的发展机遇,同时也面临着巨大的挑战,高等教育的发展处在一个前所未有的重要时期。其一,加入 WTO,中国经济已融入到世界经济发展的进程之中,国家间的竞争更趋激烈,竞争的焦点已更多地体现在高素质人才的竞争上,因此,高等教育所面临的是全球化条件下的综合竞争。其二,我国正处在由计划经济向社会主义市场经济过渡的重要历史时期,这一时期,我国经济结构调整将进一步深化,对外开放将进一步扩大,改革与实践必将提出许多过去不曾遇到的新问题,高等教育面临加速改革以适应国民经济进一步发展的需要。面对这样的形势与要求,党中央国务院提出扩大高等教育规模,着力提高高等教育的水平与质量。这是为中华民族自立于世界民族之林而采取的极其重大的战略步骤,同时,也是为国家未来的发展提供基础性的保证。

为适应高等教育改革与发展的需要,早在 1998 年 7 月,教育部就对高等学校本科专业目录进行了第四次全面修订。在新的专业目录中,土木工程专业扩大了涵盖面,原先的公路与城市道路工程,桥梁工程,隧道与地下工程等专业均纳入土木工程专业。本科专业目录的调整是为满足培养“宽口径”复合型人才的要求,对原有相关专业本科教学产生了积极的影响。这一调整是着眼于培养 21 世纪社会主义现代化建设人才的需要而进行的,面对新的变化,要求我们对人才的培养规格、培养模式、课程体系和内容都应作出适时调整,以适应要求。

根据形势的变化与高等教育所提出的新的要求,同时,也考虑到近些年来公路交通大发展所引发的需求,人民交通出版社通过对“八五”、“九五”期间的路桥及交通工程专业高校教材体系的分析,提出了组织编写一套 21 世纪的具有鲜明交通特色的高等学校教材的设想。这一设想,得到了原路桥教学指导委员会几乎所有成员学校的广泛响应与支持。2000 年 6 月,由人民交通出版社发起组织全国面向交通办学的 12 所高校的专家学者组成 21 世纪交通版高等学校教材(公路类)编审委员会,并召开第一次会议,会议决定着手组织编写土木工程专业具有交通特色的**道路专业方向、桥梁专业方向以及交通工程专业**教材。会议经过充分研讨,确定了包括**基本知识技能培养层次、知识技能拓宽与提高层次**以及**教学辅助层次**在内的约 130 种教材,范围涵盖**本科**与**研究生用**教材。会后,人民交通出版社开始了细致的教材编写组织工作,经过自由申报及专家推荐的方式,近 20 所高校的百余名教授承担约 130 种教材的主编工作。2001 年 6 月,教材编委会召开第二次会议,全面审定了各门教材主编院校提交的教学大纲,之后,编写工作全面展开。

21 世纪交通版高等学校教材编写工作是在本科专业目录调整及交通大发展的背景下展开的。教材编写的基本思路是:(1)顺应高等教育改革的形势,专业基础课教学内容实现与土木工程专业打通,同时保留原专业的主干课程,既顺应向土木工程专业过渡的需要,又保持服务公路交通的特色,适应宽口径复合型人才培养的需要。(2)注重学生基本素质、基本能力的培养，为学生知识、能力、素质的综合协调发展创造条件。基于这样的考虑，将教材区分为二个主层次与一个辅助层次，即基本知识技能培养层次与知识技能拓宽与提高层次，辅助层次为教学参考用书。工作的着力点放在基本知识技能培养层次教材的编写上。(3)目前，中国的经济发展存在地区间的不平衡，各高校之间的发展也不平衡，因此，教材的编写要充分考虑各校人才培养规格及教学需求多样性的要求，尽可能为各校教学的开展提供一个多层次、系统而全面的教材供给平台。(4)教材的编写在总结“八五”、“九五”工作经验的基础上，注意体现原创性内容，把握好技术发展与教学需要的关系，努力体现教育面向现代化、面向世界、面向未来的要求，着力提高学生的创新思维能力，使所编教材达到先进性与实用性兼备。(5)配合现代化教学手段的发展，积极配套相应的教学辅件，便利教学。

教材建设是教学改革的重要环节之一，全面做好教材建设工作，是提高教学质量的重要保证。本套教材是由人民交通出版社组织，由原全国高等学校路桥与交通工程教学指导委员会成员学校相互协作编写的一套具有交通出版社品牌的教材，教材力求反映交通科技发展的先进水平，力求符合高等教育的基本规律。各门教材的主编均通过自由申报与专家推荐相结合的方式确定，他们都是各校相关学科的骨干，在长期的教学与科研实践中积累了丰富的经验。由他们担纲主编，能够充分体现教材的先进性与实用性。本套教材预计在二年内完全出齐，随后，将根据情况的变化而适时更新。相信这批教材的出版，对于土木工程框架下道路工程、桥梁工程专业方向与交通工程专业教材的建设将起到有力的促进作用，同时，也使各校在教材选用方面具有更大的空间。需要指出的是，该批教材中研究生教材占有较大比例，研究生教材多具有较高的理论水平，因此，该套教材不仅对在校学生，同时对于在职学习人员及工程技术人员也具有很好的参考价值。

21世纪初叶，是我国社会经济发展的重要时期，同时也是我国公路交通从紧张和制约状况实现全面改善的关键时期，公路基础设施的建设仍是今后一项重要而艰巨的任务，希望通过各相关院校及所有参编人员的共同努力，尽快使全套21世纪交通版高等学校教材(公路类)尽早面世，为我国交通事业的发展做出贡献。

21世纪交通版

高等学校教材(公路类)编审委员会

人民交通出版社

2001年12月

第二版前言

工程造价管理是一门以建设工程为研究对象，以工程技术与经济为基础，以管理与法律法规为手段，以控制工程造价提高效益为目的，集理论性、实践性、政策性为一体的应用型管理学科。与管理学科相比，它研究的对象更加具体（工程项目），解决的问题更加实际。同时，工程造价管理又是一门交叉性的学科，需要多门学科理论的支持，如技术经济学、建筑经济学、投资管理学、经济管理学。从字面上看，工程造价管理，是由“工程”、“造价”、“管理”叠合而成的。“工程”的内涵，是必须具有工程结构与构造、工程设计与施工等方面的工程技术知识；“造价”的内涵，是在市场经济体制下，如何给工程进行估价以及估价方法的问题；“管理”的内涵，是如何对工程造价进行决策、控制、评价与管理。同时工程造价管理还涉及到法律法规（“合同法”、“招标投标法”、“建筑法”等）、金融贸易、保险税收等方面的知识。

工程造价管理的前提是正确地估价，而估价的依据，则是生产要素消耗量的标准、估价方法以及市场的价格等。国外在工程造价管理中，尽管没有统一的工程概预算定额，但一般都有较为统一和详细的工程量计算规则。所以在对“量”的管理上是“有章可循”的，而对于“价”的管理则由市场来调节。在我国实施社会主义市场经济体制之后，建设项目投资主体多元化，国家和地方政府不再是唯一的投资主体，建设单位（业主）以招标方式选择施工单位，施工企业以投标方式通过竞争获得工程的承建权。但是根据我国的国情，国家和地方政府颁布的各行业的工程定额和编制办法，仍是设计单位编制概预算价格的依据，也是建设单位确定工程项目价格的主要依据之一，同时由于施工企业的管理水平相对落后，目前还无力自行制订定额，估价的方法也很少结合企业的管理水平。因此，学习工程定额的编制原理，掌握工程估价的方法，对工程造价管理由计划经济向市场经济的转型过渡以及与国际工程管理制度接轨都具有推动作用和现实意义。

为适应公路交通建设发展的需要，合理确定和有效控制工程造价，提高公路建设项目工程造价的编制水平和质量，规范公路建设市场承发包双方的招投标行为，促进公路建设事业健康发展，自 2007 年以来交通运输部发布了一系列有关计价的行业标准和规范性文件。为适应新的标准和规范，满足公路建设市场对工程造价人才的培养需求，在总结教学过程中的经验和建议后，对原版《公路工程定额原理与估价》教材进行了修订。修订时主要依据交通运输部发布的计价依据、行业标准和规范，紧密结合工程实践，并力求反映国内工程造价管理的新进展。

第二版除对原有内容的细节方面进行补充、修改外，主要修订了以下方面：

1. 根据交通运输部颁发的《公路工程基本建设项目投资估算编制办法》（JTG M20—2011）和《公路工程估算指标》（JTG/T M21—2011），重新编写了“第十章公路工程基本建设投资估算的编制”。

2. 在总结施工企业成本管理的实践，以及社会对公路工程管理专业学生的实际需求，增加了“第十二章标后预算的编制”。

3. 根据交通运输部颁发的《公路工程标准施工招标文件》(2009 版)修订了“第十三章公路工程施工结算与竣工决算”中关于施工结算的内容。

全书共分十三章，由长安大学石勇民主编并编写第一、六、七、八、九、十、十三章；支喜兰编写第二、三、四章；张柳煜编写第五章；薛随云编写第十二章。

编写过程中，参考了国内有关教材、论著和资料，在此向有关作者表示感谢。书中不妥之处，欢迎批评指正。

编　者
2013 年 7 月

第一版前言

工程造价管理是一门以建设工程为研究对象,以工程技术与经济为基础,以管理与法律法规为手段,以控制工程造价提高效益为目的,集理论性、实践性、政策性为一体的应用型管理学科。与管理学科相比,它研究的对象更加具体(工程项目),解决的问题更加实际。同时,工程造价管理又是一门交叉性的学科,需要多门学科理论的支持,如技术经济学、建筑经济学、投资管理学、经济管理学。从字面上看,工程造价管理,是由"工程"、"造价"、"管理"叠合而成的。"工程"的内涵,是必须具有工程结构与构造、工程设计与施工等方面的工程技术知识;"造价"的内涵,是在市场经济体制下,如何给工程进行估价以及估价方法的问题;"管理"的内涵,是如何对工程造价进行决策、控制、评价与管理。同时工程造价管理还涉及到法律法规("合同法"、"招标投标法"、"建筑法"等)、金融贸易、保险税收等方面的知识。

工程造价管理的前提是正确地估价,而估价的依据,则是生产要素消耗量的标准、估价方法以及市场的价格等。国外在工程造价管理中,尽管没有统一的工程概预算定额,但一般都有较为统一和详细的工程量计算规则。所以在对"量"的管理上是"有章可循"的,而对于"价"的管理则由市场来调节。在我国实施社会主义市场经济体制之后,建设项目投资主体多元化,国家和地方政府不再是唯一的投资主体,建设单位(业主)以招标方式选择施工单位,施工企业以投标方式通过竞争获得工程的承建权。但是根据我国的国情,国家和地方政府颁布的各行业的工程定额和编制办法,仍是设计单位编制概预算价格的依据,也是建设单位确定工程项目价格的主要依据之一,同时由于施工企业的管理水平相对落后,目前还无力自行制订定额,估价的方法也很少结合企业的管理水平。因此,学习工程定额的编制原理,掌握工程估价的方法,对工程造价管理由计划经济向市场经济的转型过渡以及与国际工程管理制度接轨都具有推动作用和现实意义。

为了培养公路工程造价管理人才,适应社会主义市场经济的需要,提高工程造价从业人员的理论水平和实际操作能力,强化工程项目的投资费用管理与产品价格管理,促进工程造价管理工作走向社会化、专业化,我们编写了这本《公路工程定额原理与估价》。

本教材的内容主要包括两大部分:定额原理和估价方法。第一部分主要介绍工程定额的产生、发展、分类,以及与公路工程估价体系的关系;工程定额测定的基本原理和方法;系统阐述公路施工定额、预算定额、概算定额、施工机械台班定额以及估算指标的编制步骤和方法。

第二部分以交通部 2007 年颁发的《公路基本建设项目概算预算编制办法》为依据,介绍公路工程概算预算文件的编制;工、料、机单价的确定;各项费用的内容、计算方法和相互关系;同时介绍投资估算文件的编制、投标价的编制程序和方法和施工结算与竣工决算。

全书共分十三章,由长安大学石勇民主编并编写第一、七、八、九、十、十二、十三章,支喜兰编写第二、三、四章，张柳煜编写第五、十一章，马楼叶编写第六章。本书第十章的预算编制案例由珠海纵横创新软件有限公司（www. smartcost. com. cn）提供，并采用海德纵横公路工程造价软件编制。

编写过程中，参考了国内有关教材、论著和资料，在此向有关作者表示感谢。书中不妥之处，欢迎批评指正。

编　者

2008年5月

目　录

第一章 总 论

第一节 工程造价及计价特征

一、工程造价

（一）工程造价的概念

“工程造价”一词的前身是“建筑工程概预算”和“建筑产品价格”。“建筑工程概预算”一词从我国建国以来一直沿用到改革开放前，这和我国在建国初期引进前苏联以概预算为核心的工程造价管理体制有关。

20世纪80年代前期，在国内建筑经济学界使用建筑产品价格这一概念的同时，政府文件中开始出现“工程造价”一词，以后因各级行政部门的沿用，很快相继被有关学术组织、大专院校和基层单位等部门广泛使用。工程造价和建筑产品价格在同一时期共存的现象，说明人们的思维向市场经济观念的转变，但是另一方面却又为在建设事业系统内理顺市场经济关系和梳理新旧观念带来一定困难。当时，人们对这两个词的认识存在很多争议。客观地看，**建筑产品价格**一词其内涵和外延是清楚的，它在《中国大百科全书土木工程（建筑经济分册）》以及其他国内出版的《建筑经济学》、《价格学》等著作中都有较一致的界定。而**工程造价**一词的概念的确带有明显的不确定性。如，提到降低和控制工程造价时，显然指投资主体降低和控制建设工程投资费用，而政府在阐明工程造价改革政策的等价交换原则时，则又是指建筑产品价格。总之，工程造价一词从开始出现到后来的约定俗成，是我国现实的经济体制下，投资实施管理和建筑业行业管理两者合一统管体制的特定环境下的产物。

近几年来，中国建设工程造价管理协会在工程造价管理组织内，为澄清人们认识上的混乱，正本清源，做了大量工作。经反复讨论，于1996年终于就界定工程造价一词含义问题取得一致意见。在我国建设工程造价管理协会为界定工程造价一词含义所作的决议中，确认工程造价是个多义词，具有一词两义性质，即工程造价有两种含义：一是指建设工程投资费用或称投资额；二是指工程价格或称合同价、承包价。

（二）公路工程造价的构成

公路工程投资费用是指完成一个公路建设项目从立项开始到建成交付使用前预期开支或实际开支的全部固定资产投资费用，也就是一项工程通过建设形成相应的固定资产、无形资产所需用的一次性费用总和，它包括建筑工程、安装工程、设备工器具购置费及其他相关费用。

建筑工程又常称为土建工程，是建筑业按照预定的建设目的直接完成的施工生产成果，而安装工程则是对购置的机械、设备进行定位、安装、调试的工作。在公路建设项目中，建筑工程费包括：路基工程、路面工程、隧道工程、桥涵工程、交叉工程、其他工程及沿线设施以及管理、养护、服务房屋工程等；安装工程费包括：高等级公路中的管理设施的安装，如收费站的收费设施安装、通信系统的设施安装、监控系统的设施安装、供电系统的设备安装，以及某些隧道的通风设备、供电设备的安装等。但桥涵工程及其他混凝土工程中的预制构件的安装，不属于设备安装工程，而是建筑工程中混凝土工程施工的一种方法。

设备工器具购置费包括设备购置费和工具、器具及生产家具购置费。前者是指为建设项目构造或自制的达到固定资产标准的各种国产或进口设备、工具、器具的购置费用；后者是指为保证新建或扩建项目初期正常生产必须购置的没有达到固定资产标准的设备、仪器、器具、生产家具和备品备件等的购置费用。公路建设项目的设备、工具、器具购置费包括：渡口设备、隧道照明、通风的动力设备、高等级公路的监控设备，养护用的机械、设备和工具、器具等的购置费用。

其他相关费用，是指除建筑安装工程费用和设备、工具、器具购置费用以外的一些费用，是根据国家有关规定应在基本建设投资中列支，并且构成工程造价的一个组成部分。其他相关费用由工程建设其他费用和预备费组成。公路建设项目工程建设其他费用包括：土地征用及拆迁补偿费、建设项目管理费、研究试验费、前期工作费、专项评价（评估）费、施工机构迁移费、供电贴费、联合试运转费、生产人员培训费、固定资产投资方向调节税、建设期贷款利息等。预备费是为了对一些在开工前不可能预见到而必需增加的工程和费用，以及在建设期间由于自然灾害、物价变动和国家政策的调整对工程造价的影响准备的费用。由于预备费是属于有条件开支的费用，当发生所列情况时经有权部门批准才能动用。公路工程建设项目预备费包括价差预备费和基本预备费两项。

公路项目承包价格是施工企业在建筑市场上，通过投标竞争与业主达成的为完成某一建设项目（单项工程）的合同价，它是以社会主义市场经济为前提，以工程这种特定的商品形式作为交易对象，通过招投标、承发包或其他交易方式，在进行多次性预估的基础上，最终由市场形成的价格。公路项目承包价格一般只包括施工单位在施工中所必须花费的建筑安装工程费用。

（三）两种不同工程造价含义的联系和区别

1. 两种含义对应管理主体不同

上述两种含义，对应两个相对独立的主体，遵循着各自不同的原理、原则。就管理而言，对前者的管理包容不了对后者的管理，对后者的管理也不隶属于对前者的管理，但两者有着密切的联系。

建设工程投资额是对投资方、业主、项目法人而言的。为谋求以较低投入获取较高产出，在确保建设要求、工程质量的基础上，建设成本总是要求越低越好，这就必须对建设工程投资额实行从前期开始的全过程控制和管理，这应属项目法人的自我要求和自主职责。国家也需有必要的政策引导和监督，从国民经济的整体利益需要出发，通过利率、税收、汇率、价格政策（包括承包工程的价格政策）、强制性标准法规（如环保、消防）等左右和影响着建设成本的高低走向。对国家投资的项目而言，也不排除由国家实施必要的行政监管、控制措施。

承包价格是对发包方、承包方双方而言的。双方的利益要求是有矛盾的，在具体工程上，各自通过市场谋求取得有利于自身的合理的承包价，并保证价格的兑现和风险的补偿，因此双方都有对具体工程项目的价格管理问题，这也都属于双方的自主行为。

2. 两种含义的管理范畴和目标不同

作为建设工程的投资费用管理，它属于投资管理范畴，更确切地说，属于工程建设投资管理范畴。管理，是为了实现一定的目标而进行的计划、预测、组织、指挥、监控等系统的活动。工程建设投资管理，就是为了达到预期的效果（效益）对建设工程的投资行为进行计划、预测、组织、指挥和监控等系统活动，但是，工程造价第一种含义的管理侧重于投资费用的管理，而不是侧重工程建设的技术方面。建设工程投资费用管理的含义是，为了实现投资的预期目标，在拟定的规划、设计方案的条件下，预测、计算、确定和监控工程造价及其变动的系统活动，这一含义既涵盖了微观的项目投资费用的管理，也涵盖了宏观层次的投资费用的管理。

作为工程造价第二种含义的管理，即合同价格管理，属于价格管理范畴。在社会主义市场经济条件下，价格管理分微观与宏观两个层次。在微观层次上，是生产企业在掌握市场价格信息的基础上，为实现管理目标而进行的成本控制、计价、定价和竞价的系统活动。它反映了微观主体按支配价格运动的经济规律，对商品价格进行能动的计划、预测、监控和调整，并接受价格对生产的调节。在宏观层次上，是政府根据社会经济发展的要求，利用法律手段、经济手段和行政手段对价格进行管理和调控，以及通过市场管理规范市场主体价格行为的系统活动。工程建设关系国计民生，同时政府对公共、公益性项目投资，今后仍然会有相当份额。所以国家对工程造价的管理，不仅承担一般商品价格的调控职能，而且在政府投资项目上也承担着微观主体的管理职能，这种双重角色的双重管理职能，是工程造价管理的一大特色。区分两种管理职能，进而制订不同的管理目标，采用不同的管理方法是必然的发展趋势。

3. 两种含义对合理性要求不同

工程投资的合理性主要取决于项目决策的正确与否，建设标准是否适用以及设计方案是否优化，而工程价格的合理性在于是否反映其价值，是否符合价格形成机制的要求，是否具有合理的利税率。

4. 两种含义形成的基础不同

工程投资形成的基础是项目决策、工程设计，然后是进行材料、设备的采购并进行建筑设备安装，最后形成工程投资，而工程价格的基础是价值，它的形成受市场价值规律、供求规律以及竞争规律的支配和影响。

5. 两种含义实际中存在的问题不同

工程投资存在的问题主要是工程决策失误，盲目上马、重复建设，设计标准脱离实情，而工程价格存在的问题主要是价格偏离价值。

二、工程造价计价特征

价格是价值的货币表现形式。按马克思主义的价格理论，工程造价的理论构成与一般商品一样由$C+V+M$组成。但建筑工程的生产及其产品不同于一般工业品，它固定在一个地方，与土地相连，因而包括土地的价格；生产方式是施工人员与机械围绕产品“流动”，因而需要有诸如特殊地区施工增加费以及施工机构迁移费；建筑产品进入消费领域也不是在空间上发生物理运动而是观念上的流通，因而价格构成中不包含一般商品由于使用价值运动引起的生产流通费用，如运输包装费；交易方式不同于现货交易，也不同于期货交易等。因此，工程造价的计价特点为单件性、预先性、多次性、分部组合定价。

1. 单件性计价

每一个工程项目都有其特定的用途，因而在其实物形态上表现为千姿百态、千差万别。就公路而言，其用途是供汽车行驶，但构成公路整体的路基、路面、桥梁、涵洞及沿线设施等，各有不同的形态和结构。工程项目都是固定在一定地点的，其结构、造型必须适应工程所在地的气候、地质、水文等自然客观条件，因而形成在实物形态上的千差万别。在建设这些不同的实物形态的工程时，必须采取不同的工艺、设备和建筑材料，因而所消耗物化劳动和活劳动也必定是不同的，再加上不同地区的社会发展不同，致使构成价格和费用的各种价值要素的差异，最终导致工程造价各不相同。任何两个公路建设项目其工程造价不可能是完全相同的，因此，对建设工程就不能像工业产品那样，按品种、规格、质量成批量生产和定价，只能是单件性计价。也就是说，只能根据各个建设工程项目的具体设计资料和当地的实际情况单独计算工程造价。

2.预先性计价

一般工业产品的价格通常是在综合考虑产量、成本、利润水平、销售预测等因素的基础上，在产品生产出来之后才确定的。对于工程建设项目来说，在没有开始施工之前就要先确定价格，即计价在先，生产在后，这一计价特点使得所确定的工程造价带有很强的不可靠性。首先是由于建设项目所具有的单件性，在施工开始之前确定其造价难以充分考虑各种成本要素，也难以充分考虑由于拟建项目具有不同特点而对其造价所产生的影响；其次，计价先于施工难以充分考虑施工过程中各种与成本有关的因素，即使考虑得很全面、很周到，但实际发生的情况与预计的情况总不可能完全一致；再次，在施工之前所确定的价格只是一种事先的估计或期望，它在很大程度上取决于计价人员的判断，带有一定的主观性，可能出现同一工程项目由于计价人员不同而造价不同的情况。

因此，在施工之前所确定的工程造价总是与其暂定价格有所不同，有时甚至相差悬殊。但是，这并不能因此而否定工程项目计价先于施工的必要性，也不能因此而导致工程项目计价的随意性。恰恰相反，这正是对工程项目施工之前的计价提出更高的要求，不仅要求从事工程估价的专业技术人员具有认真负责的工作态度，而且要掌握技术、经济、经营管理等多方面的知识，从而提高计价的客观性、科学性和准确性。

3.多次性计价

建设工程一般规模大、建设期长，技术复杂，受建设所在地的自然条件影响大，消耗的人力、物力和资金巨大，并要考虑投入使用后的经济效益等因素，一旦决策失误，将造成不可挽回的巨大损失。为了满足建设各阶段的不同需要，适应造价控制和管理的要求，在建设全过程进行多次计价，一般包括：建设项目前期的计价、设计阶段的计价、招投标阶段的计价、施工阶段的计价和竣工后的计价。

4.按工程构成的分部组合计价

由于建设工程具有规模大、结构复杂、单件性等特点，不可能简单直接地计算出整个建设工程的造价，必须将整个建设工程分解，分解到最小的工程结构部位，直至对计量和计价都相对准确的程度。如将公路建设工程分解为路基工程、路面工程、桥梁工程等；对路基工程再分解为土方工程、石方工程等；对土方工程再分解为挖方工程、填方工程等；对挖方工程再分解为机械挖、人力挖；机械挖再分解为挖掘机挖或推土机推挖等。各项工程都可以这样分解，然后再将各部位的费用按设计确定的数量加以组合就可确定全部工程所需要的费用。任何规模庞大、技术复杂的工程都可以采用这种方法计算其全部造价。

第二节　公路工程基本建设程序和估价体系

一、公路工程基本建设程序

(一)基本建设的定义

基本建设是国民经济各部门为了扩大再生产而进行的增加固定资产的建设工作，即把一定的建筑材料、机器设备等，通过购置、建造和安装等活动，转化为固定资产的过程，与此相关的工作，如征用土地、勘察设计、筹建机构、培训职工等等都包括在内。所谓固定资产，是指在生产和消费领域中实际发挥作用并能长期使用的劳动资料和消费资料，即使用年限在一年以上，且单位价值在规定限额以上的一种物质财富。例如，公路、铁路、水利建设等属于基础设施基本建设，厂房建筑、机器的购置和安装属于工厂的基本建设。

为了适应国民经济发展和生产、流通领域的需要，对公路进行新建、改建、扩建与重建，以不断扩大公路运输能力，这是在公路运输业中公路固定资产扩大再生产的主要形式，称之为公路基本建设工程。

基本建设应以具有扩大再生产的作用的工作为限，例如道路与桥梁的维修与保养，基本上属于固定资产的简单再生产，一般不增加其生产能力，因而不属于基本建设。

(二)基本建设程序的意义

基本建设程序是指基本建设项目从规划、设计、施工到竣工验收的各个阶段及其先后次序，简言之，是指基本建设全过程中必须遵循的先后顺序。这个程序是由基本建设进程的客观因素决定的，它具有必须遵守的客观规律，基本建设程序则是这一规律的客观反映。

公路基本建设受着地质、水文等自然因素和物资技术条件的严格制约，同时要求按照符合既定需要和有科学根据的总体规划进行建设，它涉及面很广，需要内外协作配合的工作很多。完成一项公路建设工程，需要进行多方面的工作，其中有些是前后衔接的，有些是左右配合的，有些是互相相关的。这些工作必须按照一定的程序，依次进行，才能达到预期的目的，收到事半功倍的效果，否则工作就会失败，造成很大的经济损失，甚至在投产使用后带来长期无法弥补的缺陷。所谓“边设计、边施工”、“当年定项目，当年完工出成果”之类的做法，都是违反基本建设程序的。

(三)基本建设程序的步骤和内容

公路基本建设的程序是：根据国民经济长远规划及公路网建设规划，通过调查，进行可行性研究；可行性研究批准后，进行踏勘及初步设计；经过批准后，列入国家年度基本建设计划，进行详细测量，编制施工图；招标投标进行施工前的准备；组织施工；完工后，进行竣工验收；最后交付使用。

所有新建公路工程基本建设项目和改建的大中型公路建设项目，都要严格按公路工程基本建设程序办事。对于小型工程可根据具体情况适当合并或免去部分程序。

公路工程基本建设的具体工作内容如下：

1. 根据长远规划或项目建议书进行可行性研究

可行性研究是基本建设前期工作的重要组成部分，是建设项目立项、决策的主要根据。大中型、高等级公路及重点工程建设项目(含国防、边防公路)均应进行可行性研究，小型项目可适当简化。

公路建设项目可行性研究的任务是：在对地区社会、经济发展及路网状况充分调查研究、评价预测和必要的勘察工作的基础上，对项目建设的必要性、技术可行性、经济合理性、实施条件的可能性，提出综合性的研究论证报告。

公路建设项目可行性研究按其工作阶段，分为预可行性研究和工程可行性研究。预可行性研究，应以项目所在地区域经济社会发展规划、交通发展规划和其他相关规划为依据，重点研究项目建设的必要性和建设时机，初步确定建设项目的通道或走廊带，并对项目的建设规模、技术标准，建设资金、经济效益等进行必要的分析论证，预可行性研究报告审批后作为编制项目建议书的依据。工程可行性研究，以批准的项目建议书为依据，通过必要的测量和地质勘探，对可能的建设方案从技术、经济、安全、环境等方面进行综合比选论证，提出推荐方案，明确建设规模，确定技术标准，估算项目投资，分析投资效益。工程可行性研究报告审批后作为编制初步设计的依据。工程可行性研究的投资估算与初步设计概算之差，应控制在上下浮动10％以内。

公路建设项目可行性研究报告的主要内容应包括：项目影响区域经济社会及交通运输的现状与发展、交通量预测、建设的必要性、技术标准、建设条件、建设方案及规模、投资估算及资金筹措、经济评价、实施安排、土地利用评价、工程环境影响分析、节能评价、社会评价等。特殊复杂的重大项目，还应进行风险分析。

2.现场勘测，编制初步设计和概算

公路建设项目的设计有一阶段设计（即一阶段施工图设计）、两阶段设计（即初步设计和施工图设计）和三阶段设计（即初步设计、技术设计和施工图设计）三种。一般采用两阶段设计，即初步设计和施工图设计。对于技术简单、方案明确的小型建设项目，可采用一阶段设计，即一阶段施工图设计；技术复杂、基础资料缺乏和不足的建设项目或建设项目中的特大桥、长隧道、大型地质灾害治理等；必要时采用三阶段设计，即初步设计、技术设计和施工图设计。高速公路、一级公路必须采用两阶段设计。

初步设计应根据批复的可行性研究报告、测设合同和初测、初勘资料编制。主要工作包括：通过现场勘测，拟定修建原则，选定设计方案，计算主要工程数量、劳动力、材料、机具，提出施工方案意见，编制设计概算，提供必要的文字说明及图表资料。

初步设计经批准后，作为国家控制建设项目投资、编制施工图设计和编制施工招标文件的依据，并作为订购主要材料、机具、设备、安装重大科研试验项目、征用土地、进行施工准备的依据。

按三阶段进行设计时，批准的初步设计是编制技术设计文件的依据。技术设计是对技术上复杂而又缺乏经验的建设项目或路段，通过科学试验及分析比较，落实技术方案，解决重大技术问题，计算工程数量，提出修正的施工方案，编制修正概算的文件。技术设计经批准后，作为编制施工图设计及招标文件的依据。

3.编制施工图和施工图预算

一阶段施工图设计应根据批复的可行性研究报告、测设合同和定测、详勘资料编制。

二阶段设计时，施工图设计应根据批复的初步设计、测设合同和定测、详勘（含补充定测、详勘）资料编制。

三阶段设计时，技术设计应根据批复的初步设计、测设合同和定测、详勘资料编制；施工图设计应根据批复的技术设计、测设合同和补充定测、补充详勘资料编制。

施工图设计是经审批后交付施工的文件，由十二篇组成：总体设计；路线；路基、路面；桥梁、涵洞；隧道；路线交叉；交通工程及沿线设施；环境保护与景观设计；其他工程；筑路材料；施工组织计划；施工图预算。

一阶段施工图设计的总说明和分篇说明，还应参照初步设计的有关要求编写，并补充必要地比较方案图表资料。

4.列入年度基本建设计划

当建设项目的初步设计和概算上报批准后，才能列入国家基本建设年度计划。年度基建计划是年度工作的指令性文件，一经确定后，如需增加投资额或调整项目时，必须报经原批准单位批准。项目列入国家年度基本建设计划后，各级有关单位就可作为依据，按照计划管理的基本原则，编制本单位的年度计划。

5. 招标投标，进行施工准备工作

任务下达到工程管理单位后，就要根据已有资料和进一步调查了解人力、物力、技术和自然条件等更具体的情况，对各建设项目在该年度内要完成的规模、工程量、工作量等做出具体的计划安排，并通过招标投标或其他方式落实施工单位。

在施工准备阶段，建设单位、勘测设计单位要分别做好下述准备工作：

(1)建设单位：组织基建管理机构；办理登记和拆迁；编制招标文件；落实监理单位；做好施工沿线有关单位和部门的协调工作；抓紧配套工程项目的落实；组织分工范围内的技术资料、材料、设备的供应。

(2)勘测设计单位：补充调查资料；按照技术资料供应协议，按时供应各种图纸资料，与施工单位共同做好施工图的会审和交接工作。

6. 组织施工

施工单位要遵照施工顺序合理组织施工，施工过程中应严格按照设计要求和施工规范进行施工，认真履行合同，确保工程质量。对地下工程和隐蔽工程，特别是基础和结构的关键部位，一定要经过检验合格，并做好原始记录，才能进入下一道工序。做好施工记录，建立技术档案，保证安全、文明施工。

7. 交、竣工验收

公路工程验收分为交工验收和竣工验收两个阶段。交工验收由建设单位主持，主要是检查施工合同的执行情况和监理工作情况，提出工程质量等级建议。竣工验收由交通运输部或批准工程初步设计的地方交通主管部门主持，主要是全面考核建设成果，总结经验教训，对建设项目进行综合评价，确定工程质量等级。

公路交、竣工验收工作应按交通部[1]发布的《公路工程竣(交)工验收办法》(交通部令 2004 年第 3 号)进行。建设项目全部建成后，建设单位要组织编制竣工图表和竣工决算，并进行全面总结。对于采用新技术及重大革新和施工组织、技术管理等方面的经验，要进行专题总结。

二、公路工程估价体系

为了对公路基本建设工程进行全面而有效的工程经济管理，在项目的各阶段都必须编制有关的经济文件，这些不同的经济文件要根据其主要内容和要求，由不同测算工作来完成。公路工程估价体系按其基本建设程序进行分类，有如下几种：

(一)投资估算

投资估算，一般是指在投资前期(规划、项目建议书，可行性研究报告)阶段，建设单位向国家申请拟定建设项目或国家对拟定项目进行决策时，确定建设项目在规划、项目建议书、可行性研究报告等不同阶段的相应投资总额而编制的经济文件。

国家对任何一个拟建项目，都要通过对可行性研究报告的全面评审后，才能决定是否正式立项。在可行性研究中，除考虑国家经济发展上的需要和技术上的可行性外，还考虑经济上的合理性。投资估算为投资决策提供数量依据，也是建设项目经济效益分析中确定成本的主要依据，因此，它是建设项目在投资前期，论证拟建项目在经济上是否合理的重要文件。

交通运输部在 2011 年 11 月发布了《公路工程基本建设项目投资估算编制办法》(JTG

[1] 交通部现已更名为交通运输部，后同。

M20—2011)和《公路工程估算指标》(JTG/T M21—2011)。在编制公路工程投资估算时,应根据项目建议书和工程可行性研究报告的工作深度,核实工程项目及数量,结合工程所在地的建设条件,按其规定编制。

(二)概算

概算又分为初步设计概算和技术设计修正概算两种。初步设计概算是指在初步设计阶段,由设计单位根据设计图纸、概算定额、各类费用定额、建设地区的自然条件和技术经济条件等资料,预先计算和确定建设项目从筹建至竣工验收的全部建设费用的经济文件。技术设计修正概算是在批准的初步设计概算文件基础上,对初步设计所定的技术方案和施工方案进一步研究修改,并补充必要的地质、水文和地质钻探资料,以提出的修正工程量为依据来进行编制的。修正概算的作用、编制依据、程序和方法与设计概算基本一致。初步设计概算(或技术设计修正概算)是设计文件的重要组成部分,是国家确定和控制公路基本建设投资的最高限额。建设项目的总概算一经批准,在其随后的其他阶段是不能随意突破的。

(三)施工图预算

公路基本建设工程不论采用几个阶段设计,设计单位在施工图设计阶段均应编制施工图预算。施工图预算是根据施工图设计的工程量和施工方案,按照预算定额和各类费用定额,所编制的反映工程造价的经济文件。它是考核施工图设计经济合理性的依据,对于按施工图预算承包的工程,又是签订建筑安装工程合同,实行建设单位和施工单位投资包干和办理工程结算的依据;对于进行施工招标的工程,施工图预算也是编制工程招标控制价的依据。

(四)招标控制价

招标控制价是在招投标阶段,当招标人不设标底时,为有利于客观、合理的评审投标报价和避免哄抬标价,招标人根据国家或省级、行业建设主管部门颁发的有关计价依据和办法,按设计施工图纸计算的,对招标工程限定的最高工程造价,也可称其为拦标价、预算控制价或最高报价等。

招标控制价不同于标底,招标控制价反映的是招标人对工程的最高限价,标底是招标人对工程的心理价位。它们之间的区别主要有以下几点:

(1)招标控制价(拦标价)是最高限价,投标价如超过则为废标。标底是心理价位,接近标底的投标报价得分最高,但在报价均高于标底时,最低的投标价仍能中标。

(2)招标控制价是公开的,标底是保密的。

(3)低于招标控制价的合理最低价即可中标。

招标控制价一般应在批准的概算内,如果超过批准的概算时,招标人应将其报原概算审批部门审核。

(五)报价

报价是由投标单位根据招标文件及有关定额和招标项目所在地区的自然、社会和经济及施工组织方案和投标单位自身条件,计算完成招标工程所需各项费用的经济文件。报价是投标文件最重要的组成部分和主要内容,是投标工作的关键和核心,也是决定能否中标的主要依据。报价过高,中标率就会降低;报价过低,尽管中标率增加,但可能无利可图,甚至承担工程亏本的风险。因此,能否合理确定工程报价,是施工企业在投标竞争中能否获胜的前提条件。中标单位的报价,将直接成为工程承包合同价的主要基础,并对将来的施工过程起着严格的制约作用。承包单位和业主均不能随意更改报价。

报价的费用组成和计算方法同概、预算类似,但其编制体系和要求均不同于概、预算,尤其目前招投标工作中,一般采用单价合同,因而使报价时的费用分摊同概、预算的费用计算方式有很大差别。总的看来，报价和概、预算的差别主要体现在两个方面：一是概、预算文件必须按国家有关规定进行编制，尤其是各种费用的计算，必须按规定的费率进行，不能任意修改，而报价则可根据投标单位的实际情况进行计算，更能体现投标单位的实际水平；二是概、预算经设计单位编完后，必须经建设单位或其主管部门审查批准后才能作为控制工程造价的依据，而报价则可以根据投标单位对工程和招标文件的理解程度，在预算造价上下浮动，无需预先送建设单位审核。因此，报价比概、预算更复杂，也比概、预算更灵活。

（六）标后预算

标后预算是施工单位中标后，在施工前编制的施工预算，它是以中标的合同工程量清单细目为计算对象，根据实施性施工组织设计和施工企业岗位设置、费用标准等分析计算的项目经营承包成本。标后预算是施工单位进行成本控制与成本核算的依据，也是施工单位进行劳动组织与安排，以及进行材料和机械管理的依据，对施工组织和施工生产有着极为重要的作用。

（七）工程结算

工程项目的建设是一个复杂的过程，涉及的单位都是一些相对独立的经济实体，有着各自的经济利益，在项目建设过程中承担着不同的工程内容，因此，无论公路工程项目采用何种方式进行建设，在建设过程中，各经济实体之间必然会发生货币收支行为。这种在项目建设过程中由于器材采购、劳务供应、施工单位已完工程的移交等经济活动而引起的货币收支行为，称为项目结算。在社会主义市场经济条件下，公路建设项目的建设过程也是一种商品的生产过程，其间所发生的一系列工作和活动最终都要通过结算来做最后评价。因此，正确而及时地组织项目结算，全面做好项目结算的各项工作，对于加速资金周转、加强经济核算，促进建设任务的完成，保证项目建设的顺利进行以及加强对项目建设过程的财政信用监督等方面都有着十分重要的意义。项目的结算过程，实际上也是组织基本建设活动，实行基本建设贷款的投资过程，也是及时掌握项目投资活动中的动态及其变化情况的过程。项目结算是国家组织基本建设经济活动，及时掌握经济活动信息，实现固定资产再生产任务的重要手段。同时，通过结算，可以协助建设单位有计划的组织一切货币收支活动，使各企业、各单位的劳动耗费能及时得到补偿。

项目结算的主要内容包括货物结算、劳务供应结算、工程（费用）结算及其他货币资金的结算等。货物结算是指建设单位同其他经济单位之间，由于物资的采购和转移而发生的结算；劳务供应结算是指建设单位同其他单位之间，由于互相提供劳务而发生的结算；工程费用结算指建设单位同施工单位之间，由于支付各种预付款和支付已完工程等费用而发生的结算；其他货币资金结算是指基本建设各部门、各企业和各单位之间由于资金往来以及他们同建设银行之间，因存款、放款业务而发生的结算。

工程费用结算习惯上又称为工程价款结算，是项目结算中最重要和最关键的部分，是项目结算的主体内容，占整个项目结算额的75％～80％。工程价款结算，一般以实际完成的工程量和有关合同单价以及施工过程中现场实际情况的变化资料（如工程变更通知、计日工使用记录等）计算当月应付的工程价款。

目前，由于各地区施工单位流动资金供应方式的差别和具体工程项目的不同，工程价款的结算方法有多种形式。财政部和原建设部2004年制订的《建设工程价款结算暂行办法》中提出的工程进度款结算方式有两种：①按月结算与支付；②分段结算与支付。交通运输部在《公路工程标准施工招标文件》（2009年版）合同条款中，明确规定了计量支付条款，对结算内容、结算方式、结算时间、结算程序给予了明确规定，一般是按月申报，期中支付，最终结清。

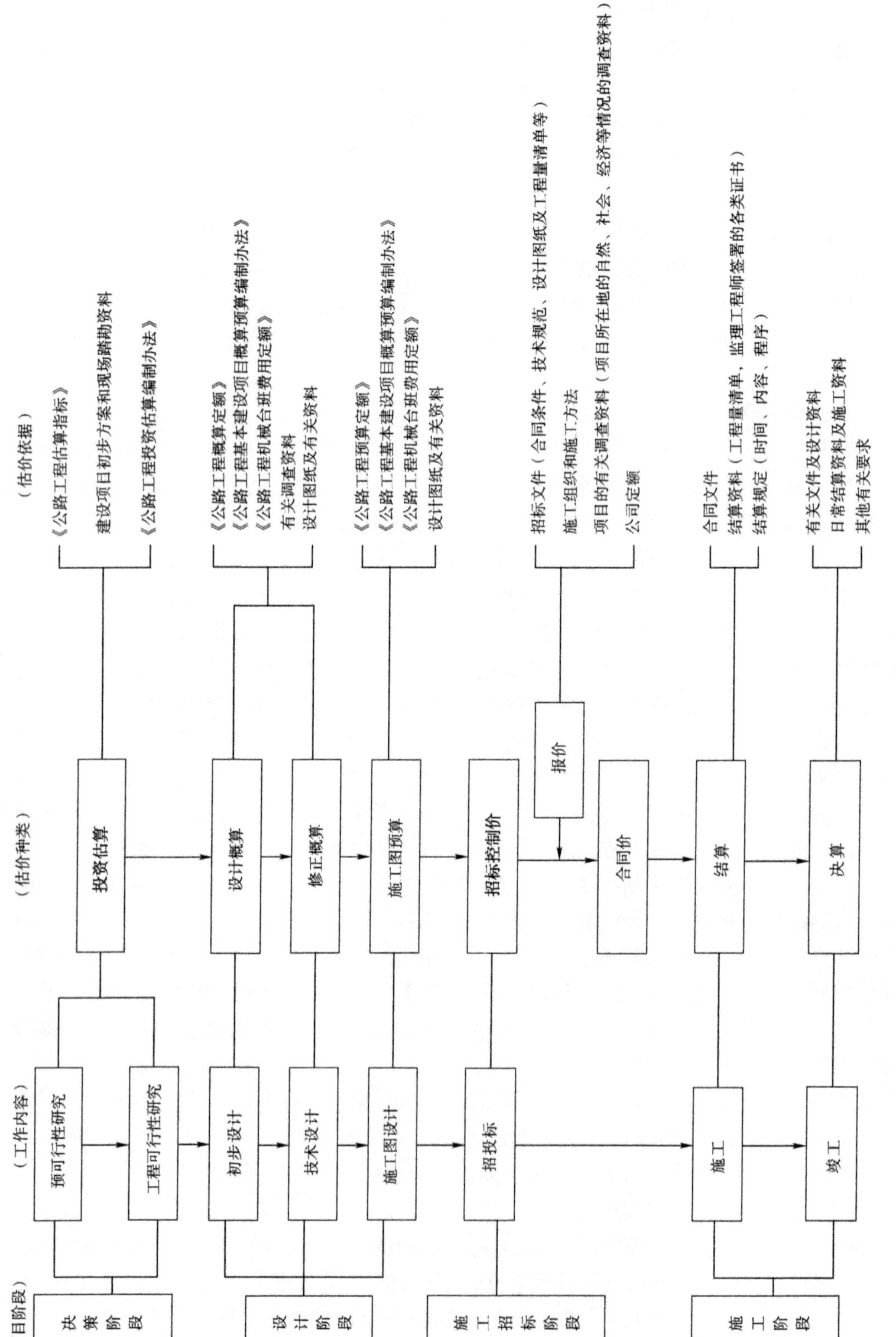

图1-1　基本建设程序与公路工程估价体系关系图

(八)竣工决算

竣工决算是指在建设项目完工后竣工验收阶段,由建设单位编制的建设项目从筹建到建成投产或使用的全部实际成本的技术经济文件,它是公路建设项目财务总结,银行对其实行监督的必要手段,其内容由文字说明和结算报表两部分组成。文字说明主要包括:工程概况;设计概算和基本建设规划执行情况;各项技术经济指标完成情况;各项贷款使用情况;建设成本和投资效果的分析以及建设过程中的主要经验;存在的问题和解决意见等。

应当注意,施工单位往往也根据工程结算结果,编制单位工程竣工成本决算,核算单位工程的预算成本、实际成本和成本降低额。工程结算作为企业内部成本分析、反映经营效果、总结经验、提高经营管理水平的手段,它与建设项目的竣工决算在概念上是不同的投资。

公路基本建设的工作内容和估价的相互关系如图 1-1 所示。

从图 1-1 可以看出,估算、概算、预算、招标控制价、报价和结算以及决算都是以价值形态贯穿整个投资过程之中,从申请建设项目,确定和控制基本建设投资额,进行基本建设经济管理和施工单位进行经济核算,到最后以决算形成企(事)业单位的固定资产,构成了一个有机的整体,缺一不可。因此,在一定意义上说,它们是基本建设投资活动的血液,也是联系项目建设活动各经济实体的纽带。申报项目要编制投资估算,设计阶段要编概算和施工图预算,招标阶段要编制招标控制价,投标要编制报价,施工前施工单位要编制标后预算,施工过程中要进行结算,施工完成后要编制决算,并且一般还要求决算不能超过预算,预算不能超过概算,概算不能超出估算所允许的幅度范围,结算不能突破合同价的允许范围,合同价不能偏离报价太远,而报价则不能超过招标控制价,并且招标控制价不允许超概算。总之,公路工程估价体系环环相扣,紧密联系,共同构成对投资额的有效控制。

第三节　公路工程定额概述

一、定额的基本概念

在工程施工过程中,为了完成某一项目或某一构件(产品),都需要消耗一定数量的人力、物力(材料、机械)和资金。这些资源的消耗是随着生产因素及生产条件的变化而变化的。

所谓的定额是指在一定的生产力水平和科学技术水平下,生产条件正常,施工组织合理,并且合理地使用材料和机械的情况下,完成单位合格产品所必需消耗的人工、材料、机械设备和资金的数量标准。定额在规定数量的同时,还规定了相应的工作内容和要求达到的质量标准以及安全要求。

定额是标准,是计划指标,是规定的工作消耗尺度,是计划、组织生产的工具和基础,也是企业技术水平和经营管理水平的集中反映。

定额的基本任务在于改善生产劳动组织,提高劳动生产率,提高机械设备和生产能力的利用率,更经济地使用原材料,改善劳动条件,加快建设速度,降低产品成本,促进先进技术的运用,改善和提高劳动人民的物质生活水平和文化水平。

二、定额的产生和发展

定额的产生和发展与管理科学的产生与发展有着密切的关系。在小商品生产情况下,由于生产规模小，产品比较单纯，生产中需要多少人力、物力，如何组织生产，往往只凭简单的生产经验就能够完成。到了19世纪末20世纪初，资本主义社会大生产的发展，使人们共同劳动的规模日益扩大，劳动分工和协作越来越精细和复杂，只凭头脑中积累的经验已不能满足复杂管理的需要。为了降低单位产品中的活劳动和物化劳动的消耗，就必须加强对生产消费的研究和管理，因此定额作为现代科学管理的一门重要学科也就出现了。

对定额进行科学的研究应该说是从泰勒开始的。泰勒是19世纪末的美国工程师。当时工业发展很快，但由于采用传统的管理方法，工人的劳动强度很高，劳动生产率却很低。为了提高劳动效率，从1880年开始，泰勒进行了各种试验，他着重从工人的操作方法上研究工时的科学利用，把工作时间分成若干组成部分，观察工人的操作方法，并用秒表记录工人每一个动作的消耗时间，制定出工时消耗标准。通过对工人进行训练，要求工人改变原来习惯的操作方法，取消那些不必要的操作程序，未达到工时定额。泰勒还对工具和设备进行研究，使工人使用的工具、设备、材料标准化。

泰勒通过研究，提出了一套系统标准的科学管理方法，形成了有名的"泰勒制"。泰勒制的核心可以归纳为：制定科学的工时定额，实行标准的操作方法和有差别的计件工资。泰勒给资本主义企业管理带来了根本性变革，因而在西方赢得了"管理之父"的尊称，被奉为科学管理的鼻祖。

继泰勒之后，资本主义企业管理又有许多新的发展，对于定额的制定也有许多新的研究。20世纪70年代出现的行为科学，从社会学和心理学的角度，强调重视社会环境、人际关系对人行为的影响。着重研究人的本性和需要、行为的动机，特别是生产中的人际关系，以达到提高劳动生产率的目的。定额虽然是管理科学发展初期的产物，但是随着管理科学的发展，研究方法和范围不断扩大，不仅适应了各行各业的需要，同时对生产力的发展也起到了推动作用。

三、我国公路工程定额的发展过程

我国公路工程定额，建国以来从无到有，从不健全到逐步健全经历了一个分散—集中—再分散—再集中的过程，统一领导与分级管理相结合的发展过程，大体上可划分为以下几个阶段：

（一）建国初期

1952年前后是我国劳动定额工作的创立阶段，各地区先后建立了定额机构，开展了劳动定额的试点工作。东北、华北等地都制定了统一的劳动定额或工料消耗定额。

（二）"一五"期间

第一个五年计划期间，随着大规模经济建设的开始，劳动定额工作逐步得到了加强。在原国家建设委员会指导下，交通部于1954年8月在公路总局设计局内设立了预算定额科，主管全国公路定额、概预算编制办法的管理和设计文件预算的审查工作，并组织力量编制了《公路基本建设预算定额》，1955年正式公布并在全国实行。

以后，随着生产、管理工作的不断深入，要求大、中型项目一般实行两阶段设计。为满足需要，公路管理部门又陆续编制了《公路工程施工定额》作为施工企业编制内部施工预算，下达班组和个人施工任务的依据；编制了《公路工程概算指标》(后改为《公路工程概算定额》)，作为初步设计阶段编制设计概算的依据；重新修订了《公路工程预算定额》，作为施工图设计阶段编制设计预算的依据；编制了《公路基本建设工程概、预算编制办法》作为概算、预算各种费用定额和概、预算文件的编制依据。

上述定额、指标、办法的编制、修订和公布，满足了公路建设各设计阶段工程造价管理工作的需要。因此，第一个五年计划期间，公路建设绝大部分项目，实行甲、乙方承发包制度，竣工决算基本控制在批准的设计概算或预算范围内，保证了定额、概预算工作的正常进行。

(三)1957 年下半年至 1976 年

从“大跃进”开始到“文化大革命”结束长达近 20 年时间，定额工作受到了冲击，否定了劳动定额，撤消了定额机构，使定额和预算制度的管理工作几乎处于停顿状态。设计概算或预算仅起到一点计划作用，控制投资、成本核算都无法实施。绝大多数公路建设项目，同全国其他部门建设工程一样，竣工决算超支、投资失控。生产效率降低到最低水平。

(四)1978 年以后

党的十一届三中全会以后，政治上进行了拨乱反正，经济上实行调整、改革、整顿、提高的方针，国民经济得到迅速的恢复和发展。中央有关部门指示，要加强建筑企业劳动定额工作。在交通系统，由交通部主编的全国通用专业定额《公路工程概算定额》、《公路工程预算定额》于 1982 年颁发使用，1992 年又进行了修订。

随着国家法规、技术标准、技术规范的改善和健全，以及新技术、新结构、新设备、新工艺的发展，2007 年交通部对 1992 年颁发的《公路工程预算定额》、《公路工程概算定额》、《公路工程机械台班费用定额》、《公路基本建设工程概算预算编制办法》又重新进行了修订。2011 年 11 月新修订的《公路工程估算指标》以及《公路工程基本建设项目投资估算编制办法》也已正式发布。

目前，编制公路工程建设各个阶段造价文件的定额已基本建成，全部到位，满足了实际工作的需要。

四、定额的作用和特点

(一)定额作用

定额是管理科学的基础，也是现代管理科学中的重要内容和基本环节。定额在经济管理工作中的作用主要表现在：

(1)定额是节约社会劳动、提高劳动生产率的重要手段。降低劳动消耗，提高劳动生产率，是人类社会发展的普遍要求和基本条件。节约劳动时间是最大的节约。定额为生产者和经营管理人员树立了评价劳动成果和经营效益的标准尺度，同时也使广大职工明确了自己在工作中应该达到的具体目标，从而增强责任感和自我完善的意识，自觉地节约社会劳动和消耗，努力提高劳动生产率和经济效益。

(2)定额是组织和协调社会化大生产的工具。随着生产力的发展，分工越来越细，生产社会化程度不断提高，任何一件产品都可以说是许多企业、许多劳动者共同完成的社会产品。因此，必须借助定额实现生产要素的合理配置，以定额作为组织、指挥和协调社会生产的科学依据和有效手段，从而保证社会生产持续、顺利地发展。

(3)定额是宏观调控的依据。基本建设投资，动辄数十亿、数百亿，甚至上千亿元，耗费国家大量人力、物力和财力。这些项目的建成往往影响到一个地区、一个产业以致影响到整个国民经济的发展和国计民生。国家在进行宏观调控时，需要利用一系列定额为预测、计划、调节和控制经济发展提供有技术根据的参数和可靠的计量标准。

(4)定额有利于建筑市场公平竞争。定额所提供的准确的信息为市场需求主体和供给主体之间的竞争，以及供给主体和供给主体之间的公平竞争，提供了有利条件。

(5)定额在实现分配,兼顾效率与社会公平方面有巨大的作用。定额作为评价劳动成果和经营效益的尺度,也就成为资源分配的个人消费品分配的依据。

(二)定额的特点

1.科学性与系统性

定额的科学性,首先表现在用科学的态度制定定额,尊重客观实际,力求定额水平合理;其次表现在制定定额的技术方法上,利用现代科学管理的成就,形成一套系统的、完整的、在实践中行之有效的方法;最后,表现在定额制定和贯彻的一体化。制定是为了提供贯彻的依据,贯彻是为了实现管理的目标,也是对定额的信息反馈。

定额的系统性,一是指定额是相对独立的系统,它是由多种定额结合而成的有机的整体,具有鲜明的层次和明确的目标;二是由工程建设的特点决定的。按照系统论的观点,工程建设本身就是庞大的实体系统,是由多项工程集合的整体,有严格的项目划分,如建设项目、单项工程、单位工程、分部分项工程。同时,工程项目在计划和实施过程中有严格的建设程序,如规划、可行性研究、设计、施工、竣工交付使用以及投入使用后的维修等。因而工程建设本身的多种类、多层次就决定了以它为服务对象的工程建设定额的多种类、多层次。

2.统一性与权威性

工程建设定额的统一性,主要是由国家对经济发展的有计划的宏观调控职能决定的。为了使国民经济按照既定的目标发展,就需要借助于某些标准、定额、参数等,对工程建设进行规划、组织、调节、控制。而这些标准、定额、参数必须在一定范围内是一种统一的尺度,才能实现上述职能,才能利用它对项目的决策、设计方案、投标报价、成本控制进行比选和评价。

我国工程建设定额的统一性和工程建设本身的巨大投入和巨大产出有关。它对国民经济的影响不仅表现在投资的总规模和全部建设项目的投资效益等方面,而且往往表现在具体建设项目的投资数额及其投资效益方面,因而需要借助统一的工程建设定额进行社会监督。这一点和工业生产、农业生产中的工时定额、原材料定额也是不同的。

工程建设定额的统一性按照其影响力和执行范围来看,有全国统一定额、地区统一定额和行业统一定额等,按照定额的制定、颁布和贯彻使用来看,有统一的程序、统一的原则、统一的要求和统一的用途。

工程建设定额具有权威性,这种权威性在一些情况下具有经济法规性质。权威性反映统一的意志和统一的要求,也反映信誉和信赖程度以及定额的严肃性。

工程建设定额的权威性的客观基础是定额的科学性,只有科学的定额才具有权威,但是在社会主义市场经济条件下,它必然涉及到各有关方面的经济关系和利益关系。赋予工程建设定额以一定的权威性,就意味着在规定的范围内,对于定额的使用者和执行者来说,不论主观上愿不愿意,都必须按定额的规定执行。在当前市场不规范的情况下,赋予工程建设定额以权威性是十分重要的。但在竞争机制引入工程建设的情况下,定额的水平必然会受市场供求状况的影响,从而在执行中可能产生定额水平的浮动。

应该提出的是,在社会主义市场经济条件下,对定额的权威性不应绝对化。定额毕竟是主观对客观的反映,定额的科学性会受到人们认识的局限。与此相关,定额的权威性也就会受到削弱和新的挑战。更为重要的是,随着投资体制的改革和投资主体多元化格局的形成,随着企业经营机制的转换,他们都可以根据市场的变化和自身的情况,自主地调整自己的决策行为。在这里,一些与经营决策有关的工程建设定额的权威性特征,自然也就弱化了。但直接与施工生产相关的定额,在企业经营机制转换和增长方式的要求下,其权威性还必须进一步强化。

3. 稳定性和时效性

工程建设定额中的任何一种都是一定时期技术发展和管理水平的反映，因而在一段时间内都表现出稳定的状态。稳定的时间有长有短，一般在5～10年间。保持定额的稳定性是维护定额的权威性所必需的，更是有效地贯彻定额所必需的。如果某种定额处于经常修改变动之中，那么必然造成执行中的困难和混乱，使人们感到没有必要去认真对待它，很容易导致定额权威性的丧失。工程建设定额的不稳定也会给定额的编制工作带来极大的困难。

但是工程建设定额的稳定性是相对的。当生产力向前发展了，定额就会与已经发展了的生产力不相适应。这样，它原有的作用就会逐步减弱以致消失，需要重新编制或修订。

4. 针对性

定额的针对性很强，实行做什么工程，用什么定额。一种工序、一项定额不得乱套定额，必须严格按照定额的项目、工作内容、质量标准、安全要求执行定额。套用定额时，不得随意增减工时消耗、材料消耗或其他资源消耗，不得减少工作内容，降低质量标准。

五、公路工程定额的分类

定额是一个综合概念，是各类定额的总称，它包括许多种类定额。为了对公路工程定额有一个全面的了解，可以按照不同的原则和方法对其进行科学的分类。

（一）按生产要素分类

按生产要素分，可以分为劳动定额、材料消耗定额和机械设备定额。这是最基本的分类法，直接反映出生产某种单位合格产品所必须具备的生产要素。

（二）按编制程序和用途分类

按编制程序和用途分，可以分为施工定额、预算定额、概算定额、估算指标。

施工定额是施工企业内部使用的一种定额，它是以同一性质的施工过程为标定对象而规定的生产单位合格产品所必需消耗的生产要素，同时，它也是编制预算定额的重要依据。

预算定额是编制施工图预算时，计算工程中劳动、机械台班、材料需要量时使用的一种定额。它是按分项工程或结构构件的施工过程，在施工定额的基础上加以合并和扩大编制的；同时，它又是概算定额和估算指标的编制基础。预算定额在工程建设定额中占有很重要的地位，在工程招投标中，它是计算招标控制价和确定报价的主要依据。

概算定额是编制初步设计概算时，计算工程中劳动、机械台班、材料需要量时使用的定额。它是以预算定额为基础编制的，是预算定额的进一步综合和扩大。概算定额是控制项目投资的重要依据，在工程建设的投资管理中有重要作用。

投资估算指标是在项目建议书和可行性研究报告阶段编制投资估算，计算投资需要量时使用的一种定额。其主要作用是为项目决策和投资控制提供依据。

（三）按费用性质分类

按投资的费用性质划分，可以分为建筑工程定额、设备安装工程定额、其他工程费定额、间接费定额、工器具定额、工程建设其他费用定额。

建筑工程是指需要通过施工生产来完成的构造物。建筑工程定额是施工生产中必须直接耗费的人工、材料、机械台班的数量标准。因此，施工定额、预算定额、概算定额、估算指标统称为建筑工程定额。

设备安装工程是指对需要安装的设备进行定位、组合、校正、调试等工作的工程。设备安装工程定额是对在设备安装过程中需要消耗的人工、材料、机械所规定的数量标准。设备安装工程和建筑工程在工艺上有很大的差别，施工方法也很不相同，所完成的是不同类型的施工产品。但设备安装工程和建筑工程是一项工程的两个有机组成部分，习惯上称建筑安装工程。

其他工程费定额是指建筑工程定额以外的而与施工生产直接有关的其他工程费用的开支标准，如冬雨季施工增加费、夜间施工增加费等。由于其费用发生的特点不同，只能独立于建筑工程定额之外，一般是在其相应的编制办法中规定的。

间接费定额是指企业生产全部产品和维持企业的经营管理活动所必需发生的各项费用开支的标准。间接费包括企业管理费和规费两类性质的费用。

工器具定额是指为新建或扩建项目投资运转首次配置的工器具数量标准。工具和器具是指按照有关规定不够固定资产标准而起劳动手段作用的工具、器具和办公、生活用家具。

工程建设其他费用定额是指独立于建筑安装工程、设备和工器具购置之外的其他费用开支标准。工程建设的其他费用主要包括土地征购费、拆迁安置费、建设项目管理费等，这些费用的发生和整个建设项目密切相关。其他费用定额是按各项独立费用分别制定的。

(四)按颁发部门和管理权限分

按颁发部门和管理权限划分，可以分为全国统一定额、行业统一定额、地区统一定额、企业定额和补充定额。

全国统一定额是由国家建设行政主管部门，综合全国工程建设中技术和施工组织管理的情况编制，并在全国范围内执行的定额，如全国统一安装工程定额。

行业统一定额是考虑到各行业部门专业工程技术特点，以及施工生产和管理水平编制的。一般只在本行业和相同专业性质的范围内使用的专业定额。如矿井建设工程定额、铁路建设工程定额、公路建设工程定额等。

地区统一定额包括省、自治区、直辖市定额。地区统一定额主要是在考虑地区性特点和全国统一定额水平后做适当调整补充编制的。

企业定额是施工企业根据本企业具体情况，参照国家、部门或地区定额的水平制定的定额。企业定额只在企业内部使用，是企业素质的一个标志。企业定额水平一般应高于国家现行定额，才能满足生产技术发展，企业管理和市场竞争的需要。

补充定额是指随着设计、施工技术、新材料、新工艺的发展现行定额不能完全满足需要的情况下，为补充缺项所编制的定额。补充定额只能在指定的范围内使用，并可以作为以后修订定额的基础。

第四节　工程估价模式

一、国际工程的计价模式

目前国际上通用的工程估价的计价模式大体有三种：英联邦制的计价模式、日本的计价模式和美国的计价模式。

(一)英联邦制的计价模式

英国是英联邦国家中开展工程造价管理最早、体系最完整的一个国家，其他英联邦国家(地区)以英国为基础，结合本国(地区)的特点制定相应的法规，所以以英国为代表。

英国只有统一的工程量计算规则，没有计价的定额或标准，充分体现了市场经济的特点。工程造价由承包人依据统一的工程量计算规则，参照政府和各类咨询机构发布的造价指数自由报价，通过竞争，合同定价。

英国的计价模式，有其深厚的社会基础。一是有统一的工程量计算规则，1922 年英国首次在全国范围内制订了一套工程量计算规则，现名为《建筑工程量标准计算方法(SMM)》，该方法详细规定了项目划分、计量单位和工程量计算规则。二是有一大批高智能的咨询机构和高素质的测量师(以英国皇家测量师学会会员为核心)，为业主和承包人提供造价指数、价格信息指数以及全过程的咨询服务。三是有严格的法律体系规范市场行为，对政府项目和私人投资项目实行分类管理，政府项目实行公开招标，并对工程结算、承包人资格实行系统管理，而对私人项目可采用邀请议标等多种方式确定承包人，政府采取不干预政策。四是有通用合同文本，一切按合同办事。

(二)日本的计价模式

日本的工程计价称为建筑工程积算，其计价有以下几个特点：

一是有统一的积算基准。为了使承发包双方有一个统一的、科学的工程计价标准，日本建设省发布了一整套工程积算基准(即工程计价标准)，如《建筑工程积算基准》《土木工程积算基准》等。对公共建筑工程(主要指政府的房屋建筑工程)，建设省发布了《建筑工程预算编制要领》、《建筑工程标准定额》、《建筑工程量计算基准》三个文件。

二是量、价分开的定额制度。日本也有定额，但量与价分开，量是公开的，价是保密的。劳务单价调查取得，材料、设备价格由"建设物价调查会"和"经济调查会"(均为财团法人)提供。政府和建筑企业利用这些价格制定内部的工程复合单价，即我们所称的单位估价表。

三是政府项目与私人投资项目实施不同的管理。对政府投资项目的工程造价从调查(规划)开始直至引渡(交工)、保全(维修服务)实行全过程管理。为把造价严格控制在批准的投资额度内，各级政府都掌握有自己的劳务、材料、机械单价，或利用公布的物价指数编制的内部掌握的工程复合单价。对私人投资项目，政府通过对建筑市场的管理，用招标办法加以确认。

四是重视和扶植咨询业的发展。制定完整的概、预算活动概要，规范咨询机构的行为，制定了《建设咨询人员注册章程》，确保咨询业务质量。

(三)美国的计价模式

美国没有统一的计价依据和标准，是典型的市场化价格。工程造价计价由各地区的咨询机构根据地区的特点，制订出单位建筑面积消耗量、基价和费用估算格式。估价师综合考虑具体项目的多种因素提出估价意见，并由承包双方通过一定的市场交易行为确定工程造价。

美国工程估价计价方法的确立有着深厚的社会基础，即社会咨询业高度发达。大多数咨询公司为了准确地估算和控制工程造价，均十分注意历史资料的积累和分析整理，广泛运用电脑，建立起完整的信息数据库，形成信息反馈、分析、判断、预测等一整套科学管理体系，为政府、业主和承包人确定工程造价、控制造价提供服务，在某种意义上充当了代理人或顾问。咨询业的发展又有赖于人才的培养。美国高度重视工程估价人才的培养，推行咨询工程师注册制度。

美国除咨询公司制定发布本公司的计价办法之外，地方政府为控制政府投资项目的造价，也提供计价要求和造价指南，如华盛顿综合开发局制订的《小时人工单价》、《人工设备组合价目表》、《人工材料单价表》，加利福尼亚州政府发行的《建设成本指南》等。但对私人投资项目，这些计价要求和造价指南均与各类咨询机构提供的估价信息一样，仅为一种信息服务。

总结上述计价模式，可以将国际上通行的工程估价计价方法概括为：

(1)根据设计图纸和工程量计算规则划分分项工程并计算工程量。

(2)根据拟建工程所在地的市场材料价格和劳工工资水平以及其他价格信息，由工程估价人员进行分项工程估价。分项工程估价的内容不仅包括人工、材料、机械使用费，还包括应分摊的其他直接费、间接费、利润和税金，在计算材料价格和人工费用时，不仅考虑当时市场情况，而且考虑到以后价格浮动的因素。

(3)用单位工程中各分项工程的工程量分别乘以相应的分项工程单位估价，计算出各分项工程的价格。汇总所有分项工程价格，即得单位工程的价格。

二、我国工程估价方法

我国工程估价的方法也可以概括为三种：单价法、实物法和综合单价法。

(一)单价法

单价法是用事先编制好的分项工程的单位估价表来编制施工图预算的方法。按施工图计算的各分项工程的工程量，并乘以相应单价，汇总相加，得到单位工程的人工费、材料费、机械使用费之和；再加上按规定程序计算出来的措施费、间接费、利润和税金，便可得出单位工程的施工图预算造价。

单价法编制施工图预算，其中直接工程费的计算公式为：

$$直接工程费=\sum_{1}^{n}(工程量\times预算定额单价)$$

单价法编制施工图预算的具体步骤如下：

(1)根据设计图纸和预算定额划分分项工程并计算工程量。

计算工程量一般可按下列具体步骤进行：

①根据施工图示的工程内容和定额项目，列出计算工程量分部分项工程。

②根据一定的计算顺序和计算规则，列出计算式。

③根据施工图示尺寸及有关数据，代入计算式进行数学计算。

④按照定额中的分部分项工程的计量单位对相应的计算结果的计量单位进行调整，使之一致。

(2)根据地区单位估价表和分项工程量计算分项工程直接工程费。

套用单位估价表时需注意：

①分项工程量的名称、规格、计量单位必须与单位估价表所列内容一致，否则重套、错套、漏套预算基价都会引起直接工程费的偏差，导致造价偏高或偏低。

②当施工图纸的某些设计要求与定额单价的特征不完全符合时，必须根据定额使用说明对定额基价进行调整或换算。

③当施工图纸的某些设计要求与定额单价特征相差甚远，既不能直接套用也不能换算、调整时，必须编制补充单位估价表或补充定额。

(3)汇总单位工程直接工程费后，根据有关规定计算其他各项费用。

(4)根据规定计算材料价差、间接费、利润、税金。

(5)汇总各项费用得单位工程价格。

单价法是建筑工程编制施工图预算的主要方法，具有计算简单、工作量较小、编制速度较快及便于工程造价管理部门集中统一管理的优点，但由于是采用事先编制好的统一的单位估价表，其价格水平只能反映定额编制年份的价格水平。在市场经济价格波动较大的情况下，单价法的计算结果会偏离实际价格水平，虽然可采用调价，但调价系数和指数从测定到颁布，时间滞后且计算也较繁琐。

(二)实物法

实物法是首先根据施工图纸分别计算出分项工程量，然后套用相应预算人工、材料、机械台班的定额用量，再分别乘以工程所在地当时的人工、材料、机械台班的实际单价，求出分项工程的人工费、材料费和施工机械使用费，并汇总求和，进而按规定计取其他各项费用，将以上费用汇总就可得出分项工程施工图预算造价。

实物法编制施工图预算，其中直接工程费的计算公式为：

$$
\begin{aligned}
\text{直接工程费}=&\sum_{1}^{n}(\text{工程量}\times\text{人工消耗定额}\times\text{人工单价})+\\
&\sum_{1}^{n}(\text{工程量}\times\text{材料消耗定额}\times\text{材料单价})+\\
&\sum_{1}^{n}(\text{工程量}\times\text{机械台班消耗定额}\times\text{机械台班单价})
\end{aligned}
$$

实物法与单价法之间的最大区别是：单价法套用的定额是单位估价表（量、价合一的定额），是用基期的人工、材料、机械台班单价计算的单位工程直接费；而实物法套用的定额是量、价分离的定额，即定额仅给出实物消耗量，人工、材料和机械台班则采用工程所在地当时的实际单价计算。

在市场经济条件下，人工、材料和机械台班单价是随市场而变化的，而且它们是影响工程造价最活跃、最主要的因素。用实物法编制施工图预算，由于采用工程所在地的当时人工、材料、机械台班价格，较好地反映实际价格水平，工程造价的准确性高。虽然计算过程较单价法繁琐，但用计算机来计算也就快捷了。因此，定额实物法是与市场经济体制相适应的预算编制方法。

公路工程投资估算、概、预算的编制均是采用实物法。

（三）综合单价法

综合单价法，是按各分项工程计算出包括人工、材料、机械费以及间接费、利润、税金等在内的“综合单价”，然后乘以分项工程的工程数量，计算出各分项工程的费用，最后汇总各分项工程费用，得出工程总费用。

$$\text{分项工程费}=\text{分项工程综合单价}\times\text{分项工程工程量}$$

$$\text{工程总费用}=\sum_{1}^{n}(\text{分项工程综合单价}\times\text{分项工程工程量})$$

工程量清单中的单价一般是指综合单价，因此综合单价法主要用于投标报价的编制。

2007 年交通部颁发的《公路工程基本建设项目概算预算编制办法》，在分项工程的计算表中已经综合了间接费、利润和税金，与工程量清单中的单价对应一致，也是综合单价。

三、中外工程估价模式比较

（一）分项工程量计算

我国及国际惯例均按照一定的工程量计算规则计算工程量。但是我国各专业部制定的定额中，工程量计算规则的口径不同，有的步距大、项目粗，有的步距小、项目细；同一部门，例如建设部，在全国各地又有不尽相同的工程量计算规则，这给工程估价带来了许多不便。因此，应对各专业部及各地区的预算定额中的工程量计算规则及定额项目划分进行系统的设计与整合，制定出一套与国际惯例接近的统一的工程量计算规则。

（二）消耗量的确定

英美没有消耗量定额，日本有消耗量定额，我国积累了庞大的消耗量定额体系。对此，我们需认真分析。虽然有的国家没有统一的消耗量定额，但在实际工作中，他们根据各地的特点，制订出了务实的消耗量标准。消耗量是工程估价的重要依据，所以我们不能片面地否认我国现行的消耗量定额，但也不能简单地继承。我国的消耗量定额存在以下弊端：

(1)各专业部制定的概、预算定额都包括了消耗量定额，这些定额有许多相同的工程内容，但它们的消耗量数额有很大的不同，这说明定额消耗量的测算精度不够。我们需要对相近的定额比较分析，得出更科学合理的消耗量标准。

(2)实物消耗量与施工手段消耗量不分。我国的消耗量定额包含实物消耗量和施工手段消耗量，并将这些消耗量统统作为“控制量”的标准。其中的施工手段消耗量不应作为统一控制的内容，不同的承包人有不同的工艺水平和管理方法，施工手段消耗量有很大的差异，这是构成承包人竞争力的重要因素，应由承包人根据自己的经验确定。实物消耗量在一定范围内是相对不变的，但严格地讲，实物消耗量也会因不同的承包人而有差异。例如，水泥的消耗量，相同强度等级的混凝土的水泥用量，会因承包人采用的不同工艺及不同质量控制水平而变化。因此，我国现行的消耗量定额可以作为编制概预算时的依据，但在承包人报价时只能作为参考资料。

(三)价格及费用计算依据

我国人工单价由建设行政主管部门测定发布，是一种指令性价格，编制概预算时必须遵照执行。材料价格由建设行政主管部测定发布价格信息，编制概预算时可参照执行。各项费用的计算标准也由政府规定。国外的人工、材料价格等均依据市场定价。

(四)计算程序

我国的单位估价表只计算到直接工程费，直接工程费汇总后计算其他各项费用。国际工程习惯采用分项工程量乘分项工程单价，该分项工程单价包括直接费、间接费、利润及税金，这种计算完整的分项工程单价的方法可以称为综合单价法。目前我国许多部门和地区在采用单位估价表的同时，也在推广应用综合单价法。2007 年交通部颁发的《公路工程基本建设项目概算预算编制办法》中分项工程单价已经采用的是综合单价。

第五节　定额与工程造价管理改革的趋势

从定额的发展历程我们可以看出，定额是在我国建国后计划经济发展的过程中逐步产生、发展和成熟的。由于我国长期以来实行投资体制的集权管理模式，政府既是宏观政策的制订者，又是微观项目建设的参与者，因此计划色彩浓厚的统一定额能够为政府进行宏观的投资调控和微观的建设项目管理提供有力的方法和手段。统一定额在我国社会主义建设中起到了巨大的推动作用。

同时，在计划经济时期，定额是国家作为调控物价的文件，所反映的是测算造价的指令。定额之所以能用来控制物价，是因为定额中人工、材料、机械执行的是国家计划价格。实行市场经济后，各种物价已逐步放开，定额中各种材料价格和人工工资也将逐步放开，由政府建筑产品价格管理部门根据市场变化情况发布价格指数，供测算造价时参考，这样定额中的各种价格由原来的控制作用转为起指导和参考作用。市场经济时期，定额用来作为测算产品价格的工具，定额所反映的应是建筑市场的客观现实。定额职能的转变，要求我们对定额价、量的内涵都应进行调整转变。实行市场经济后建筑产品价格，仍然需要测算，这是由于多年来测算工作中形成了应用定额的工作模式，因而定额在新的经济管理体制下仍有生存环境，其整体结构必被长期沿用。

目前，我国正处在建立市场经济的初始阶段，或由计划经济向市场经济过渡时期，一下子把计划经济时期的东西全部取消，恐怕不可能，也不现实。而应该是“解放思想、实事求是”，既按市场经济的基本要求办事，又要考虑当前现实的条件，更要认识市场经济的建立不是一朝一夕就实现的，从而确定我们改革的方向、步骤和措施。

在当前甚至今后相当长的时间内，尚存在以下特点：

其一，我国是以公有制为主体的社会主义，固定资产投资及其资金来源，虽已呈多元化格局，但就其总量而言，公有制部分占绝大部分，其需求、投资方向、投资结构要受国家计划（包括指令性计划和指导性计划）的调控和制约，在很大程度上存在着计划调节需求，市场调节供给。

其二，当前建筑工业生产仍未摆脱手工操作、劳动力密集、管理粗放的状况，农业大量剩余劳动力极易造成建筑市场的失衡，这种供大于求的买方市场状况，可能要持续相当长的时间。全民、集体、个体企业同时在市场竞争的条件下，既要搞好国有大中型企业，又要坚持平等竞争，不能不增加政策调整的难度。

建筑产品全面放开是人心所向，大势所趋，指日可待。价格放开后，定额对于测算建筑产品价格的作用，不仅不会减弱消失，而且依赖的程度将更加紧密。所以不存在要不要定额的问题，而是要什么样定额的问题。在市场经济条件下，要建立新的、按经济规律办事的、适应市场经济体制建立的定额。这样就需要我们按照社会生产力和经济发展水平，社会价格总水平的平衡，建筑业的实际情况，编制出作为国家宏观总量控制、计划指导以及引导市场计价或定价运作的既有“量”又有“价”的定额。

根据我国的国情，各建筑企事业单位，目前均无力自行制定定额，现阶段这项工作，还要依靠政府定额管理部门来完成。

因此，根据上述对社会主义市场经济的认识，结合我国当前国情，定额工作的改革，应当围绕转换企业经营机制，培育全国统一市场，转变政府职能，完善宏观调控体系展开，基本思路从以下几个方面进行：

（1）改变国家计价定额属性，实行指令性和指导性相结合的管理机制。

国家定额包括投资估算指标、概算定额、预算定额，应是国家对确定工程造价所需消耗量实施宏观调控的重要手段之一。它主要作为投资方或业主根据建设程序分阶段确定和控制工程造价，引导把投资打足，对建设项目进行经济评价，编制固定资产投资计划，筹措建设资金和控制资金使用的依据。

实施阶段工程造价，应通过市场机制由承发包两方协商在合同中确定。定额应是确定实物工程量、人工、主要材料、施工机械台班（时）消耗量的依据，也是编制指标、工程招标控制价的基础和评定投标报价的客观尺度。施工企业如何报价是企业经营管理范围内的事，可以不受国家定额的约束。

定额可按编制年度价格制订基价，仅作为设计方案比选、测定工程造价指数和计算各种费率的基础，不作为结算的依据。

定额作为控制消耗量的标准，为规范统一工程造价计价规定，应在统一项目划分，计量单位的基础上，制订标准工程量计算规则，单独成册，由国家主管部门发布和管理，各方共同遵守执行。

（2）明确公路工程定额的制订和管理分工。

按照建设程序分阶段确定控制造价的需要，划分为投资估算指标、概算定额、预算定额、施工定额的纵向层次，并制订与之相配套的投资估算、概算、预算编制办法。交通部主管定额机构，负责制订、修订估算指标、概算定额、预算定额及其相配套的估算、概算、预算编制办法；地方定额主管机构，负责制订、修订施工定额及补充估算指标、概算定额、预算定额及估算、概算、预算编制办法的规定。

（3）加强基础定额的制订。

为便于宏观控制，协调全国专业通用定额水平，对通用性强、覆盖面大的项目，应制订全国统一的公路工程基础定额，作为编制全国专业通用定额的基础，也可作为企业制订用于企业内部管理和投标报价的参考。

基础定额从有利于专业定额的编制和调整，有利于市场竞争，应将工程实体消耗和施工措施性消耗相对分离。如桥梁工程的基础，将基础施工措施性消耗单列项目编制定额，大中型施工机械除列出台班(时)费用，同时列出台班(时)产量等。

(4)工程造价实行动态管理。

随着市场调节范围的扩大，人工费、材料价格和施工机械台班(时)费等，应随市场的变化而变化。工程造价实行动态管理，要求在工程概、预算的编制中，应根据有关部门发布的反映一定时期价格水平的价格信息及相关的单项价格指数、各类工程造价指数进行并及时进行调整。

为便于对工程造价的及时、准确地调整和预测，在概、预算定额项目中，应以占本项目材料价值 80％以上的主要材料，列出材料名称、品种、规格、数量；辅助材料则以占主要材料比例表示。主要材料价格调整时，辅助材料可随主要材料相应调整或采用综合系数调整。概、预算编制除应列出工程量及编制期价格、工程造价外，还应列出人工、主要材料和施工机械台班(时)数量，以便价格调整。鉴于市场竞争主要是施工技术和管理能力的竞争，评定投标报价时，对为保证工期、质量的施工技术措施进行综合评价。企业中标应是施工方案的中标。因此，中标的施工措施费用应当包死不予调整。工程实体消耗部分人工、材料应随价格变化和施工部位或工期进行同步调整，使工程的合同造价和结算价能确切地反映工程和价格的实际。

(5)建立工程造价信息网。

目前，我国工程造价管理部门收集、整理、发布工程造价方面的信息滞后于国际、国内市场，其管理手段、方法不适宜于现代信息管理的要求。在造价管理的信息发布上，国外大都通过政府与民间专业咨询公司两种渠道发布，政府主要发布总体性、全局性的各种造价指数，咨询公司主要发布资源的市场行情信息。这种分工使政府与民间都能发挥各自的优势，使造价信息及时、准确、全面。因此，建立全国的工程造价信息网，完善多渠道的信息发布体系已刻不容缓。应建立的信息系统包括：工程建设劳务、材料、设备价格信息系统；物价指数信息系统；工程造价指标、造价指数信息系统；建设工程政策、法规信息系统；工程建设劳动(包括活劳动和物化劳动)消耗(即现在的定额)信息系统；造价咨询单位和咨询人员从业信息系统等。其中，工程建设劳务、材料、设备价格信息系统可以由咨询机构发布。通过信息网，为政府投资和社会投资(包括外资)和参加工程建设的各方及时提供有关信息，为建设工程造价的确定逐步转变为市场定价创造条件。

(6)对政府投资工程和非政府投资工程，实行不同的定价方式。

对于政府投资工程，应以统一的工程消耗量定额为依据，按生产要素的市场价格编制招标控制价，并以此为基础，实行在合理幅度内确定中标价方式。对于非政府投资工程，应强化市场定价原则，既可参照政府投资工程的做法，采取合理低价中标方式，也可由发承包双方依照合同约定的其他方式定价。

第二章　公路工程施工定额

第一节　概　　述

一、施工定额的性质和作用

施工定额是建筑安装工人合理的劳动组织或工人小组在正常施工条件下，为完成单位合格产品所需劳动、机械、材料消耗的数量标准。它是根据专业施工的作业对象和工艺制订的。施工定额应反映企业的施工水平、装备水平和管理水平，作为考核建筑安装企业劳动生产率水平、管理水平的标尺和确定工程成本、投标报价的依据，也是编制预算定额的基础。

(一)施工定额的性质

施工定额是建筑安装企业内部管理的定额，属于企业定额的性质。正确认识施工定额的这一性质，把施工定额和其他定额从性质上区别开来是非常必要的。

施工定额是企业加强管理、提高企业素质、降低劳动消耗、控制成本开支、提高劳动生产率和企业经济效益的有效手段。加强施工定额管理就成为企业的内在要求和必然的发展趋势，而不是国家、部门、地区从外部强加给企业的压力和约束。

施工定额这种企业定额的性质，要求明确地赋予企业以施工定额的管理权限，其中包括编制和颁发施工定额的权限。企业应该能够根据本企业的具体条件和可能挖掘的潜力、市场的需求和竞争环境，根据国家有关政策、法律和规范、制度，自己编制定额，自行决定定额的水平。允许同类企业和同一地区的企业之间存在施工定额水平的差距，允许企业就施工定额的水平对外作为商业秘密进行保密，这样在市场上才能具有竞争能力。

(二)施工定额的作用

1. 施工定额是企业计划管理的依据

施工组织设计和施工作业计划是企业计划管理中不可缺少的环节，施工定额则是企业编制施工组织设计与施工作业计划的依据。

施工组织设计是指导拟建工程进行施工准备和施工生产的技术经济文件，其基本任务是根据招标文件及合同协议的规定，确定出经济合理的施工方案，在人力和物力、时间和空间、技术和组织上对拟建工程做出最佳的安排。施工作业计划则是根据企业的施工计划、拟建工程施工组织设计和现场实际情况编制的，它是一个以实现企业施工计划为目的的施工队、组的具体执行计划，综合体现了企业生产计划、施工进度计划和现场实际情况的要求，是组织和指挥生产的技术文件，也是队、组进行施工的依据。这些计划的编制必须依据施工定额。

2. 施工定额是组织和指挥施工生产的有效工具

企业组织和指挥施工队、组进行施工，是按照作业计划通过下达施工任务书和限额领料单来实现的。

施工任务单，既是下达施工任务的技术文件，也是班、组经济核算的原始凭证，它列明了应完成的施工任务，也记录着班组实际完成任务的情况，并且进行班组工人的工资结算。施工任务单上的工程计量单位、产量定额和计件单位，均需取自施工的劳动定额，工资结算也要根据劳动定额的完成情况计算。

限额领料单是施工队随任务单同时签发的领取材料的凭证，这一凭证是根据施工任务和施工的材料定额填写的。其中领料的数量，是班组为完成规定的工程任务消耗材料的最高限额，这一限额也是评价班组完成任务情况的一项重要指标。

3.施工定额是计算工人劳动报酬的依据

施工定额是衡量工人劳动数量和质量，计算劳动成果和效益的标准，所以，施工定额是计算工人计件工资的基础，也是计算奖励工资的依据，这样才能做到完成定额好，工资报酬就多；达不到定额，工资报酬就会减小。把工人劳动成果与个人生活资料分配的多寡直接联系起来，真正实现多劳多得、按劳分配的社会主义分配原则。这对于打破企业内部分配方面的大锅饭是很有现实意义的。

4.施工定额是企业激励工人的条件

激励在实现企业管理目标中占有重要位置。所谓激励，就是采取某些措施激发和鼓励员工在工作中的积极性和创造性。行为科学者研究表明，如果职工受到充分的激励，其能力可发挥80%～90%；如果缺少激励，仅仅能够发挥出20%～30%的能力。但激励只有在满足人们某种需要的情形下才能起到作用。施工定额可以对生理需要、自尊需要和自我实现需要的满足起到直接激励作用，完成和超额完成定额，不仅能获取更多的工资报酬以满足生理需要，而且也能满足自尊和获取他人(社会)认同的需要，并且进一步满足尽可能发挥个人潜力以实现自我价值的需要。如果没有施工定额这种标准尺度，实现以上几个方面的激励就缺少必要的手段。

5.施工定额有利于推广先进技术

施工定额水平中包含着某些已成熟的先进的施工技术和经验，工人要达到和超过定额，就必须掌握和运用这些先进技术；如果工人要想大幅度超过定额，就必须创造性地劳动。第一，在自己的工作中注意改进工具和改进技术操作方法，注意原材料的节约，避免原材料和能源的浪费；第二，施工定额中往往明确要求采用某些较先进的施工工具和施工方法，所以贯彻施工定额也就意味着推广先进技术；第三，企业或主管部门为了推行施工定额，往往要组织技术培训，以帮助工人能达到和超过定额。技术培训和技术表演等方式也都可以大大普及先进技术和先进操作方法。

6.施工定额是加强企业成本管理和经济核算的基础

施工中人工、机械和材料的费用，是构成工程成本中直接费用的主要内容，对间接费用的开支也有着很大的影响。严格执行施工定额不仅可以起到控制成本、降低费用开支的作用，同时为企业贯彻经济核算制、加强班组核算和增加盈利，创造了良好的条件。

7.施工定额是编制工程建设定额体系的基础

施工定额和生产结合最紧密，它直接反映生产技术水平和管理水平，而其他各类定额则是在较高的层次上、较大的跨度上反映社会生产力水平。尽管这些定额有更大的综合性和覆盖面，但它们都不能脱离施工定额所直接反映的生产技术水平和管理水平。

施工定额是编制预算定额的直接基础，是编制概算定额和估算指标的间接基础。

总之，施工定额是建筑安装企业管理工作的基础，也是工程建设定额体系中的基础。

二、施工定额的编制原则和依据

(一)编制原则

1.平均先进性原则

平均先进,是就施工定额的水平而言。定额水平是指定额所规定的单位产品劳动、机械和材料消耗数量的高低,定额水平高,则消耗量小;反之,定额水平低,则消耗量大。

施工定额作为企业定额的性质,决定了在确定定额水平时必须考虑满足以下约束条件:有利于提高劳动工效,降低人工、机械和材料的消耗;有利于正确考核和评价工人的劳动成果;有利于正确处理企业和个人之间的经济关系;有利于提高企业管理水平。要满足以上几点要求,确定施工定额水平必须贯彻平均先进性原则。

所谓平均先进水平,就是在正常的施工条件下,大多数施工队组和大多数生产者经过努力能够达到和超过的水平。一般说它应低于先进水平,而略高于平均水平。这种水平使先进者感到一定的压力,使处于中间水平的工人感到定额水平可望可及,对于落后工人不迁就,使他们认识到必须花大力气去改善施工技术,提高技术操作水平,珍惜劳动时间,节约材料消耗,尽快达到定额的水平。所以,平均先进水平是一种可以鼓励先进,勉励中间,鞭策落后的定额水平,是编制施工定额的理想水平。

2.简明适用性原则

简明适用,就是定额的内容和形式要方便于定额的贯彻和执行。简明适用性原则,要求施工定额内容要能满足组织施工生产和计算工人劳动报酬等多种需要;同时,又要简单明了,容易掌握,便于查阅,便于计算,便于携带。

定额的简明性和适用性,是既有联系,又有区别的两个方面。编制施工定额时应全面加以贯彻。当二者发生矛盾时,定额的简明性应服从适用性的要求。

贯彻定额的简明适用性原则,关键是做到定额项目设置齐全,项目划分粗细适当。

3.以专家为主编制定额的原则

编制施工定额,要以专家为主,这是实践经验的总结。施工定额的编制工作量大,工作周期长,又具有很强的技术性和政策性。这就要求有一支经验丰富、技术与管理知识全面、有一定政策水平的稳定的专家队伍。

贯彻以专家为主编制施工定额的原则,必须注意走群众路线。因为广大建筑安装工人是施工生产的实践者又是定额的执行者,最了解施工生产的实际和定额的执行情况及存在问题,要虚心向他们求教。同时也要向他们宣传编制施工定额的必要性和意义,教育他们用主人翁的态度正确处理好个人和企业利益的关系,以取得他们的配合和支持。尤其是在现场测时和组织新定额试点时,这一点非常重要。

4.独立自主的原则

施工企业作为具有独立法人地位的经济实体,应根据企业的具体情况和需要,结合国家的技术经济政策和产业导向,以赢利为目标,自主地制订施工定额。贯彻这一原则有利于企业自主经营,有利于执行现代企业制度,有利于施工企业摆脱过多的行政干预,更好地面对建筑市场竞争的环境;同时也有利于促进新的施工技术和施工方法的采用。

企业独立自主地制订定额,主要是自主地确定定额水平、划分定额项目,自主地根据需要增加新的定额项目。但是,施工定额毕竟是一定时期企业生产力水平的反映,它不可能也不应该割断历史,因此,企业定额应是对原有国家、部门和地区性施工定额的继承和发展。

(二)编制依据

1.国家的有关规定

编制施工定额必须依据党和国家有关经济政策和管理制度,例如劳动定额应贯彻劳动管理制度,材料选用应符合"以钢代木"的国家政策;机械品种与当前公路建设机械化程度相适应。

2.施工技术及验收规范

如公路路基施工技术规范、公路路面基层施工技术规范、沥青路面施工技术规范、水泥混凝土路面施工技术规范、公路桥涵施工技术规范、公路工程施工安全技术规程、公路工程质量检验评定标准等。施工过程应满足公路工程施工技术规范的技术要求。工程质量应符合公路工程施工及验收技术规范、工程质量检验评定标准、技术规程中有关质量要求和质量标准。

3.技术测定和经验统计资料

现场理论技术测定和经验统计资料是编制施工定额的数据来源,必须准确可靠。在收集和选用时,应特别注意影响因素分析,采取实事求是的科学态度,采用数理统计的科学方法,力求最大限度地减少误差。

第二节　工时消耗的研究

编制施工定额,首先将复杂的公路工程施工过程分解为一道道工序,然后研究完成一定工程量的工序工作所必需消耗的劳动时间、机械使用时间和材料用量。

工时消耗的研究就是将劳动者或施工机械在施工过程中所消耗的时间,根据其性质、范围和具体情况的不同,予以科学地划分、归纳,找出必需消耗时间,为编制施工定额提供依据。

一、施工过程分解

(一)施工过程

施工过程就是在建筑工地范围内所进行的生产过程,最终目的是建造、改建、修复或拆除建筑物或构筑物,如挖土、预制钢筋混凝土构件等。

施工过程是由不同工种、不同技术等级的建筑安装工人完成的,并且必须有一定的劳动对象(建筑材料、半成品、配件、预制品等)、一定的劳动工具(手动工具、小型机具和机械等)。

每个施工过程的结果都获得一定的产品,该产品的尺寸、形状、表面结构、空间位置、强度等质量因素,必须符合设计及质量要求。只有合格的产品才能计入施工过程中消耗工作时间的劳动成果。

(二)施工过程的分解

施工过程可分解为一个或多个工序,一个工序可以分为若干个操作,一个操作又可分为若干个动作。

工序就是一个工人(或一个小组)在一个工地上,对同一个(或几个)劳动对象所完成的一切连续活动的总和。工序的主要特征是劳动者、劳动对象和使用的劳动工具均不发生变化,如果其中一个发生变化,就意味着从一个工序转入了另一个工序。

工序可由一个工人来完成，也可由几个工人或者小组共同来完成，前者叫做个人工序，后者则为小组工序。工序按照完成的方法通常分为手工工序和机械工序两种。机械工序由人工操纵施工机械来完成，如用搅拌机搅拌混凝土或砂浆，用起重机吊装各种预制构件等。

操作是一个个动作的综合，它是工序按劳动过程所划分的组成部分。

动作是操作的组成部分，每一个操作可以分解为若干个动作，它是工序中最小的一次性的不间断运动。

例如钢筋加工这个施工过程，可分为调直、切断、弯曲、绑扎等几道主要工序："弯曲钢筋"工序，则由"把钢筋放在工作台上"、"对准位置"、"弯曲钢筋"、"把弯好的钢筋放置一边"等操作组成；而"把钢筋放在工作台上"这一操作，又由"走向放钢筋处"、"拿起钢筋"、"返回工作台"、"把钢筋放在工作台上"、"把钢筋靠近立柱"等动作组成。

施工过程的各个工序，如果以同样的次序不断重复，并且每重复一次都可以生产出同一产品，则称为循环的施工过程。若施工过程的各个工序不是以同样的次序重复，或者生产出的产品各不相同，则称为非循环的施工过程。

编制施工定额时，工序是主要的研究对象，因此，将施工过程分解至工序即可。如果研究操作方法的改进或节约工时的方法，就要将施工过程分解至操作甚至动作为止。

二、工作时间分析

工作时间就是工作班的延续时间，一般工作为 8h/日工作制。工作时间分为工人工作时间和机械工作时间。

(一)工人工作时间分析

工人的工作时间可分为定额时间(必需消耗的时间)和非定额时间(损失时间)两大类，如图 2-1 所示。

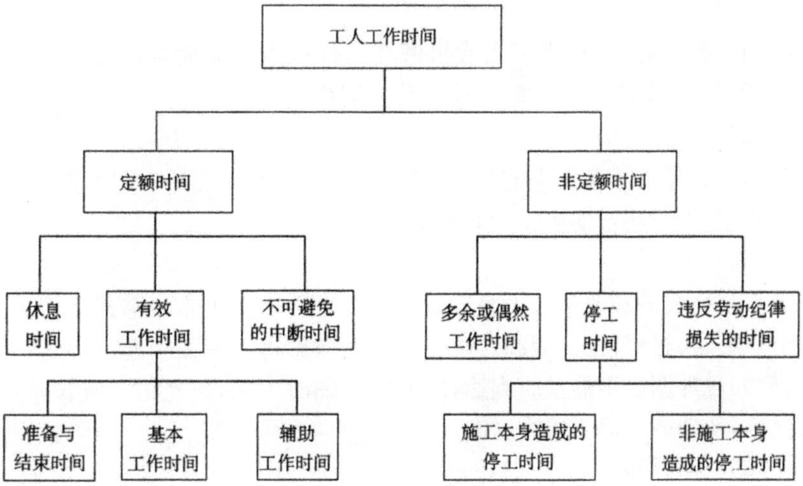

图 2-1　工人工作时间分类图

1. 定额时间

定额时间是指在正常施工条件下，工人为完成一定产品所必需消耗的工作时间，包括有效工作时间、休息时间、不可避免的中断时间。

(1)有效工作时间

有效工作时间是与完成产品有直接关系的工作时间消耗。其中包括准备与结束时间、基本工作时间、辅助工作时间。

①准备与结束工作时间。指工人在执行任务前的准备工作和完成任务后的结束工作所需消耗的时间。它分为经常性的准备与结束工作时间和任务性的准备与结束工作时间。

经常性的准备,如领取材料工具,工作地点布置,检查安全技术措施,调整、保养机械;结束工作时间,如清理工作地点,退回工具、余料,产品交验、工作交接班等具有经常的或每天的工作时间消耗的特性。

任务性的准备与结束工作时间,如接受任务时技术交底,熟悉施工图纸等不具有经常性,仅发生在接受新任务时。

②基本工作时间。指工人直接用于施工过程中完成产品的各个工序所消耗的时间,与完成任务的大小成正比。通过基本工作,如钢筋弯曲成型,浇筑混凝土构件等可以使劳动对象发生直接变化。

③辅助工作时间。辅助工作时间是为了保证基本工作的顺利进行而做的辅助性工作所需要消耗的时间。辅助性工作不直接导致产品的形态、性质、结构位置发生变化。如搭设跳板、修理便道、施工放线、自行检查等均属辅助性工作。

(2)休息时间

休息时间指工人在工作过程中为了恢复体力所必需的短暂间歇时间及因个人生理上的需要而消耗的时间。休息时间包括工间休息时间,工人喝水、上厕所等时间,是根据工作的繁重程度、劳动条件和劳动性质作为劳动保护规定列入工作时间之内。

(3)不可避免的中断时间

不可避免的中断时间是由于施工工艺特点引起的工作中断所必需的时间。例如,汽车驾驶员在汽车装卸货时消耗的时间;起重机吊预制构件时安装工等待的时间。

2.非定额时间

非定额时间即损失时间,是指工人或机械在工作班内与完成生产任务无关的时间消耗。非定额时间包括多余或偶然工作时间和违反劳动纪律时间。

(1)多余或偶然工作时间

指在正常施工条件下不应发生的时间消耗,或由于意外情况所引起的工作所消耗的时间。如质量不符合要求,返工造成的多余的时间消耗。

(2)停工时间

包括施工本身造成的和非施工本身造成的停工时间。施工本身造成的停工,是由于施工组织和劳动组织不善,材料供应不及时,施工准备工作做得不好而引起的停工;非施工本身而引起的停工,例如设计图纸不能及时到达,水电供应临时中断,以及由于气象条件(如大雨、风暴、严寒、酷热等)所造成的停工损失时间。

(3)违反劳动纪律时间

指工人不遵守劳动纪律而造成的时间损失,如上班迟到、早退、擅自离开工作岗位、工作时间聊天,以及由于个别人违反劳动纪律而使别的工人无法工作的时间损失。

上述非定额时间,在确定定额水平时,均不予考虑。

(二)机械工作时间分析

机械工作时间分析如图 2-2 所示。

1.定额时间

(1)有效工作时间

包括正常负荷下和降低负荷下两种工作时间消耗。

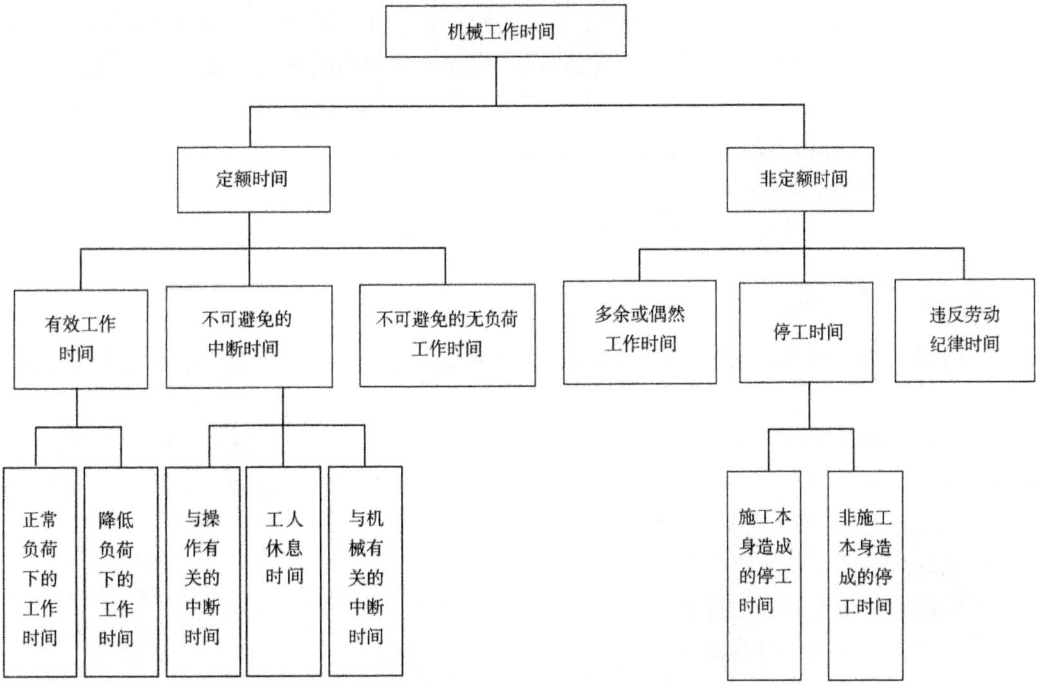

图 2-2　机械工作时间分类图

①正常负荷下的工作时间，是指机械在达到机械说明书规定的负荷下进行工作的时间。在个别情况下，由于技术的原因，机械只能在低于规定负荷下工作，如汽车载运质量轻而体积大的货物时，不可能充分利用汽车的载重吨位，因而不得不降低负荷工作，此种情况亦视为正常负荷下工作。

②降低负荷下的工作时间，是指由于施工管理人员或工人的过失，以及机械陈旧或发生故障等原因，使机械在降低负荷的情况下进行工作的时间。

(2)不可避免的无负荷工作时间

指由于施工过程的特性和机械结构的特点所造成的机械无负荷工作时间。如铲运机返回到铲土地点、工作班开始和结束时来回无负荷的空行或工作地段转移所消耗的时间。

(3)不可避免中断的时间

由于施工过程的技术和组织的特性造成的机械工作中断时间。

①与操作有关的不可避免中断时间，如汽车装载、卸货的停歇时间。

②与机械有关的不可避免中断时间，是指用机械进行工作的人在准备与结束工作时使机械暂停的中断时间，或者在维护保养机械时必须使其停转所发生的中断时间。

③工人休息时间，是指机械工人必需的休息时间。

2. 非定额时间

(1)多余或偶然工作时间

多余或偶然的工作有两种情况：一是可避免的机械无负荷工作，系指工人没有及时供给机械用料引起的空转；二是机械在负荷下所做的多余工作，如混凝土搅拌机搅拌混凝土时超过规定搅拌时间，即属于多余工作时间。

(2)停工时间

按其性质又分为以下两种：

①施工本身造成的停工时间，指由于施工组织不善引起的机械停工时间，如临时没有工作面，未能及时供给机械用水、燃料和润滑油，以及机械损坏等所引起的机械停工时间。

②非施工本身造成的停工时间，指由于外部的影响引起的机械停工时间，如水源、电源中断(不是由于施工原因)，以及气候条件(暴雨、冰冻等)的影响而引起的机械停工时间。

(3)违反劳动纪律时间

由于机械工人违反劳动纪律而引起的机械停工时间。

三、工时研究方法

工时研究是用科学的方法对工作时间进行观察、记录、整理、分析，是制订定额的基础工作。

计时观察法是工时研究的基本方法。在施工现场对选定的施工过程进行观察、测时，计算实物和劳动产量，记录施工过程所处的施工条件和影响工时消耗的因素，然后整理、分析观察资料，进而得到完成单位合格产品所必需消耗的工作时间。

计时观察法的工作步骤如下：

①确定计时观察的施工过程。

②划分施工过程的组成部分。

③选择正常施工条件。

④选择观察对象。

⑤观察测时。

⑥整理和分析观察资料。

⑦编制定额。

计时观察法可分为测时法、写实记录法和工作日写实法等三种主要方法。

(一)测时法

测时法是一种精确度比较高的测定方法，主要适用于研究以循环形式不断重复进行的作业，它用于观测研究施工过程循环组成部分的工作时间消耗，不研究工人休息、准备与结束及其他非循环的工作时间。采用测时法，可以为制订劳动定额提供单位产品所必需的基本工作时间的技术数据，可以分析研究工人的操作或动作，总结先进经验，帮助工人班组提高劳动效率。

1.记录时间的方法

测时法按记录时间的方法的不同，分为选择测时法和接续法两种。

(1)选择法测时

采用选择法测时时，当被观察的某一循环工作的组成部分开始，观察者立即开动秒表，当该组成部分终止，则立即停止秒表，然后把秒表上指示的延续时间记录到选择法测时记录(循环整理)表上，并把秒针拨回到零点。下一组成部分开始，再开动秒表，如此依次观察下去，并依次记录下延续时间(表2-1)。

采用选择法测时，应特别注意掌握定时点，以避免影响测时资料的精确性。在记录时间时仍在进行的工作组成部分，应不予观察。

选择法测时记录(循环整理)表，既可记录观察资料，又可进行观察资料的整理。测时之前，应先把表头部分和各组成部分的名称填好，观察时再依次填入各组成部分的延续时间，观察结束再行整理，求出平均修正值。

选择测时法记录表示例 表 2-1

测定对象：单斗正铲挖掘机（斗容量 $1m^3$）观察精度：每一循环时间 1s	选择测时法	建筑企业名称	工地名称	观察日期	开始时间	终止时间	延续时间	观察号次
	施工过程中名称：正铲挖土机，自卸汽车配合运输，挖土机斗臂回转角度在 120°～180°							

序号	工序名称	每一循环内各组成部分的工时消耗(s)										时间整理					附注
		1	2	3	4	5	6	7	8	9	10	延续时间总计	有效循环次数	算术平均值	最大值 x_{max}	最小值 x_{min}	
1	土斗挖土并提升斗臂	17	15	18	19	19	22	16	18	18	16	173	10	17.8	22	15	①由于汽车未组织好，使挖土机等候，不立刻卸土；②因土与斗壁粘住，振动斗使土卸落
2	回转斗臂	12	14	13	25①	10	11	12	11	12	13	108	9	12.0	14	10	
3	土斗卸土	5	7	6	5	6	12②	5	8	6	5	53	9	5.9	8	5	
4	返转斗臂并落下土斗	10	12	11	10	12	10	9	12	10	14	110	10	11.0	14	9	
5	一个循环总计	44	48	48	59	47	54	45	47	47	46	—	—	46.7	—	—	

(2)接续法测时

接续法测时也称连续法测时，它较选择法测时准确、完善，但观察技术也较之复杂。其特点是，在工作进行中和非循环组成部分出现之前一直不停止秒表，秒针走动过程中，观察者根据各组成部分之间的定时点，记录它的终点时间。因此，在观察时，要使用双针秒表，以便使其辅助针停止在某一组成部分的结束时间上。

接续法测时使用接续法测时记录表（表 2-2），其特点是，每一组成部分的基本计时资料，分为互相平行的两行来填写，第一行记录组成部分的终止时间，第二行记录观察后计算出的组成部分延续时间。

2. 测时法的观察次数

对某一施工活动进行测时时，观测次数直接影响测时资料的精确度，因此，要认真确定测时的次数，以保证测时资料的可靠性和代表性。一般来说，观测的次数越多，资料的准确性越高，但要花费较多的时间和人力，这样既不经济，也不现实，如表 2-3 所示为测时所得数据的算术平均值精确度与观测次数和稳定系数之间的关系。可供测定时检查所测次数是否满足需要的参考。稳定系数 K_P 由式(2-1)求出：

$$K_P = \frac{x_{max}}{x_{min}} \tag{2-1}$$

式中：x_{max}——最大观测值；

x_{min}——最小观测值。

接续测时法记录表示例 表 2-2

测定对象：混凝土搅拌机拌和混凝土，观察精度 1s	接续测时法	建筑企业名称	工地名称	观察日期	开始时间	终止时间	延续时间	观察号次
					8:00			
	施工过程中名称：混凝土搅拌机(J5B—500 型)拌和混凝土							

序号	工序名称	时间	每一循环内各组成部分的工时消耗(s)																				时间整理					附注
			1		2		3		4		5		6		7		8		9		10		延续时间总计	有效循环次数	算术平均值	最大值 x_{max}	最小值 x_{min}	
			min	s	min	s	min	s	min	s	min	s	min	s	min	s	min	s	min	s	min	s						
1	装料入鼓	终止时间	0	15	2	16	4	20	6	30	8	33	10	39	12	44	14	56	17	4	19	5	43	10	14.8	19	12	
		延续时间		15		13		13		17		14		15		16		19		12		14						
2	搅拌	终止时间	1	45	2	48	5	55	7	57	10	4	12	9	14	20	16	28	18	33	20	38	915	10	91.5	96	87	
		延续时间		90		92		95		87		91		90		96		92		89		93						
3	出料	终止时间	2	3	4	7	6	13	8	19	10	24	12	28	14	37	16	52	18	51	20	54	191	10	19.1	24	16	
		延续时间		18		19		18		22		20		19		17		24		18		16						
4	一个循环总计																								125.4			

测时法观察次数表 表 2-3

观察次数 / 精确度要求 / 稳定系数 K_P	算术平均值精确度				
	5%以内	7%以内	10%以内	15%以内	20%以内
1.5	9	6	5	5	5
2	16	11	7	5	5
2.5	23	15	10	6	5
3	30	18	12	8	6
4	39	25	15	10	7
5	47	31	19	11	8

3. 测时数据的整理

观测所得数据的算术平均值，即为所求延续时间。为使算术平均值更加接近于各组成部分延续时间的正确值，必须删去那些显然是错误的以及误差极大的值。通过清理后所得出的算术平均值，通常称为算术平均修正值。

清理偏差大的数据时，不能单凭主观想像，这样就失去了技术测定的真实性和科学性。同时，也不能预先规定出偏差的百分率。偏差百分率对某些组成部分可能显得太大，而对另一些组成部分可能又会显得不够，为了妥善清理此类误差，可参照下列调整系数(表 2-4)和误差极限算式进行。

误差调整系数表　　表 2-4

观察次数	调整系数	观察次数	调整系数	观察次数	调整系数
5	1.3	9～10	1.0	31～53	0.7
6	1.2	11～15	0.9	53 以上	0.6
7～8	1.1	16～30	0.8		

误差极限算式如式(2-2)、式(2-3)所示。

$$\mathrm{Lim}_{max} = \bar{x} + K(x_{max} - x_{min}) \tag{2-2}$$

$$\mathrm{Lim}_{min} = \bar{x} - K(x_{max} - x_{min}) \tag{2-3}$$

式中：Lim_{max}——根据误差理论得出的最大极限值；

Lim_{min}——根据误差理论得出的最小极限值；

x_{max}——测定数值中经整理后的最大值；

x_{min}——测定数值中经整理后的最小值；

$\bar{x}$——算术平均值；

K——调整系数，见表 2-4。

清理方法是：首先，从测得的数据中删去人为因素的影响而出现的偏差极大的数据，然后，再从留下的测时数据中删去偏差极大的可疑数据，用表(2-4)及式(2-2)、式(2-3)求出最大极限和最小极限之外的偏差极大的可疑数值。

【例 2-1】 表 2-1 中第一道工序，有效循环次数测定的数据为：17，15，18，19，19，22，16，18，18，16。试计算算术平均修正值。

解：其中误差大的可疑数据为 22。删去这一数值，然后用式(2-2)计算其最大极限：

$$\bar{x} = \frac{17+15+18+19+19+16+18+18+16}{9} = 17.3$$

$$\begin{aligned}\mathrm{Lim}_{max} &= \bar{x} + K(x_{max} - x_{min}) \\ &= 17.3 + 1 \times (19 - 15) \\ &= 21.3\end{aligned}$$

由于 22>21.3，故可疑数 22 应删去，则算术平均修正值为 17.3。

如一组测时数据有两个误差大的可疑数据时，应从最大的一个数开始，连续进行检核(每次只能删去一个数据)。

如一组测时数据中有两个以上的需删去的数据时，应将这一组测时数据抛弃，重新进行观测。

测时记录表中“时间总和”和“循环次数”栏，应按清理后的合计填入。

(二)写实记录法

写实记录法可用以研究所有种类的工作时间消耗，包括基本工作时间、辅助工作时间、不可避免的中断时间、准备与结束时间以及各种损失时间。通过写实记录可以获得分析工作时间消耗和制订定额时所必需的全部资料。这种测定方法比较简单，易于掌握，并能保证必需的精确度。因此，写实记录法在实际中得到广泛采用。

写实记录法分为个人写实和集体写实两种。由一个人单独操作和完成产品数量可单独计算时，采用个人写实记录；如果由小组集体操作，而产品数量又无法单独计算时，可采用集体写实记录。

1. 记录时间的方法

记录时间的方法有数示法、图示法和混合法三种。计时一般使用有秒表的普通计时表。

(1)数示法

测定时直接用数字记录时间的方法。这种方法可同时对 2 个以内的工人进行测定，适应于组成部分较少而且较稳定的施工过程。记录时间的精确度为 5～10s。观察的时间应记录在数示法写实记录表中(表 2-5)。

数示法写实记录表示例　　　　表 2-5

工地名称				开始时间				延续时间				调查号次			
施工单位名称				终止时间				记录时间				页次			
施工过程：双轮车运土方(运距 200m)			观察对象：工人甲					观察对象：工人乙							
序号	施工过程组成部分名称	时间消耗量	组成部分序号	起止时间		延续时间	完成产品		组成部分序号	起止时间		延续时间	完成产品		附注
				h-min	s		计量单位	数量		h-min	s		计量单位	数量	
(1)	(2)	(3)	(4)	(5)		(6)	(7)	(8)	(9)	(10)		(11)	(12)	(13)	(14)
1	装土	29′35″	开始	8-33-0					开始	9-13-10					
			1	35	50	2′50″	m³	0.288	1	16	50	3′40″	m³	0.288	甲、乙两人共运土 8 车，每车容积 0.288m³ 共运 0.288 × 8 = 2.3m³ 松土
2	运输	21′26″	2	39	0	3′10″	次	1	2	19	10	2′20″	次	1	
3	卸土	8′59″	3	40	20	1′20″	m³	0.288	3	20	10	1′00″	m³	0.288	
4	空返	18′5″	4	43	0	2′40″	次	1	4	22	30	2′20″	次	1	
5	等候装土	2′5″	1	46	30	3′30″			1	26	30	4′00″			
6	喝水	1′30″	2	49	0	2′30″			2	29	0	2′30″			
			3	50	0	1′00″			3	30	0	1′00″			
			4	52	30	2′30″			4	32	50	2′50″			
			1	56	40	4′10″			5	34	55	2′05″	次	1	
			2	59	10	2′30″			1	38	50	3′55″			
			3	9-00	20	1′10″			2	41	56	3′6″			
			4	3	10	2′50″			3	43	20	1′24″			
			1	6	50	3′40″			4	45	50	2′30″			
			2	9	40	2′50″			1	49	40	3′50″			
			3	10	45	1′05″			2	52	10	2′30″			
			4	13	10	2′25″			3	53	10	1′00″			
									6	54	40	1′30″	次	1	
		81′40″				40′10″						41′30″			

(2)图示法

用图表的形式记录时间(表 2-6)。记录时间的精确度可达 0.5～1min。适用于观察 3 个以内的工人共同完成某一产品的施工过程。此种方法记录时间与数示法比较有许多优点，主要是记录技术简单，时间记录一目了然，原始记录整理方便。因此，在实际工作中，图示法较数示法的使用更为普遍。

图示法写实记录表示例 表 2-6

工地名称		501工地	开始时间	8:00	延续时间	1h	调查号次	
施工单位			终止时间	9:00	记录日期	84.6.28	页次	
施工过程		砌1砖厚单面清水墙	观察对象	张××（四级工）、李××（四级工）、王××（三级工）				

序号	各组成部分名称	时间（min）	时间合计（min）	产品数量	附注
		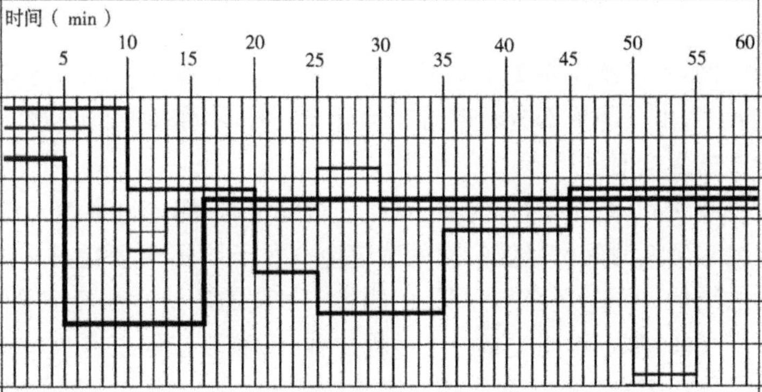			
1	准备		17		
2	拉线		10		
3	铺灰砌砖		109	$0.76m^3$	
4	浇水		13		
5	摆放钢筋		5		
6	帮普工搬砖		21		
7	等灰浆		5		
合计			180		

记录时间时用铅笔在各组成部分相应的横行中画直线段，每个工人一条线，每一线段的始端和末端应与该组成部分的开始时间和终止时间相符合。工作 1min，直线段延伸一个小格，测定两个以上的工人工作时，最好使用不同颜色的铅笔，以便区分各个工人的线段。当工人的操作由一组成部分转入另一组成部分时，时间线段亦应随着改变其位置，并应将前一线段的末端划一垂直线段与后一线段的始端相连接。

（3）混合法

混合法记录时间的方法，吸取了图示法和数示法的优点，用图示法表格记录所测施工过程各组成部分的延续时间，而完成每一组成部分的工人人数则用数字表示。这种方法适用于同时观察 3 个以上工人工作时的集体写实记录，它的优点是比较经济，这一点是数示法和图示法都不能做到的。

混合法记录时间应采用图示法写实记录表（表 2-7）。

混合法写实记录表示例 表 2-7

工地名称		104 工 地	开始时间	9:00	延续时间	1h	调查号次	
施工单位			终止时间	10:00	记录日期	84.8.24	页次	1
施工过程		浇筑混凝土（机拌人捣）	观察对象	四级工：3人；三级工：3人				

序号	各组成部分名称	时间（min）	时间合计（min）	产品数量	附注
		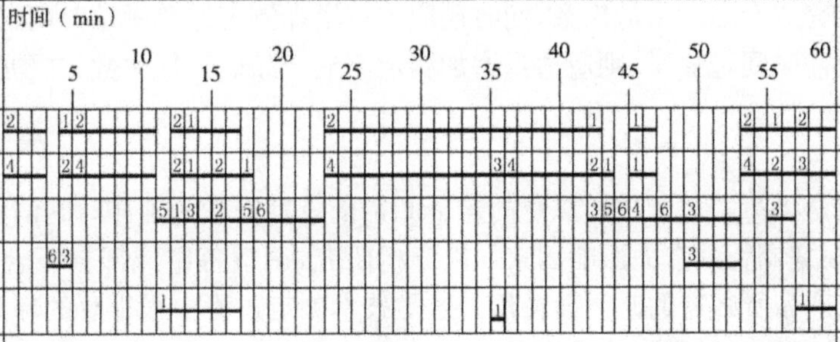			
1	撒锹		78	$1.85m^3$	
2	捣固		1.48	$1.85m^3$	
3	转移		103	3次	
4	等混凝土		21		
5	其他工作		10		
合计			360		

所测施工过程各组成部分的延续时间，用相应的直线段表示，完成该组成部分的工人人数用数字填写在其时间段的始端上面。当某一组成部分的工人人数发生变动时，应立即将变动后的人数填写在变动处。同时还应注意，当一个组成部分的工人人数有所变动时，必然要引起另一组成部分或数个组成部分中工人人数的变动。因此，在观察过程中，应随时核对各组成部分在同一时间内的工人人数是否等于观察对象的总人数，如发现人数不符时应立即纠正。

混合法记录时间，不论测定多少工人工作，在所测施工过程各组成部分的时间栏里只用一条直线段表示，当工人由一组成部分转向另一组成部分时，不作垂直线连接。

2. 写实记录法的延续时间

这里所讲的延续时间，是指采用写实记录法进行测定时，测定每个施工过程或同时测定几个施工过程所需的总延续时间。延续时间的确定应立足于既不至消耗过多的时间，又能得到比较可靠和完善的结果。同时还必须注意：所测施工过程的广泛性和经济价值；已经达到的工效水平的稳定程度；同时测定不同类型施工过程的数目；被测定的工人人数；以及测定完成产品的可能次数等。这些因素在确定延续时间时均应认真加以考虑，这是一个比较复杂的问题。为便于测定人员确定写实记录法的延续时间，据过去的实践经验拟定表 2-8 供测定时参考使用。

写实记录法最短测定延续时间表 表 2-8

序号	项目	同时测定施工过程的类型数	测定对象		
			单人的	集体的	
				2～3 人	4 人以上
1	被测定的个人或小组的最低数	任一数	3 人	3 个小组	2 个小组
2	测定总延续时间的最小值(h)	1	16	12	8
		2	23	18	12
		3	28	21	24
3	测定完成产品的最低次数	1	4	4	4
		2	6	6	6
		3	7	7	7

应用表 2-8 确定延续时间时，须同时满足表中三项要求，如在第 2 项和第 3 项中，其中任一项达不到最低要求时，应酌情增加延续时间。

表 2-8 适用于一般施工过程。如遇个别施工过程的单位产品所消耗的时间过长时，可适当减少表中测定完成产品的最低次数，同时还应酌情增加测定的总延续时间；如遇个别施工过程的单位产品所需时间过短时，则应适当增加测定完成产品的最低次数，并酌情减少测定的延续时间。

3. 汇总整理

汇总整理就是将写实记录法所取得的若干原始记录表记载的工作时间消耗和完成产品数量进行汇总，并根据调查的有关影响因素加以分析研究，调整各组成部分不合理的时间消耗，最后确定出单位产品所必需的时间消耗量。这是技术测定过程中很重要的环节。搞好汇总整理，才能完成对某一施工过程的技术测定。

摘要整理表见表 2-9。

摘要整理表 表 2-9

<table>
<tr><td rowspan="3">产品完成—8.45m³
时间消耗—每 1m³ 为 142 工分
其中必需者—122 工分</td><td rowspan="3">摘要整理</td><td>建筑机构名称</td><td>工地名称</td><td>日期</td><td>开始时间</td><td>终止时间</td><td>延续时间</td><td>观察号次</td><td>页次</td></tr>
<tr><td>××建筑公司</td><td>××工地</td><td>1984 年 8 月 8 日</td><td>8:00</td><td>12:00</td><td>4h</td><td></td><td></td></tr>
<tr><td colspan="8">过程名称：垒砌 $2\frac{1}{2}$砖混水墙</td></tr>
</table>

序号	各组成部分名称	按小时或写实记录而定的工时消耗					工时消耗百分比	工序单位	工序产品数量	工序单位工时消耗
		8～9	9～10	10～11	11～12	合计				
1	拉紧准绳	6	2	—	—	8		1 次	8	1.0
2	铲灰浆	6	2	—	4	12		$1m^3$ 灰浆	1.86	6.5
3	铺灰浆	40	34	35	41	150		$1m^3$ 灰浆	1.86	80.6
4	分布整砖和斩砖	48	39	39	57	183		1000 块砖	3.48	52.6
5	垒砌墙身外侧砖	37	35	34	54	160		1000 块砖	1.05	152.4
6	垒砌墙身内侧砖	42	34	37	53	166		1000 块砖	1.05	158.1
7	垒砌墙身中心砖	36	33	36	54	159		1000 块砖	1.38	115.2
8	勾缝	—	31	23	3	57		$1m^2$ 墙面	1.35	42.2
9	检验砌体	—	3	1	2	6		1 次	6	1.0
10	人工转移	17	6	2	4	29		1 次	4	7.3
11	基本工作与辅助工作时间消耗总和	232	219	207	272	930	77.5			
12	休息和不可避免中断	18	14	38	28	98	8.2			
13	必需工时消耗总和	250	233	245	300	1028	85.7			
14	因施工本身而停工	25	67	55	—	147	12.2			
15	违反劳动纪律	25	—	—	—	25	2.1			
16	工时损失总和	50	67	55	—	172	14.3			
17	总计	300	300	300	300	1200	100			

(三)工作日写实法

工作日写实法，是一种研究整个工作班内的各种工时消耗的方法。

运用工作日写实法主要有两个目的，一是取得编制定额的基础资料；二是检查定额的执行情况，找出缺点，改进工作。当它被用来达到第一目的时，工作日写实的结果要获得观察对象在工作班内工时消耗的全部情况，以及产品数量和影响工时消耗的影响因素。其中工时消耗应该按工时消耗的性质分类记录。当它被用来达到第二个目的时，通过工作日写实应该做到：查明工时损失量和引起工时损失的原因，制订消除工时损失、改善劳动组织和工作地点组织的措施；查明熟练工人是否能发挥自己的专长，确定合理的小组编制和合理的小组分工；确定机器在时间利用和生产率方面的情况，找出使用不当的原因，订出改善机器使用情况的技术组织措施；计算工人或机器完成定额的实际百分比和可能百分比。

工作日写实法和测时法、写实记录法比较，具有技术简便、费力不多、应用面广和资料全面的优点。在我国是一种采用较广的编制定额的方法。

1. 工作日写实法的基本要求

(1)因素登记

由于工作日写实法主要是研究工时利用和损失时间，不按工序研究基本工作时间和辅助工作时间的消耗，因此，在填写因素登记表时，对施工过程的组织和技术说明可简明扼要，不予详述。

(2)时间记录

个人工作日写实采用图示法，小组工作日写实采用混合法，机械工作日写实采用混合法或数示法。

(3)延续时间

工作日写实法以一个工作日为准，如其完成产品时间消耗大于8h，则应的酌情延长观察时间。

(4)观察次数

根据不同的目的要求确定。一般说来，如为了总结先进工人的工时利用经验，应测定1～2次；为了掌握工时利用情况或制订标准工时规范，应测定3～5次；为了分析造成损失时间的原因，改进施工管理，应测定1～3次，以取得所需要的有价值的资料。

2. 工作日写实结果的整理

采用专门的工作日写实结果表，见表2-10。

工作日写实结果表 表2-10

<table>
<tr><td colspan="2">施工单位名称</td><td>测定日期</td><td>延续时间</td><td>调查号次</td><td>页次</td></tr>
<tr><td colspan="2">二公司</td><td>1988年8月3日</td><td>11.03h</td><td>1</td><td>2</td></tr>
<tr><td colspan="2">施工过程名称</td><td colspan="4">现浇混凝土基础模板安装</td></tr>
<tr><td>序号</td><td colspan="2">工 时 消 耗 分 类</td><td>时间消耗</td><td>百分比(%)</td><td>施工过程中的问题与建议</td></tr>
<tr><td></td><td colspan="2">I. 定额时间</td><td></td><td></td><td rowspan="19">本资料造成非定额时间的原因主要是：
1. 劳动组织不合理，在实际工作中经常出现一人等工的现象；
2. 等材料，上班后领料时未找到材料员而造成停工；
3. 产品不符合要求返工，由于技术要求马虎，工人对产品规模要求也未真正弄清楚，结果造成返工；
4. 违反劳动纪律，主要是上班迟到和工作时间聊天。
建议：
切实加强施工管理工作，班前要认真作好技术交底，职能人员要坚守工作岗位，保证材料及时供应，并应预先办好领料手续，提前领料，科学地按定额规定安排劳动力，加强劳动纪律教育，按时上班，集中思想工作；
经认真改善后，劳动效率可提高27%左右</td></tr>
<tr><td>1</td><td colspan="2">基本工作时间：适用于技术水平的</td><td>1313</td><td>66.1</td></tr>
<tr><td>2</td><td colspan="2">不适于技术水平的</td><td>—</td><td>—</td></tr>
<tr><td>3</td><td colspan="2">辅助工作时间</td><td>110</td><td>5.54</td></tr>
<tr><td>4</td><td colspan="2">准备与结束时间</td><td>16</td><td>0.81</td></tr>
<tr><td>5</td><td colspan="2">休息时间</td><td>11</td><td>0.54</td></tr>
<tr><td>6</td><td colspan="2">不可避免的中断时间</td><td>8</td><td>0.41</td></tr>
<tr><td>7</td><td colspan="2">合计</td><td>1458</td><td>73.41</td></tr>
<tr><td></td><td colspan="2">II. 非定额时间</td><td></td><td></td></tr>
<tr><td>8</td><td colspan="2">由于劳动组织不当而停工</td><td>32</td><td>1.60</td></tr>
<tr><td>9</td><td colspan="2">由于缺乏材料而停工</td><td>214</td><td>10.78</td></tr>
<tr><td>10</td><td colspan="2">由于工作地点未准备好而停工</td><td>—</td><td>—</td></tr>
<tr><td>11</td><td colspan="2">由于机具设备不正常而停工</td><td>—</td><td>—</td></tr>
<tr><td>12</td><td colspan="2">产品质量不符返工</td><td>158</td><td>7.96</td></tr>
<tr><td>13</td><td colspan="2">偶然停工(包括停电、水、暴风雨)</td><td>—</td><td>—</td></tr>
<tr><td>14</td><td colspan="2">违反劳动纪律</td><td>124</td><td>6.25</td></tr>
<tr><td>15</td><td colspan="2">其他损失时间</td><td>—</td><td>—</td></tr>
<tr><td>16</td><td colspan="2">合计</td><td>528</td><td>26.59</td></tr>
<tr><td>17</td><td colspan="2">时间消耗总计</td><td>1986</td><td>100.00</td></tr>
<tr><td colspan="5">完成定额情况</td><td></td></tr>
<tr><td rowspan="3">定额编写</td><td>8—4—45</td><td>完成产品数量</td><td colspan="2">38.98m²</td><td></td></tr>
<tr><td>定额</td><td>0.08工日/m²</td><td colspan="2"></td><td></td></tr>
<tr><td>总计</td><td>3.12工日</td><td colspan="2"></td><td></td></tr>
<tr><td>完成定额情况</td><td colspan="4">实际：(3.12×60×8)/1986×100%=75.4%
可能：(3.12×60×8)/1458×100%=102.7%</td><td></td></tr>
</table>

3. 工作日写实结果汇总

工作日写实结果汇总，应按实际需要进行，见表 2-11。

工作日写实结果汇总表 表 2-11

<table>
<tr><td colspan="2">施工单位名称</td><td colspan="2">二公司三处</td><td colspan="2">工种</td><td colspan="2">木工</td></tr>
<tr><td colspan="2">测定日期</td><td>1988 年
8 月 3 日</td><td>1988 年
6 月 2 日</td><td>1988 年
6 月 7 日</td><td>1988 年
7 月 2 日</td><td rowspan="5">加权平均值</td><td rowspan="5">备注</td></tr>
<tr><td colspan="2">延续时间</td><td>11.03h</td><td>9.5h</td><td>8.5h</td><td>8h</td></tr>
<tr><td colspan="2">工作名称</td><td colspan="4">现浇混凝土模板安装</td></tr>
<tr><td colspan="2">班(组)长姓名</td><td>赵××</td><td>潘××</td><td>朱××</td><td>李××</td></tr>
<tr><td colspan="2">班(组)人数</td><td>3 人</td><td>2 人</td><td>3 人</td><td>4 人</td></tr>
<tr><td>序号</td><td>工时消耗分类</td><td colspan="6">时间消耗百分比</td></tr>
<tr><td></td><td>I. 定额时间</td><td></td><td></td><td></td><td></td><td></td><td></td></tr>
<tr><td>1</td><td>基本工作时间：适于技术水平</td><td>66.10</td><td>75.91</td><td>62.80</td><td>91.22</td><td>75.28</td><td></td></tr>
<tr><td>2</td><td>不适于技术水平</td><td>—</td><td>—</td><td>—</td><td>—</td><td>—</td><td></td></tr>
<tr><td>3</td><td>辅助工作时间</td><td>5.54</td><td>1.88</td><td>2.35</td><td>1.48</td><td>2.78</td><td></td></tr>
<tr><td>4</td><td>准备与结束时间</td><td>0.81</td><td>1.90</td><td>2.60</td><td>0.56</td><td>1.36</td><td></td></tr>
<tr><td>5</td><td>休息时间</td><td>0.55</td><td>3.77</td><td>2.98</td><td>4.18</td><td>2.91</td><td></td></tr>
<tr><td>6</td><td>不可避免的中断时间</td><td>0.41</td><td>—</td><td>—</td><td>—</td><td>0.10</td><td></td></tr>
<tr><td>7</td><td>合计</td><td>73.41</td><td>83.46</td><td>70.73</td><td>97.44</td><td>82.43</td><td></td></tr>
<tr><td></td><td>II. 非定额时间</td><td></td><td></td><td></td><td></td><td></td><td></td></tr>
<tr><td>8</td><td>由于劳动组织不当而停工</td><td>1.60</td><td>7.74</td><td>—</td><td>—</td><td>1.69</td><td></td></tr>
<tr><td>9</td><td>由于缺乏材料而停工</td><td>10.78</td><td>—</td><td>12.40</td><td>—</td><td>5.79</td><td></td></tr>
<tr><td>10</td><td>由于工作地点未准备好而停工</td><td>—</td><td>3.52</td><td>5.91</td><td>—</td><td>2.07</td><td></td></tr>
<tr><td>11</td><td>由于机具设备不正常而停工</td><td>—</td><td>—</td><td>—</td><td>—</td><td>—</td><td></td></tr>
<tr><td>12</td><td>偶然停工(包括停电、停水、暴风雨)</td><td>—</td><td>—</td><td>3.24</td><td>—</td><td>0.81</td><td></td></tr>
<tr><td>13</td><td>产品质量不合格返工</td><td>7.96</td><td>5.28</td><td>—</td><td>1.60</td><td>3.40</td><td></td></tr>
<tr><td>14</td><td>违反劳动纪律</td><td>6.2</td><td>—</td><td>7.72</td><td>0.96</td><td>3.81</td><td></td></tr>
<tr><td>15</td><td>其他损失时间</td><td>—</td><td>—</td><td>—</td><td>—</td><td>—</td><td></td></tr>
<tr><td>16</td><td>合计</td><td>26.59</td><td>16.54</td><td>29.27</td><td>2.56</td><td>17.57</td><td></td></tr>
<tr><td>17</td><td>时间消耗总计</td><td>100.00</td><td>100.00</td><td>100.00</td><td>100.00</td><td>100.00</td><td></td></tr>
<tr><td rowspan="2">完成定额百分比(%)</td><td>实际(包括损失)</td><td>75.34</td><td>112</td><td>84</td><td>123</td><td>99.67</td><td></td></tr>
<tr><td>可能(不包括损失)</td><td>102.7</td><td>129</td><td>118</td><td>126</td><td>118.75</td><td></td></tr>
</table>

第三节 劳动定额

一、劳动定额的概念

劳动定额是在一定的生产(施工)组织和生产(施工)技术条件下，为完成单位合格产品所必需的劳动消耗标准。劳动定额是人工的消耗定额，又称人工定额。

劳动定额根据表达方式不同分为时间定额和产量定额两种。

(一)时间定额

时间定额,是工人在正常施工条件下,为完成单位合格产品或工作任务所消耗的必要劳动时间。

时间定额以工日为单位。每个工日工作时间按现行制度规定一般为 8h。其计算方法如下:

$$单位产品的时间定额(工日)=\frac{1}{一个工人每日产量}$$

$$单位产品的时间定额(工日)=\frac{小组成员工日数的总和}{小组完成产品数量总和}$$

(二)产量定额

产量定额,是指在正常施工条件下,在单位时间(工日)内所应完成合格产品的数量。其计算方法如下:

$$产量定额=\frac{1}{单位产品时间定额(工日)}$$

$$产量定额=\frac{小组完成产品数量总和}{小组成员工日数总和}$$

(三)时间定额与产量定额的关系

时间定额与产量定额的关系是互为倒数的关系,即:

$$时间定额=\frac{1}{产量定额}$$

$$产量定额=\frac{1}{时间定额}$$

或

$$时间定额\times产量定额=1$$

时间定额和产量定额都表示同一个劳动定额,但各有用处。时间定额用于综合计算劳动量比较方便;产量定额具有形象化的特点,便于分配任务,容易为工人理解和接受。

二、劳动定额的编制方法

编制劳动定额包括拟定施工的正常条件和拟定时间(产量)定额两部分工作。

(一)拟定施工的正常条件

拟定施工的正常条件就是确定贯彻定额所应具备的条件,或者说,将技术测定所提供的资料以及综合分析所取得的正常条件,在定额的内容中加以明确和肯定,这些条件必须适用于大多数企业和单位,符合当前生产实际情况,正确地拟定施工正常条件,既有利于定额的贯彻,也有利于促进劳动生产率的提高。正常施工条件是绝大多数企业和施工队、组,在合理组织施工的条件下所处的施工条件。

1. 拟定工作地点的组织

工作地点是工人施工活动场所,工作地点组织紊乱和不科学,往往是造成劳动效率不高甚至窝工的重要原因。在拟定工作地点的组织时,要特别注意使工人在操作时不受妨碍,所使用的工具和材料应按使用顺序放置于工人最便于取用的地方,以减少疲劳和提高工作效率,不用的工具和材料不应放置在工作地点，工作地点应保持清洁和秩序井然。

2. 拟定工作组成

拟定工作组成就是将施工过程，按照拟定的劳动分工划分成若干工序，以达到合理使用技术工人。

3. 拟定施工人员编制

拟定施工人员编制就是确定小组人数，技术工人的配备，以及劳动的分工和协作。施工人员编制的原则是使每个工人都能充分发挥作用，均衡担负工作。

(二)拟定时间定额和产量定额

时间定额和产量定额是劳动定额的两种表现形式。拟定出时间定额，也就可以计算出产量定额；反之亦然。

制订时间定额的方法主要有技术测定法、比较类推法、经验估工法和统计分析法等。

1. 技术测定法

技术测定法是根据先进合理的生产(施工)技术，操作工艺，合理劳动组织和正常的生产(施工)条件，对施工过程中的个体活动进行实地观察，详细地记录施工中的工人和机械的工作时间消耗、完成产品的数量及有关影响因素，将记录的结果加以整理，客观地分析、计算，制订劳动定额的方法。

这种方法有较高的准确性和科学性，是制订新定额和典型定额的主要方法。

技术测定法也就是计时观察法。确定的基本工作时间、辅助工作时间、准备与结束工作时间、不可避免中断时间和休息时间之和，就是劳动定额的时间定额。

【例 2-2】 人工挖土方，土壤系潮湿的黏性土，按土壤分类属二类土(普通土)，测时资料表明，挖 $1m^3$ 需消耗基本工作时间 60min，辅助工作时间占工作班延续时间 2%，准备与结束工作时间占工作延续时间 2%，不可避免中断时间占 1%，休息时间占 20%。试计算人工挖普通土的时间定额和产量定额。

解：(1)时间定额

假定完成 $1m^3$ 普通土开挖的时间定额为 x，则：

$$x=60+x(2\%+2\%+1\%+20\%)$$

$$x=\frac{60}{1-(2\%+2\%+1\%+20\%)}=80(\text{min})$$

若每工日按 8h 计算，则人工挖普通土的时间定额为：

$$80\div60\div8=0.166(\text{工日}/m^3)$$

(2)产量定额

$$1\div0.166=6(m^3/\text{工日})$$

2. 比较类推法

比较类推法又称典型定额法，是以同类或相似类型的产品或工序的典型定额项目的定额水平为标准，经过分析比较，类推出同一级定额中相邻项目的定额水平的方法。

采用这种方法的一般做法是：

(1)选定相同(相似)类型的对比项目；

(2)分析新项目与定额项目之间的主要差异；

(3)确定新项目与定额项目相比的效率估计值；

(4)确定新项目的定额水平。

在施工（生产）过程中，因为所用建筑材料、构件的变化，有时还较多地采用这种方法。由于使用这种方法只需以相同或相似类型的定额资料为基础，经过比较分析，即可确定新项目的定额水平，因而它具有经验分析和工作测定的特点，是属于派生的方法。其优点是简便易行、工作量小，只要典型定额选择恰当，切合实际，具有代表性，类推出的定额一般比较合理。

这种方法适合于同类型规格多，批量小的施工（生产）过程。为了提高定额水平的精度，通常采用主要项目作为典型定额来类推，并且要注意掌握工序、产品的施工（生产）工艺和劳动组织类似或相近的特征，细致地分析施工（生产）过程的各种影响因素，防止将因素变化很大的项目作为典型定额比较类推。这种方法的局限性是受同类型项目可比性的限制，不能普遍采用。

【例 2-3】 已知人工挖运松土（运距 20m）的时间定额及普通土、硬土和松土耗用工时的比例关系（表 2-12），试推算普通土和硬土的时间定额。

普通土、硬土和松土耗用工时比例关系 表 2-12

土的类别	消耗工时比例	人工挖运土方，运距 20m	
		槽外	槽内
松土	1.00	0.158	0.177
普通土	1.50		
硬土	2.12		

解：按比例系数推算普通土和硬土在相应条件下的时间定额：

挖槽外普通土：$1.50\times0.158=0.237$（工日/m^3）

挖槽内普通土：$1.50\times0.177=0.266$（工日/m^3）

挖槽外硬土：$2.12\times0.158=0.335$（工日/m^3）

挖槽内硬土：$2.12\times0.177=0.375$（工日/m^3）

3. 经验估工法

经验估工法是定额专业人员、工程技术人员和工人，根据施工图纸、技术规范、工艺操作规程，分析所使用的工具、设备、原材料及其施工技术组织条件和操作方法的繁简、难易等情况，凭实践经验估定劳动定额的一种方法。这种方法的特点是方法简单，速度快，但易受参加制订人员的主观因素和局限性的影响，使制订的定额出现偏低或偏高的现象。因此，这种方法只适用于企业内部，作为某些局部项目的补充定额。

运用经验估工法制订定额，应以工序（或单项产品）为对象，将工序分别操作（或动作），分别做出操作（或动作）的基本工作时间，然后考虑辅助工作时间、准备时间、结束时间和休息时间，经过整理，并对整理结果优化处理，即得出该项工序（或产品）的时间定额或产量定额。

为了提高经验估工的精确度，使取定的定额水平适当，可用概率论的方法来估算定额。这种方法是请有经验的人员，分别对某一单位产品和施工过程进行估算，从而得出三个工时消耗数值：先进的（乐观估计）为 a，一般的（最大可能）为 m，保守的（悲观估计）为 b，从而求出它们的平均值 $\bar{t}$。

$$\bar{t}=\frac{a+4m+b}{6} \tag{2-4}$$

均方差为：

$$\sigma=\frac{b-a}{6} \tag{2-5}$$

根据正态分布的公式，调整后的工时定额为：

$$t=\bar{t}+\lambda\sigma \tag{2-6}$$

式中的 λ 为 σ 的系数。从正态分布表(表 2-13)中,可以查到对应于 λ 值的概率 $P(\lambda)$。

正 态 分 布 表 表 2-13

λ	$P(\lambda)$	λ	$P(\lambda)$	λ	$P(\lambda)$	λ	$P(\lambda)$	λ	$P(\lambda)$
−2.5	0.01	−1.5	0.07	−0.5	0.31	0.5	0.69	1.5	0.93
−2.4	0.01	−1.4	0.08	−0.4	0.34	0.6	0.73	1.6	0.95
−2.3	0.01	−1.3	0.10	−0.3	0.38	0.7	0.76	1.7	0.96
−2.2	0.01	−1.2	0.12	−0.2	0.42	0.8	0.79	1.8	0.96
−2.1	0.02	−1.1	0.14	−0.1	0.46	0.9	0.82	1.9	0.97
−2.0	0.02	−1.0	0.16	0.0	0.50	1.0	0.84	2.0	0.98
−1.9	0.03	−0.9	0.18	0.1	0.54	1.1	0.86	2.1	0.98
−1.8	0.04	−0.8	0.21	0.2	0.58	1.2	0.88	2.2	0.98
−1.7	0.04	−0.7	0.24	0.3	0.62	1.3	0.90	2.3	0.99
−1.6	0.06	−0.6	0.27	0.4	0.66	1.4	0.92	2.4	0.99

【例 2-4】 已知完成某项任务的先进工时消耗 4h,保守的工时消耗为 9h,一般的工时消耗为 6h,问:(1)如果要求在 7h 内完成,其完成任务的可能性有多少?(2)要使完成任务的可能性 $P(\lambda)=70\%$,则下达的工时定额应是多少?

解:(1)已知 $t=7\text{h}$,求 $P(\lambda)$

$$\bar{t}=\frac{a+4m+b}{6}=\frac{4+4\times6+9}{6}=6.2(\text{h})$$

$$\sigma=\frac{b-a}{6}=\frac{9-4}{6}=0.8$$

$$\lambda=\frac{t-\bar{t}}{\sigma}=\frac{7-6.2}{0.8}=1$$

查表 2-13,则 $P(\lambda)=0.84$,即当估工定额为 7h,能完成的可能性为 84%。

(2)已知 $P(\lambda)=0.70$,求 t

查表 2-13,$\lambda=0.5$,则:

$$t=\bar{t}+\lambda\sigma=6.2+0.5\times0.8=6.6(\text{h})$$

即概率为 70%的工时定额为 6.6h。

4.统计分析法

统计分析法是利用过去同类工程项目或生产同类产品的实际工时消耗的资料,经过分析整理,结合当前的施工(生产)技术组织条件的变化因素制订劳动定额的一种方法。

这种方法的优点是以统计资料为依据,有一定说服力,较能反映实际劳动效率,并且不需专门进行测定即可取得工时消耗数据,因而工作量小,简单易行,能满足定额制订的快和全的要求;其缺点是定额水平一般偏于保守。为了克服统计分析资料的这个缺陷,使确定出来的定额水平保持平均先进的性质,可采用"二次平均法"计算平均先进值作为确定定额水平的依据。

(1)二次平均法

二次平均法的步骤是：

①剔除不合理数据。

剔除统计资料中特别偏高、偏低的明显不合理的数据。

②计算平均数：

$$\bar{t}=\frac{t_1+t_2+\cdots+t_n}{n}=\frac{\sum_{i=1}^{n}t_i}{n} \tag{2-7}$$

式中：n——数据个数。

③计算平均先进值。

平均值与数列中小于平均值的各数值的平均值相加(对于时间定额)，再求其平均数，亦即第二次平均。此即确定时间定额的依据。

$$\bar{t}_2=\frac{\bar{t}+\bar{t}_x}{2} \tag{2-8}$$

式中：$\bar{t}_2$——二次平均后的平均先进值；

$\bar{t}$——全数平均值；

$\bar{t}_x$——小于全数平均值的各个数值的平均值。

【例 2-5】 已知由统计得来的工时消耗数据资料为 40、60、70、70、70、60、50、50、60、60，试用二次平均法计算其平均先进值。

解：

$$\bar{t}=\frac{1}{10}(40+60+70+70+70+60+50+50+60+60)$$

$$=\frac{1}{10}\times 590$$

$$=59$$

$$\bar{t}_x=\frac{40+50+50}{3}=46.67$$

$$\bar{t}_2=\frac{\bar{t}+\bar{t}_x}{2}=\frac{59+46.67}{2}=52.84$$

如果把统计分析法和经验估工法的概率估计方法结合起来，可以帮助我们更加科学地掌握定额水平，使之先进合理，这种方法叫做概率测算法。

(2)概率测算法

概率测算法的步骤是：

①确定有效统计数据。

对取得的某一生产活动的若干个工时消耗数据进行整理和分析，把明显的偏高或偏低的数据删掉。

②计算工时消耗的平均值 $\bar{t}$：

$$\bar{t}=\frac{\sum_{i=1}^{n}t_i}{n} \tag{2-9}$$

③计算工时消耗数据的均方差 σ：

$$\sigma=\sqrt{\frac{\sum_{i=1}^{n}(t_i-\bar{t})^2}{n}} \tag{2-10}$$

④运用正态分布确定时间定额 t：

$$t=\bar{t}+\lambda\sigma \tag{2-11}$$

【例 2-6】 已知由统计得来的工时消耗数据资料为：40、60、70、70、70、60、50、50、60、60（同例 2-5），(1)试用概率测算法确定欲使 35%的工人能够达到或超过的平均先进值；(2)如果将 52.84 作为时间定额，能达到的概率是多少？

解：(1)由例 2-5 已算出

$$\bar{t}=59$$

$$\sigma=\sqrt{\frac{1}{10}[(40-59)^2\times1+(50-59)^2\times2+(60-59)^2\times4+(70-59)^2\times3]}$$

$$=9.43$$

查表 2-13，当 $P(\lambda)=0.35$ 时，$\lambda=-0.375$，则：

$$\begin{aligned}t&=59+(-0.375)\times9.43\\&=59-3.54\\&=55.46\end{aligned}$$

(2)由例 2-5 求出的平均先进值为 52.84。能达到此值的概率为：

$$\lambda=\frac{t-\bar{t}}{\sigma}=\frac{52.84-59}{9.43}=-0.65$$

查表 2-13 得：

$$P(-0.65)=0.255$$

即只有 25.5%的工人能达到此水平。

第四节　施工机械台班使用定额

一、机械台班使用定额的概念

在公路施工中，有些工程项目是由人工完成的，有些工程是由机械完成的，有些则由机械和人工共同完成。在人工完成的产品中所必需消耗的时间就是人工时间定额。由机械完成的或由人工机械共同完成的产品，就有一个完成单位合格产品机械所消耗的工作时间。

在合理使用机械和合理的施工组织条件下，完成单位合格产品所必须消耗的机械台班数量的标准，就称为机械台班消耗定额，也称为机械台班使用定额。

机械台班使用定额同劳动定额一样，也有时间定额和产量定额之分。为了与劳动定额中的时间定额与产量定额相区别，通常把机械台班使用定额的时间定额叫做机械时间定额，其产量定额叫做机械产量定额。

机械时间定额的常用单位是“台班”。机械产量定额常指在一个“台班”下的产量，所以又叫机械台班产量定额。一个台班是指一个工作班的延续时间，我国现行规定一般条件下施工时间为 8h。

(一)机械时间定额

机械时间定额是指在正常施工条件和劳动组织的条件下，使用某种规定的机械，完成单位合格产品必须消耗的台班数量。

(二)机械台班产量定额

机械台班产量定额是指在正常施工条件和劳动组织的条件下,某种机械在一个台班时间内必须完成的单位合格产品的数量。

机械台班产量定额与机械时间定额互为倒数。

(三)机械和人工共同工作时的人工定额

$$时间定额=\frac{机械台班内工人的工日数}{机械的台班产量}$$

$$机械台班产量定额=\frac{机械台班内工人的工日数}{时间定额}$$

【例 2-7】 用 6t 塔式起重机吊装某种混凝土构件,由一名吊车司机、7 名安装起重工、2 名电焊工组成的综合小组共同完成。已知机械台班产量定额为 40 块,试求吊装每一块构件的机械时间定额和人工时间定额。

解:(1)吊装每一块混凝土构件的机械时间定额

$$机械时间定额=\frac{1}{机械台班产量定额}=\frac{1}{40}=0.025(台班)$$

(2)吊装每一块混凝土构件的人工时间定额

①分工种计算:

$$安装起重工时间定额=7\times0.025=0.175(工日)$$

$$电焊工时间定额=2\times0.025=0.050(工日)$$

②按综合小组计算:

$$人工时间定额=(7+2)\times0.025=0.225(工日)$$

或

$$人工时间定额=\frac{7+2}{40}=\frac{9}{40}=0.225(工日)$$

二、机械台班使用定额的编制方法

编制施工机械定额主要包括拟定机械工作的正常条件、确定机械时间利用系数和小时生产率、计算施工机械定额等工作。

(一)拟定机械工作的正常条件

机械工作和人工操作相比,劳动生产率在更大的程度上要受到施工条件的影响,所以编制施工定额时更应重视确定出机械工作的正常条件。拟定机械工作正常条件,主要是拟定工作地点的合理组织和合理的工人编制。

工作地点的合理组织,就是对施工地点机械和材料的放置位置、工人从事操作的场所,做出科学合理的平面布置和空间安排。它要求施工机械和操纵机械的工人在最小范围内移动,但又不阻碍机械运转和工人操作;应使机械的开关和操纵装置尽可能集中地装置在操纵工人的近旁,以节省工作时间和减轻劳动强度;应最大限度发挥机械的效能,减少工人的手工操作。

拟定合理的工人编制,就是根据施工机械的性能和设计能力,工人的专业分工和劳动工效,合理确定操纵机械的工人和直接参加机械化施工过程的工人的编制人数。确定操纵和维护机械的工人编制人数及配合机械施工的工人编制,如配合吊装机械工作的工人等。工人的编制往往要通过计时观察、理论计算和经验资料来合理确定。

拟定合理的工人编制，应要求保持机械的正常生产率和工人正常的劳动工效。

(二)确定机械时间利用系数

机械定额时间是机械为完成产品所必须消耗的时间。为便于应用，我们将机械施工过程的定额时间分为净工作时间和辅助消耗时间。

净工作时间是指工人利用机械对劳动对象进行加工，用于完成基本操作所消耗的时间。净工作时间主要包括：机械的有效工作时间(机械直接为完成产品而工作的时间)、机械在工作循环中的不可避免的无负荷(即运转)时间、与操作有关的循环的不可避免的中断时间(机械在生产循环中，由于工艺上或技术组织上的原因而发生停机的时间)。

辅助消耗时间包括定时的不可避免的无负荷工作时间、工人休息时机械不可避免的中断时间，工人进行准备与结束工作时的中断时间、定时的中断时间。

确定工作班内定额时间的构成，主要是确定净工作时间的具体数值或者与工作班延续时间的比值。这要依据对机械施工过程进行多次工作日写实的结果，并考虑机械说明书等有关资料，认真分析后取定。应尽可能提高机械净工作时间，减少其他工作时间，以保证机械在工作班内的最大生产率。

机械时间利用系数(K_B)是机械的净工作时间(T_j)和工作班延续时间(T)之比。即：

$$K_B = \frac{T_j}{T} = \frac{T - T_f}{T} \tag{2-12}$$

(三)确定机械小时生产率

机械小时生产率是指在正常施工组织条件下，由适合于技术水平的工人操作机械净工作1h完成的产量。

施工机械作业分为两类：循环性的作业和连续动作作业。下面分别对这两种作业的小时生产率的确定进行讨论。

1. 循环动作机械小时生产率的确定

循环动作机械的小时生产率d与每次循环的延续时间t_j和在每次循环内的产量q有如下关系：

$$d = \frac{60\text{min(或 3600s)}}{t_j} \times q \tag{2-13}$$

式中：d——小时生产率；

t_j——每循环的净工作时间，min或s；

q——每循环的产品数量。

计算循环机械小时生产率的步骤是：

(1)根据现场观察资料和机械说明书确定各循环组成部分的延续时间；

(2)将各循环组成部分的延续时间相加，减去各组成部分之间的交叠时间，求出循环过程的净工作时间；

(3)计算机械小时的循环次数；

(4)计算循环机械小时的生产率。

2. 连续动作的机械小时生产率的确定

连续动作的机械小时生产率与完成单位产品的净工作时间有关，即：

$$d = \frac{60\text{min}(或\ 3600\text{s})}{t_j} \tag{2-14}$$

式中：d——小时生产率；

t_j——完成单位产品的净工作时间，min 或 s。

连续动作机械工作时间内的产品数量和工作时间的消耗，应在运用计时观察方法的同时，还应以机械说明书等有关资料的数据为参考依据，最后分析取定。

（四）计算施工机械定额

1. 机械台班产量定额

$$D_c = dTK_B \tag{2-15}$$

式中：D_c——机械台班的产量定额；

d——小时生产率；

T——一个工作班延续时间；

K_B——时间利用系数。

2. 机械时间定额

$$D_s = \frac{1}{D_c} \tag{2-16}$$

式中：D_s——机械时间定额；

D_c——机械台班产量定额。

三、施工机械台班使用定额编制示例

1. 推土机的定额测算

（1）推土机的小时生产率

$$d = \frac{60}{t} \times \frac{q}{r_s} \times K_P$$

式中：d——小时生产率（m^3/h）；

q——刀片容量，理论上计算的松散体积（m^3）；

r_s——土最初的松散系数，指土经挖掘后的松散体积与原自然体积之比；

K_P——坡度影响系数，平地取 1.0，上坡（坡度 5%～10%）取 0.5～0.7，下坡（坡度 5%～15%）取 1.3～2.3；

t——每一循环的延续时间（s），可用下式计算：

$$t = \frac{L_1}{v_1} + \frac{L_2}{v_2} + \frac{L_1 + L_2}{v_3} + t_a + t_b$$

其中：L_1——推（切）土长度（m）；

L_2——送土长度（m）；

v_1——推土时推土机的行驶速度（m/min）；

v_2——送土时推土机的行驶速度（m/min）；

v_3——回程时推土机的行驶速度（m/min）；

t_a——推土机转向时间（min）；

t_b——推土机换挡时间（min）。

(2)台班产量定额

$$D_c = d \times 8 \times K_b$$

式中：D_c——台班产量定额(m^3/台班)；

d——小时生产率(m^3/h)；

K_b——时间利用系数(取 0.8～0.85)。

2.铲运机的定额测算

(1)铲运机的小时生产率

$$d = \frac{60}{t} \times \frac{q}{r_s} \times K_0$$

式中：d——小时生产率(m^3/h)；

q——铲斗的几何容积(m^3)；

r_s——土最初的松散系数；

K_0——铲斗的充盈系数，指装入铲斗内土的体积与铲斗几何容积之比，一般砂土为0.75，其他土为 0.85～1.0，最高可达 1.3；

t——每一循环的延续时间(min)，可用下式计算：

$$t = \frac{L_1}{v_1} + \frac{L_2}{v_2} + \frac{L_3}{v_3} + \frac{L_4}{v_4} + t_a + t_b$$

其中：L_1、L_2、L_3、L_4——分别为铲土、运土、卸土、空回的行驶长度(m)；

v_1、v_2、v_3、v_4——分别为铲土、运土、卸土、空回行驶速度(m/min)；

t_a——推土机转向时间(min)；

t_b——推土机换挡时间(min)。

(2)台班产量定额

$$D_c = d \times 8 \times K_b$$

式中：D_c——台班产量定额(m^3/台班)；

d——小时生产率(m^3/h)；

K_b——时间利用系数(取 0.75～0.80)。

3.挖掘机的定额测算

(1)挖掘机的小时生产率

$$d = \frac{60}{t} \times \frac{q}{r_s} \times K_c$$

式中：d——小时生产率(m^3/h)；

q——挖斗的几何容积(m^3)；

r_s——土最初的松散系数；

K_c——挖斗挖土的充盈系数；

t——每一循环的延续时间(min)。

(2)台班产量定额

$$D_c = d \times 8 \times K_b$$

式中：D_c——台班产量定额(m^3/台班)；

d——小时生产率(m^3/h)；

K_b——时间利用系数(取 0.75～0.80)。

4. 自卸汽车的定额测算

(1)自卸汽车的小时生产率

$$d = \frac{60}{t} \times m$$

式中：d——小时生产率(m^3/h)；

m——每车定额容量，即平均装载量；

$$m = \frac{q \times K_c}{r_s} \quad 或 \quad m = \frac{q_0 \times K_d}{p}$$

其中：q——自卸汽车车厢几何容积(m^3)，对于车厢无后挡板的，应根据车厢有关尺寸和土的自然倾角进行计算；

r_s——土最初的松散系数；

K_c——车厢装载的充盈系数；

q_0——自卸汽车的设计载质量(kg)；

K_d——自卸汽车载质量利用系数(0.95～1)；

p——土的密度(kg/m^3)；

t——每一循环的延续时间(min)，t 可以用下式计算：

$$t = \frac{2L}{v} + t_a + t_b + t_c + t_d$$

式中：L——装车地点至卸料点的路程；

v——平均行驶速度(m/min)，指重车平均行驶速度与空车行驶速度的算术平均速度；

t_a——调位时间(min)；

t_b——卸车时间(min)；

t_c——装车时间(min)；

t_d——候车时间(min)。

(2)台班产量定额

$$D_c = d \times 8 \times K_b$$

式中：D_c——台班产量定额(m^3/台班)；

d——小时生产率(m^3/h)；

K_b——时间利用系数(一般在 0.80 左右)。

5. 混凝土搅拌机的定额测算

(1)混凝土搅拌机的小时生产率

$$d = \frac{3600}{t} \times m \times K_A$$

式中：d——小时生产率(m^3/h)；

m——搅拌机的设计容积(m^3)；

K_A——混凝土出料系数(混凝土出料体积与搅拌机设计容积之比)；

t——每一循环的延续时间(s)。

(2)台班产量定额

$$D_c = d \times 8 \times K_b$$

式中：D_c——台班产量定额(m^3/台班)；

d——小时生产率(m^3/h)；

K_b——时间利用系数。

6. 沥青混合料摊铺机的定额测算

(1)沥青混合料摊铺机的小时生产率

$$d = h \times B \times v \times P \quad 或 \quad d = h \times B \times v$$

式中：d——摊铺机生产率(m^3/h 或 t/h)；

h——铺层厚度(m)；

B——摊铺带宽度(m)；

v——摊铺工作速度(m/h)；

P——沥青混合料密度(t/m^3)。

(2)台班产量定额

$$D_c = d \times 8 \times K_b$$

式中：D_c——台班产量定额(m^3/台班或 t/台班)；

d——小时生产率(m^3/h 或 t/h)；

K_b——时间利用系数(一般取 0.75)。

7. 起重机的定额测算

(1)起重机的小时生产率

$$d = \frac{60}{t_a + t_b + t_c} \times m$$

式中：t_a——起重机独立工作的循环组成部分的延续时间(min)；

t_b——起重机和安装工人协同工作的循环组成部分的延续时间(min)；

t_c——每一循环中不可避免的中断时间。

(2)台班产量定额

$$D_c = d \times 8 \times K_b$$

式中：D_c——台班产量定额(m^3/台班或 t/台班)；

d——小时生产率(t/h)；

K_b——时间利用系数(一般取 0.85～0.90)。

第五节　材料消耗定额

一、材料消耗定额的概念

在我国建筑产品的直接费中，材料费平均约占 60%以上，材料的合理利用、运输、存储和管理在工程施工中占极其重要的地位。材料消耗定额是指在合理使用材料的条件下，生产单位合格产品所必须消耗的一定品种、规格的原材料、燃料、半成品、配件和水、电、动力等资源(统称为材料)的数量标准。它是企业核算材料消耗，考核材料节约或浪费的指标，亦是企业编制材料需用量计划、运输计划、供应计划、计算仓库面积、签发限额领料单的根据，也是提供编制预算定额的依据。

(一)材料消耗的性质

合理确定材料消耗定额，必须研究和区分材料在施工过程中消耗的性质。

施工中材料的消耗，可分为必须消耗的材料和损失的材料两类性质。

必须消耗的材料，是指在合理用料的条件下，生产合格产品所需消耗的材料，它包括：

(1)直接用于建筑和安装工程的材料。

(2)不可避免的施工废料。

(3)不可避免的材料损耗。

必须消耗的材料属于施工正常消耗，是确定材料消耗定额的基本数据。

(二)材料消耗定额的组成

完成单位合格建筑产品所必需的材料消耗量由两部分组成：即单位合格产品生产中所必需的净用量及其合理损耗量。

净用量是指用于合格产品上的实际数量，合理损耗量是指材料从现场仓库领出到完成产品的过程中的合理损耗数量，包括：场内搬运的合理损耗、加工制作的合理损耗、施工操作的合理损耗。

$$材料损耗率=\frac{损耗量}{净用量}\times100\%$$

$$材料损耗量=材料净用量\times损耗率$$

$$材料消耗量=材料净用量+材料损耗量=材料净用量\times(1+损耗率)$$

二、材料消耗定额的制订方法

(一)直接性消耗材料定额的制订

根据工程需要直接构成实体消耗材料，为直接性消耗材料。

编制材料消耗定额的基本方法有：观察法、试验法、统计法和计算法。

1. 观察法

观察法亦称施工实验法，就是在施工现场，对生产某一产品的材料消耗量进行实际测算。通过产品数量、材料消耗量和材料的净用量的计算，确定该单位产品的材料损耗量，或损耗率。

采用这种方法，首先要选择观察对象。观察对象应符合下列要求：①建筑结构是典型的；②施工符合技术规范要求；③材料品种和质量符合设计要求；④被测定的工人在节约材料和保证产品质量方面有较好的成绩。其次要做好观察前的准备工作，如准备好标准桶、标准运输工具、称量设备，并采取减少材料损耗的必要措施。观察测定的结果，要取得材料消耗的数量和产品数量的资料。

观察法主要适用于制订材料损耗定额，因为只有通过现场观察，才有可能测定出材料损耗数量；同时，也只有通过现场观察，才能区别出哪些是可以避免的损耗(这部分损耗不应列入定额)，哪些属于难以避免的损耗。

2. 试验法

试验法也称为实验室试验法，是在实验室内进行观察和测定工作。这种方法主要用于研究材料强度与各种材料消耗的数量关系，以获得多种配合比。以此为基础计算出各种材料的消耗数量，例如确定混凝土的配合比，然后计算出每立方米混凝土中的水泥、砂、石、水的消耗量。

试验法的优点是能更深入更详细地研究各种因素对材料消耗的影响，其缺陷是没有估计到或无法估计到施工中某些因素对材料消耗的影响。用于施工生产时，需加以必要的调整方作为定额数据。

3.统计法

统计法，也称统计分析法，是以现场积累的分部分项工程拨付材料数量，完成产品数量、完成工作后材料的剩余数量的统计资料为基础，经过分析，计算出单位产品的材料消耗量的方法。

此法比较简单易行，不需要组织专人测定或试验，但是其准确程度受统计资料和实际使用材料的影响，所以要注意统计资料的真实性和系统性，要有准确的领退料统计数字和完成工程量的统计资料，同时要有较多的统计资料作为依据，统计对象也应加以认真选择。

4.计算法

计算法也称理论计算法，是根据施工图纸和建筑构造要求，用理论公式算出产品的净耗材料数量，从而制订材料的消耗定额。

计算法有以下三种具体方法，即：直数法、样板裁截法、运筹下料法。

(1)直数法：就是按照图纸直接数出来，它是确定构件的材料(如五金零件——螺栓垫板、风钩、插销、合页等，又如电气材料——开关、灯头、闸门等)消耗定额时所采取的一种方法。

(2)样板裁截法：是确定不规则的板状产品，板材消耗定额的。这种方法就是先将产品尺寸按比例缩小制成纸样板，进行图上选取最合理的截料方式，或按产品尺寸用纸制成样板，然后在板材上进行排料选取最合理的截料方式。

(3)统筹下料法：又称组合选择法，就是线性规划下料问题求最优解，是确定长尺寸材料和板状材料消耗定额的。这种方法具体说就是先要了解需要同规格的材料各种构件尺寸、数量和该规格的材料仓库现存数量，然后统一下料。下料前要进行截料方式选择，选择的方法就是将各种不同尺寸的构件(构件小于材料的)或长尺寸的板状的材料(构件大于材料的)排列组合成各种镶拼方式或各种截料方式，以选择总消耗量最小也就是损耗率最小的一种方法。

(二)周转性材料的消耗量

在建筑工程施工中，除了构成产品实体的直接性消耗材料外，还有另一类周转性材料。周转性材料是指在施工中不是一次性消耗的材料，它是随着多次使用而逐渐消耗的材料，并在使用过程中不断补充、多次重复使用。如脚手架，挡土板、临时支撑、混凝土工程的模板等。因此，周期性材料的消耗量，应按照多次使用、分次摊销的方法进行计算。

周期性材料使用一次，在单位产品上的消耗量，称为摊销量。周转性材料的摊销量与周转次数有直接关系。

各种材料的周转及摊销定额，可按式(2-17)进行计算：

$$Q=\frac{A(1+k)}{nV} \tag{2-17}$$

式中：Q——周转材料的单位定额用量(m^3 或 kg/m^3)；

A——周转材料的图纸一次用量(kg/m^3 或 m^3)；

k——场内运输及操作损耗率(%)；

n——周转及摊销次数；

V——工程设计实体(m^3)。

周转材料的图纸一次使用量是指为完成某种规格的产品每一次生产时所需用的周转材料数量,如浇筑一定尺寸的混凝土构件的一套模板的用量。

场内运输及操作损耗率在这里是指周转性材料每次使用后因场内运输及操作过程中造成的损坏不能重复使用的数量占一次使用量的百分数。

周转次数是指周转材料从第一次使用起可重复使用的次数。

工程设计实体是根据使用周转材料施工的工程结构构件的设计尺寸计算得到的体积。

编制周转材料的消耗定额,基本上是以设计图纸或施工图纸为依据的。首先计算出建筑工程的体积和各种周转材料的图纸一次使用量,然后按实测的周转及摊销次数进行计算。

确定某一种周转性材料的周转次数,是制订周转性材料消耗定额的关键,但它不能用计算的方法确定,而是采用长期的现场观察和大量的统计资料用统计分析法确定。

由于公路工程的结构形式不一,情况各异,所以能充分周转使用的次数也不尽相同,这是在实际工作中比较难确定的一个参数。由于这样,通常是以实际施工生产经验资料,结合工程的具体情况,在适当留有余地的基础上,分别对各种周转材料预计可能达到的周转次数,作为计算周转材料的消耗定额。公路工程中各种材料的周转及摊销次数和场内运输及操作损耗率,一般通过施工实践测定。

第六节 施工定额的组成和应用

如前所述,施工定额是企业内部管理的定额,应由各施工企业自行编制、颁发和执行。但是,由于种种原因,目前绝大多数公路施工企业都没有编制本企业的施工定额,这显然不利于企业管理水平和市场竞争力的提高。

交通部公路工程定额站为了获取编制预算定额的基础数据,通过调查研究及综合分析各省、自治区、直辖市交通厅(局)及交通部直属施工企业的上报的施工定额资料,编制出《公路工程施工定额》。《公路工程施工定额》是编制《公路工程预算定额》的依据。

无论是公路施工企业内部的施工定额还是交通部作为编制预算定额依据的《公路工程施工定额》,其编制原则、依据、方法都是相同的,在内容和形式上也应该是相似的。因此,为了说明施工定额的组成和应用,以交通运输部 2009 年《公路工程施工定额》为例进行阐述。

一、《公路工程施工定额》的组成

《公路工程施工定额》内容包括文字说明、定额表和附录三部分。定额表是核心部分和主要内容,根据不同的工程项目、施工组织与方法,分为:准备工作、路基工程、路面工程、隧道工程、基础工程、打桩工程、灌注桩造孔工程、砌筑工程、模板、架子及木作工程、钢筋及钢丝束工程、混凝土及钢筋混凝土工程、预制构件运输工程、安装工程、钢桥结构工程、杂项工程、临时工程、备料和材料运输等十八章。

(一)文字说明部分

文字说明部分又分为总说明和章说明。

1. 总说明

总说明的基本内容有:定额编制的依据、所有定额表均包括的工作内容、工程质量要求、有关规定和计算方法。

例如总说明第三条，说明除各章各定额表列出的具体工作内容外，"均包括：准备、结束、熟悉施工图纸、检查安全技术措施、布置操作地点、领退料具、工序交接、队组自检互检、机械加油加水、排除一般机械故障、保养机具、操作完毕后的场地清理、操作过程中的次要工序，以及汽车在5km、其他自行式机械在1km内由停车场至工作地点的往返空驶"，这样就使得定额的确定和计算更为明确。

2. 章说明

章说明的基本内容有：术语说明；施工方法；本章定额表均包括的工作内容；定额调整规定；工程计量方法；质量要求。

(二)定额表部分

定额表又可分为表头、表格和表注。

1. 表头

表头包括表号及表名、工作内容和定额计量单位。

2. 表格

表格包括劳动定额表和机械定额表。

(1)劳动定额

劳动定额包括时间定额和产量定额，当用分式表示时，分子为时间定额，分母为产量定额。

时间定额以工日为单位，公路工程每个工日工作时间按现行制度，除潜水作业按6h、隧道洞内作业按7h外，均按8h计。

(2)机械定额

机械定额包括时间定额和产量定额，当用分式表示时，分子为时间定额，分母为产量定额。

时间定额单位以台班为单位，每台班一般按8h计算，潜水设备按6h计算，变压器和配电设备按24h计算。

3. 表注

有些定额表下面有附注，主要是根据施工条件变更的情况，规定定额的调整方法。表注是对定额表的补充，也是对定额使用的限制。

例如《公路工程施工定额》第74页：

3-2　全部挖除旧路面(摘录)

工作内容：人工翻撬或机械推挖，清除废料运至路基外堆放，场地清理、平整。

每 $100m^2$ 的劳动、机械定额

项目		人工挖清	推土机挖清
劳动定额		$\frac{8}{0.125}$	$\frac{0.33}{3.03}$
机械定额	135kW以内推土机	—	$\frac{0.048}{20.8}$
编号		1	2

注：1. 废渣清除后，底层如需碾压，每 $100m^2$ 可增加15t以内振动压路机0.0152台班。

2. 装载机挖清废料清运，适用于运距600m以内，如需超运，每 $100m^2$ 增运1km增加4t以内自卸汽车0.039台班。

(三)附录部分

在《公路工程施工定额》定额表中没有材料消耗定额。附录中列了爆破材料单位耗用量、砌筑工程石料及砂浆消耗、勾缝及抹面砂浆消耗、砌筑砂浆配合比表、水泥混凝土配合比表、钢材焊接与切割单位材料耗用量、加工碎石的片石耗用量、土石分类表和锯材分类表等部分材料消耗定额。

二、《公路工程施工定额》的应用

《公路工程施工定额》通常用于编制补充的预算定额，也可以作为公路施工企业编制施工定额的参考。

无论是编制预算定额，还是进行企业内部管理，在查用施工定额时，一般是根据工程项目、工作内容、工程量确定人工工日、机械台班、材料的需要量。在给施工班、组下达施工任务时，则是根据工程项目、工作内容、可投入的劳动力数量或机械台数确定应完成的工程量。

工程项目对应于定额表名，可从定额目录中找到所在章节及页码。工程量应按设计图纸、施工需要、定额表的计量单位以及总说明和章说明中有关工程量计算规则确定。工作内容应与定额总说明和章说明中已包括工作内容、定额表中的工作内容仔细对比。根据情况不同，施工定额值的采用方法，可分为直接套用和换算调整两种。

(一)直接套用

当工程项目的设计要求、施工条件及施工方法与定额项目的内容、条件及规定完全一致时，可直接套用。

【例 2-8】 某路基开挖工程，其中人工挖运槽外土方 200m³，均为硬土，手推车运输 50m。试计算需多少工日？

解：(1)查《公路工程施工定额》，第 2 章路基工程第 2 节人工挖土方。定额表如下：

2-2　人工挖运土方

工作内容：挖运、装、运 20m，卸土，空回。

增运：平运 10m，空回。

每 1m³ 的劳动定额

项　　目	第 一 个 20m 挖 运						每增运 10m	
	槽　　外			槽　　内				
	松土	普通土	硬土	松土	普通土	硬土	挑运	手推车
时间定额	0.158	0.231	0.33	0.177	0.269	0.379	0.025	0.01
每工产量	6.329	4.329	3.03	5.65	3.717	2.639	40	100
编号	1	2	3	4	5	6	7	8

(2)计算所需工日

槽外土方 200m³ 第一个 20m 挖运硬土，定额为 2-2-3。

$$0.33\times200=66(\text{工日})$$

增运定额为 2～2～8，增运距应为：

$$50-20=30(\text{m})$$

$$0.01\times\frac{30}{10}\times200=6(\text{工日})$$

$$66+6=72(\text{工日})$$

故本项工程共需 72 工日。

【例 2-9】 某路面 5720m²，拟采用手扶自行式划线车进行划线，要求 10 天完成任务，试确定所需施工人数和机械台数。

解:(1)查《公路工程施工定额》,第3章路面工程第33节路面标线。定额表如下:

3-33 路面标线

工作内容:清扫放线,喷漆画线,维护交通。

每 $100m^2$ 标线面积的劳动、机械定额

项目		喷漆画线		
		人工画线	手扶自行式画线车	汽车式画线车
劳动定额		$\frac{5}{0.2}$	$\frac{4.71}{0.212}$	$\frac{2.07}{0.483}$
机械定额	2.2kW以内手扶自行式画线车	—	$\frac{0.524}{1.908}$	—
	55kW以内汽车式画线车	—	—	$\frac{0.33}{3.205}$
编号		1	2	3

本施工的定额为3-33-2。

(2)计算施工人数

$$5720\div(0.212\times100\times10)=27(\text{人})$$

(3)计算2.2kW以内手扶自行式画线车台数

$$5720\div(1.908\times100\times10)=3(\text{台})$$

(二)换算调整

当工程项目的设计要求:施工条件、施工方法与定额项目的内容及规定不完全一致时,应按定额总说明、章说明或表注有关规定换算调整。具体方法有系数调整和增减调整等。

【例2-10】 某路基土方工程,其中有 $3000m^3$(天然密实方)拟采用斗容量 $10m^3$ 以内的自行式铲运机铲运,土质为普通土,平均运距为200m。试确定所需机械台班数量。

解:(1)查《公路工程施工定额》第2章路基工程第9节拖式铲运机铲运土方。定额表如下:

2-9 拖式铲运机铲运土方

工作内容:铲土,运土,卸车,空回,推土机整理卸土。

每 $100m^3$ 的机械定额

项目		第一个100m			每增运50m			序号
		松土	普通土	硬土	松土	普通土	硬土	
铲运机斗容量(m^3)	8以内	$\frac{0.273}{3.663}$	$\frac{0.337}{2.967}$	$\frac{0.419}{2.387}$	$\frac{0.054}{18.519}$	$\frac{0.0602}{16.611}$	$\frac{0.0673}{14.859}$	一
	10以内	$\frac{0.214}{4.673}$	$\frac{0.264}{3.788}$	$\frac{0.33}{3.03}$	$\frac{0.0423}{23.641}$	$\frac{0.0473}{21.142}$	$\frac{0.0529}{18.904}$	二
	12以内	$\frac{0.144}{6.944}$	$\frac{0.188}{5.319}$	$\frac{0.229}{4.367}$	$\frac{0.0315}{31.746}$	$\frac{0.035}{28.571}$	$\frac{0.0386}{25.907}$	三
编号		1	2	3	4	5	6	

注:1.采用自行式铲运机铲运土方时,时间定额乘以0.70系数。

2.铲土区土层的平均厚度应不小于30cm,若小于30cm时,时间定额乘以1.18系数。

3.铲运含石量大于30%的土壤或爆破后的软石,时间定额按硬土定额乘以1.11系数。

4.用75kW推土机配合施工,松土、普通土每7台铲运机配1台,硬土每5台铲运机配1台。

(2)计算机械台班数量

本施工的定额为2-9-2-二和2-9-5-二。

$$\left(0.264+0.0473\times\frac{200-100}{50}\right)\times\frac{3000}{100}=10.758(\text{台班})$$

根据定额表注第1条,还应乘以调整系数0.70:

$$10.758\times0.70=7.53(\text{台班})$$

【例2-11】 某桥梁基础工程需浇筑混凝土20m³,拟采用手推车运输、扒杆吊运、人工捣固的施工方法,试确定需劳动工日数。

解:(1)查《公路工程施工定额》第11章混凝土及钢筋混凝土工程第4节卷扬机或扒杆吊运浇筑混凝土。定额表如下:

11-4 卷扬机或扒杆吊运浇筑混凝土(摘录)

工作内容:浇筑混凝土:卷扬机或扒杆配吊斗浇筑混凝土、振捣、抹平等。

管道压浆:拌和水泥浆、安移压浆机、接管压浆、清洗机具。

混凝土凿毛:修钎、凿毛、清扫、搭拆脚手板等。

凿桩头:凿除混凝土、扒出钢筋、修理工具。

每1m³的劳动定额

项目	现浇混凝土								
	基础								
	天然基础、承台	支撑梁(人工捣固)	沉井				管桩填心	灌注桩	
								长度(m)	
			井壁	封底	填心	封顶		30以内	30以外
时间定额	0.559	2.25	1.15	1.78	0.788	1.24	3.35	1.39	1.45
每工产量	1.789	0.444	0.87	0.562	1.269	0.806	0.299	0.719	0.69
编号	1	2	3	4	5	6	7	8	9

(2)计算劳动工日数

本施工的定额为11-4-1。

根据第11章说明中关于"定额中混凝土捣固除注明者外,均为机械捣固。如需人工捣固时,每m³混凝土增加0.1工日"的规定,则有:

$$(0.559+0.1)\times20=13.18(\text{工日})$$

第三章　公路工程预算定额

第一节　概　　述

一、预定额的概念和作用

(一)预算定额

预算定额是用于确定一定计量单位的分项工程或结构构件的人工、材料和机械台班消耗量的数量标准。

预算定额是在施工定额的基础上,按照国家的方针、政策编制的,经过国家或授权机关批准的、具有权威性质的一种指标性文件。

(二)预算定额的作用

(1)预算定额是编制施工图预算,确定和控制项目建筑安装工程造价的基础。

施工图预算是施工图设计文件之一,是控制和确定建筑安装工程造价的必要手段。预算定额是确定一定计量单位分项工程人工、材料、机械的消耗量的依据,也是计算分项工程单价的基础,所以,预算定额对建筑安装工程直接费影响甚大。

(2)预算定额是对设计方案进行技术经济比较和技术经济分析的依据。

设计方案在设计工作中居于中心地位。根据预算定额对方案进行技术经济分析和比较,是选择经济合理设计方案的重要方法。对设计方案进行比较,主要是通过定额对不同方案所需人工、材料和机械台班消耗量、材料重量、材料资源等进行比较。这种比较可以判明不同方案对工程造价的影响。

(3)预算定额是编制施工组织设计的依据。

在公路工程设计各个阶段,必须编制相应的施工组织设计文件。根据预算定额确定的劳动力、建筑材料、成品、半成品和施工机械台班的需用量,为组织材料供应和预制构件加工、平衡劳动力和施工机械提供了可靠依据。

(4)预算定额是合理编制招标控制价、投标报价的重要参考。

目前在公路建设项目中,一般都实行招投标制度。建设单位在编制招标控制价时应以预算定额为基础,施工单位投标报价应采用自己的报价定额,也可以将预算定额作为投标报价的参考。

(5)预算定额是编制概算定额和估算指标的基础。

概算定额和估算指标就是在预算定额基础上经综合扩大编制而成的。

二、预算定额编制的原则和依据

(一)预算定额编制的原则

为保证预算定额的质量,充分发挥预算定额的作用,使之在实际使用中简便、合理、有效,在编制工作中应遵循以下原则。

1. 按社会平均水平确定预算定额的原则

预算定额的社会平均水平，是指在正常的施工条件，合理的施工组织和工艺条件、平均劳动熟练程度和劳动强度下，完成单位分项工程基本构造要素所需的劳动时间。预算定额的水平以施工定额水平为基础，二者有着密切的联系；但预算定额绝不是简单地套用施工定额的水平，预算定额是平均水平，施工定额是平均先进水平。

2. 简明适用原则

编制预算定额贯彻简明适用原则是对执行定额的可操作性便于掌握而言的。为此，编制预算定额时，对于那些主要的、常用的、价值量大的项目，分项工程划分宜细。次要的、不常用的、价值量相对较小的项目则可以放粗一些。

在贯彻简明适用性原则中，预算定额的项目齐全具有重要意义。合理确定预算定额的计量单位、简化工程量的计算、规范材料的计算单位也是至关重要的。

3. 坚持统一性和因地制宜相结合原则

所谓统一性，就是编制全国统一定额，使建筑安装工程具有一个统一的计价依据，也使考核设计和施工的经济效果具有一个统一的尺度。

所谓差别性，就是在统一性基础上，再编制地区性定额、补充性制度和管理办法，以适应我国幅员辽阔、地区间差异过大的实际情况。

4. 专家编审责任制原则

定额的编制工作政策性、专业性强，任务重，贯彻这一原则很有必要。

5. 与公路建设相适应的原则

预算定额是为公路建设服务的，必须满足公路建设发展的需要。定额项目要能覆盖当前及今后一时期绝大部分工程项目，当前普遍采用或今后将普遍采用的新技术、新工艺、新材料、新设备都应在定额中得到反映，使预算定额与建设发展相适应。

6. 贯彻国家政策、法规的原则

预算定额作为工程造价的计价依据，涉及国家、企业和劳动者的利益，具有“责任性大、通用性强、关系公共利益”的特点，必须认真贯彻国家的方针政策，包括技术、经济和安全方面的法规、条例。

(二)预算定额的编制依据

1. 国家的有关规定

编制预算定额必须依据国家关于基本建设的方针、政策和各项管理制度，如基本建设程序、设计文件编制办法、预算管理工作等。

2. 技术标准和规范

如公路工程技术标准，设计规范、施工技术及验收规范等。交通运输部缺少的规范可采用其他部委的设计、施工规范、规程。

3. 设计施工图纸

以交通运输部批准的标准设计图纸为主，没有标准设计图纸的定额项目，则可选择有代表性的设计图纸或施工详图。至于某些辅助工程如围堰、施工平台、脚手架等，既无施工详图又无技术资料可采用时，可根据施工技术规范的要求，绘制简图计算，并附在计算底稿内备查。

4. 公路工程施工定额

根据各有关单位提供的公路工程施工定额资料，通过汇总、平衡、分析提出一个合理的施工定额水平，并得到部主管部门同意后，即作为编制预算定额的依据。

5. 人工工资标准、材料单价和机械台班单价

通过调查得到预算定额编制期间各地公路工程生产工人的工资标准、工程材料的单价和施工机械台班单价。

第二节　预算定额的编制步骤与方法

一、预算定额的编制步骤

(1)根据上级主管部门关于编制预算定额的批文，组成编制小组，拟定编制方案。

(2)抽调专业人员进行调查研究，搜集现行预算定额的执行情况及其他预算资料，确定需调整与补充的项目，制订工作计划。

(3)对收集的各种现行规范、图纸、资料进行测算。

(4)确定编制细则、定额项目划分、工程量计算规则，以及定额水平编制预算定额初稿。

(5)测算定额水平，并送审、定稿。包括下列工作：

①新旧定额水平的比较。

②预算造价比较。

③与实际的工、料、机用量比较。

(6)根据审查意见修改、补充。

(7)预算定额的出版、发行。

(8)预算定额的资料整理、归档。

二、预算定额的编制方法

(一)确定各项目的名称、工作内容及施工方法

预算定额要根据交通部颁发的《公路工程基本建设项目设计文件编制办法》中规定的施工图设计阶段提供的工程量深度，以及工程结算的方便和准确来划分项目，并根据各项目的工程内容将施工定额的有关项目进行综合。

1. 预算定额的项目划分

预算定额的项目划分主要根据工程类别、施工图的工程构件或部位、材料类别、施工措施以及对工程造价的影响等因素予以划分，例如：

路基土石方工程按土石类别、施工方法划分项目。路面工程按工程部位、材料类别、施工方法等因素划分项目。隧道工程按开挖的土质类别、结构部位、衬砌材料类别、施工方法等因素划分项目。桥涵工程根据工程类别、结构部位、施工方法等因素划分项目。

预算定额中还列有“材料采集及加工”及“材料运输”两章，这是公路定额特有的，主要为在边远地区施工单位自行开采、加工施工材料和自办材料运输编制的。

2. 施工方法的选择

施工方法的选择要符合当前和今后一个阶段的实际施工技术状况和管理水平，鼓励先进，鞭策落后，要体现经济效益。当一种结构类型有两种以上施工方法时应进行技术、经济比较，一般只选择一种技术先进、经济效益好的方法作为编制依据。对确因具体条件不同，则可分别不同的施工方法划分子目。

(二)确定预算定额的计量单位

确定预算定额的计量单位应以满足计量单位与相应工程项目内容相适应,便于计算工程量,能反映分项工程最终产品形态和实物量,使用方便等为原则。

预算定额和施工定额计量单位往往不同。施工定额的计量单位一般按工序或工作过程来确定;而预算定额的计量单位,主要是根据分部分项工程的形体和结构构件特征及其变化来确定。预算定额的计量单位具有综合的性质,所选择的计量单位要根据工程量计算规则规定并确切反映定额项目所包含的工作内容。

1.项目的计量单位

一般情况下,计量单位按下述方法取定:

(1)物体截面积一定时,以延米为单位,如管道、输电线、伸缩缝、栏杆等。

(2)物体厚度一定时,以平方米为单位(m^2),如垫层、基层、路面面层(沥青混凝土除外)等。

(3)形状为任意时,以立方米为单位(m^3),如混凝土工程、砖石工程、土石方工程等。

(4)金属结构以质量为单位(t或kg),如钢筋工程等。

(5)零星工程以个、套为单位,如泄水管等。

定额单位确定后,为便于制订和使用,在定额项目表中,一般采用原施工定额单位的10倍或100倍,扩大后作为预算定额的单位。

2.人工、材料、机械计量单位及小数位数的确定

(1)人工:以工日为单位,取一位小数(公路工程预算定额)或取二位小数(建筑工程预算定额)。

(2)基价:以元为单位,取整数。

(3)主要材料及半成品:

①木材:m^3,取3位小数。

②钢筋、型钢:t,取3位小数。

③小五金:kg,取1位小数。

④水泥:t,取3位小数。

⑤砂浆、混凝土:m^3,取2位小数。

(4)其他材料费:以单位为元,取一位小数。

(5)机械:以台班为单位,取两位小数。

(三)按典型设计图纸和资料计算工程量

计算工程量的目的,是为了通过分别计算典型设计图纸所包括的施工过程的工程量,以便在编制预算定额时,利用施工定额的劳动、机械和材料消耗指标确定预算定额分项工程的消耗量。

(四)进行子目平衡分析

子目平衡分析是编制定额的重要环节。因为所确定的每一个工程项目可能又分为几种不同的情况,为了保证定额具有一定的精确性,应该将人工、材料或机械消耗量差别较大的情况加以区分,即划分子目。因此,定额的工程项目确定以后,对各工程项目要根据工程的难易程度,也就是人工、材料、机械消耗量的多少,按综合极限误差来确定是否划分子目。定额子目综合的极限误差应根据公路工程的特点,本着简化与准确相结合的原则,凡是工程量大、对工程造价影响较大的项目,误差率应取小;反之,工程量小,影响工程造价不大的项目,误差率可以

适当加大。一般可参照表 3-1 的误差率进行综合和划分子目(或划分步距)。

预算定额子目划分综合极限误差率　　表 3-1

工 程 项 目	划分子目的主要因素	误 差 率
人工土、石方工程	人工消耗量	±15%左右
机械土、石方工程	机械台班消耗量	±10%左右
路面工程	材料消耗量	±10%左右
打桩、造孔工程	机械台班消耗量	±10%左右
混凝土及钢筋混凝土工程	模板消耗量	±20%左右
其他构造物	子目划分起主要影响的因素	±10%左右

(五)计算定额工料机数量

预算定额的研究对象是分项工程或结构构件,而施工定额的研究对象是工序。因此,预算定额中的一个项目通常包括施工定额中几个项目的工作内容。预算定额子目划分后,应确定每个子目各工序的工程含量,再分别查相应的施工定额,将人工工日和各种不同机械的台班数量分别综合在一起,同时考虑一些施工定额未考虑的因素。

公路工程预算定额中的材料消耗量则是依据公路工程施工定额中的部分材料消耗定额,并通过大量现场观察、实验室试验等方法获得各种材料消耗数据的基础上,分析计算出来的。

第三节　预算定额消耗量指标的制订

公路工程预算定额的消耗量指标主要包括人工消耗指标、材料消耗指标、机械台班消耗指标及定额基价。

一、人工消耗量指标

定额包括完成某分项工程所必需的各种用工量。它是根据测算后综合取定的工程数量和参照施工定额中人工消耗指标计算出的。人工消耗量不分工种、不分技术等级全部综合在一起,再考虑人工幅度差,则可制订出该项目的人工消耗量指标。

预算定额的用工数量=(基本用工+超运距用工+辅助用工)×人工幅度差系数

1.基本用工

即完成施工定额项目内容的用工,或完成预算定额某分项工程的主要用工数量。

$$\text{基本用工(工日)}=\sum_{1}^{n}(\text{施工定额某工序人工消耗量}\times\text{工程数量})$$

其中,工程数量$=\dfrac{\text{工程量}}{\text{定额计量单位}}$。

2.超运距用工

当预算定额确定的材料运输距离超过施工定额规定的运输距离时,应计算超运距用工量。超运距用工(工日)应按各种超运距的材料数量、超运距以及单位运距的人工消耗计算。

超运距=预算定额规定的运距-施工定额规定运距

$$\text{超运距用工(工日)}=\sum_{1}^{n}(\text{施工定额人工消耗}\times\text{超运距}\times\text{超运距材料数量})$$

3. 辅助用工

指施工定额内没有包括而在预算定额内又必须考虑的用工，如机械土方工程的配合用工，电焊着火用工等。

4. 人工幅度差

由施工定额综合为预算定额时，考虑到一些琐碎的工作难以一一计算，而且在施工中可能出现一些事先无法估计的工作及影响效率的各种因素，因此人工工日和机械台班数，应以施工定额综合后的数量，增加一定的百分数，增加的幅度与原数之比即为幅度差。公路工程预算定额编制时采用幅度差系数(幅度差+1)。人工幅度差系数的取值因不同专业和不同分项工程而异。

《公路工程预算定额》的人工幅度差考虑了下述因素：

(1)工序搭接及转移工作面的间断时间。

(2)各工种交叉作业的相互影响。

(3)工作开始及结束时由于放样交底及任务不饱满而影响产量。

(4)配合机械施工及移动管线时发生的操作间歇。

(5)检查质量及验收隐蔽工程时影响工时利用。

(6)因雨雪或其他原因需排除故障。

(7)其他零星工作，如临时交通指挥、安全警戒、现场挖沟排水、修路、材料整理堆放、场地清扫等。

(8)由于图纸或施工方法的差异需增加的工序及工作项目。

二、材料消耗指标

材料消耗定额是指在正常施工和合理使用材料的条件下，完成每单位合格产品所耗用的原材料、成品和半成品的数量标准。

预算定额的材料消耗量由材料的净用量和各种合理损耗组成。各种合理损耗是指场内运输损耗和操作损耗，而场外运输损耗和工地仓库保管损耗则计入材料预算价格之中。

根据作用不同，公路工程预算定额中材料消耗指标的表现形式和计算方法也不同。

1. 主要材料

直接构成工程实体的各种量大或昂贵的材料，如钢材、水泥、石油沥青、石灰、砂、石料等。

$$材料消耗量=净用量(1+场内运输及操作损耗率)$$

2. 周转性材料

多次周转使用的不构成工程实体的材料，如模板、脚手架、支架、拱盔、铁件等。

$$材料消耗量=周转摊销量$$

即：

$$Q=\frac{A(1+K)}{nV}$$

式中：A——模板等周转性材料的图纸一次使用总数量；

K——场内运输及操作损耗；

V——工程的设计实体数量(m^3、m^2、m·座、处等)；

n——周转次数或摊销次数，通过施工实践测定。

3. 其他材料

用量较少、难以计量的零星材料，如脱模剂、硬塑料管、油毛毡等。

$$其他材料费=\sum(材料预算单价\times数量)$$

4. 金属设备

用定型或现场加工制作的金属构件制作拼装而成的常用的可周转使用的金属设备，如铧犁、单双导梁、跨墩门架等。

$$设备摊销费=90\ 元\times设备质量(t)\times施工期(月)$$

其中包括设备本身的折旧费用和维修、保养等费用。

三、机械台班消耗指标

与人工消耗指标制订的方法类似，预算定额中的机械台班消耗量指标，是根据其施工定额各分项工程的机械台班耗用量，再考虑机械的幅度差来确定。

公路工程预算定额按定额综合范围将施工机械分为主要机械和小型机具。

1. 主要机械

工程中用量大、对工程造价影响大的机械，如推土机、压路机、摊铺机等。

$$预算定额某种机械台班消耗量=\left[\sum_{i=1}^{n}(施工定额该种机械台班消耗量\times工程数量)\right]\times 该种机械幅度差系数$$

机械的幅度差，是指在施工定额测定范围内未包括的，而在预算定额中又必须考虑的因素而增加的机械台班数量。

《公路工程预算定额》的机械幅度差考虑了下列因素：

(1)正常施工组织情况下不可避免的机械空转、技术中断及合理停置时间。

(2)必要的备用台数造成的闲置台班。

(3)由于气候关系或排除故障影响台班的利用。

(4)工地范围内机械转移的台班数及非自行式机械转移时所需的运载牵引工具。

(5)配套机械相互影响所损失的时间及停车场至工作地点超定额运距所需的时间。

(6)施工初期限于条件所造成的效率差及结尾时工程量不饱满所损失的时间。

(7)因供电、供水故障及水电路线的移动检修而发生的运转中断。

(8)不同厂牌机械的效率差、机械不配套造成的效率低。

(9)工程质量检查的影响。

2. 小型机具

对工程造价影响不大、自重较小的机械，如电钻、电锯、刨床等。

$$小型机具使用费=\sum(小型机具台班预算单价\times台班数)$$

四、定额基价

定额基价就是完成定额计量单位的工程量，按人工、材料、机械台班基价及定额工、料、机消耗量计算出的人工费、材料费和机械使用费之和。

公路工程预算定额基价通常以定额编制年北京市的人工、材料及机械台班预算单价作为基价。

定额基价的作用是使全部定额统一在一个水平上，便于对定额的分析、比较和测算。

$$\begin{aligned}定额基价=&人工基价\times工日数+\sum(材料基价\times消耗量)+其他材料费+\\&设备摊销费+\sum(机械台班基价\times台班数)+\\&小型机具使用费\end{aligned}$$

第四节　预算定额的组成和运用

一、现行《公路工程预算定额》的组成

预算定额的内容包括:说明部分(总说明、章、节说明)、定额表及附录。

(一)说明部分

1. 总说明的内容

(1)预算定额的适用范围、指导思想及作用。

(2)预算定额的编制原则、主要依据及上级下达的有关定额修编文件。

(3)对各章、节都适用的统一规定。

(4)定额所采用的标准及允许抽换定额的原则。

(5)定额中包括的内容。

(6)对定额中未包括的项目需编制补充定额的规定。

2. 章、节说明的内容

(1)本章、节包括的内容。

(2)本章、节工程项目的统一规定。

(3)本章、节工程项目综合的内容及允许抽换的规定。

(4)本章、节工程项目的工程量计算规则。

(二)定额表

预算定额表主要内容包括:

(1)工程项目名称及定额单位。

(2)工程项目包括的工程内容。

(3)完成定额单位工程的人工、材料、机械的名称、单位、代号、数量。其中劳动定额和机械定额均是以时间定额的形式表示的。

(4)定额基价。

(5)有些定额表下还列有在章、节说明中没有包括的,仅供本定额项目使用的注释。

(三)定额附录

《公路工程预算定额》的附录包括四个方面的内容:

1. 路面材料计算基础数据

主要列示了路面工程概、预算定额中各种材料定额消耗量计算所依据的各项基础数据。如路面压实混合料干密度、各种路面材料松方干密度、单一材料结构的压实系数。

这些基础数据的作用是:

(1)计算定额中路面材料消耗数量。

(2)作为编制补充定额的基础数据。

2. 基本定额

基本定额是介于施工定额和预算定额之间的一种扩大施工定额,其项目是按完成某一专项作业将施工定额的有关工序加以综合制订的,根据材料的周转和摊销次数、材料场内运输及操作损耗及人工、机械的幅度差,综合为若干包括人工、材料、机械的基本定额。其目的是避免在编制预算定额时重复计算这些工序,并可统一计算方法和口径,简化计算工作。

基本定额由桥涵混凝土及钢筋混凝土工作；砂浆及混凝土消耗材料消耗；砌筑工程石料及砂浆消耗；脚手架、踏步、井字架工料消耗四部分组成。

基本定额的用途主要是：

(1)进行定额抽换。如设计的混凝土强度等级与定额给出的混凝土强度等级不同时，可利用基本定额中的混凝土配合比表抽换定额。

(2)分析分项工程(工作)或半成品所需人工、材料、机械等消耗量。如新型结构桥梁中的某混凝土构件在定额表中查不到时，可根据具体工程数量通过基本定额的有关表，分析计算所需工、料机等数量。

3. 材料的周转及摊销

材料的周转及摊销定额，对材料的周转和摊销次数作了具体规定。

(1)该定额包括下列各项：

①混凝土和钢筋混凝土构件、块件模板材料周转及摊销次数。

②脚手架、踏步、井字架、金属门式吊架、吊盘等摊销次数。

③临时轨道铺设材料摊销。

④基础及打桩工程材料摊销次数。

⑤灌注桩设备材料摊销。

⑥吊装设备材料摊销次数。

⑦预制构件和块件的堆放、运输材料摊销次数。

(2)材料周转及摊销定额的用途是：

①明确规定材料的周转或摊销次数。

②按规定对达不到周转次数的材料定额进行抽换。

《公路工程预算定额》的总说明八指出：定额中周转性材料、模板支撑、脚手杆、脚手板和挡土板等的数量，已考虑了材料的正常周转次数并计入定额内，其中就地浇筑钢筋混凝土梁用的支架及拱圈用的拱盔、支架，如确因施工安排达不到规定的周转次数时，可根据具体情况进行换算并按规定计算回收，其余工程一般不予抽换。

4. 定额基价人工、材料单位质量、单价表

表中给出了定额中人工和材料的代号、定额中材料名称的相应规格以及编制定额时采用的材料损耗率和工、料单价。

现行《公路工程预算定额》定额表组成如下。

2-2-16 透层、黏层、封层

工程内容：1)清扫整理下承层；2)安设拆除熬油设备、熬油运油；3)沥青洒布车洒油；4)人工铺撒矿料；5)稀浆封层机铺料；6)碾压，找补；7)初期养护。

单位：1000m²

顺序号	项目	单位	代号	透层				黏层			
				粒料基层		半刚性基层		沥青层		水泥混凝土	
				石油沥青	乳化沥青	石油沥青	乳化沥青	石油沥青	乳化沥青	石油沥青	乳化沥青
				1	2	3	4	5	6	7	8
1	人工	工日	1	1.8	—	1.4	0.3	0.7	—	0.5	—
2	石油沥青	t	851	1.082	—	0.824	—	0.412	—	0.309	—

续上表

顺序号	项　　目	单位	代号	透　　层				黏　　层			
				粒料基层		半刚性基层		沥青层		水泥混凝土	
				石油沥青	乳化沥青	石油沥青	乳化沥青	石油沥青	乳化沥青	石油沥青	乳化沥青
				1	2	3	4	5	6	7	8
3	乳化沥青	t	853	—	1.391	—	0.927	—	0.464	—	0.412
4	煤	t	864	0.210	—	0.160	—	0.080	—	0.060	—
5	砂	m^3	897	—	—	—	—	—	—	—	—
6	矿粉	t	949	—	—	—	—	—	—	—	—
7	石屑	m^3	961	—	—	2.55	2.55	—	—	—	—
8	其他材料费	元	996	26.3	—	22.7	—	17.1	—	15.7	—
9	设备摊销费	元	997	13.4	—	10.2	—	5.1	—	3.8	—
10	6～8t 光轮压路机	台班	1075	—	—	0.12	0.12	—	—	—	—
11	4000L 以内液态沥青运输车	台班	1185	—	—	—	—	—	—	—	—
12	4000L 以内沥青洒布车	台班	1193	0.09	0.11	0.07	0.07	0.03	0.04	0.02	0.03
13	2.5～3.5m 稀浆封层机	台班	1216	—	—	—	—	—	—	—	—
14	4000L 以内洒水汽车	台班	1404	—	—	—	—	—	—	—	—
15	小型机具使用费	元	1998	3.0	—	2.3	—	1.2	—	0.9	—
16	基价	元	1999	4335	5748	3502	4040	1657	1919	1243	1701

二、现行《公路工程预算定额》的运用

在公路建设生产活动中，正确地使用定额是非常重要的。为了正确使用定额，必须全面了解定额，深刻理解定额，熟练掌握定额。最好通过编制预算等的实践，来熟练地运用定额，也可以通过做练习的方法来掌握定额。

（一）定额运用的基本知识

所谓运用定额，就是平时所说的“查定额”，是根据编制概、预算的具体条件和目的，查得需要的、正确的定额的过程。

1. 运用定额的步骤

（1）将公路工程施工任务分解至分项工程，对每一个分项工程确定欲查定额的项目名称，再据以在定额目录中找到其所在页次，并找到所需定额表。

（2）检查定额表上的“工作内容”与设计要求、施工组织要求是否相符，如相符，则可在表中找到相应的细目，并进一步确定子目(栏号)。

（3）检查定额表的计量单位与工程项目取定的计量单位是否一致、是否符合章、节说明规定的工程量计算规则。

（4）看定额的总说明、章说明、节说明以及表下的小注是否与所查子目的定额有关，若有关，则采取相应措施。

（5）根据设计图纸和施工组织设计检查一下，子目中有无需要抽换的定额，是否允许抽换，若应抽换，则进行具体抽换计算。

(6)依子目各序号确定各项定额值，可直接引用的就直接抄录，需计算的则在计算后抄录。

2. 对引用定额的编号

在编制概预算时，在计算表格中均要列出所用的定额表号。定额编号在概预算文件中十分重要。一方面是保证复核、审查人员利用编号快速查找，核对所用定额的准确性；另一方面，对如此繁多的工程细目的工作内容以编号形式建立一一对应的模式，便于计算机处理及修编定额人员的统计工作。不论手工计算，还是计算机处理，都必须保证该栏目的准确性。

(1)[页—表—栏]编号法

一般采用[页—表—栏]的编号方法。

例如，《公路工程预算定额》中的[170-(2-2-16)-3]就是指引用第170页的表2-2-16中的第3子目，即半刚性基层石油沥青透层的预算定额。

对于初学使用定额者来说，这种编号方法容易查找，检查方便，不易出错，但书写字码较多，在概、预算表格中占格较宽。

(2)[章—节—表—子目]编号法

在[页—表—子目]编号法中省去页号的编号方法。

例如，《公路工程预算定额》中半刚性基层石油沥青透层的定额编号可表示为[2-2-16-3]。

(3)八位数字编号法

用计算机编制概预算时，有的软件采用八位数字编号方法。

□ □□ □□ □□□

章 节 表 子目

首位数字表示“章”，第二、三位数字表示“节”，第四、五位数字表示“表”，最后三位数字表示“子目”。

例如，《公路工程预算定额》中的半刚性基层石油沥青透层定额编号应为“20216003”。

3. 资源消耗量计算

查定额的目的就是确定一定工程量的工程项目需要消耗的人工、材料、机械、费用等资源数量。

当已知工程量，并且确定了定额表值，则可按式(3-1)计算定额所包含的各种资源的数量：

$$M_i = S_i Q \tag{3-1}$$

式中：M_i——某种资源的消耗量；

S_i——定额中某种资源数量；

Q——工程数量，工程数量$=\dfrac{\text{工程量}}{\text{定额计量单位}}$。

在编制概预算时，“工程量”和“工程数量”的概念是不同的。“工程量”是用某种计量单位表示工程的数量，如路面透层200000m^2。“工程数量”是“工程量”折合为定额计量单位的数量。透层预算定额的计量单位为1000m^2，故上述路面透层的工程数量为200。“工程量”有量纲，而“工程数量”无量纲。

4. 定额单位与工程量

设计图纸上提供的工程量或工程量清单上的工程量，其计量单位、包含内容与定额的计量单位和计算内容有时不完全一致。为了合理确定资源消耗量，进而准确计算工程造价，必须根据定额的需要对工程量进行计量单位换算和工程量内容调整。

(1)体积与面积单位调整

如人工挖土质台阶，定额计量单位为1000m^2，而设计图纸或施工图工程量一般都以m^3

为单位列出。

(2)体积与个数的调整

如支座与伸缩缝，设计者一般提供各种型号及对应的个数，而定额单位却是 t 或 dm^3。

(3)与施工组织有关的工程量

一个工程项目所牵涉的定额不是都能在设计图上反映的。换句话说，一个完整项目的概、预算造价除包括施工图纸上的工程数量外，还应考虑与施工方案及施工组织措施相关的其他工程内容涉及的定额。如临时电力、电信线路、临时便道的里程，按实际需要确定(现场调查)。临时仓库、加工场地、临时建筑物等在筹建过程中的一系列的相关工程内容的工程量必须考虑进去。清除场地后回填土石方体积，填前夯实后增加的土石方体积，自然沉降引起的增加的土石方体积，都是与路基有关但必须增补计算的工程量。

(4)工程量与定额单位相同但存在一定的换算关系

定额单位与工程量一致，但有时不能直接使用，必须提供一定的换算关系后才能正确使用。如路基土石方体积单位的天然密实方与压实方之间的换算。

(二)定额运用方法

1. 定额的直接套用

如果设计的要求、工作内容及确定的工程项目，完全与相应定额的工程项目符合，则可直接套用定额。在应用定额编制预算文件时，绝大多数项目属于直接套用定额这种情况。

【例 3-1】 某路面工程半刚性基层石油沥青透层，工程量 $200000m^2$，试计算工、料、机、基价数量。

解：由《公路工程预算定额》[170-(2-2-16)-3]，知定额计量单位为 $1000m^2$，则：

人工：1.4×200=280(工日)

石油沥青：0.824×200=164.8(t)

煤：0.160×200=32(t)

石屑：2.55×200=510(m^3)

其他材料费：22.7×200=4540(元)

设备摊销费：10.2×200=2040(元)

6～8t 光轮压路机：0.12×200=24(台班)

4000L 以内沥青洒布车：0.07×200=14(台班)

小型机具使用费：2.3×200=460(元)

基价：3502×200=700400(元)

2. 定额的抽换

如果按设计的要求、工作内容及确定的工程项目不完全与相应定额的工程项目符合，则不能直接套用定额，而应对定额表值进行必要调整或抽换后，才能采用。

在运用《公路工程预算定额》时，根据情况不同，定额抽换方法可分为三类：配合比不同有关材料的抽换；定额表值乘系数；定额表值增减量。

(1)配合比不同有关材料的抽换

①路面半刚性基层材料。

《公路工程预算定额》第二章路面工程第一节路面基层及垫层说明 2 中规定：各类稳定土基层定额中材料消耗系按一定配合比编制的，当设计配合比与定额标明的配合比不同时，有关材料可分别按下式换算。

$$C_i = [C_d + B_d \times (H_1 - H_0)] \times \frac{L_i}{L_d} \tag{3-2}$$

式中：C_i——按设计配合比换算后的材料数量；

C_d——定额中基本压实厚度的材料数量；

B_d——定额中压实厚度每增减 1cm 的材料数量；

H_0——定额的基本压实厚度；

H_1——设计的压实厚度；

L_d——定额标明的材料百分率；

L_i——设计配合比的材料百分率。

【例 3-2】 石灰、粉煤灰稳定碎石基层，采用稳定土拌和机拌和，设计配合比为石灰∶粉煤灰∶碎石＝4∶11∶85，设计厚度为 20cm。试按预算定额确定每 $1000m^2$ 资源消耗量。

解：查《公路工程预算定额》第二章路面工程第一节路面基层与垫层表 2-1-4 路拌法石灰、粉煤灰稳定土基层，即定额编号［98-(2-1-4)-35、36］，可知设计配合比与定额标明的配合比 5∶15∶80不同，应对石灰、粉煤灰、碎石的材料用量进行抽换。

2-1-4　石灰、粉煤灰稳定土基层

单位：$1000m^2$

顺序号	项　　目	单　　位	代　　号	石灰粉煤灰碎石	
				石灰∶粉煤灰∶碎石 5∶15∶80	
				压实厚度 15cm	每增减 1cm
				35	36
1	人工	工日	1	21.2	1.1
2	生石灰	t	891	15.829	1.055
3	土	m^3	895	—	—
4	砂	m^3	897	—	—
5	砂砾	m^3	902	—	—
6	煤矸石	m^3	936	—	—
7	矿渣	m^3	938	—	—
8	粉煤灰	m^3	945	63.31	4.22
9	碎石	m^3	958	164.89	10.99
10	120kW 以内自行式平地机	台班	1057	0.51	—
11	6～8t 光轮压路机	台班	1075	0.41	—
12	12～15t 光轮压路机	台班	1078	1.27	—
13	235kW 以内稳定土拌和机	台班	1155	0.29	0.02
14	6000L 以内洒水汽车	台班	1405	0.92	0.04
15	基价	元	1999	10637	611

相关材料调整后数量为：

生石灰：$[15.829+1.055\times(24-15)]\times\frac{4}{5}=20.259(t)$

粉煤灰：$[63.31+4.22\times(24-15)]\times\frac{11}{15}=74.28(m^3)$

碎石：$[164.89+10.99\times(24-15)]\times\frac{85}{80}=280.29(m^3)$

根据预算定额第二章第一节说明1“各类稳定土基层、级配碎石、级配砾石基层的压实厚度在15cm以内，填隙碎石一层的压实厚度在12cm以内，垫层和其他种类的基层压实厚度在20cm以内，拖拉机、平地机、压路机台班按定额数量计算。如超过以上压实厚度进行分层拌和、碾压时，拖拉机、平地机、压路机台班按定额数量加倍，每 $1000m^2$ 增加3.0工日”，则人工和机械应分别调整为：

人工：21.2+1.1×(24−15)+3.0=34.1(工日)

120kW以内自行式平地机：0.51×2=1.02(台班)

6～8t光轮压路机：0.41×2=0.82(台班)

12～15t光轮压路机：1.27×2=2.54(台班)

其他机械可按第35子目定额表值与第36子目定额表值之和确定：

235kW以内稳定土拌和机：0.29+0.02×(24−15)=0.47(台班)

6000L以内洒水汽车：0.92+0.04×(24−15)=1.28(台班)

②砂浆及混凝土。

《公路工程预算定额》总说明中规定：“定额中列有混凝土及砂浆的强度等级和用量，其材料用量已按附录配合比表规定的数量列入定额，不得重算。如设计采用的混凝土及砂浆强度等级或水泥强度等级与定额所列强度等级不同时，可按配合比表进行换算。但实际施工配合比材料用量与定额配合比表用量不同时，除配合比表说明中允许换算者外，均不得调整。”“混凝土、砂浆配合比表的水泥用量，已综合考虑了采用不同品种水泥的因素，实际施工中不论采用何种水泥，不得调整定额用量。”

【例3-3】 某浆砌片石护拱，设计采用M7.5水泥砂浆砌筑。试按预算定额确定每 $10m^3$ 砌体资源消耗量。

解：查《公路工程预算定额》第四章桥梁工程第五节砌筑工程，即定额表[440-(4-5-2)-2]：

4-5-2　浆砌片石

工程内容：1)选、修、洗石料；2)搭、拆脚手架、踏步或井字架；3)配、拌、运砂浆；4)砌筑；5)勾缝；6)养生。

单位：$10m^3$

顺序号	项　目	单位	代号	基础、护底截水墙	护拱	实体式墩		实体式台、墙	
						高度(m)			
						10以内	20以内	10以内	20以内
				1	2	3	4	5	6
1	人工	工日	1	9.5	8.5	16.9	18.6	13.2	14.1
2	M5水泥砂浆	m^3	65	—	(3.50)	—	—	—	—
3	M7.5水泥砂浆	m^3	66	(3.50)	—	(3.50)	(3.50)	(3.50)	(3.50)

续上表

顺序号	项目	单位	代号	基础、护底截水墙	护拱	实体式墩		实体式台、墙	
						高度(m)			
						10以内	20以内	10以内	20以内
				1	2	3	4	5	6
4	M10水泥砂浆	m^3	67	—	—	(0.12)	(0.09)	(0.05)	(0.02)
5	原木	m^3	101	—	—	0.011	0.010	0.003	0.003
6	锯材	m^3	102	—	—	0.049	0.009	0.016	0.003
7	钢管	t	191	—	—	0.011	0.010	0.004	0.003
8	铁钉	kg	653	—	—	0.3	0.1	0.1	—
9	8~12号铁丝	kg	655	—	—	1.8	0.3	0.6	0.1
10	32.5等级水泥	t	832	0.931	0.763	0.970	0.959	0.945	0.938
11	水	m^3	866	4	4	9	8	8	7
12	中(粗)砂	m^3	899	3.82	3.92	3.95	3.91	3.86	3.84
13	片石	m^3	931	11.50	11.50	11.50	11.50	11.50	11.50
14	其他材料费	元	996	1.2	1.2	5.6	7.0	2.8	3.1
15	30kN以内单筒慢动卷扬机	台班	1499	—	—	—	0.92	—	0.85
16	小型机具使用费	元	1998	7.0	7.0	7.2	7.2	7.0	7.0
17	基价	元	1999	1396	1299	1940	2028	1640	1728

根据节说明1可知,“定额中的M5、M7.5、M12.5水泥砂浆为砌筑用砂浆,M10、M15水泥砂浆为勾缝用砂浆”。

本问题中定额采用M5水泥砂浆砌筑,而设计采用M7.5水泥砂浆砌筑,因此水泥砂浆材料应该抽换。

查《公路工程预算定额》附录二基本定额中的砂浆配合比表(第1009页):

砂 浆 配 合 比 表 单位:1m^3砂浆及水泥浆

项目	单位	水泥砂浆				
		砂浆强度等级				
		M5	M7.5	M10	M12.5	M15
		1	2	3	4	5
32.5级水泥	kg	218	266	311	345	393
生石灰	kg	—	—	—	—	—
中(粗)砂	m^3	1.12	1.09	1.07	1.07	1.07

每10m^3砌体砂浆材料用量:

M5砂浆:32.5级水泥:$\frac{218}{1000}\times3.5=0.763(t)$

中(粗)砂:$1.12\times3.5=3.92(m^3)$

M7.5砂浆:32.5级水泥:$\frac{266}{1000}\times3.5=0.931(t)$

中(粗)砂:$1.09\times3.5=3.82(m^3)$

用 M7.5 砂浆代替 M5 砂浆后，材料变化量分别为：

$$\Delta_{32.5\text{级水泥}}=0.931-0.763=0.168(\mathrm{t})$$

$$\Delta_{\text{中(粗)砂}}=3.82-3.92=-0.10(\mathrm{m}^3)$$

有关水泥砂浆的材料调整后的用量为：

$$32.5\text{ 级水泥}:0.763+0.168=0.931(\mathrm{t})$$

$$\text{中(粗)砂}:3.92-0.10=3.82(\mathrm{m}^3)$$

其他工、料、机量不需调整。

(2)定额表值乘系数或增减

在《公路工程预算定额》章、节或表注中有在某种条件下需要对定额表值乘以某个系数或增减一定数量的规定。

【例 3-4】 某高速公路需借路基土方 200000m³(硬土、压实方)，采用装载机装土、自卸汽车运土、推土机配合装载机推松集土的施工方法，试按预算定额确定 165kW 以内履带式推土机所需台班消耗量。

解：查《公路工程预算定额》第一章路基工程第一节路基、石方工程，定额表[21-(1-1-12)-19]：

1-1-12 推土机推土

工程内容：1)推土；2)空回；3)整理卸土。

单位 1000m³ 天然密实方

顺序号	项　目	单位	代号	推土机功率(kW)			
				165 以内			
				第一个 20m			每增运 10m
				松土	普通土	硬土	
				17	18	19	20
1	人工	工日	1	4.0	4.5	5.0	—
2	75kW 以内履带式推土机	台班	1003	—	—	—	—
3	90kW 以内履带式推土机	台班	1004	—	—	—	—
4	105kW 以内履带式推土机	台班	1005	—	—		
5	135kW 以内履带式推土机	台班	1006	—	—	—	—
6	165kW 以内履带式推土机	台班	1007	0.98	1.08	1.33	0.35
7	240kW 以内履带式推土机	台班	1008	—	—	—	—
8	基价	元	1999	1552	1715	2086	484

注意到定额计量单位为 1000m³ 天然密实方。根据第一章第一节说明 8，当以填方压实体积为工程量，采用以天然密实方为计量单位的定额时，所采用的定额应乘以下列系数(表 3-2)。

系 数 表　　表 3-2

土类 / 公路等级	土　方			石方
	松土	普通土	硬土	
二级及以上等级公路	1.23	1.16	1.09	0.92
三、四级公路	1.11	1.05	1.0	0.84

其中：推土机、铲运机施工土方的增运定额按普通土栏目的系数计算；人工挖运土方的增运定额和机动翻斗车、手扶拖拉机运输土方、自卸汽车运输土方的运输定额，在上表系数上增加0.03的土方运输损耗，但弃方运输不应计算运输损耗。

另外，根据[14-(1-1-10)]即装载机装土、石方的定额表注(1)，装载机装土方如需推土机松、集土时，其人工、推土机台班的数量按"推土机推运土方"第一个20m定额乘以0.8系数计算。

因此，165kW以内履带式推土机台班消耗费量为：

$$1.33\times 1.09\times 0.8\times \frac{200000}{1000}=231.95(\text{台班})$$

3.补充定额

当设计要求与预算定额条件完全不相符，或由于设计采用新材料、新工艺，在定额中无这类项目时，即属于定额缺项时，可编制补充定额。

编制补充定额一般采用两种方法：一是按照本章第二节预算定额编制方法，计算人工、各种材料及机械台班消耗指标，经有关人员讨论后确定；二是人工、机械及其他材料消耗量套用相近项目的定额计算，材料(主要材料)按施工图设计进行计算或测定。

目前，许多省、市、自治区都根据本地区公路工程设计、施工情况，经过施工现场的实地调查，按照《公路工程预算定额》的编制原则，对在本地区广泛应用的新技术、新结构、新材料、新设备定额进行了测定和编制。因此，对于此类工程，可以参考当地补充预算定额。

第四章　公路工程概算定额

第一节　概　　述

一、概算定额的概念与作用

(一)概算定额

概算定额,是在预算定额基础上以主要工序为准综合相关分项的扩大定额,全称是建筑安装工程概算定额,是按主要分项工程规定的计量单位及综合相关工序的劳动、材料和机械台班的消耗标准。

概算定额与预算定额,都属于计价定额。不同的是在项目划分和综合扩大程度上的差异,以适用于不同设计阶段计价需要。

(二)概算定额的作用

(1)概算定额是初步设计阶段编制建设项目概算和技术设计阶段编制修正概算的依据。建设程序规定,采用两阶段设计时,其初步设计必须编制概算;采用三阶段设计时,其技术设计必须编制修正概算,对拟建项目进行总估价。

(2)概算定额是设计方案比较的依据。所谓设计方案比较,目的是选择出技术先进可靠经济合理的方案,在满足使用功能的条件下,达到降低造价和资源消耗。概算定额采用扩大综合后可为设计方案的比较提供方便条件。

(3)概算定额是编制主要材料需要量的计算基础。根据概算定额所列材料消耗指标计算工程用料数量可在施工图设计之前提出供应计划,为材料的采购、供应做好施工准备。

(4)概算定额是编制建设项目投资估算指标的基础。

(5)在不具备施工图预算的情况下,概算定额还可以作为编制招标控制价的基础。

(6)在实行建设项目投资包干时,其项目包干费用通常可以概算定额为计算依据。

二、概算定额的编制原则和依据

(一)概算定额的编制原则

概算定额,是编制初步设计概算和技术修正概算的依据,初步设计概算或技术设计修正概算经批准后是控制建设项目投资的依据。因此,概算定额要按以下原则编制:

(1)与设计深度相适应的原则。公路初步设计和技术设计的深度是根据交通部颁发的《公路工程基本建设项目设计文件编制办法》确定的,包括设计提供的工程量深度和设计为建设项目计划提供人工、材料和机械台班数量的规定。初步设计或技术设计提供的工程设计的深度,决定概算定额的项目划分和定额单位的确定。

(2)满足概算能控制工程造价的原则。要使初步设计概算或技术设计修正概算能起到控制建设项目工程造价的作用,作为计价依据的概算定额,在项目上应能覆盖建设项目的全部工程项目，并且设计概算或修正概算要能起到控制施工图预算的作用。因此，概算定额的编制，要注意取定的图纸、资料，有一定代表性，所综合的工程项目不漏项，工程数量准确、合理，在平衡、分析、确定水平时，留有余地。

(3)简明适用的原则。是指定额的项目名称要与初步设计或技术设计所能提供的工程量名称相一致，定额项目的工程内容界定明确、清楚、方便使用，还包括尽量不留缺口，即定额不要留有许多不完备的内容。

(4)贯彻国家政策、法规的原则。概算定额的编制，除在定额方面国家有关政策、法规必须严格贯彻外，对于工程造价控制方面国家有关指导精神，如"打足投资，不留缺口"、"改进概算管理办法，解决超概算问题"、"工程造价实行动态管理"等措施要求亦应贯彻到概算定额编制中去。

(5)贯彻社会平均水平的原则。

(二)概算定额的编制依据

(1)国家有关方针、政策及规定。

(2)现行的工程施工技术及验收规范、质量评定标准及安全操作规程。

(3)现行标准设计图纸或有代表性的设计图或施工详细图。

(4)现行预算定额。

(5)编制期的人工工资标准、材料预算价格、机械台班单价。

(6)施工方案、施工工艺及方式、机械的选择。

第二节　概算定额的编制方法

一、概算定额的项目划分

概算定额的项目，主要是根据初步设计或技术设计所能提供的工程量的深度加以划分。由于初步设计或技术设计的深度与施工图设计的深度不同，所以概算定额的项目划分与预算定额的项目划分有很大不同。概算定额只编列了初步设计或技术设计所能提供的主要工程项目，在主要工程项目中综合了初步设计或技术设计中难以提供的次要工程项目和施工现场设施，以避免漏项，但考虑到概算要控制投资的要求，对某些定额项目适当加深，以提高计算的准确性。对这些在初步设计阶段或技术设计阶段一般难以提供工程量的项目，在定额中尽可能在章、节说明或附注中按常用量列出供编制概算时参考。现将各章、节中部分的项目划分和综合情况加以说明。

(一)路基工程

由于各等级公路，尤其是高等级公路的填挖方数量、质量要求及机械化施工程度以及零星工程的含量等差距较大，现行概算定额分别人工和机械、填方和挖方、不同机械化施工、碾压以及零星工程，划分土石类别、机械规格、公路等级编制了定额。其中零星工程综合为一个项目，以简化计算工作，这些零星工程包括整修路拱、整修路基边坡、挖土质台阶、挖截水沟、填前压实以及零星回填土方等工程。

(二)路面工程

在路面工程中主要按路面结构类别和施工方法划分项目，在沥青混合料路面项目中，拌和设备和运输机械的种类很多，压实厚度档次较多。为了简化计算，将拌和、摊铺、运输划分为拌和及摊铺、运输两个项目。

(三)隧道工程

(1)人工开挖、机械开挖轻轨斗车运输、机械开挖自卸汽车运输都综合了洞内、洞外的出渣运输工程。

(2)机械开挖自卸汽车运输综合了钢支撑的工程。

(3)现浇混凝土衬砌按土质、软石、坚石划分子目,综合了超挖回填、混凝土管沟及盖板的工程。

(4)石料、混凝土预制块衬砌的拱顶、边墙综合了拱顶、边墙衬砌及超挖回填、混凝土管沟及盖板的工程。混凝土预制块衬砌还综合了预制的工程。

(四)涵洞工程

涵洞工程在交通部颁发的设计文件编制办法中,初步设计阶段只要求列出涵洞类型、道数和涵长,但由于地区、地形、地质及公路等级的不同,使涵洞的涵台高度,基础类型,特别是进出口的铺筑长度等的工程量差别很大。为了合理确定造价的要求,将定额计量单位采用以构成涵洞的圬工数量为计量单位,加深了对设计工程量的要求。对这种要求,涵洞主要工程可通过查阅涵洞标准图取得,次要工程量要在外业测量时注意调查和收集资料予以补充。

为适应林业和工业建设项目配套的公路建设工程编制概算的需要,考虑到这些配套的公路工程在整个建设项目投资中占的比重很小,一般设计达不到公路专业部门的深度,为此专门编列了涵洞扩大定额,供这些部门使用。

(五)桥梁工程

桥梁工程定额,分基础工程,下部构造,上部构造,钢筋及预应力钢筋、钢丝束、钢绞线、小桥扩大定额五节。

基础工程中将灌注桩钻孔以灌注桩工程平台单列项目,是由于近年来大型工程水上施工平台的类型多、规模大,如综合在钻孔项目中将大量增加定额子目,且使用并不方便。

在桥梁工程中将预制、安装和安装用的吊装设备都综合在预制安装上的构造中,并选择常用的安装方法划分子目,以适应初步设计或技术设计的深度和控制造价的需要。概算定额是在许多施工方法中选择公路施工单位广泛采用并较经济的方法和合理的工期进行编制的。

桥梁工程中单列了钢筋及预应力钢筋、钢丝束、钢绞线项目、是考虑到目前桥梁设计多样化,钢筋含量差别较大,综合在混凝土中经常需要调整,很不方便,在招标工程中钢筋都要单列项目,单列较为妥当。对在初步设计或技术设计时不能提供钢筋数量的,在定额说明中列出了各种结构的钢筋含量供参考。

二、概算定额的子目划分和综合范围

(一)子目划分综合误差控制的规定

(1)在一个建设项目中工程量较大,对工程造价影响较大的定额项目,如路基土石方、路面、隧道、桥梁、涵洞等工程,子目之间的基价综合误差控制在10%以内。

(2)在一个建设项目中工程量不大,对工程造价影响较小的定额项目,子目之间的基价综合误差控制在15%~20%。

(3)考虑到材料、机械台班的价格变动较大,因此在子目划分时除了按基价综合误差控制外,还考虑了主要材料和主要机械台班消耗量的误差。

(二)由预算定额综合为概算定额的幅度差

概算定额是在预算的基础上扩大、综合而成的，它反映了更大范围的内容。因而在工程量取值、工程标准和施工方法等进行综合取定时，概、预算定额间将产生一定的幅度差。由预算定额综合为概算定额的幅度差主要考虑以下因素：

(1)由于概算定额是以主要工程结构部位的工程量与次要结构部位的工程量按一定的比例关系综合编制的，在工程标准、工程量、施工方法等进行综合取定时，必然有一定误差，为留有余地，需要考虑一定增加量。

(2)还有一些零星工程项目也难以一一计算，也需要适当增加一定幅度的差额。

三、概算定额消耗指标的制订

(一)数据准备

(1)确定各项目的设计或施工图纸、施工方案、施工现场布置及施工现场设施安排、施工进度计划等。

(2)计算各项目主要工程项目的工程量及所综合的次要工程项目的工程量，并列出所有工程项目所对应的预算定额表号及基价。

(3)确定概算定额各工程项目的计量单位，计量单位包括计量的名称和数量单位。

(4)进行概算定额子目划分平衡分析，按照综合误差率对各定额项目的基价进行综合平衡，超过最大误差率的就应划分子目。

(二)计算工、料、机消耗量及定额基价

明确每一个项目的工程内容、所综合的预算定额项目名称和每一个子目的工程量后，各子目的工、料、机消耗量和定额基价可通过所包含的各预算定额项目工、料、机消耗量按照工程量综合后，再考虑幅度差系数计算得出。

假设某概算定额项目包括 n 个预算定额的项目内容，该概算定额项目每一个子目的 n 个子项工程量已确定，通过查阅预算定额，可以得到各子项的工、料、机消耗量：

(1)人工。

$$\text{概算定额子目人工消耗量}=\left[\sum_{i=1}^{n}(\text{预算定额人工消耗量}\times\text{工程数量})\right]\times\text{人工幅度差系数}$$

(2)材料。

由预算定额综合为概算定额的材料可能有若干种，先分别综合：

$$\text{概算定额子目某种材料消耗量}=\left[\sum_{i=1}^{n}(\text{预算定额某种材料消耗量}\times\text{工程数量})\right]\times\text{材料幅度差系数}$$

$$\text{概算定额子目其他材料费}=\left[\sum_{i=1}^{n}(\text{预算定额其他材料费}\times\text{工程数量})\right]\times\text{材料幅度差系数}$$

$$\text{概算定额子目设备摊销费}=\left[\sum_{i=1}^{n}(\text{预算定额设备摊销费}\times\text{工程数量})\right]\times\text{材料幅度差系数}$$

概算定额对某些品种、规格相近的材料进一步综合，例如概算定额中的“钢材”，就综合了预算定额中的“型钢”、“圆钢”、“钢轨”、“钢管”；“加工钢材”综合了“钢板桩”、“钢护筒”、“组合钢模板”等；“铁丝”综合了各种型号铁丝；“水泥”综合了各种强度等级水泥。

(3)机械。

由预算定额综合为概算定额的机械可能有若干种，应分别综合：

$$概算定额子目某种机械台班消耗量=[\sum_{i=1}^{n}(预算定额某种机械台班消耗量\times工程数量)]\times机械幅度差系数$$

$$概算定额子目小型机具使用费=[\sum_{i=1}^{n}(预算定额小型机具使用费\times工程数量)]\times机械幅度差系数$$

(4)定额基价。

概算定额基价与预算定额基价类似，是完成定额计量单位工程量，按人工、材料、机械台班基价及定额工、料、机消耗量计算出的人工费、材料费和机械使用费之和：

$$概算定额子目定额基价=人工基价\times工日数+\sum(材料基价\times消耗量)+其他材料费+\sum(机械台班基价\times台班数)+设备摊销费+小型机具使用费$$

其人工、材料基价与预算定额相同，可参见《公路工程预算定额》；机械台班基价可参见《公路工程机械台班费用定额》。

第三节　概算定额的组成和运用

一、现行《公路工程概算定额》的组成

《公路工程概算定额》由说明和定额项目表两部分组成，与《公路工程预算定额》相比，没有附录部分。

(一)概算定额的总说明及各章、节说明

1. 总说明的内容

(1)概算定额的适用范围及包括的内容。

(2)对各章、节都适用的统一规定。

(3)概算定额所采用的标准及抽换的统一规定。

(4)概算定额的材料名称在预算定额的基础上综合情况的说明，以及对应于预算定额材料名称的统一规定。

(5)概算定额中未包括的内容。

(6)概算定额中未包括的项目，必须编制补充定额的规定。

2. 章、节说明

包括各章、节的内容，工程项目的统一规定，工程量的计算规则。

(二)概算定额项目表

(1)工程项目名称及定额单位。

(2)工程项目包括的工程内容。

(3)完成定额单位工程的人工、单位、代号、数量，数量中包括预算定额综合为概算定额项目的人工幅度差。

(4)完成定额单位工程的材料名称、单位、代号、数量。其中主要材料以定额消耗量或周转使用量表示，主要材料中数量很小的材料及次要材料以其他材料费表示，吊装等金属设备的折旧费以设备摊销费表示。桥涵及隧道工程还包括预算定额综合为概算定额的材料幅度差。

(5)完成定额单位工程的机械名称、单位、代号、数量。其中主要机械以台班消耗数量表

示，数量中包括预算定额综合为概算定额的机械幅度差。次要机械以小型机械使用费的形式表示。概算定额中还将机械的数量以费用的形式表示为机械使用费，以了解机械费占定额基价的比例。

(6)完成定额单位工程的定额基价。定额基价是人工费、材料费、机械使用费的合计价值，定额基价可作为各项目间技术经济比较的参考，并作为计算其他直接工程费和现场经费的计算依据。

(7)有些定额项目下还列有在章、节说明中未包括的使用本概算定额项目的注解。

二、定额运用方法

与《公路工程预算定额》类似，《公路工程概算定额》的运用方法也可分为定额的直接套用、定额的抽换、定额的补充。

因为《公路工程概算定额》是在《公路工程预算定额》的基础之上编制的，因此，两者在表现形式和应用方法上有许多相同之处。《公路工程概算定额》又是《公路工程预算定额》的综合、扩大，因此在使用上又有所不同。

(一)对引用定额的编号

与《公路工程预算定额》相同，可采用[页—表—子目]、[章—节—表—子目]和数字编号法。不同的是《公路工程概算定额》采用七位数字编号法：第一位数字表示“章”，第 二位数字表示“节”，第三、四位数字表示“表”，最后三位数字表示“子目”。

□ □ □□ □□□
章 节 表 子目

(二)应用举例

【例 4-1】 某三级公路路基工程总长 15km，山岭重丘区，其中包括整修路拱 112500m^2、人工挖土质台阶 5000m^2、人工挖截水沟 800m^3、填前压实60000m^2。试列出其人工概算定额，并计算人工劳动量。

解：查《公路工程概算定额》第一章路基工程，根据章说明 8 的规定，可知这些工程项目都属于“路基零星工程”，编概算时不应单独列项，由定额号[33-(1-1-17)-6]知定额计量单位为 1km。则该工程项目所需人工总劳动量为：

$$15km \times 342.8\ 工日/1km = 5142(工日)$$

1-1-17 路基零星工程

工程内容：1)整修路拱；2)整修边坡；3)挖截水沟；4)挖土质台阶； 5)填前压实；6)零星回填土方。

单位：1km

顺序号	项目	单位	代号	高速、一级公路		二级公路		三、四级公路	
				平原微丘区	山岭重丘区	平原微丘区	山岭重丘区	平原微丘区	山岭重丘区
				1	2	3	4	5	6
1	人工	工日	1	586.2	721.1	534.3	630.2	314.6	342.8
2	钢钎	kg	211	0.2	4.6	0.4	4.8	—	1.6
3	硝铵炸药	kg	841	1.7	38.2	3.7	39.7	0.8	13.2
4	导火线	m	842	10	230	22	239	5	80

续上表

顺序号	项目	单位	代号	高速、一级公路		二级公路		三、四级公路	
				平原微丘区	山岭重丘区	平原微丘区	山岭重丘区	平原微丘区	山岭重丘区
				1	2	3	4	5	6
5	普通雷管	个	845	8	166	16	172	3	57
6	煤	t	864	0.001	0.030	0.003	0.031	—	0.010
7	其他材料费	元	996	0.2	4.7	0.5	4.9	0.8	1.6
8	120kW 以内自行式平地机	台班	1057	3.14	2.36	1.09	0.77	—	—
9	75kW 以内履带式拖拉机	台班	1063	—	—	—	—	0.04	—
10	8～10t 光轮压路机	台班	1076	4.88	3.68	1.70	1.20	—	—
11	12～15t 光轮压路机	台班	1078	1.08	—	0.75	—	—	—
12	蛙式夯土机	台班	1094	23.71	—	15.8	—	7.9	—
13	基价	元	1999	33089	39223	28412	32632	15658	17062

【例 4-2】 某隧道工程洞内路面采用 10cm 厚砂砾垫层(人工铺料),试确定其路面垫层定额值。

解:查《公路工程概算定额》第三章隧道工程和第二章路面工程。

(1)应采用定额号[107-(2-1-1)-(2、7)],即“路面垫层定额”。

2-1-1 路面垫层

工程内容:铺筑,整平,洒水,碾压。

单位:$1000m^2$

顺序号	项目	单位	代号	人工铺料									
				压实厚度 15cm					每增减 1cm				
				粗砂	砂砾	煤渣	矿渣	碎石	粗砂	砂砾	煤渣	矿渣	碎石
				1	2	3	4	5	6	7	8	9	10
1	人工	工日	1	27.5	30.2	35.0	31.5	29.1	1.5	1.8	2.2	1.9	1.8
2	水	m^3	866	20	19	26	21	17	1	1	2	1	1
3	砂	m^3	897	196.56	—	—	—	—	13.10	—	—	—	—
4	砂砾	m^3	902	—	191.25	—	—	—	—	12.75	—	—	—
5	煤渣	m^3	937	—	—	252.45	—	—	—	—	16.83	—	—
6	矿渣	m^3	938	—	—	—	198.9	—	—	—	—	13.26	—
7	碎石	m^3	958	—	—	—	—	186.66	—	—	—	—	12.44
8	120kW 以内自行式平地机	台班	1057	—	—	—	—	—	—	—	—	—	—
9	6～8t 光轮压路机	台班	1075	0.52	0.26	0.26	0.13	0.26	—	—	—	—	—
10	12～15t 光轮压路机	台班	1078	—	0.51	0.67	0.67	0.67	—	—	—	—	—
11	6000L 以内洒水汽车	台班	1405	—	—	—	—	—	—	—	—	—	—
12	基价	元	1999	11322	7699	6115	5051	6915	729	484	379	306	431

(2)按第三章说明 8 之(2)规定,洞内工程项目如需采用其他章节中有关项目时,所采用定额的人工工日、机械台班数量及小型机具使用费应乘以 1.26 系数(此规定与预算定额相同)。

(3)计算定额值为:

人工:(30.2－1.8×5)×1.26＝26.7 工日/1000(m^2)

水:19－1×5＝14m^3/1000(m^2)

砂砾:(191.25－12.75×5)＝127.5(m^3/1000m^2)

6～8t 光轮压路机:0.26×1.26＝0.33(台班/1000m^2)

12～15t 光轮压路机:0.51×1.26＝0.64(台班/1000m^2)

【例 4-3】 某桥人工开挖基坑工程,已知挖基工程量为 300m^3,施工地面水位深 3m,土质为中类砂土,试按概算定额确定人工挖基土及抽水等人工、材料、机械消耗量。

解:查《公路工程概算定额》第五章桥梁工程,定额号[343-(5-1-3)-2]。

5-1-3 开挖基坑

工程内容:人工或机械开挖、清运、抽水等全部工序。

I. 人工开挖基坑　　　单位:1000m^3

顺序号	项目	单位	代号	土方				石方
				干处	湿处			
					地面水(m)		地下水	
					4 以内	2 以内		
				1	2	3	4	5
1	人工	工日	1	535.5	736.3	736.3	736.3	1113.3
2	钢钎	kg	211	—	—	—	—	25.1
3	硝铵炸药	kg	841	—	—	—	—	150.4
4	导火线	m	842	—	—	—	—	365
5	普通雷管	个	845	—	—	—	—	288
6	煤	t	864	—	—	—	—	0.190
7	其他材料费	元	996	—	—	—	—	18.3
8	ϕ150mm 电动单级离心水泵	台班	1653	—	93.83	61.18	35.30	—
9	基价	元	1999	26347	50980	45846	41777	56380

(1)根据第五章桥梁工程第一节基础工程说明 4 和 5,应按地面水 4m 内湿处挖基定额,且定额中已包括基坑开挖的排水和基础、墩台施工的排水所需的水泵台班,故不必另算抽水台班(预算定额需另列抽水)。

(2)由于定额中不分土质类别,题中土质类别可不必考虑。按已知条件,确定 1000m^3 定额值并计算开挖 300m^3 的工、料、机消耗量如下:

人工:$736.3\times\frac{300}{1000}=220.89$(工日)

ϕ150mm 电动单级离心水泵:$93.83\times\frac{300}{1000}=28.15$(台班)

第五章　机械台班费用定额

第一节　概　　述

一、机械台班费用定额的概念

机械台班费用定额是指在一个台班中，为使机械正常运转需要支出和分摊的折旧、维修、安装拆卸、辅助设施以及人工、动力燃料、车船使用税等各项费用消耗的标准，即确定机械台班单价的定额。机械台班费用定额是编制公路基本建设工程概、预算，进行经济核算和结算的依据。公路养护的大、中修工程，可参考使用。

二、机械台班费用的组成

机械台班费用由两大部分组成：不变费用和可变费用。

1. 不变费用

不变费用是指根据主管部门的规定和机械年工作台班制度确定的，它不管机械是否开动以及施工地点和条件的变化，都要支出，是一种比较固定的经常性费用，应按全年的费用分摊到每一台班中去。不变费用使用时（除西藏、青海、新疆外）一般不允许调整。它包括机械的折旧费、大修理费、经常修理费、安装拆卸及辅助设施费。

（1）折旧费：是指机械设备在规定的使用期限内陆续收回其原值的费用。

（2）大修理费：是指机械设备按规定的大修间隔台班必须进行大修理，以恢复其正常功能所需的费用。

（3）经常修理费：指机械设备除大修理以外的各级保养（包括一、二、三级保养）及为排除临时故障所需的费用；为保障机械正常运转所需替换设备、随机使用工具、附具摊销和维护的费用；机械运转与日常保养所需的润滑油脂、擦拭材料（布及棉纱等）费用和机械在规定年工作台班以外的维护、保养费用等。

（4）安装拆卸及辅助设施费：指机械在施工现场进行安装、拆卸所需的人工费、材料费、机械费、试运转费以及安装所需的辅助设施费。辅助设施费包括安置机械的基础、底座及固定锚桩等项费用。打桩、钻孔机械在施工中的过墩、移位等所发生的安装及拆卸费，包括在工程项目之内。稳定土厂拌设备、沥青乳化设备、黑色粒料拌和设备、混凝土搅拌站（楼）的安装、拆卸以及拌和设备、搅拌站（楼）、大型发电机的基础、沉淀池、散热池等辅助设施和机械操作所需的轨道、工作台的设置费用等。不在此项费用内，在工程项目中另行计算。

2. 可变费用

可变费用是以每台班实物消耗指标的形式表示的，即机械开动或运转时才会发生的费用，在使用时随工程所在地的人工、动力燃料、车船使用税的标准不同而不同，应根据有关的文件或规定计算确定。

（1）人工费：指随机操作人员的工资（包括基本工资、各类津贴、补贴、辅助工资、劳动保护费以及各类保险和住房公积金等）。

（2）动力燃料费：指机械在运转施工作业中所耗用的电力、固体燃料（煤、木材）、液体燃料（汽油、柴油、重油）和水等。

（3）车船使用税：指按国家规定应缴纳的车船使用税。

第二节　机械台班费用定额的编制

一、机械台班费用定额的编制原则

现行的《公路工程机械台班费用定额》在编制时主要遵循了以下原则：

（1）为合理确定和控制公路基本建设工程造价，提高投资效益，依据目前国家有关经济技术政策，充分考虑公路基本建设工程的特点以及近几年来高等级公路和施工机械技术发展情况，编制定额。

（2）有利于促进公路基本建设工程施工机械化的发展，提高公路施工企业的管理水平和自我积累、自我发展能力。

（3）施工机械选型。国产机械按国家已定型生产的，目前公路基本建设工程中常用的施工机械的型号、规格取定；进口机械中凡与国产机械性能、规格相同的一律选用国产机械，其性能、规格与国产机械不相同的，则从我国公路施工中应用较广泛、成熟的机型和规格选择取定。

（4）机械预算价格的确定。对于国产机械，由于近年来国家对大部分施工机械的价格已经放开，因此，国产机械的预算价格主要按照机械生产厂家询价、市场价格以及各地公路施工企业的实购价格，经分析后合理取定；进口机械，按照公路施工企业实际购置或外贸部门调查的到岸完税价格取定。

（5）充分考虑公路施工机械管理部门的机械设备能力、机械完好率和利用率以及台班费的经营核算情况等。

（6）注重调查研究，广泛搜集各地公路施工企业和各部门有关施工机械的技术、经济基础数据资料。

二、定额的编制依据

机械台班费用定额的编制依据主要是根据国家有关部门发布的各有关规范、办法、通知等文件，如《施工、房地产开发企业财务制度》中“企业固定资产分类折旧年限表”、《全国统一施工机械保养修理技术经济定额》（以下简称《技术经济定额》）、《关于发布车辆购置附加费征收办法的通知》、机械产品出厂价格以及市场机械产品信息价格、《公路基本建设项目概算预算编制办法》以及其他有关规定等。

三、机械台班费用定额的计算与确定

定额的费用项目划分为不变费用和可变费用。不变费用包括：折旧费，大修理费，经常修理费，安装拆卸及辅助设施费。可变费用包括：人工费，动力燃料费，及车船使用税。

（一）不变费用的计算

1. 折旧费

指机械设备在规定的使用期限内，陆续收回其原值的费用。台班折旧费指分摊到每一台班上的折旧费，其计算公式如式(5-1)。

$$台班折旧费=\frac{机械预算价格\times(1-残值率)}{耐用总台班} \tag{5-1}$$

(1)机械预算价格：由机械出厂（或到岸完税）价格和从生产厂（销售单位交货地点或口岸）运至使用单位机械管理部门验收入库的全部费用组成，即：

国产机械预算价格＝出厂（或销售）价格＋供销部门手续费＋一次性运杂费

国产运输机械预算价格＝出厂（或销售）价格×（1＋车辆购置附加费税税率）＋供销部门手续费＋一次性运杂费

进口机械预算价格＝到岸价格＋关税＋增值税＋外贸部门手续费＋银行财务费＋国内一次性运杂费

进口运输机械预算价格＝（到岸价格＋关税＋增值税）×（1＋车辆购置附加费税税费）＋外贸部门手续费＋银行财务费＋国内一次性运杂费

国产机械的出厂（或销售）价格主要按照机械生产厂家询价、市场价格以及各地公路施工企业的实购价格，经分析后合理取定的。

国产机械的供销部门手续费和一次性运杂费，按机械出厂（或销售）价格的7%计算。

进口机械的到岸价格主要是依据机械到岸价格的外币值乘以定额编制期国家公布的外汇汇率计算。

进口机械的国内一次性运杂费，按机械到岸完税价格的3%计算。

机械预算价格中有关关税、增值税、车辆购置附加费、外贸部门手续费、银行财务费，按现行国家规定计算。

(2)残值率：指施工机械报废时，其回收残余价值占机械原值的比率，一般为2%～5%。

其中：运输机械，2%；特、大型机械，3%；中、小型机械，4%；掘进机械，5%。

(3)耐用总台班：指机械设备从开始投入使用至报废前所使用的总台班数。

耐用总台班＝机械年工作台班×折旧年限

年工作台班，指机械在规定的使用期内，每年应作业的平均台班数。其数值根据国家的有关规定和公路施工企业的调查资料取定，年工作台班数据的取定，考虑了北方地区因气候寒冷施工期短而进行两班作业的因素。主要施工机械的年工作台班参见《公路工程机械台班费用定额》基础数据表。

各类机械的折旧年限按财政部、中国人民建设银行(1993)财预字第6号通知颁布的《施工、房地产开发企业财务制度》中“企业固定资产分类折旧年限表”的有关规定取定。

2. 大修理费

指机械设备按规定的大修间隔台班必须进行大修理，以恢复其正常功能所需的费用。台班大修费指分摊到每一台班上的大修理费用，其计算公式见式(5-2)。

$$台班大修理费=\frac{一次大修理费\times大修理次数}{耐用总台班} \tag{5-2}$$

大修理一次费用，指机械设备按规定的大修理范围，修理工作内容所需更换零、配件、消耗材料及机械加工时、送修运杂费等。大修理一次费用可依据《技术经济定额》中的有关数据，按定额编制期的配件、辅料及工时等市场价格计算。对于少量的目前尚无大修理一次费用资料的机械项目，按同类或相近机械的大修理一次费用占机械预算价格的比例予以取定。

$$\text{大修理次数}=\text{使用周期数}-1$$

使用周期数，是指机械在正常施工作业的条件下，在其寿命期（耐用总台班）内，按规定的大修理次数划分的工作周期数。

$$\text{使用周期数}=\frac{\text{耐用总台班}}{\text{大修理间隔台班}}$$

大修理间隔台班，指机械从开始投入使用至第一次大修理或自上次大修理起至下次大修理止的使用台班数。

大修理间隔台班根据《技术经济定额》的规定，结合公路工程的施工作业特点取定。

3. 经常修理费

指机械设备除大修理以外的各级保养（包括一、二、三级保养）及临时故障排除所需的费用，为保障机械正常运转所需替换设备、随机使用工具，附具摊销和维护的费用，机械运转与日常保养所需的润滑油脂、清洗油料、擦拭材料（布及棉纱等）费用和机械在停置期间的维护保养费用等。台班经常修理费指分摊到每一台班上的经常修理费，其计算公式见式(5-3)。

$$\text{台班经常修理费}=\frac{\sum(\text{大修理期内各级保养一次费用}\times\text{保养次数})+\text{临时故障排除费用}}{\text{大修理间隔台班}}+$$
$$\frac{[\text{替换设备及工具附具费用}\times(1-\text{残值率})]+\text{替换设备及工具附具维护费用}}{\text{替换设备及工具附具耐用台班}}+$$
$$\sum\text{例保辅料费} \tag{5-3}$$

替换设备及工具附具包括轮胎、电缆、蓄电池、运转皮带、钢丝绳、胶皮管、履带、刀片、斗齿、锯片等消耗性设备和随机配备的全套工具附具。

台班经常修理费的计算方法是：典型机械采用按照确定经常修理范围、内容等测算的办法确定；其余机械则采用典型机械测算的台班经常修理费与台班大修理费的比值（K 值）办法推算。

$$K=\frac{\text{典型机械台班经常修理费测算值}}{\text{典型机械台班大修理费测算值}}$$

$$\text{台班经常修理费}=\text{台班大修理费}\times K$$

4. 安装拆卸及辅助设施费

指机械设备在施工现场进行安装、拆卸所需的人工、材料、机械费（打桩、钻孔机械桩架安装及拆卸，则包括在工程项目内）、试运转费以及安装所需的辅助设施费。辅助设施费包括安置机械的基础、底座及固定锚桩等项费用。至于特大型机械的辅助设施（大型发电机、拌和设备、动力机的混凝土基础、散热池等）以及机械操作所需的轨道、工作台，不在此项费用内，在工程项目中另行计算。其计算公式见式(5-4)。

$$\text{台班安装拆卸及辅助设施费}=\frac{\text{机械一次安装拆卸费}\times\text{年平均安装拆卸次数}}{\text{年工作台班}}+$$
$$\text{台班辅助设施摊销费} \tag{5-4}$$

各种机械的一次安装拆卸费、年平均安装拆卸次数和台班辅助设施摊销费根据各公路施工部门的资料经分析平衡后取定。

(二)可变费用的计算

1. 人工费

指随机操作人员的工作日工资。台班人工费指每一台班所需的随机操作人员的工日数与人工单价的乘积。人工单价按交通部公布的《公路工程基本建设项目概算预算编制办法》的有关规定计算。

2. 动力燃料费

指机械在运转施工作业中所耗用的电力、固体燃料(煤、木柴)、液体燃料(汽油、柴油、重油)和水等。

台班动力燃料费=台班动力燃料消耗量×动力燃料单价

动力燃料单价按《公路工程基本建设项目概算预算编制办法》中材料预算单价计算。

定额动力燃料消耗量按以下方法确定:

(1)施工现场实测数据和施工企业的统计资料。

(2)机械规格与《技术经济定额》中相同的机械项目按《技术经济定额》中相应的燃料动力消耗量,结合公路的施工特点和机械燃料动力消耗的调查资料分析平衡后取定。

(3)对于无法取得上述资料的机械项目按以下公式计算。

①电力台班消耗量计算公式为:

$$Q=\frac{K_W\times 8\times K_1\times K_2\times K_3}{K_4}$$

式中:Q——电力台班消耗量(kW·h);

K_W——电动机额定功率(kW);

K_1——电动机时间利用系数;

K_2——电动机能力利用系数;

K_3——低压线路损耗系数 $K_3=1.05$;

K_4——电动机有效利用系数,取与 K_2 相对应的值(表 5-1),可用内插法求值。

K_2、K_4 系数表 表 5-1

负荷程度	荷载						
	0	1/4	1/4~1/2		1/2	3/4	1
K_2	0.20	0.50	0.60	0.70	0.78	0.85	0.88
K_4	0	0.78	0.80	0.83	0.85	0.88	0.89

②燃油台班消耗量计算公式为:

$$Q=\frac{K_W\times 8\times G\times K_1\times K_2\times K_3\times K_4}{1000}$$

式中:Q——燃油台班消耗量(kg);

K_W——发动机额定功率(kW);

G——单位功率燃油消耗,即功率为 1kW 的机械 1h 所消耗的燃油数量(g/kW·h);

K_1——时间利用系数;

K_2——能力利用系数;

K_3——车速耗油系数，可取 0.97～1.0；

K_4——油料损耗系数，可取 1.03。

3.车船使用税

指机械按国家规定应缴纳的车船使用税，此项费用定额，按各省、自治区、直辖市及国务院有关部门的规定标准计算，公式见式(5-5)。

$$台班车船使用税=\frac{车船使用税(元/吨\cdot年)\times计算吨位}{年工作台班} \tag{5-5}$$

其中，计算吨位＝征费计量标准×应征系数。

征费计量标准：执行交通部(交公路发[2000]563 号)通知公布的《公路汽车征费标准计量手册》的有关规定。

应征系数：执行各省、自治区、直辖市的有关规定。

第三节　机械台班费用定额的组成与应用

一、机械台班费用定额的组成

机械台班费用定额由说明和定额表组成。

(一)说明

本定额说明总共十二条，包括定额的适用范围、机械类别、费用的组成和计算依据等。

(二)定额表

机械台班费用定额把机械按作业对象分为：土、石方工程机械；路面工程机械；混凝土及灰浆机械；水平运输机械；起重及垂直运输机械；打桩、钻孔机械；泵类机械；金属、木、石加工机械；动力机械；工程船舶；其他机械等 11 类 746 个子目，每一类机械一个总表(表 5-2)，每一个总表由以下栏目构成：

(1)表名：表示机械类型，共十一类。

(2)代号：表示机械识别代号，与概、预算定额中机械代号一致。

(3)子目：表示每大类机械中的不同机械的具体型号，每一子目对应一代号和序号。

(4)不变费用：包括折旧费、大修理费、经常修理费、安装拆卸及辅助设施费、小计，以元为单位，编制机械台班单价时，直接采用小计值作为不变费用。

(5)可变费用：包括人工费、动力燃料费及车船使用税，定额中均给出了消耗的实物量，编制台班单价时，应以当地的人工单价、燃料单价或取费(税)标准，按可变费用的公式分别计算。

(6)定额基价：表示不变费用与可变费用之和，不变费用取小计值，可变费用按定额中的实物量与《公路工程预算定额》(JTG/T B06-02—2007)附录四中人工、材料基价表所给出的基价的乘积计算。定额基价仅供参考比较之用，不作为编制公路工程概预算的依据。

二、机械台班费用定额的应用

机械台班费用定额表示例见表 5-2。

机械台班费用定额表示例(水平运输机械) 表 5-2

序号	代号	机械名称			主机型号	不变费用				
						折旧费	大修理费	经常修理费	安装拆卸及辅助设施费	小计
						元				
270	1382	自卸汽车	装载质量(t)	3 以内		36.12	5.79	25.71		67.62
271	1383			5 以内	CA340	55.29	8.86	39.34		103.49
272	1384			6 以内	CA/CQ340X	73.96	11.85	52.61		138.42
273	1385			8 以内	QD351	114.97	18.42	61.52		194.91
274	1386			10 以内	QD361	140.52	22.51	75.18		238.21
275	1387			12 以内	T138,SX360	160.39	25.7	85.84		271.93
276	1388			15 以内	SH361,T815	178.84	28.65	95.69		303.18
277	1389			18 以内		208.65	33.43	111.66		353.74
278	1390			20 以内	BJ374	242.72	38.88	129.86		411.46

序号	代号	机械名称			主机型号	可变费用									定额基价
						人工	汽油	柴油	重油	煤	电	水	木柴	车船使用税	
						工日	kg				kW·h	m^3	kg	元	
270	1382	自卸汽车	装载质量(t)	3 以内		1	34.28								295.08
271	1383			5 以内	CA340	1	41.63								369.17
272	1384			6 以内	CA/CQ340X	1		44.00							403.22
273	1385			8 以内	QD351	1		49.45							486.42
274	1386			10 以内	QD361	1		55.32							558.48
275	1387			12 以内	T138,SX360	1		61.60							622.97
276	1388			15 以内	SH361,T815	1		67.89							685.04
277	1389			18 以内		1		72.92							760.25
278	1390			20 以内	BJ374	1		77.11							838.50

【例 5-1】 试确定 10t 以内自卸汽车的台班单价。预算编制年的人工单价为 49.65 元/工日,柴油的单价为 8.8 元/kg,车船税 60 元/年·t,年工作台班 210。

解:查定额水平运输机械代号[1386]可知:

不变费用：

折旧费 140.52 元；大修理费 22.51 元；经常修理费 75.18 元；安装拆卸及辅助设施费 0 元；不变费用小计 238.21 元。

可变费用：

由定额可知需要人工 1 工日，柴油 55.32kg，故：

$$可变费用=1\times 49.65+55.32\times 8.8+\frac{60\times 10}{210}=539.33(元)$$

$$台班单价=238.21+539.33=777.54(元/台班)$$

第六章 公路基本建设工程概、预算

第一节 公路基本建设投资及项目组成

一、公路基本建设投资组成

公路基本建设按其经济内容可分为生产性建设和非生产性建设。

生产性建设是指用于物资生产和直接为物资生产服务的建设。公路建设属于流通性建设,流通过程和生产过程密切相联,都是社会总生产过程的一部分，因此公路建设也属于生产性建设。

非生产性建设一般指直接用于人民物资文化生活需要以及政治、国防需要的建设,如旅游公路、国防专用公路等就是非生产性建设。

公路基本建设的投资,由建筑安装工程、设备及工具器具购置和其他基本建设三部分组成。

(一)建筑安装工程

指直接进行建筑施工和设备安装的工程。

1.建筑工程

公路工程指路基、路面、桥梁涵洞、隧道、其他工程及沿线设施、临时工程等的建筑施工。

2.设备安装工程

包括高速公路、大型桥梁、隧道所需的各种设备、仪器的调试、安装等工作。

(二)设备及工具、器具的购置

为了公路的营运、服务、管理和养护,需要购置的必要的设备和工具、器具,如渡口设备、养护用的设备、工器具等,以及为了保证新建、改建项目初期的正常生产、使用和管理,必须购置的办公和生活用家具、用具等。

(三)其他基本建设

指不属于上述各项的基本建设工作,其中包括公路筹建阶段和建设阶段的管理工作、征用土地和拆迁补偿工作、勘察设计工作、研究试验工作、施工机构迁移工作等。

二、基本建设工程项目的组成

每项基本建设工程,就其实物形态来说,都由许多部分组成。为了使工程建设各有关部门(包括建设、设计、施工、管理、计划、统计、财务)对工程建设统一口径,国家计划和建设主管部门对建设项目的组成和划分原则做了统一规定。

(一)基本建设项目(简称建设项目)

一般是指具有一个设计任务书和按一个总体设计进行施工，行政上有独立的组织形式和统一的管理，经济上实行独立的统一核算的工程建设单位。在工业建设中，一般是以一个工厂为一个建设项目，如一个钢铁厂、纺织厂、化肥厂；在民用建设中，一般是以一个事业或企业单位为一个建设项目，如一所学校，一座医院等；在基础设施建设中，建设项目的范围具有一定的灵活性，如一个火车站或飞机场、一条铁路或公路、一个污水排放和处理系统等，均可以作为一个建设项目。在一个建设项目中，通常有若干个单项工程，有时也可能只有一个单项工程。

（二）单项工程（又称工程项目）

单项工程是建设项目的组成部分，是指建设项目中具有独立的设计文件，建成后可以独立发挥设计所规定的生产能力或效益的工程单位。如公路建设项目中的某独立大桥、某隧道工程等。单项工程是具有独立存在意义的一个完整工程，也是一个复杂的综合体，它是由若干个单位工程组成。

（三）单位工程

单位工程是单项工程的组成部分，是指单项工程中具有单独设计，可以独立组织施工，但建成后一般不能独立进行生产或发挥效益的工程单位，如一条公路的路基工程、路面工程、桥梁工程等。

每一个单位工程仍然是一个较大的综合体，它还可以进一步分解。

（四）分部工程

分部工程是单位工程的组成部分，一般是按照单位工程的结构、部位、构件的性质，使用的材料和工种，或设备种类和型号等不同而划分的工程单位，如桥梁工程可以划分为桥梁上部工程、桥梁下部工程。

在分部工程中，由于具体的施工对象及其构造不同，材料规格、施工方法也不同，相应地完成同一计量单位的分部工程所需要消耗的人工、材料和机械台班的数量和价值有很大的差异。因此，有必要把分部工程进一步分解为分项工程。

（五）分项工程

分项工程一般是按照不同的施工方法、材料和规格等因素进行划分，用较为简单的施工过程就能完成，并且可以用适当的计量单位加以计算的工程单位。例如，基础工程又可划分为基槽开挖、灰土垫层、基础砌筑等分项工程。分项工程是建设项目中最基本的构成因素，是人为确定的比较简单的“假定产品”，它一般没有独立存在的意义，是为了便于计价而划分的。

表6-1列出公路工程中单位、分部及分项工程的划分。

公路工程单位、分部及分项工程划分 表6-1

单位工程	分部工程	分项工程
路基工程	路基工程	路基、路槽、路肩、边坡、截水沟等
	软土地基处理 （约1000m或独立段为一个分部工程）	袋装砂井、塑料排水板、石灰砂桩、振冲碎石桩、挤密砂桩、土工布等
	小桥、涵洞（每座、道）	管涵、盖板涵、箱涵、拱涵、箱（管）顶进等
	砌筑工程 （约1000m或独立段为一个分部工程）	挡土墙、边沟、水渠、护坡、排水沟、其他
路面工程	基层、底基层（1～3km）	××面层（例如沥青混凝土面层），×××基层，×××底基层、磨耗层、保护层、人行道、侧石、护栏墙（柱）等 （上述分项工程为便于管理宜再划分段）
	面层（1～3km）	

续上表

<table>
<tr><th>单位工程</th><th colspan="2">分部工程</th><th>分项工程</th></tr>
<tr><td rowspan="6">桥梁工程（大、中桥）</td><td>桥梁下部工程</td><td>每一个墩台为一个统计单位</td><td>挖基、基础（承台）、钻孔桩、挖孔桩、打入桩、沉井、方桩预制、墩台身、墩台帽、钢筋、锥坡砌筑等</td></tr>
<tr><td rowspan="3">桥梁上部工程</td><td>上部构造预制</td><td>混凝土构件预制（包括预应力构件）、钢筋、预应力筋制作、预应力钢筋张拉、管道压浆、拱圈预制、栏杆、扶手预制小型构件预制等</td></tr>
<tr><td>上部构造安装</td><td>大梁安装（包括人行道安装）、箱梁顶推、箱梁悬臂拼装、悬臂现浇、预制箱梁顶推台座及导梁安装、拱圈砌筑、拱上建筑、人行道块状安装等</td></tr>
<tr><td>桥面铺装</td><td>桥面铺装、栏杆及扶手安装、侧（缘）石安装（包括人行道板铺装）、照明灯柱安装等</td></tr>
<tr><td colspan="2">防护工程</td><td>基础、圬工砌筑、护岸工程等</td></tr>
<tr><td colspan="2">引道工程</td><td>路基、砌筑、护栏柱（墙）、护桥房等</td></tr>
<tr><td rowspan="3">隧道工程</td><td colspan="2">隧洞开挖</td><td>隧洞开挖（分段）</td></tr>
<tr><td colspan="2">隧洞衬砌</td><td>隧洞衬砌、排水及回填</td></tr>
<tr><td colspan="2">隧道路面</td><td>隧道路面、排水等</td></tr>
<tr><td rowspan="3">路用房屋</td><td colspan="2">房基</td><td rowspan="3">房基、砌筑工程、抹灰、安装、水压试验、地面工程、油漆、玻璃安装、钢筋、构件</td></tr>
<tr><td colspan="2">砌体</td></tr>
<tr><td colspan="2">装饰</td></tr>
</table>

第二节　概、预算费用的组成

公路工程项目全部建设费用，以其基本造价表示。而公路（或桥梁）基本造价则由概、预算总金额和回收金额所构成。其中概、预算总金额是由建筑安装工程费、设备工具器具及家具购置费、工程建设其他费用以及预备费用组成。

根据交通部 2007 年 33 号公告颁发的《公路工程基本建设项目概算预算编制办法》（JTG B06—2007）规定（以下简称《概预算编制办法》），公路建设项目概、预算费用组成如图 6-1 所示。

- 公路基本建设概（预）算总金额
  - 建筑安装工程费
    - 直接费
      - 直接工程费
        - 人工费
        - 材料费
        - 施工机械使用费
      - 其他工程费
        - 冬季施工增加费
        - 雨季施工增加费
        - 夜间施工增加费
        - 特殊地区施工增加费
        - 行车干扰工程施工增加费
        - 施工标准化与安全措施费
        - 临时设施费
        - 施工辅助费
        - 工地转移费
    - 间接费
      - 规费
        - 养老保险费
        - 失业保险费
        - 医疗保险费
        - 住房公积金
        - 工伤保险费
      - 企业管理费
        - 基本费用
        - 主副食运费补贴
        - 职工探亲路费
        - 职工取暖补贴
        - 财务费用
    - 利润
    - 税金
  - 设备、工具、器具及家具购置费
    - 设备、工具、器具购置费
    - 办公及生活用家具购置费
  - 工程建设其他费用
    - 土地征用及拆迁补偿费
    - 建设项目管理费
    - 研究试验费
    - 前期工作费
    - 专项评价（估）费
    - 施工机构迁移费
    - 供电贴费
    - 联合试运转费
    - 生产人员培训费
    - 固定资产投资方向调节税
    - 建设期贷款利息
  - 预备费
    - 价差预备费
    - 基本预备费

图 6-1　概、预算费用组成

第三节　概、预算文件的组成

概、预算文件是设计文件的组成部分。概、预算文件是由封面、目录、编制说明以及全部概、预算表格所组成。

一、封面及目录

封面及目录的式样如图 6-2 所示，基本尺寸与设计文件一致。

封面应有建设项目名称、编制单位、编制日期及第几册等内容。目录应按概、预算表的表号顺序编排。文件分甲组文件、乙组文件和甲乙合订文件。

二、概、预算编制说明

概、预算表格编制完成后，应写出编制说明，文字力求简明扼要，应叙述的内容一般有：

(1)建设项目设计资料的依据及有关文号，如建设项目可行性研究报告文号、初步设计和概算批准文号，以及根据何时的测设资料及比选方案进行编制的等。

(2)采用的定额、费用标准、人工、材料、机械台班单价的依据或来源，补充定额及编制依据的详细说明。以及当地政府或主管部门的政策和规定。

(3)与概、预算有关的委托书、协议书、会谈纪要的主要内容(或将抄件附后)。

(4)总概、预算金额，人工、钢材、水泥、木材、沥青的总需要量情况，各设计方案的经济比较，以及编制中存在的问题。

(5)其他与概、预算有关但不能在表格中反映的事项。

概、预算封面、目录样式

Ⅰ、封面格式

×××公路初步设计概算

(CK××+×××—CK××+×××)

第　册　共　册

(编制单位)

年　月

Ⅱ、目录格式

目　　录

(甲组文件)

1. 编制说明
2. 总概(预)算汇总表(01-1)表
3. 全概(预)算人工、主要材料、机械台班数量汇总表(02-1)表
4. 总概(预)算表(01)表
5. 人工、主要材料、机械台班数量汇总表(02)表
6. 建筑安装工程费计算表(03)表
7. 其他工程费及间接费综合费率计算表(04)表
8. 设备、工具、器具购置费计算表(05)表
9. 工程建设其他费用及回收金额计算表(06)表
10. 人工、材料、机械台班单价汇总表(07)表

图 6-2　封面及目录格式

三、概、预算表格

公路工程概、预算应按统一规定的概、预算表格计算，概算表格与预算表格的式样相同(概、预算表格的式样详见第九章编制实例)，开本为 297mm×420mm 或 210mm×297mm。

四、甲组文件与乙组文件

概、预算文件是设计文件的组成部分，按不同的需要分为两组，甲组文件为各项费用计算表，乙组文件为建筑安装工程费各项基础数据计算表(只供审批使用)。甲、乙组文件应按《公路工程基本建设项目设计文件编制办法》关于设计文件报送份数，随设计文件一并报送。报送乙组文件时，还应提供“建筑安装工程费各项基础数据计算表”的电子文档和编制补充定额的

详细资料，并随同概、预算文件一并报送。

乙组文件中的“建筑安装工程费计算数据表”(08-1 表)和“分项工程概(预)算表”(08-2 表)应根据审批部门或建设项目业主单位的要求全部提供或仅提供其中的一种。

概、预算应按一个建设项目[如一条路线或一座独立大(中)桥、隧道]进行编制。当一个建设项目需要分段或分部编制时，应根据需要分别编制，但必须汇总编制“总概(预)算汇总表”。

甲乙组文件包括的内容如下：

甲组文件：
- 编制说明
- 总概(预)算汇总表(01-1 表)
- 总概(预)算人工、主要材料、机械台班数量汇总表(02-1 表)
- 总概(预)算表(01 表)
- 人工、主要材料、机械台班数量汇总表(02 表)
- 建筑安装工程费计算表(03 表)
- 其他工程费及间接费综合费率计算表(04 表)
- 设备、工具、器具购置费计算表(05 表)
- 工程建设其他费用及回收金额计算表(06 表)
- 人工、材料、机械台班单价汇总表(07 表)

乙组文件：
- 建筑安装工程费计算数据表(08-1 表)
- 分项工程概(预)算表(08-2 表)
- 材料预算单价计算表(09 表)
- 自采材料料场价格计算表(10 表)
- 机械台班单价计算表(11 表)
- 辅助生产工、料、机械台班单位数量表(12 表)

第四节　概、预算项目表

公路工程建设项目的基本造价，是由具体的工程项目的工、料、机费用和该建设项目所应计列的各种费用汇总而得的。

为了使全国的公路概、预算编制规范化，在《概预算编制办法》中对工程项目和费用项目的名称、层次做了统一的规定，从而可以防止出现混乱、漏列、重列、错列的现象。

一、概、预算项目划分的规定

概、预算项目主要包括以下内容：

第一部分　建筑安装工程费

　第一项　临时工程

　第二项　路基工程

　第三项　路面工程

　第四项　桥梁涵洞工程

　第五项　交叉工程

　第六项　隧道工程

第七项　公路设施及预埋管线工程
第八项　绿化及环境保护工程
第九项　管理、养护及服务房屋
第二部分　设备及工具、器具购置费
第三部分　工程建设其他费用

二、概、预算项目表

项目划分的具体内容如表 6-2 所示。

概、预算项目表　　表 6-2

项	目	节	细目	工程或费用名称	单位	备　注
				第一部分　建筑安装工程费	**公路公里**	建设项目路线总长度(主线长度)
一				临时工程	公路公里	
	1			临时道路	km	新建便道与利用原有道路的总长
			1	临时便道的修建与维护	km	新建便道长度
			2	原有道路的维护与恢复	km	利用原有道路长度
				……		
	2			临时便桥	m/座	指汽车便桥
	3			临时轨道铺设	km	
	4			临时电力线路	km	
	5			临时电讯线路	km	不包括广播线
	6			临时码头	座	按不同的形式划分节或细目
二				路基工程	km	扣除桥梁、隧道和互通立交的主线长度,独立桥梁或隧道为引道或接线长度
	1			场地清理	km	
		1		清理与掘除	m^2	按清除内容的不同划分细目
			1	清除表土	m^3	
			2	伐树、挖根、除草	m^2	
				……		
		2		挖除旧路面	m^2	按不同的路面类型和厚度划分细目
			1	挖除水泥混凝土路面	m^2	
			2	挖除沥青混凝土路面	m^2	
			3	挖除碎(砾)石路面	m^2	
				……		
		3		拆除旧建筑物、构筑物	m^3	按不同的构筑材料划分细目
			1	拆除钢筋混凝土结构	m^3	
			2	拆除混凝土结构	m^3	
			3	拆除砖石及其他砌体	m^3	
				……		

续上表

项	目	节	细目	工程或费用名称	单位	备　注
	2			挖方	m^3	
		1		挖土方	m^3	按不同的地点划分细目
			1	挖路基土方	m^3	
			2	挖改路、改河、改渠土方	m^3	
				……		
		2		挖石方	m^3	按不同的地点划分细目
			1	挖路基石方	m^3	
			2	挖改路、改河、改渠石方	m^3	
				……		
		3		挖非适用材料	m^3	
		4		弃方运输	m^3	
	3			填方	m^3	
		1		路基填方	m^3	按不同的填筑材料划分细目
			1	换填土	m^3	
			2	利用土方填筑	m^3	
二			3	借土方填筑	m^3	
			4	利用石方填筑	m^3	
			5	填砂路基	m^3	
			6	粉煤灰及填石路基	m^3	
				……		
		2		改路、改河、改渠填方	m^3	按不同的填筑材料划分细目
			1	利用土方填筑	m^3	
			2	借土方填筑	m^3	
			3	利用石方填筑	m^3	
				……		
		3		结构物台背回填	m^3	按不同的填筑材料划分细目
			1	填碎石	m^3	
				……		
	4			特殊路基处理	km	指需要处理的软弱路基长度
		1		软土处理	km	按不同的处治方法划分细目
			1	抛石挤淤	m^3	
			2	砂、砂砾垫层	m^3	
			3	灰土垫层	m^3	
			4	预压与超载预压	m^2	
			5	袋装砂井	m	
			6	塑料排水板	m	
			7	粉喷桩与旋喷桩	m	

续上表

项	目	节	细目	工程或费用名称	单位	备注
			8	碎石桩	m	
			9	砂桩	m	
			10	土工布	m^2	
			11	土工格栅	m^2	
			12	土工格室	m^2	
				……		
		2		滑坡处理	处	按不同的处理方式划分细目
			1	卸载土石方	m^3	
			2	抗滑桩	m^3	
			3	预应力锚索	m	
				……		
		3		岩溶洞回填	m^3	按不同的回填材料划分细目
			1	混凝土	m^3	
				……		
		4		膨胀土处理	km	按不同的处理方法划分细目
二			1	改良土	m^3	
				……		
		5		黄土处理	m^3	按黄土的不同特性划分细目
			1	陷穴	m^3	
			2	湿陷性黄土	m^2	
				……		
		6		盐渍土处理	m^2	按不同的厚度划分细目
				……		
	5			排水工程	km	按不同的结构类型分节
		1		边沟	m^3/m	按不同的材料、尺寸划分细目
			1	现浇混凝土边沟	m^3/m	
			2	浆砌混凝土预制块边沟	m^3/m	
			3	浆砌片石边沟	m^3/m	
			4	浆砌块石边沟	m^3/m	
				……		
		2		排水沟	处	按不同的材料、尺寸划分细目
			1	现浇混凝土排水沟	m^3/m	
			2	浆砌混凝土预制块排水沟	m^3/m	
			3	浆砌片石排水沟	m^3/m	
			4	浆砌块石排水沟	m^3/m	
				……		
		3		截水沟	m^3/m	按不同的材料、尺寸划分细目

续上表

项	目	节	细目	工程或费用名称	单位	备注
			1	浆砌混凝土预制块截水沟	m^3/m	
			2	浆砌片石截水沟	m^3/m	
				……		
		4		急流槽	m^3/m	按不同的材料、尺寸划分细目
			1	现浇混凝土急流槽	m^3/m	
			2	浆砌片石急流槽	m^3/m	
				……		
		5		暗沟	m^3	按不同的材料、尺寸划分细目
				……		
		6		渗(盲)沟	m^3/m	按不同的材料、尺寸划分细目
				……		
		7		排水管	m	按不同的材料、尺寸划分细目
				……		
		8		集水井	m^3/个	按不同的材料、尺寸划分细目
				……		
		9		泄水槽	m^3/个	按不同的材料、尺寸划分细目
二				……		
	6			防护与加固工程	km	按不同的结构类型分节
		1		坡面植物防护	m^2	按不同的材料划分细目
			1	播种草籽	m^2	
			2	铺(植)草皮	m^2	
			3	土工织物植草	m^2	
			4	植生袋植草	m^2	
			5	液压喷播植草	m^2	
			6	客土喷播植草	m^2	
			7	喷混植草	m^2	
				……		
		2		坡面圬工防护	m^3/m^2	按不同的材料和形式划分细目
			1	现浇混凝土护坡	m^3/m^2	
			2	预制块混凝土护坡	m^3/m^2	
			3	浆砌片石护坡	m^3/m^2	
			4	浆砌块石护坡	m^3/m^2	
			5	浆砌片石骨架护坡	m^3/m^2	
			6	浆砌片石护面墙	m^3/m^2	
			7	浆砌块石护面墙	m^3/m^2	
				……		
		3		坡面喷浆防护	m^2	按不同的材料划分细目

续上表

项	目	节	细目	工程或费用名称	单位	备　注
			1	抹面、捶面护坡	m^2	
			2	喷浆护坡	m^2	
			3	喷射混凝土护坡	m^3/m^2	
				……		
		4		坡面加固	m^2	按不同的材料划分细目
			1	预应力锚索	t/m	
			2	锚杆、锚钉	t/m	
			3	锚固板	m^3	
				……		
		5		挡土墙	m^3/m	按不同的材料和形式划分细目
二			1	现浇混凝土挡土墙	m^3/m	
			2	锚杆挡土墙	m^3/m	
			3	锚碇板挡土墙	m^3/m	
			4	加筋土挡土墙	m^3/m	
			5	扶臂式、悬臂式挡土墙	m^3/m	
			6	桩板墙	m^3/m	
	6		7	浆砌片石挡土墙	m^3/m	
			8	浆砌块石挡土墙	m^3/m	
			9	浆砌护肩墙	m^3/m	
			10	浆砌(干砌)护脚	m^3/m	
				……		
		6		抗滑桩	m^3	按不同的规格划分细目
				……		
		7		冲刷防护	m^3	按不同的材料和形式划分细目
			1	浆砌片石河床铺砌	m^3	
			2	导流坝	m^3/处	
			3	驳岸	m^3/m	
			4	石笼	m^3/处	
				……		
		8		其他工程	km	根据具体情况划分细目
				……		
三				路面工程	km	
	1			路面垫层	m^2	按不同的材料分节
		1		碎石垫层	m^2	按不同的厚度划分细目
		2		砂砾垫层	m^2	按不同的厚度划分细目
				……		
	2			路面底基层	m^2	按不同的材料分节

续上表

项	目	节	细目	工程或费用名称	单位	备　注
		1		石灰稳定类底基层	m^2	按不同的厚度划分细目
		2		水泥稳定类底基层	m^2	按不同的厚度划分细目
		3		石灰粉煤灰稳定类底基层	m^2	按不同的厚度划分细目
		4		级配碎(砾)石底基层	m^2	按不同的厚度划分细目
				……		
	3			路面基层	m^2	按不同的材料分节
		1		石灰稳定类基层	m^2	按不同的厚度划分细目
		2		水泥稳定类基层	m^2	按不同的厚度划分细目
		3		石灰粉煤灰稳定类基层	m^2	按不同的厚度划分细目
		4		级配碎(砾)石基层	m^2	按不同的厚度划分细目
		5		水泥混凝土基层	m^2	按不同的厚度划分细目
		6		沥青碎石混合料基层	m^2	按不同的厚度划分细目
				……		
	4			透层、黏层、封层	m^2	按不同的形式分节
三		1		透层	m^2	
		2		黏层	m^2	
		3		封层	m^2	按不同的材料划分细目
			1	沥青表处封层	m^2	
			2	稀浆封层	m^2	
				……		
		4		单面烧毛纤维土工布	m^2	
		5		玻璃纤维格栅	m^2	
				……		
	5			沥青混凝土面层	m^2	指上面层面积
		1		粗粒式沥青混凝土面层	m^2	按不同的厚度划分细目
		2		中粒式沥青混凝土面层	m^2	按不同的厚度划分细目
		3		细粒式沥青混凝土面层	m^2	按不同的厚度划分细目
		4		改性沥青混凝土面层	m^2	按不同的厚度划分细目
		5		沥青玛蹄脂碎石混合料面层	m^2	按不同的厚度划分细目
				……		
	6			水泥混凝土面层	m^2	按不同的材料分节
		1		水泥混凝土面层	m^2	按不同的厚度划分细目
		2		连续配筋混凝土面层	m^2	按不同的厚度划分细目
		3		钢筋	t	
	7			其他面层	m^2	按不同的类型分节
		1		沥青表面处治面层	m^2	按不同的厚度划分细目
		2		沥青贯入式面层	m^2	按不同的厚度划分细目

续上表

项	目	节	细目	工程或费用名称	单位	备注
		3		沥青上拌下贯式面层	m^2	按不同的厚度划分细目
		4		泥结碎石面层	m^2	按不同的厚度划分细目
		5		级配碎(砾)石面层	m^2	按不同的厚度划分细目
		6		天然砂砾面层	m^2	按不同的厚度划分细目
				……		
	8			路槽、路肩及中央分隔带	km	
		1		挖路槽	m^2	按不同的土质划分细目
			1	土质路槽	m^2	
			2	石质路槽	m^2	
三		2		培路肩	m^2	按不同的厚度划分细目
		3		土路肩加固	m^2	按不同的加固方式划分细目
			1	现浇混凝土	m^2	
			2	铺砌混凝土预制块	m^2	
			3	浆砌片石	m^2	
				……		
		4		中央分隔带回填土	m^3	
		5		路缘石	m^3	按现浇和预制安装划分细目
				……		
	9			路面排水	km	按不同的类型分节
		1		拦水带	m	按不同的材料划分细目
			1	沥青混凝土	m	
			2	水泥混凝土	m	
		2		排水沟	m	按不同的类型划分细目
			1	路肩排水沟	m	
			2	中央分隔带排水沟	m	
				……		
		3		排水管	m	按不同的类型划分细目
			1	纵向排水管	m	
			2	横向排水管	m/道	
				……		
		4		集水井	m^3/个	按不同的规格划分细目
				……		
四				桥梁涵洞工程	km	指桥梁长度
	1			漫水工程	m/处	
		1		过水路面	m/处	
		2		混合式过水路面	m/处	
	2			涵洞工程	m/道	按不同的结构类型分节

续上表

项	目	节	细目	工程或费用名称	单位	备　注
四		1		钢筋混凝土管涵	m/道	按管径和单、双孔划分细目
			1	1-ϕ1.0m 圆管涵	m/道	
			2	1-ϕ1.5m 圆管涵	m/道	
			3	倒虹吸管	m/道	
				……		
		2		盖板涵	m/道	按不同的材料和涵径划分细目
			1	2.0m×2.0m 石盖板涵	m/道	
			2	2.0m×2.0m 钢筋混凝土盖板涵	m/道	
				……		
		3		箱涵	m/道	按不同的涵径划分细目
			1	4.0m×4.0m 钢筋混凝土箱涵	m/道	
				……		
		4		拱涵	m/道	按不同的材料和涵径划分细目
			1	4.0m×4.0m 石拱涵	m/道	
			2	4.0m×4.0m 钢筋混凝土拱涵	m/道	
				……		
	3			小桥工程	m/座	按不同的结构类型分节
		1		石拱桥	m/座	按不同的跨径划分细目
		2		钢筋混凝土矩形板桥	m/座	按不同的跨径划分细目
		3		钢筋混凝土空心板桥	m/座	按不同的跨径划分细目
		4		钢筋混凝土 T 形梁桥	m/座	按不同的跨径划分细目
		5		预应力混凝土空心板桥	m/座	按不同的跨径划分细目
				……		
	4			中桥工程	m/座	按不同的结构类型或桥名分节
		1		钢筋混凝土空心板桥	m/座	按不同的跨径或工程部位划分细目
		2		钢筋混凝土 T 形梁桥	m/座	按不同的跨径或工程部位划分细目
		3		钢筋混凝土拱桥	m/座	按不同的跨径或工程部位划分细目
		4		预应力混凝土空心板桥	m/座	按不同的跨径或工程部位划分细目
				……		
	5			大桥工程	m/座	按桥名或不同的工程部位分节
		1		××大桥	m^2/m	按不同的工程部位划分细目
			1	天然基础	m^3	
			2	桩基础	m^3	
			3	沉井基础	m^3	

续上表

项	目	节	细目	工程或费用名称	单位	备　注
			4	桥台	m^3	
			5	桥墩	m^3	
			6	上部构造	m^3	注明上部构造跨径组成及结构形式
				……		
		2		……	m^2/m	
				××特大桥工程	m^2/m	按桥名分目，按不同的工程部位分节
		1		基础	m^3/座	按不同的形式划分细目
			1	天然基础	m^3	
			2	桩基础	m^3	
			3	沉井基础	m^3	
			4	承台	m^3	
				……		
		2		下部构造	m^3/座	按不同的形式划分细目
四	6		1	桥台	m^3	
			2	桥墩	m^3	
			3	索塔	m^3	
				……		
		3		上部构造	m^3	按不同的形式划分细目，并注明其跨径组成
			1	预应力混凝土空心板	m^3	
			2	预应力混凝土 T 形梁	m^3	
			3	预应力混凝土连续梁	m^3	
			4	预应力混凝土连续刚构	m^3	
			5	钢管拱桥	m^3	
			6	钢箱梁	t	
			7	斜拉索	t	
			8	主缆	t	
			9	预应力钢材	t	
				……		
		4		桥梁支座	个	按不同规格划分细目
			1	矩形板式橡胶支座	dm^3	
			2	圆形板式橡胶支座	dm^3	
			3	矩形四氟板式橡胶支座	dm^3	
			4	圆形四氟板式橡胶支座	dm^3	
			5	盆式橡胶支座	个	
				……		
		5		桥梁伸缩缝	m	指伸缩缝长度，按不同规格划分细目

续上表

项	目	节	细目	工程或费用名称	单位	备　注
			1	橡胶伸缩装置	m	
			2	模数式伸缩装置	m	
			3	填充式伸缩装置	m	
				……		
		6		桥面铺装	m^3	按不同的材料划分细目
			1	沥青混凝土桥面铺装	m^3	
			2	水泥混凝土桥面铺装	m^3	
			3	水泥混凝土垫平层	m^3	
			4	防水层	m^2	
				……		
四		7		人行道系	m	指桥梁长度，按不同的类型划分细目
			1	人行道及栏杆	m^3/m	
	6		2	桥梁钢防撞护栏	m	
			3	桥梁波形梁护栏	m	
			4	桥梁水泥混凝土防撞墙	m	
			5	桥梁防护网	m	
				……		
		8		其他工程	m	指桥梁长度，按不同类型划分细目
			1	看桥房及岗亭	座	
			2	砌筑工程	m^3	
			3	混凝土构件装饰	m^2	
				……		
五				交叉工程	处	按不同的交叉形式分目
	1			平面交叉道	处	按不同的类型分节
		1		公路与铁路平面交叉	处	
		2		公路与公路平面交叉	处	
		3		公路与大车道平面交叉	处	
				……		
	2			通道	m/处	按结构类型分节
		1		钢筋混凝土箱式通道	m/处	
		2		钢筋混凝土板式通道	m/处	
				……		
	3			人行天桥	m/处	
		1		钢结构人行天桥	m/处	
		2		钢筋混凝土结构人行天桥	m/处	
	4			渡槽	m/处	按结构类型分节
		1		钢筋混凝土渡槽	m/处	

续上表

项	目	节	细目	工程或费用名称	单位	备　注
		2		……		
	5			分离式立体交叉	处	按交叉名称分节
		1		××分离式立体交叉	处	按不同的工程内容划分细目
			1	路基土石方	m^3	
			2	路基排水防护	m^3	
			3	特殊路基处理	km	
			4	路面	m^2	
			5	涵洞及通道	m^3/m	
			6	桥梁	m^2/m	
				……		
		2		……		
	6			××互通式立体交叉	处	按互通名称分目(注明其类型),按不同的分部工程分节
		1		路基土石方	m^3/km	
			1	清理与掘除	m^2	
			2	挖土方	m^3	
五			3	挖石方	m^3	
			4	挖非适用材料	m^3	
			5	弃方运输	m^3	
			6	换填土	m^3	
			7	利用土方填筑	m^3	
			8	借土方填筑	m^3	
			9	利用石方填筑	m^3	
			10	结构物台背回填	m^3	
		2		特殊路基处理	km	
			1	特殊路基垫层	m^3	
			2	预压与超载预压	m^2	
			3	袋装砂井	m	
			4	塑料排水板	m	
			5	粉喷桩与旋喷桩	m	
			6	碎石桩	m	
			7	砂桩	m	
			8	土工布	m^2	
			9	土工格栅	m^2	
			10	土工格室	m^2	
				……		
		3		排水工程	m^3	
			1	混凝土边沟、排水沟	m^3/m	

续上表

项	目	节	细目	工程或费用名称	单位	备　注
			2	砌石边沟、排水沟	m^3/m	
			3	现浇混凝土急流槽	m^3/m	
			4	浆砌片石急流槽	m^3/m	
			5	暗沟	m^3	
			6	渗(盲)沟	m^3/m	
			7	拦水带	m	
			8	排水管	m	
			9	集水井	m^3/个	
				……		
		4		防护工程	m^3	
			1	播种草籽	m^2	
			2	铺(植)草皮	m^2	
			3	土工织物植草	m^2	
			4	植生袋植草	m^2	
			5	液压喷播植草	m^2	
			6	客土喷播植草	m^2	
五			7	喷混植草	m^2	
			8	现浇混凝土护坡	m^3/m^2	
	6		9	预制块混凝土护坡	m^3/m^2	
			10	浆砌片石护坡	m^3/m^2	
			11	浆砌块石护坡	m^3/m^2	
			12	浆砌片石骨架护坡	m^3/m^2	
			13	浆砌片石护面墙	m^3/m^2	
			14	浆砌块石护面墙	m^3/m^2	
			15	喷射混凝土护坡	m^3/m^2	
			16	现浇混凝土挡土墙	m^3/m	
			17	加筋土挡土墙	m^3/m	
			18	浆砌片石挡土墙	m^3/m	
			19	浆砌块石挡土墙	m^3/m	
				……		
		5		路面工程	m^2	
			1	碎石垫层	m^2	
			2	砂砾垫层	m^2	
			3	石灰稳定类底基层	m^2	
			4	水泥稳定类底基层	m^2	
			5	石灰粉煤灰稳定类底基层	m^2	
			6	级配碎(砾)石底基层	m^2	

续上表

项	目	节	细目	工程或费用名称	单位	备　注
			7	石灰稳定类基层	m^2	
			8	水泥稳定类基层	m^2	
			9	石灰粉煤灰稳定类基层	m^2	
			10	级配碎(砾)石基层	m^2	
			11	水泥混凝土基层	m^2	
			12	透层、黏层、封层	m^2	
			13	沥青混凝土面层	m^2	
			14	改性沥青混凝土面层	m^2	
			15	沥青玛蹄脂碎石混合料面层	m^2	
			16	水泥混凝土面层	m^2	
			17	中央分隔带回填土	m^3	
			18	路缘石	m^3	
五	6			……		
		6		涵洞工程	m/道	
			1	钢筋混凝土管涵	m/道	
			2	倒虹吸管	m/道	
			3	盖板涵	m/道	
			4	箱涵	m/道	
			5	拱涵	m/道	
		7		桥梁工程	m^2/m	
			1	天然基础	m^3	
			2	桩基础	m^3	
			3	沉井基础	m^3	
			4	桥台	m^3	
			5	桥墩	m^3	
			6	上部构造	m^3	
				……		
		8		通道	m/处	
六				隧道工程	km/座	按隧道名称分目，并注明其形式
	1			××隧道	m	按明洞、洞门、洞身开挖、衬砌等分节
		1		洞门及明洞开挖	m^3	
			1	挖土方	m^3	
			2	挖石方	m^3	
				……		
		2		洞门及明洞修筑	m^3	
			1	洞门建筑	m^3/座	

续上表

项	目	节	细目	工程或费用名称	单位	备注
			2	明洞衬砌	m^3/m	
			3	遮光棚(板)	m^3/m	
			4	洞口坡面防护	m^3	
			5	明洞回填	m^3	
				……		
		3		洞身开挖	m^3/m	
			1	挖土石方	m^3	
			2	注浆小导管	m	
			3	管棚	m	
			4	锚杆	m	
			5	钢拱架(支撑)	t/榀	
			6	喷射混凝土	m^3	
			7	钢筋网	t	
				……		
		4		洞身衬砌	m^3	
			1	现浇混凝土	m^3	
			2	仰拱混凝土	m^3	
			3	管、沟混凝土	m^3	
				……		
		5		防水与排水	m^3	
六	1		1	防水板	m^2	
			2	止水带、条	m	
			3	压浆	m^3	
			4	排水管	m	
				……		
		6		洞内路面	m^2	按不同的路面结构和厚度划分细目
			1	水泥混凝土路面	m^2	
			2	沥青混凝土路面	m^2	
				……		
		7		通风设施	m	按不同的设施划分细目
			1	通风机安装	台	
			2	风机启动柜洞门	个	
				……		
		8		消防设施	m	按不同的设施划分细目
			1	消防室洞门	个	
			2	通道防火闸门	个	
			3	蓄(集)水池	座	

续上表

项	目	节	细目	工程或费用名称	单位	备　注
			4	喷防火涂料	m^2	
				……		
		9		照明设施	m	按不同的设施划分细目
			1	照明灯具	m	
				……		
		10		供电设施	m	按不同的设施划分细目
六		11		其他工程	m	按不同的内容划分细目
			1	卷帘门	个	
			2	检修门	个	
			3	洞身及洞门装饰	m^2	
				……		
	2			××隧道	m	
七				公路设施及预埋管线工程	公路公里	
	1			安全设施	公路公里	按不同的设施分节
		1		石砌护栏	m^3/m	
		2		钢筋混凝土防撞护栏	m^3/m	
		3		波形钢板护栏	m	按不同的形式划分细目
		4		隔离栅	km	按不同的材料划分细目
		5		防护网	km	
		6		公路标线	km	按不同的类型划分细目
		7		轮廓标	根	
		8		防眩板	m	
		9		钢筋混凝土护柱	根/m	
		10		里程碑、百米桩、公路界碑	块	
		11		各类标志牌	块	按不同的规格和材料划分细目
		12		……		
	2			服务设施	公路公里	按不同的设施分节
		1		服务区	处	按不同的内容划分细目
		2		停车区	处	按不同的内容划分细目
		3		公共汽车停靠站	处	按不同的内容划分细目
	3			管理、养护设施	公路公里	按不同的设施分节
		1		收费系统设施	处	按不同的内容划分细目
			1	设备安装	公路公里	
			2	收费亭	个	
			3	收费天棚	m^2	
			4	收费岛	个	
			5	通道	m/道	

续上表

项	目	节	细目	工程或费用名称	单位	备　注
			6	预埋管线	m	
			7	架设管线	m	
				……		
	3	2		通信系统设施	公路公里	按不同的内容划分细目
			1	设备安装	公路公里	
			2	管道工程	m	
			3	人(手)孔	个	
七			4	紧急电话平台	个	
				……		
		3		监控系统设施	公路公里	按不同的内容划分细目
			1	设备安装	公路公里	
			2	光(电)缆敷设	km	
				……		
		4		供电、照明系统设施	公路公里	按不同的内容划分细目
			1	设备安装	公路公里	
				……		
		5		养护工区	处	按不同的内容划分细目
			1	区内道路	km	
				……		
	4			其他工程	公路公里	
		1		悬出路台	m/处	
		2		渡口码头	处	
		3		辅道工程	km	
		4		支线工程	km	
		5		公路交工前养护费	km	按附录一计算
八				绿化及环境保护工程	公路公里	
	1			撒播草种和铺植草皮	m^2	按不同的内容分节
		1		撒播草种	m^2	按不同的内容划分细目
		2		铺植草皮	m^2	按不同的内容划分细目
		3		绿地喷灌管道	m	按不同的内容划分细目
	2			种植乔、灌木	株	按不同的内容分节
		1		种植乔木	株	按不同的树种划分细目
			1	高山榕	株	
			2	美人蕉	株	
				……		
		2		种植灌木	株	按不同的树种划分细目
			1	夹竹桃	株	

续上表

项	目	节	细目	工程或费用名称	单位	备　注
			2	月季	株	
				……		
		3		种植攀缘植物	株	按不同的树种划分细目
			1	爬山虎	株	
			2	葛藤	株	
				……		
		4		种植竹类植物	株	按不同的内容划分细目
八		5		种植棕榈类植物	株	按不同的内容划分细目
		6		栽植绿篱	m	
		7		栽植绿色带	m^2	
	3			声屏障	m	按不同的类型分节
		1		消声板声屏障	m	
		2		吸音砖声屏障	m^3	
		3		砖墙声屏障	m^3	
				……		
	4			污水处理	处	按不同的内容分节
	5			取、弃土场防护	m^3	按不同的内容分节
九				管理、养护及服务房屋	m^2	
	1			管理房屋	m^2	
		1		收费站	m^2	
		2		管理站	m^2	
		3		……		
	2			养护房屋	m^2	按房屋名称分节
		1		……		
	3			服务房屋	m^2	按房屋名称分节
		1		……		
				第二部分　设备及工具、器具购置费	**公路公里**	
一				设备购置费	公路公里	
	1			需安装的设备	公路公里	
		1		监控系统设备	公路公里	按不同设备分别计算
		2		通信系统设备	公路公里	按不同设备分别计算
		3		收费系统设备	公路公里	按不同设备分别计算
		4		供电照明系统设备	公路公里	按不同设备分别计算
	2			不需安装的设备	公路公里	
		1		监控系统设备	公路公里	按不同设备分别计算
		2		通信系统设备	公路公里	按不同设备分别计算
		3		收费系统设备	公路公里	按不同设备分别计算

续上表

项	目	节	细目	工程或费用名称	单位	备　注
		4		供电照明系统设备	公路公里	按不同设备分别计算
二				工具、器具购置	公路公里	
三				办公及生活用家具购置	公路公里	
				第三部分　工程建设其他费用	公路公里	
一				土地征用及拆迁补偿费	公路公里	
二				建设项目管理费	公路公里	
	1			建设单位(业主)管理费	公路公里	
	2			工程监理费	公路公里	
	3			设计文件审查费	公路公里	
	4			竣(交)工验收试验检测费	公路公里	
三				研究试验费	公路公里	
四				建设项目前期工作费	公路公里	
五				施工机构迁移费	公路公里	
六				供电贴费	公路公里	
七				联合试运转费	公路公里	
八				生产人员培训费	公路公里	
九				固定资产投资方向调节税	公路公里	
十				建设期贷款利息	公路公里	
				第一、二、三部分费用合计	**公路公里**	
				预备费	元	
				1.价差预备费	元	
				2.基本预备费	元	预算实行包干时列系数包干费
				概(预)算总金额	**元**	
				其中:回收金额	元	
				公路基本造价	公路公里	

项目表中的“项”,是指建设项目的基本组成部分或费用项目的组成部分,如建筑安装工程费中第二项为路基、第三项为路面等。

项目表中的“目”,是指“项”的基本组成部分,其中包括工程项目中“项”的基本组成部分和费用项目中“项”的基本组成部分。如路基中,1 目为场地清理、2 目为挖方;建设项目管理费中,2 目为工程监理费、4 目为竣(交)工验收试验检测费等。

项目表中“节”是指各“目”的基本组成部分,其中也包括属于工程项目方面的和属于费用项目方面的两种。

为了便于设计概、预算细目与施工招标计价细目的对比分析,《编制办法》(2007)在项目表原来的基础上增加了“细目”的层次。项目表中的“细目”是指各“节”的基本组成部分,是编制分项工程概、预算的最小单元。

在编制概预算时，项目表中项、目、节、细目的划分应尽可能按“工程量清单计价”的原则进行编排。项目表中“单位”，是指建设项目总概、预算所用的计量单位。编制概、预算时必须按项目表中相应单位计列。其中“公路公里”和“桥长米”，指的不是距离，而是公路中心线或桥梁中心线的里程长度。

三、概、预算列项的层次要求

概、预算项目应按项目表的序列及内容编制，如实际出现的工程和费用项目与项目表的内容不完全相符时，一、二、三部分和“项”的序号应保留不变，“目”、“节”、“细目”可随需要增减，并按项目表的顺序以实际出现的“目”、“节”、“细目”依次排列，不保留缺少的“目”、“节”、“细目”的序号。如第二部分，设备、工具、器具购置费在该项工程中不发生时，第三部分，工程建设其他费用仍为第三部分。同样，路线工程第一部分第六项为隧道工程，第七项为公路设施及预埋管线工程，若路线中无隧道工程项目，但其序号仍保留，公路设施及预埋管线工程仍为第七项。但如“目”或“节”或“细目”发生这样的情况时，可依次递补改变序号。路线建设项目中的互通式立体交叉、辅道、支线，如工程规模较大时，也可按概、预算项目表单独编制建筑安装工程，然后将其概、预算建筑安装工程总金额列入路线的总概、预算表中相应的项目内。

第七章　建筑安装工程费

第一节　概　　述

建筑安装工程费包括直接费、间接费、利润和税金。

现行《概预算编制办法》中，除了直接工程费是根据工程具体数量、定额、工程所在地的实际价格计算出来以外，其他费用基本上都是由费率计算得来。为此《概预算编制办法》规定了不同的计算基数。

一、计算基数

1. 人工费

是各项规费的计算基数。

2. 人工费和机械使用费之和

是高原地区施工增加费、风沙地区施工增加费和行车干扰工程施工增加费的计算基数。

3. 直接工程费

是除了高原地区施工增加费、风沙地区施工增加费和行车干扰工程施工增加费以外的其他工程费的计算基数。

4. 直接费

是计算企业管理费的计算基数。

5. 建筑安装工程费

是计算建设项目管理费的计算基数。

二、工程类别的划分

由于其他费用是以计算基数乘以费率计算的，而工程内容不同，费用消耗也不同，因此，需要根据工程内容确定相应的费率。实际中，工程项目繁多，针对每一个工程细目制定一个费率，既繁琐又不必要。现行的《概预算编制办法》是将性质相近的工程细目合并成若干类别来制定费率。

其他工程费及间接费取费的工程类别共划分为十三个类别：

(1)人工土方：是指人工施工的路基、改河等土方工程，以及人工施工的砍树、挖根、除草、平整场地、挖盖山土等工程项目，并适用于无路面的便道工程。

(2)机械土方：是指机械施工的路基、改河等土方工程，以及机械施工的砍树、挖根、除草等工程项目。

(3)汽车运输：是指汽车、拖拉机、机动翻斗车等运送的路基、改河土(石)方、路面基层和面层混合料、水泥混凝土及预制构件、绿化苗木等。

(4)人工石方：是指人工施工的路基、改河等石方工程，以及人工施工的挖盖山石项目。

(5)机械石方:是指机械施工的路基、改河等石方工程(机械打眼即属机械施工)。

(6)高级路面:是指沥青混凝土路面、厂拌沥青碎石路面和水泥混凝土路面的面层。

(7)其他路面:是指除高级路面以外的其他路面面层,各等级路面的基层、底基层、垫层、透层、黏层、封层,采用结合料稳定的路基和软土等特殊路基处理等工程,以及有路面的便道工程。

(8)构造物I:是指无夜间施工的桥梁、涵洞、防护(包括绿化)及其他工程,交通工程及沿线设施工程[设备安装及金属标志牌、防撞钢护栏、防眩板(网)、隔离栅、防护网除外],以及临时工程中的便桥、电力电讯线路、轨道铺设等工程项目。

(9)构造物II:是指有夜间施工的桥梁工程。

(10)构造物III:是指商品混凝土(包括沥青混凝土和水泥混凝土)的浇筑和外购构件及设备的安装工程。商品混凝土和外购构件及设备的费用不作为其他工程费和间接费的计算基数。

(11)技术复杂大桥:是指单孔跨径在120m以上(含120m)和基础水深在10m以上(含10m)的大桥主桥部分的基础、下部和上部工程。

(12)隧道:是指隧道工程的洞门及洞内土建工程。

(13)钢材及钢结构:是指钢桥及钢吊桥的上部构造,钢沉井、钢围堰、钢套箱及钢护筒等基础工程,钢索塔,钢锚箱,钢筋及预应力钢材,模数式及橡胶板式伸缩缝,钢盆式橡胶支座,四氟板式橡胶支座,金属标志牌,防撞钢护栏,防眩板(网),隔离栅,防护网等工程项目。

购买路基填料的费用不作为其他工程费和间接费的计算基数。

在编制概、预算时,应按上述各类划分的内容,来确定工程的类别,然后才能在费率表中正确地确定费率。例如某便道工程,设计为天然砂砾路面,则可由工程类别划分规定中查得该便道工程应属于“其他路面”类。

第二节　直　接　费

直接费由直接工程费和其他工程费组成。其中直接工程费是指施工过程中耗费的构成工程实体和有助于工程形成的各项费用,包括人工费、材料费和施工机械使用费。

一、人工费

(一)人工费的费用内容

人工费是指列入概、预算定额的直接从事建筑安装工程施工的生产工人开支的各项费用,内容包括:

(1)基本工资:是指发放生产工人的基本工资,流动施工津贴和生产工人劳动保护费,以及职工缴纳的养老、失业、医疗保险费和住房公积金等。

生产工人劳动保护费是指按国家有关部门规定标准发放的劳动保护用品的购置费、修理费、徒工服装补贴、防暑降温费及在有碍身体健康环境中施工的保健费用等。

(2)工资性补贴:是指按规定标准发放的物价补贴,煤、燃气补贴,交通补贴,地区津贴等。

(3)生产工人辅助工资:是指生产工人年有效施工天数以外非作业天数的工资,包括开会和执行必要的社会义务时间的工资,职工学习、培训期间的工资,调动工作、探亲、休假期间的工资,因气候影响停工期间的工资,女工哺乳时间的工资,病假在六个月以内的工资及产、婚、丧假期的工资。

(4)职工福利费：是指按国家规定标准计提的职工福利费。

(二)人工费的计算

某工程细目的人工费可根据该工程项目的工程量和相应的定额值、人工单价(元/工日)按下式计算：

人工费＝工程数量×定额值×人工单价(元/工日)

交通运输部公告2011年第83号《关于公布公路工程基本建设项目概算预算编制办法局部修订的公告》中修订人工单价如下：

人工单价按照本地区公路建设项目的人工工资统计情况并结合工种组成、定额消耗、最低工资标准以及公路建设劳务市场情况进行综合分析确定，由各省、自治区、直辖市交通运输厅(局、委)审批并公布。

人工费单价仅作为编制概、预算的依据，不作为施工企业实发工资的依据。

在实际生产工作中，各省、自治区、直辖市的定额站都根据《概、预算编制办法》的有关规定，并结合本省具体情况制定和发布了关于生产工人工日单价方面的补充规定，在编制概、预算时应参照执行。

【例7-1】 湖南省交通运输厅湘交造价字[2011]124号文规定：新建和改建的公路工程基本建设项目，人工工日单价(含机械工)由45.45元/工日调整为57.59元/工日，今后将按国家人工工资政策的变化按时测算并定期发布。人工费单价仅作为编制概、预算的依据，不作为施工企业实发工资的依据。

湖北省交通运输厅鄂交基[2012]68号文规定：全省公路建设工程采用统一的人工工日单价，人工工日单价标准为59.11元/工日。人工工日单价标准只作为编制估算、概算、预算的依据，不作为施工企业实发工资的依据。

河南省交通运输厅豫交计[2011]118号文规定：河南省公路工程概预算人工费(含机械工)单价标准由原43.89元/工日调整为53.87元/工日。

【例7-2】 湖北省某高速公路，采用人工挖土质台阶，土类为硬土，工程数量18500m^2(按挖后的台阶水平面积计算)。试计算该工程细目的预算人工费和定额直接工程费。

解：查《公路工程预算定额》表1-1-4-3，得：

人工：63.6(工日/1000m^2)

基价：3129(元/1000m^2)

人工费：59.11×63.6×18.50＝69548.83(元)

定额直接工程费：3129×18.5＝57886.50(元)

二、材料费

材料费是直接费的组成部分。在工程造价中，材料费一般占很大的比重，材料费计算的正确与否，对概、预算质量影响很大。

(一)材料费的计算

材料费是指施工过程中耗用的构成工程实体的原材料、辅助材料、构(配)件、零件、半成品、成品的用量和周转材料的摊销量，按工程所在地的材料预算价格计算的费用。这些材料分为两类：主要材料和次要材料，主要材料是按照材料类型分别给出其消耗数量的；次要材料则不分类型，合计给出消耗金额，并称之为其他材料费(元/定额工程量)。

两种材料费的计算如下：

某工程细目某种材料费＝工程数量×定额值×某材料预算价格

某工程细目其他材料费＝工程数量×定额值(元/定额工程数量)

(二)材料预算价格

材料预算价格指的是材料由其来源地(或交货地)到达工地仓库后的出库价格。

材料预算价格由材料原价、运杂费、场外运输损耗、采购及仓库保管费组成。

材料预算价格＝(材料原价＋运杂费)×(1＋场外运输损耗率)×(1＋采购及保管费率)－包装品回收价值

1.材料原价

各种材料原价按以下规定计算。

外购材料:国家或地方的工业产品,按工业产品的出厂价格计算,并根据情况加计供销部门手续费和包装费。如供应情况、交货条件不明确时,可采用当地规定的价格计算。

地方性材料:地方性材料包括外购的砂、石材料等,按实际调查价格或当地主管部门规定的预算价格计算。

自采材料:自采的砂、石、黏土等材料,按定额中开采单价加辅助生产间接费和矿产资源税(如有)计算。

材料原价应按实计取。各省、自治区、直辖市公路(交通)工程定额(造价管理)站应通过调查,编制本地区的材料价格信息,供编制概、预算使用。

2.运杂费

运杂费是指材料自供应地点至工地仓库(施工地点存放材料的地方)的运杂费用,包括装卸费、运费。如果发生,还应计囤存费及其他杂费(如过磅、标签、支撑加固、路桥通行等费用)。

通过铁路、水路和公路运输部门运输的材料,按铁路、航运和当地交通运输部门规定的运价计算运费。

施工单位自办的运输,单程运距15km以上的长途汽车运输按当地交通部门规定的统一运价计算运费;单程运距5～15km的汽车运输按当地交通部门规定的统一运价计算运费,当工程所在地交通不便、社会运输力量缺乏时,如边远地区和某些山岭区,允许按当地交通部门规定的统一运价加50%计算运费;单程运距5km及以内的汽车运输以及人力场外运输,按预算定额计算运费,其中人力装卸和运输另按人工费加计辅助生产间接费。

一种材料如有两个以上的供应点时,应根据不同的运距、运量、运价采用加权平均的方法计算运费。

由于预算定额中汽车运输台班已考虑工地便道特点,以及定额中已计入了“工地小搬运”项目,因此平均运距中汽车运输便道里程不得乘调整系数,也不得在工地仓库或堆料场之外再加场内运距或二次倒运的运距。

有容器或包装材料及长大轻浮材料,应按表7-1规定的毛重计算。桶装沥青、汽油、柴油按每吨摊销一个旧汽油桶计算包装费(不计回收)。

3.场外运输消耗

场外运输消耗是指有些材料在正常的运输过程中发生的损耗,这部分损耗应摊入材料单价内。材料场外运输损耗率见表7-2。

材料毛重系数及单位毛重表　　表7-1

材料名称	单位	毛重系数	单位毛重
爆破材料	t	1.35	
水泥、块状沥青	t	1.01	
铁钉、铁件、焊条	t	1.10	
液体沥青、液体燃料、水	t	桶装1.17,油罐车装1.00	
木料	m^3		1.000t
草袋	个		0.004t

材料场外运输操作损耗率(%)　　表7-2

材料名称		场外运输(包括一次装卸)	每增加一次装卸
块状沥青		0.5	0.2
石屑、碎砾石、砂砾、煤渣、工业废渣、煤		1.0	0.4
砖、瓦、桶装沥青、石灰、黏土		3.0	1.0
草皮		7.0	3.0
水泥	袋装	1.0	0.4
	散装	1.0	0.4
砂	一般地区	2.5	1.0
	多风地区	5.0	2.0

注:汽车运水泥,如运距超过500km时,增加损耗率:袋装0.5%。

4.采购及保管费

材料采购及保管费是指材料供应部门(包括工地仓库及各级管理部门)在组织采购、供应和保管材料过程中,所需的各项费用及工地仓库的材料储存损耗。

材料采购及保管费,以材料的原价加运杂费及场外运输损耗的合计数为基数,乘以采购保管率计算。材料的采购及保管费费率为2.5%。

外购的构件、成品及半成品的预算价格,其计算方法与材料相同,但设备、构件(如外购的钢桁梁、钢筋混凝土构件及加工钢材等半成品)的采购保管费率为1%。

商品混凝土预算价格的计算方法与材料相同,但其采购保管费率为0。

【例7-3】 某沥青路面,石油沥青调查价格为3450元/t,采用桶装,运价为0.65元/t·km,装卸费为2.40元/t,运距75km,商品混凝土预算价格的计算方法与材料相同,但其采购保管费率为0。试确定其预算价格。

解:(1)单位运杂费:(0.65×75+2.4)×1.17=59.85(元/t)

(2)场外运输损耗率:3%

(3)采购及保管费率:2.5%

(4)按有关规定摊销沥青桶:50(元/t)

则：沥青材料预算价格＝(3450＋59.85)×(1＋3%)×(1＋2.5%)＋50＝3755.52(元/t)

(三)材料平均运距的计算

材料运距的计算，从阶段来分，可分为施工阶段的材料运距计算和设计阶段的材料运距计算。在施工阶段，对于运距要结合实际、精打细算；而在设计阶段，对于运距则要求接近实际，基本合理。下面介绍设计阶段编制工程概、预算时，有关运距的计算问题。

在设计阶段，对材料运距的计算可归纳为如下三个问题：

(1)装卸地点问题：包括线型工程运料终点的确定、集中型工程运料终点的确定。

(2)供料地点问题：包括自采材料料场供应范围、外购材料供应地点确定。

(3)某种材料的预算平均运距问题，包括线式卸料总平均运距的计算、点式卸料总平均运距的计算。

1. 运料终点的确定

由于公路工程是线型构造物，卸料地点分散，所以材料运输终点的确定，对运距的确定影响较大。为此，各地或各设计院应对运料终点做出原则规定：

(1)点式卸料

点式卸料是指材料运输终点相对地卸于一个特定的代表地点，主要适用于集中型工程，其材料运输终点是：

①大中桥为桥址中心桩号。

②大型隧道的中心桩号。

③集中型工程范围中心的桩号。

(2)线式卸料

所谓线式卸料，亦称多点式卸料，是指材料的运输终点是分散的，主要适用于路线工程各种工程项目所用的各种材料运距计算。其卸料地点原则上是其用料的“重心”地点。

①需集中拌和的路面混合料的各种原材料，为各拌和厂的堆料中心点。

②不需集中厂拌的路面材料，为各用料路段的中心桩号。

③砌石工程的材料为各集中工程地段的中心桩号。

④小桥涵及小型构造物用材料，如果用料数量比较均匀可取路线的中心桩号，若分布不均匀则应划段取其中心点桩号。

2. 材料供应地点和供应范围

公路工程所用材料按其供应来源性质可分为外购材料和自采材料两大类。在确定材料运距时，除明确卸料地点外，还必须明确材料的供应地点和供应范围。

(1)材料供应地点

①外购材料的供应地点，即材料的起运地点，应由调查资料确定。

②自采材料的供应地点，就是各供应路段的相应供料料场地点。

(2)料场经济供应范围的确定

当公路沿线有若干个同种材料的料场时，应在两相邻料场间确定一个经济供应范围的分界点，分界点的确定，可以采用以下两个原则：

①从1号、2号料场运至L路段的材料总费用(料场价格加运费)最小。

②单位材料从1号、2号料场运至分界点K的费用相等。

上述两个原则是完全等价的。

图7-1表示某路段两相邻料场1号和2号的分布，其有关参数如表7-3所示。

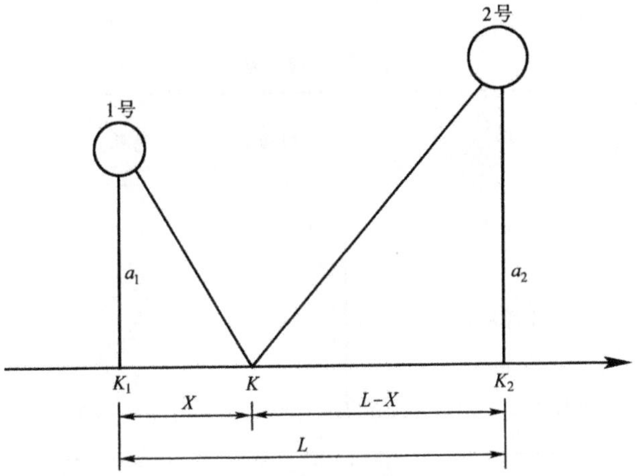

图 7-1　料场经济供应范围

料 场 参 数　表 7-3

项　目	单　位	1 号料场	2 号料场
材料料场单价	元/m^3	C_1	C_2
上路距离	km	a_1	a_2
单位运价	元/(m^3・km)	f_1	f_2
材料需要量	m^3/ km	$q \cdot x$	$q \cdot (L-X)$

若路用材料沿路线均匀分布(如路面材料),其单位长度的用量为 q,则经济供应范围的分界点 K,按照第一个原则求解如下:

从 1 号、2 号料场运送材料至 $K_1 \sim K_2$,路段上的总费用 P 为:

$$P = q \cdot X\left[C_1 + \left(a_1 + \frac{X}{2}\right)f_1\right] + q(L-X)\left[C_2 + \left(a_2 + \frac{L-X}{2}\right)f_2\right] \tag{7-1}$$

求 $\frac{dp}{dX}$,并令其等于 0,则:

$$\begin{aligned}\frac{dp}{dX} &= q\left[C_1 + a_1 f_1 + f_1 X - \frac{Lf_2}{2} - C_2 - a_2 f_2 - \frac{Lf_2}{2} + f_2 X\right] \\ &= q[(C_1 - C_2) + (a_1 f_1 - a_2 f_2) - Lf_2 + (f_1 + f_2)X] = 0\end{aligned} \tag{7-2}$$

由此可导出第二个原则,即:

$$c_1 + (a_1 + X)f_1 = c_2 + [a_2 + (L-X)]f_2 \tag{7-3}$$

上式表示,单位材料从 1 号料场运至经济供应范围分界点 K 的费用,等于单位材料从 2 号料场运至分界点 K 的费用。

移项后解得 X 为:

$$X = \frac{1}{f_1 + f_2}[Lf_2 + (c_2 - c_1) + a_2 f_2 - a_1 f_1] \tag{7-4}$$

当相邻两料场单价相等($C_1 = C_2$),单位运价相等($f_1 = f_2$)时,由式(7-3)或式(7-4)可求得:

$$a_1 + X = a_2 + (L-X) \tag{7-5}$$

结果得:

$$X = \frac{1}{2}[L + (a_2 - a_1)] \tag{7-6}$$

$$L - X = \frac{1}{2}[L - (a_2 - a_1)] \tag{7-7}$$

L 段材料的平均运距 $L_{平均}$ 为:

$$L_{平均} = \frac{X\left(a_1 + \frac{X}{2}\right) + (L-X)\left(a_2 + \frac{L-X}{2}\right)}{L} \tag{7-8}$$

【例 7-4】 两相邻料场Ⅰ和Ⅱ的分布如图 7-2 所示，其有关参数见表 7-4，求材料经济供应范围分界点 K 的里程桩号。

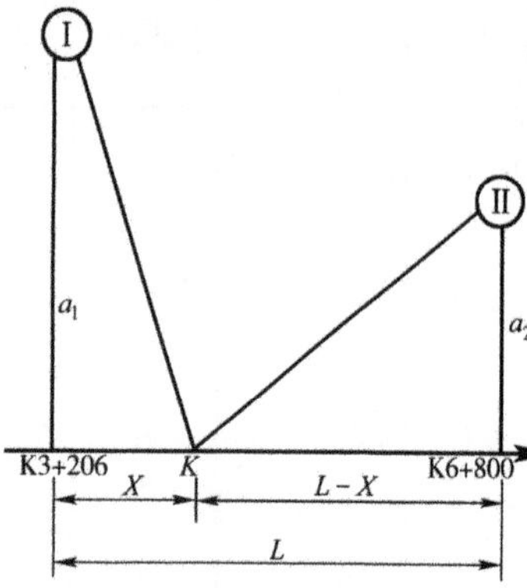

图 7-2　料场分布

料　场　参　数　　表 7-4

项　　目	料场Ⅰ	料场Ⅱ
料场单价(元/m^3)	$C_1=4.50$	$C_2=4.80$
上路距离(km)	$a_1=5.50$	$a_2=4.20$
单位运费[元/(m^3·km)]	$f_1=0.32$	$f_2=0.30$

解：

$$L=6.800-3.206=3.594(\text{km})$$

$$X=\frac{1}{f_1+f_2}[Lf_2+(c_2-c_1)+a_2f_2-a_1f_1]$$

$$=\frac{1}{0.32+0.30}[3.594\times0.30+(4.80-4.50)+(4.20\times0.30-5.50\times0.32)]$$

$$=1.416(\text{km})$$

$$L-X=3.594-1.416=2.178(\text{km})$$

分界点 K 的里程桩号是：

$$(3K+206)+1.416=4K+622$$

L 段材料的平均运距 $L_{平均}$ 为：

$$L_{平均}=\frac{X\left(a_1+\frac{X}{2}\right)+(L-X)\left(a_2+\frac{L-X}{2}\right)}{L}$$

$$=\frac{1.416(5.5+1.416/2)+2.178(4.20+2.178/2)}{3.594}=5.65$$

3. 材料平均运距计算

(1)路面工程平均运距计算

当沿线路面结构类型和各料场位置确定之后，首先确定各相邻料场经济供应范围的分界点，然后按各路段的材料用量及运距采用加权平均法求各个料场和全线路面材料的平均运距。

设：q_1、q_2、…、q_n、…、q_m 分别为供应路段 x_1、x_2、…、x_n、…、x_m 的材料用量；Q_1、Q_2、…、Q_n 分别为料场 1、2、…、n 的材料供应量。路面工程料场的分布情况如图 7-3 所示。

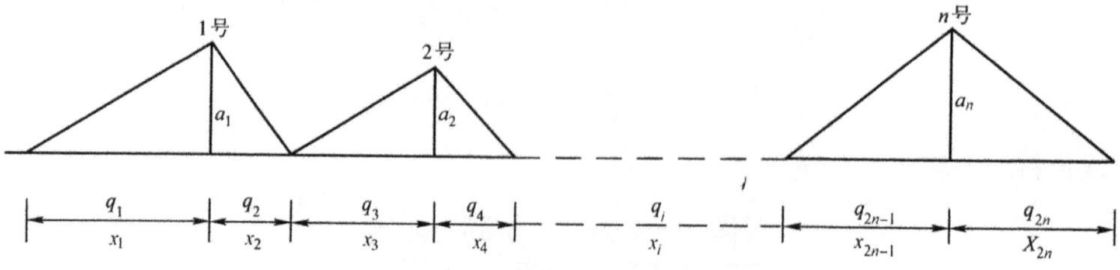

图 7-3　路面工程料场分布

则料场 1 的平均运距 S_1 为：

$$S_1 = \frac{q_1\left(a_1 + \frac{x_1}{2}\right) + q_2\left(a_2 + \frac{x_2}{2}\right)}{q_1 + q_2} \tag{7-9}$$

由此可得全线路面材料的平均运距 $S_{平均}$ 为：

$$S_{平均} = \frac{Q_1S_1 + Q_2S_2 + \cdots + Q_nS_n}{Q_1 + Q_2 + \cdots + Q_n} \tag{7-10}$$

(2)小桥涵及其他构造物材料平均运距的计算

①各构造物材料用量均匀。

设：N_1、N_2…N_n 分别为料场 1，2…n 供应范围内构造物个数(图 7-4)。当沿线各构造物材料用量差别很小时，则料场 1 的平均运距为：

$$S_1 = \frac{(a + a_1) + (a + a_2) + \cdots + (a + a_{N_1})}{N_1}$$

$$= a + \frac{1}{N_1}(a_1 + a_2 + \cdots + a_{N_1}) \tag{7-11}$$

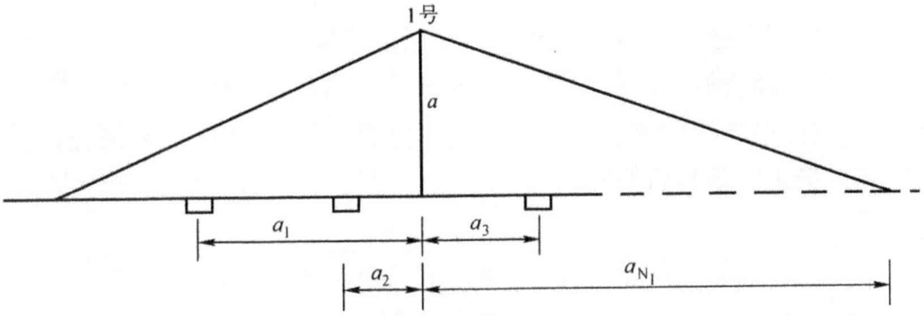

图 7-4　构造物分布图

全线小桥涵及构造物材料平均运距为：

$$S_{平均} = \frac{N_1S_1 + N_2S_2 + \cdots + N_nS_n}{N_1 + N_2 + \cdots + N_n} \tag{7-12}$$

②各构造物材料用量不均匀。

当沿线小桥涵及其他构造物的孔径、结构类型不同，因而造成材料用量差别较大时，可以采用适当的系数通过上式调整计算，系数可事先概略确定，如某料场供应构造物个数为 N_i，但由于材料用量因构造物的不同差别太大，可以以一种构造物为准，概略计算其他某种构造物材料用量约占该种构造物的多少倍(如 2.5 倍、0.5 等)，倍数即是系数，这样原构造物个数便可调整为 N'_i，平均运距即可用 N'_i 个数量计算。

三、施工机械使用费

(一)机械使用费的计算

在概、预算中发生的施工机械使用费，包括按台班数量计算的机械使用费和不按台班数量计算的(小型)机械使用费两类。亦即施工机械使用费，是指列入概、预算定额的施工机械台班数量按相应台班费用定额计算的施工机械使用费和小型机具使用费。

1. 按台班数量计算的机械使用费

某工程细目的某种机械的机械使用费，可按下式计算：

工程细目中某机械使用费＝工程细目的工程数量×概、预算定额值×机械台班单价

2. 不按台班数量计算的机具使用费

指某工程细目的小型机具使用费。它在概、预算定额中以“元”表示(而不是台班)。某工程细目的小型机具使用费,可按下式计算:

工程细目的小型机具使用费=工程细目的工程数量×概、预算定额值

3. 机械使用费

$$\text{工程细目中的机械使用费}=\sum_{1}^{n}(\text{工程细目中某机械使用费}+\text{工程细目小型机具使用费})$$

上列两类施工机械使用费均在 08 表中计算。

(二)机械台班单价的计算

机械台班单价,应按交通部公布的《公路工程机械台班费用定额》(JTG/T B06-03—2007)通过概、预算 11 表分析计算。

机械台班单价由不变费用和可变费用两部分组成。

1. 不变费用

不变费用包括:折旧费、大修理费、经常修理费、安装拆卸及辅助设施费。这类费用主要是取决于机械年工作制度的费用,不因施工地点和条件的不同而有较大的变化,故称不变费用。据此特点,在《公路工程机械台班费用定额》中,将以上各项不变费用直接以货币形式表示。在编制机械台班单价时,除青海、新疆、西藏边远地区外,应直接采用,不得任意变动。至于边远地区的维修工资、配件材料等价差较大而需调整不变费用时,可根据具体情况,由省、自治区交通厅制订系数并报交通部备案后执行。

2. 可变费用

可变费用包括机上人员工资、动力燃料费及车船使用税。这类费用常因施工地点和条件不同而发生较大的变化,故称可变费用。它的特点是一般只有在机械运转工作时才会发生。在台班定额中只规定实物量,即人工工日、动力燃料(包括汽油、柴油、电力、煤、木柴)等每台班的实物消耗数量,在编制机械台班单价时,应按各地区实际情况(当地生产工人的日工资标准和各种动力和材料的预算价格)计算费用。车船使用税如需缴纳时,应根据各省、自治区、直辖市及国务院有关部门的规定标准,按机械的年工作台班(表 7-5)计入台班费用。

机械的年工作台班 表 7-5

机械项目	沥青洒布车、汽车式画线车	平板拖车组	液态沥青运输车、散装水泥运输车、混凝土搅拌运输车、混凝土输送泵车、自卸汽车、运油汽车、加油汽车、洒水汽车、拖拉机、汽车式起重机、轮胎式起重机、汽车式钻孔机、内燃拖轮、起重船	载货汽车、机动翻斗车	工程驳船、抛锚船、机动艇、泥浆船
年工作台班	150	160	200	220	230

当工程用电为自行发电时,电动机械每度电的单价可由下列近似公式计算:

$$A = 0.24\frac{K}{N}$$

式中:A——每 kW·h 电的单价(元);

K——发电机组的台班单价(元);

N——发电机组的总功率(kW)。

通过分析计算后,机械台班单价为:

机械台班单价 = 不变费用+可变费用

【例 7-5】 某路基工程土方约为 50000m³(普通土天然密实方)。采用 90kW 以内推土机施工,推土运距 60m。试按预算定额计算该土方工程的机械使用费。

已知该工程柴油预算价格为 8.79 元/kg,人工单价 53.87 元/工日。

解:(1)确定推土机施工台班消耗

查《公路工程预算定额》表 1-1-12-6+8×4

$$2.39+0.80\times4=5.59(\text{台班}/1000m^3)$$

(2)确定推土机台班费用

查《公路工程机械台班费用定额》代号 1004

不变费用:311.14 元

可变费用:人工,2 工日;柴油:65.37kg

(3)确定机械台班单价

$$311.14+53.87\times2+8.79\times65.37=993.48(\text{元/台班})$$

(4)计算该土方工程的机械使用费

$$993.48\times50\times5.59=277677.66(\text{元})$$

四、其他工程费

其他工程费是指直接工程费以外施工过程中发生的直接用于工程的费用。内容包括冬季施工增加费、雨季施工增加费、夜间施工增加费、特殊地区施工增加费、行车干扰工程施工增加费、安全及文明施工措施费、临时设施费、施工辅助费、工地转移费九项。公路工程中的水、电费及因场地狭小等特殊情况而发生的材料二次搬运等其他工程费已包括在概、预算定额中,不再另计。

1.冬季施工增加费

冬季施工增加费是指按照施工及验收规范所规定的冬季施工要求,为保证工程质量和安全生产所需采取的防寒保温设施、工效降低和机械作业率降低以及技术操作过程的改变等所增加的有关费用。

冬季施工增加费的内容包括:

(1)因冬季施工所需增加的一切人工、机械与材料的支出。

(2)施工机具所需修建的暖棚(包括拆、移),增加油脂及其他保温设备费用。

(3)因施工组织设计确定,需增加的一切保温、加温及照明等有关支出。

(4)与冬季施工有关的其他各项费用,如清除工作地点的冰雪等费用。

冬季气温区的划分,是根据气象部门提供的满 15 年以上的气温资料确定的。每年秋冬第一次连续 5d 出现室外日平均温度在 5℃以下、日最低温度在−3℃以下的第一天算起,至第二年春夏最后一次连续 5d 出现同等温度的最末一天为冬季期。冬季期内平均气温在−1℃以上者为冬一区,−1~−4℃者为冬二区,−4~−7℃者为冬三区,−7~−10℃者为冬四区,−10~−14℃者为冬五区,−14℃以下者为冬六区。冬一区内平均气温低于 0℃的连续天数在 70d 以内的为 I 副区,70d 以上的为 II 副区;冬二区内平均气温低于 0℃的连续天数在 100d 以内的为 I 副区;100d 以上的为 II 副区。

气温高于冬一区,但砖石混凝土工程施工必须采取一定措施的地区为准冬季区。准冬季区分为两个副区,简称准一区、准二区。凡一年内日最低气温在 0℃以下的天数多于 20d 的,日平均气温 0℃以下的天数少于 15d 的为准一区,多于 15d 的为准二区。

全国各地的冬季区划分参见《概、预算编制办法》附录七。若当地气温资料与附录七中划定的冬季气温区划分有较大出入时，可按当地气温资料及上述划分标准确定工程所在地的冬季气温区。

冬季施工增加费的计算方法，是根据各类工程的特点，规定各气温区的取费标准。为了简化计算手续，采用全年平均摊销的方法，即不论是否在冬季施工，均按规定的取费标准计取冬季施工增加费。一条路线穿过两个以上的气温区时，可分段计算或按各区的工程量比例求得全线的平均增加率，计算冬季施工增加费。

冬季施工增加费以各类工程的直接工程费之和为基数，按工程所在地的气温区选用表7-6的费率计算。

冬季施工增加费费率表（%）　　　　表 7-6

气温区 工程类别	冬季期平均温度（℃）								准一区	准二区
	−1 以上		−1～−4		−4～−7	−7～−10	−10～−14	−14 以下		
	冬一区		冬二区		冬三区	冬四区	冬五区	冬六区		
	I	II	I	II						
人工土方	0.28	0.44	0.59	0.76	1.44	2.05	3.07	4.61	—	—
机械土方	0.43	0.67	0.93	1.17	2.21	3.14	4.71	7.07	—	—
汽车运土	0.08	0.12	0.17	0.21	0.40	0.56	0.84	1.27	—	—
人工石方	0.06	0.10	0.13	0.15	0.30	0.44	0.65	0.98	—	—
机械石方	0.08	0.13	0.18	0.21	0.42	0.61	0.91	1.37	—	—
高级路面	0.37	0.52	0.72	0.81	1.48	2.00	3.00	4.50	0.06	0.16
其他路面	0.11	0.20	0.29	0.37	0.62	0.80	1.20	1.80	—	—
构造物 I	0.34	0.49	0.66	0.75	1.36	1.84	2.76	4.14	0.06	0.15
构造物 II	0.42	0.60	0.81	0.92	1.67	2.27	3.40	5.10	0.08	0.19
构造物 III	0.83	1.18	1.60	1.81	3.29	4.46	6.69	10.03	0.15	0.37
技术复杂大桥	0.48	0.68	0.93	1.05	1.91	2.58	3.87	5.81	0.08	0.21
隧道	0.10	0.19	0.27	0.35	0.58	0.75	1.12	1.69	—	—
钢材及钢结构	0.02	0.05	0.07	0.09	0.15	0.19	0.29	0.43	—	—

2. 雨季施工增加费

雨季施工增加费是指雨季期间施工为保证工程质量和安全生产所需采取的防雨、排水、防潮和防护措施、工效降低和机械作业率降低以及技术作业过程的改变等，所需增加的有关费用。雨季施工增加费的内容包括：

（1）因雨季施工所需增加的工、料、机费用的支出，包括工作效率的降低及易被雨水冲毁的工程所增加的工作内容等（如基坑坍塌和排水沟等堵塞的清理、路基边坡冲沟的填补等）。

（2）路基土方工程的开挖和运输，因雨季施工（非土壤中水影响）而引起的黏附工具，降低工效所增加的费用。

（3）因防止雨水必须采取的防护措施的费用，如挖临时排水沟、防止基坑坍塌所需的支撑、挡板等。

(4)材料因受潮、受湿的耗损费用。

(5)增加防雨、防潮设备的费用。

(6)其他有关雨季施工所需增加的费用,如因河水高涨致使工作困难而增加的费用等。

雨量区和雨季期的划分,是根据气象部门提供的满15年以上的降雨资料确定的。凡月平均降雨天数在10d以上,月平均日降雨量在3.5～5mm者为Ⅰ区,月平均日降雨量在5mm以上者为Ⅱ区。全国各地雨量区及雨季期的划分见《概、预算编制办法》附录八。若当地气象资料与附录八所划定的雨量区及雨季期出入较大时,可按当地气象资料及上述划分标准确定工程所在地的雨量区及雨季期。不同的雨量区和工程类别的雨季增加费费率见表7-7。

雨季施工增加费的计算方法,是将全国划分为若干雨量区和雨季期,并根据各类工程的特点规定各雨量区和雨季期的取费标准,采用全年平均摊销的方法,即不论是否在雨季施工,均按规定的取费标准计取雨季施工增加费。

一条路线通过不同的雨量区和雨季期时,应分别计算雨季施工增加费或按工程量比例求得平均的增加率,计算全线雨季施工增加费。

雨季施工增加费以各类工程的直接工程费之和为基数,按工程所在地的雨量区、雨季期选用表7-7的费率计算。

雨季增加费费率表(%) 表7-7

雨季期(月数) / 雨量区 / 工程类别	1	1.5	2		2.5		3		3.5		4		4.5		5		6		7	8
	Ⅰ	Ⅰ	Ⅰ	Ⅱ	Ⅰ	Ⅱ	Ⅰ	Ⅱ	Ⅰ	Ⅱ	Ⅰ	Ⅱ	Ⅰ	Ⅱ	Ⅰ	Ⅱ	Ⅰ	Ⅱ	Ⅱ	Ⅱ
人工土方	0.04	0.05	0.07	0.11	0.09	0.13	0.11	0.15	0.13	0.17	0.15	0.2	0.17	0.23	0.19	0.26	0.21	0.31	0.36	0.42
机械土方	0.04	0.05	0.07	0.11	0.09	0.13	0.11	0.15	0.13	0.17	0.15	0.2	0.17	0.23	0.19	0.27	0.22	0.32	0.37	0.43
汽车运土	0.04	0.05	0.07	0.11	0.09	0.13	0.11	0.16	0.13	0.19	0.15	0.22	0.17	0.25	0.19	0.27	0.22	0.32	0.37	0.43
人工石方	0.02	0.03	0.05	0.07	0.06	0.09	0.07	0.11	0.08	0.13	0.09	0.15	0.1	0.17	0.12	0.19	0.15	0.23	0.27	0.32
机械石方	0.03	0.04	0.06	0.1	0.08	0.12	0.1	0.14	0.12	0.16	0.14	0.19	0.16	0.22	0.18	0.25	0.2	0.29	0.34	0.39
高级路面	0.03	0.04	0.06	0.1	0.08	0.13	0.1	0.15	0.12	0.17	0.14	0.19	0.16	0.22	0.18	0.25	0.2	0.29	0.34	0.39
其他路面	0.03	0.04	0.06	0.09	0.08	0.12	0.09	0.14	0.1	0.16	0.12	0.18	0.14	0.21	0.16	0.24	0.19	0.28	0.32	0.37
构造物Ⅰ	0.03	0.04	0.05	0.08	0.06	0.09	0.07	0.11	0.08	0.13	0.1	0.15	0.12	0.17	0.14	0.19	0.16	0.23	0.27	0.31
构造物Ⅱ	0.03	0.04	0.05	0.08	0.07	0.1	0.08	0.12	0.09	0.14	0.11	0.16	0.13	0.18	0.15	0.21	0.17	0.25	0.3	0.34
构造物Ⅲ	0.06	0.08	0.11	0.17	0.14	0.21	0.17	0.25	0.2	0.3	0.23	0.35	0.27	0.4	0.31	0.45	0.35	0.52	0.6	0.69
技术复杂大桥	0.03	0.05	0.07	0.1	0.08	0.12	0.1	0.14	0.12	0.16	0.14	0.19	0.16	0.22	0.18	0.25	0.2	0.29	0.34	0.39
隧道	—	—	—	—	—	—	—	—	—	—	—	—	—	—	—	—	—	—	—	—
钢材及钢结构	—	—	—	—	—	—	—	—	—	—	—	—	—	—	—	—	—	—	—	—

室内管道及设备安装工程不计雨季施工增加费。

3.夜间施工增加费

夜间施工增加费是指根据设计、施工的技术要求和合理的施工进度要求,必须在夜间连续施工而发生的工效降低、夜班津贴以及有关照明设施(包括所需照明设施的安拆、摊销、维修及油燃料、电)等增加的费用。

夜间施工增加费按夜间施工工程项目(如桥梁工程项目包括上、下部构造全部工程)的直接工程费之和为基数,按表7-8的费率计算。

夜间施工增加费费率表(%) 表7-8

工程类别	费率	工程类别	费率
构造物II	0.35	技术复杂大桥	0.35
构造物III	0.70	钢材及钢结构	0.35

注:设备安装工程及金属标志牌、防撞钢护栏、防眩板(网)、隔离栅、防护网等不计夜间施工增加费。

4.特殊地区施工增加费

特殊地区施工增加费包括高原地区施工增加费、风沙地区施工增加费和沿海地区施工增加费三项。

(1)高原地区施工增加费

高原地区施工增加费是指在海拔高度1500m以上地区施工,由于受气候、气压的影响,致使人工、机械效率降低而增加的费用。该费用以各类工程人工费和机械使用费之和为基数,按表7-9的费率计算。

高原地区施工增加费费率表(%) 表7-9

工程类别	海拔高度(m)							
	1501～2000	2001～2500	2501～3000	3001～3500	3501～4000	4001～4500	4501～5000	5000以上
人工土方	7.00	13.25	19.75	29.75	43.25	60.00	80.00	110.00
机械土方	6.56	12.60	18.66	25.60	36.05	49.08	64.72	83.80
汽车运土	6.50	12.50	18.50	25.00	35.00	47.50	62.50	80.00
人工石方	7.00	13.25	19.75	29.75	43.25	60.00	80.00	110.00
机械石方	6.71	12.82	19.03	27.01	38.50	52.80	69.92	92.72
高级路面	6.58	12.61	18.69	25.72	36.26	49.41	65.17	84.58
其他路面	6.73	12.84	19.07	27.15	38.74	53.17	70.44	93.60
构造物I	6.87	13.06	19.44	28.56	41.18	56.86	75.61	102.47
构造物II	6.77	12.90	19.17	27.54	39.41	54.18	71.85	96.03
构造物III	6.73	12.85	19.08	27.19	38.81	53.27	70.57	93.84
技术复杂大桥	6.70	12.81	19.01	26.94	38.37	52.61	69.65	92.27
隧道	6.76	12.90	19.16	27.50	39.35	54.09	71.72	95.81
钢材及钢结构	6.78	12.92	19.20	27.66	39.62	54.50	72.30	96.80

一条路线通过两个以上(含两个)不同的海拔高度分区时,应分别计算高原地区施工增加费或按工程量比例求得平均的增加率,计算全线高原地区施工增加费。

(2)风沙地区施工增加费

风沙地区施工增加费是指在沙漠地区施工时,由于受风沙影响,按照施工及验收规范的要求,为保证工程质量和安全生产而增加的有关费用。内容包括防风、防沙及气候影响的措施费,材料费,人工、机械效率降低增加的费用,以及积沙、风蚀的清理修复等费用。

风沙地区的划分,根据《公路自然区划标准》(JTJ 003—1986)、《沙漠地区公路建设成套技术研究报告》的公路自然区划和沙漠公路区划,结合风沙地区的气候状况将风沙地区分为三区九类;半干旱、半湿润沙地为风沙一区,干旱、极干旱寒冷沙漠地区为风沙二区,极干旱炎热沙漠地区为风沙三区；根据覆盖度（沙漠中植被、戈壁等覆盖程度）又将每区分为固定沙漠（覆盖度＞50％）、半固定沙漠（覆盖度 10％～50％）、流动沙漠（覆盖度＜10％）三类，覆盖度由工程勘察设计人员在公路工程勘察设计时确定。

全国风沙地区公路施工区划见《概预算编制办法》附录九。若当地气象资料及自然特征与附录九中的风沙地区划分有较大出入时，由项目所在省、自治区、直辖市公路（交通）工程造价（定额）管理站按当地气象资料和自然特征及上述划分标准确定工程所在地的风沙区划，并抄送交通部公路司备案。

一条路线穿过两个以上不同风沙区时，按路线长度经过不同的风沙区加权计算项目全线风沙地区施工增加费。

风沙地区施工增加费以各类工程的人工费和机械使用费之和为基数，根据工程所在地的风沙区划及类别，按表 7-10 的费率计算。

风沙地区施工增加费费率表（％）　　表 7-10

风沙区划 / 工程类别	风沙一区			风沙二区			风沙三区		
	沙漠类型								
	固定	半固定	流动	固定	半固定	流动	固定	半固定	流动
人工土方	6.00	11.00	18.00	7.00	17.00	26.00	11.00	24.00	37.00
机械土方	4.00	7.00	12.00	5.00	11.00	17.00	7.00	15.00	24.00
汽车运输	4.00	8.00	13.00	5.00	12.00	18.00	8.00	17.00	26.00
人工石方	—	—	—	—	—	—	—	—	—
机械石方	—	—	—	—	—	—	—	—	—
高级路面	0.50	1.00	2.00	1.00	2.00	3.00	2.00	3.00	5.00
其他路面	2.00	4.00	7.00	3.00	7.00	10.00	4.00	10.00	15.00
构造物 I	4.00	7.00	12.00	5.00	11.00	17.00	7.00	16.00	24.00
构造物 II	—	—	—	—	—	—	—	—	—
构造物 III	—	—	—	—	—	—	—	—	—
技术复杂大桥	—	—	—	—	—	—	—	—	—
隧道	—	—	—	—	—	—	—	—	—
钢材及钢结构	1.00	2.00	4.00	1.00	3.00	5.00	2.00	5.00	7.00

（3）沿海地区工程施工增加费

沿海地区工程施工增加费是指工程项目在沿海地区施工受海风、海浪和潮汐的影响，致使人工、机械效率降低等所需增加的费用。本项费用由沿海各省、自治区、直辖市交通运输厅（局）制定具体的适用范围（地区），并抄送交通运输部公路司备案。

沿海地区工程施工增加费以各类工程的直接工程费之和为基数，按表 7-11 的费率计算。

沿海地区工程施工增加费费率表（％）　　表 7-11

工程类别	费率	工程类别	费率
构造物 II	0.15	技术复杂大桥	0.15
构造物 III	0.15	钢材及钢结构	0.15

5.行车干扰工程施工增加费

行车干扰工程施工增加费是指由于边施工边维持通车,受行车干扰的影响,致使人工、机械效率降低而增加的费用。该费用以受行车影响部分的工程项目的人工费和机械使用费之和为基数,按表7-12的费率计算。

行车干扰工程施工增加费费率表(%) 表7-12

工程类别	施工期间平均每昼夜双向行车次数(汽车、畜力车合计)							
	51~100	101~500	501~1000	1001~2000	2001~3000	3001~4000	4001~5000	5000以上
人工土方	1.64	2.46	3.28	4.10	4.76	5.29	5.86	6.44
机械土方	1.39	2.19	3.00	3.89	4.51	5.02	5.56	6.11
汽车运输	1.36	2.09	2.85	3.75	4.35	4.84	5.36	5.89
人工石方	1.66	2.40	3.33	4.06	4.71	5.24	5.81	6.37
机械石方	1.16	1.71	2.38	3.19	3.70	4.12	4.56	5.01
高级路面	1.24	1.87	2.50	3.11	3.61	4.01	4.45	4.88
其他路面	1.17	1.77	2.36	2.94	3.41	3.79	4.20	4.62
构造物I	0.94	1.41	1.89	2.36	2.74	3.04	3.37	3.71
构造物II	0.95	1.43	1.90	2.37	2.75	3.06	3.39	3.72
构造物III	0.95	1.42	1.90	2.37	2.75	3.05	3.38	3.72
技术复杂大桥	—	—	—	—	—	—	—	—
隧道	—	—	—	—	—	—	—	—
钢材及钢结构	—	—	—	—	—	—	—	—

6.施工标准化与安全措施费

施工标准化与安全措施费是指工程施工期间为满足安全生产、施工标准化、规范化、精细化所发生的费用。该费用不包括施工期间为保证交通安全而设置的临时安全设施和标志、标牌的费用,需要时,应根据设计要求计算。该费用也不包括预制场、拌和站、临时便道、临时便桥的施工标准化费用,应根据施工组织标准化要求单独计算。施工标准化与安全措施费以各类工程的直接工程费之和为基数,按表7-13的费率计算。

施工标准化与安全措施费费率表(%) 表7-13

工程类别	费率	工程类别	费率
人工土方	0.7	构造物Ⅰ	0.85
机械土方	0.7	构造物Ⅱ	0.92
汽车运输	0.25	构造物Ⅲ	1.85
人工石方	0.7	技术复杂大桥	1.01
机械石方	0.7	隧道	0.86
高级路面	1.18	钢材及钢结构	0.63
其他路面	1.2		

注:设备安装工程按表中费率的50%计算。

7. 临时设施费

临时设施费是指施工企业为进行建筑安装工程施工所必需的生活和生产用的临时建筑物、构筑物和其他临时设施及其标准化的费用等，但不包括概、预算定额中临时工程在内。

临时设施包括：临时生活及居住房屋（包括职工家属房屋及探亲房屋）、文化福利及公用房屋（如广播室、文体活动室等）和生产、办公房屋（如原材料、半成品、成品存放场及库房、加工厂、钢筋加工场、发电站、变电站、空压机站、停机棚等），工地范围内的各种临时的工作便道（包括汽车、畜力车、人力车道）、人行便道，工地临时用水、用电的水管支线和电线支线，临时构筑物（如水井、水塔等）以及其他小型临时设施。

临时设施费用内容包括：临时设施的搭设、维修、拆除费或摊销费。

临时设施费以各类工程的直接工程费之和为基数，按表 7-14 的费率计算。

临时设施费费率表（%） 表 7-14

工程类别	费率	工程类别	费率
人工土方	1.73	构造物 I	2.92
机械土方	1.56	构造物 II	3.45
汽车运输	1.01	构造物 III	6.39
人工石方	1.76	技术复杂大桥	3.21
机械石方	2.17	隧道	2.83
高级路面	2.11	钢材及钢结构	2.73
其他路面	2.06		

临时设施除了计算上述费用外，其用工数量也反映在概、预算文件中。计算方法如下：

路线工程临时设施用工数量＝路线长度（km）×用工指标

独立大中桥临时设施用工数量＝桥面面积（$100m^2$）×用工指标

临时设施用工指标见表 7-15。计算的用工数量应汇总在概、预算 02 表中。

临时设施用工指标 表 7-15

项目	路线（1km）					独立大中桥（$100m^2$ 桥面）
	公路等级					
	高速公路	一级公路	二级公路	三级公路	四级公路	
工日	2340	1160	340	160	100	60

8. 施工辅助费

施工辅助费包括生产工具用具使用费、检验试验费和工程定位复测、工程点交、场地清理等费用。

生产工具用具使用费是指施工所需不属于固定资产的生产工具、检验、试验用具及仪器、仪表等的购置、摊销和维修费，以及支付给生产工人自备工具的补贴费。

检验试验费是指施工企业对建筑材料、构件和建筑安装工程进行一般鉴定、检查所发生的费用，包括自设试验室进行试验所耗用的材料和化学药品的费用，以及技术革新和研究试验费；但不包括新结构、新材料的试验费和建设单位要求对具有出厂合格证明的材料进行检验、对构件破坏性试验及其他特殊要求检验的费用。

施工辅助费以各类工程的直接工程费之和为基数，按表 7-16 的费率计算。

施工辅助费费率表(%) 表 7-16

工程类别	费率	工程类别	费率
人工土方	0.89	构造物 I	1.30
机械土方	0.49	构造物 II	1.56
汽车运输	0.16	构造物 III	3.03
人工石方	0.85	技术复杂大桥	1.68
机械石方	0.46	隧道	1.23
高级路面	0.80	钢材及钢结构	0.56
其他路面	0.74		

9. 工地转移费

工地转移费是指施工企业根据建设任务的需要，由已竣工的工地或后方基地迁至新工地的搬迁费用，其内容包括：

(1)施工单位全体职工及随职工迁移的家属向新工地转移的车费、家具行李运费、途中住宿费、行程补助费、杂费及工资与工资附加费等。

(2)公物、工具、施工设备器材、施工机械的运杂费，以及外租机械的往返费及本工程内部各工地之间施工机械、设备、公物、工具的转移费等。

(3)非固定工人进退场及一条路线中各工地转移的费用。

工地转移费以各类工程的直接工程费之和为基数，按表 7-17 的费率计算。

工地转移费费率表(%) 表 7-17

工程类别	工地转移距离(km)					
	50	100	300	500	1000	每增加 100
人工土方	0.15	0.21	0.32	0.43	0.56	0.03
机械土方	0.50	0.67	1.05	1.37	1.82	0.08
汽车运输	0.31	0.40	0.62	0.82	1.07	0.05
人工石方	0.16	0.22	0.33	0.45	0.58	0.03
机械石方	0.36	0.43	0.74	0.97	1.28	0.06
高级路面	0.61	0.83	1.3	1.70	2.27	0.12
其他路面	0.56	0.75	1.18	1.54	2.06	0.10
构造物 I	0.56	0.75	1.18	1.54	2.06	0.11
构造物 II	0.66	0.89	1.40	1.83	2.45	0.13
构造物 III	1.31	1.77	2.77	3.62	4.85	0.25
技术复杂大桥	0.75	1.01	1.58	2.06	2.76	0.14
隧道	0.52	0.71	1.11	1.45	1.94	0.10
钢材及钢结构	0.72	0.97	1.51	1.97	2.64	0.13

转移距离以工程承包单位(如工程处、工程公司等)转移前后驻地距离或两路线中点的距离为准；编制概(预)算时，如施工单位不明确时，高速、一级公路及独立大桥、隧道按省城(自治区首府)至工地的里程；二级及以下公路按地(市、盟)至工地的里程计算工地转移费；工地转移里程数在表列里程之间时，费率可内插计算。工地转移距离在 50km 以内的工程不计取本项费用。

10. 冬季、雨季及夜间施工增加的人工数

对于其他直接费中的冬季、雨季及夜间施工除了计算费用外，还需计算增加的人工数量。计算方法如下：

冬季施工增加工数＝概、预算工数之和×相应百分率

雨季施工增加工数＝概、预算工数之和×相应百分率×雨季期月数

夜间施工增加工数＝夜间施工工数之和×4％

冬、雨季施工增工百分率见表7-18。

冬、雨季施工增工百分率表 表7-18

项 目	雨季施工（雨量区）		冬季施工							
			冬一区		冬二区		冬三区	冬四区	冬五区	冬六区
	I	II	I	II	I	II				
路线	0.30	0.45	0.70	1.00	1.40	1.80	2.40	3.00	4.05	6.75
独立大中桥	0.30	0.45	0.30	0.40	0.50	0.60	0.80	1.00	1.50	2.25

【例7-6】 某公路桥桩基施工，采用卷扬机带冲击锥冲孔，已知桩径1.5m，平均孔深20m，砂土，全桥共40根桩。该桥位于山东青岛市附近（工地转移距离20km），由于工期紧张，工程需昼夜连续施工，施工期间无行车干扰。已知该桩基施工的直接工程费为143120元，试根据预算定额确定该项目的其他工程费。

解：由《概、预算编制办法》附录七、八查得，该地区为冬一（I）气温区，属雨量区II，雨季期3个月，工程类别属构造物II，则：

冬季施工增加费费率 0.42％

雨季施工增加费费率 0.12％

夜间施工增加费费率 0.35％

沿海地区施工增加费费率 0.15％

施工标准化与安全措施费费率 0.92％

临时设施费费率 3.45％

施工辅助费费率 1.56％

工地转移费费率 不计

综合费率＝0.42＋0.12＋0.35＋0.15＋0.92＋3.45＋1.56＝6.97％

其他工程费＝143120×6.97％＝9975.46（元）

【例7-7】 某独立大桥，基础砌筑用工计1385工日，属冬四区，雨量区I，雨季期1个月，夜间施工。试计算该工程项目的冬季、雨季及夜间施工的增工数。

解：查《概预算编制办法》附录三，确定增工百分率，则：

冬季施工增工百分率为1％

雨季施工增工百分率为0.3％

冬、雨季施工增工数＝1385×（1％＋0.3％）＝18（工日）

夜间施工增工数＝1385×4％＝55（工日）

第三节　间　接　费

间接费由规费和企业管理费两项组成。

一、规费

规费是指政府和有关权力部门规定施工企业必须缴纳的费用(简称规费),包括:

(1)养老保险费:指施工企业按规定标准为职工缴纳的基本养老保险费。

(2)失业保险费:指施工企业按国家规定标准为职工缴纳的失业保险费。

(3)医疗保险费:指施工企业按规定标准为职工缴纳的基本医疗保险费和生育保险费。

(4)住房公积金:指施工企业按规定标准为职工缴纳的住房公积金。

(5)工伤保险费:指施工企业按规定标准为职工缴纳的工伤保险费。

各项规费以各类工程的人工费之和为基数,按国家或工程所在地相关部门规定的标准计算。

二、企业管理费

企业管理费由基本费用、主副食运费补贴、职工探亲路费、职工取暖补贴和财务费用五项组成。

1. 基本费用

企业管理费基本费用是指施工企业为组织施工生产和经营管理所需的费用,内容包括:

(1)管理人员工资:指管理人员的基本工资、工资性补贴、职工福利费、劳动保护费以及缴纳的养老、失业、医疗、生育、工伤保险费和住房公积金等。

(2)办公费:指企业办公用的文具、纸张、账表、印刷、邮电、书报、会议、水、电、烧水和集体取暖(包括现场临时宿舍取暖)用煤(气)等费用。

(3)差旅交通费:指职工因公出差和工作调动(包括随行家属的旅费)的差旅费、住勤补助费,市内交通费和误餐补助费,职工探亲路费,劳动力招募费,职工离退休、退职一次性路费,工伤人员就医路费以及管理部门使用的交通工具的油料、燃料、养路费及牌照费。

(4)固定资产使用费:指管理和试验部门及附属生产单位使用的属于固定资产的房屋、设备、仪器等的折旧、大修、维修或租赁费等。

(5)工具用具使用费:指管理使用的不属于固定资产的生产工具、器具、家具、交通工具和检验、试验、测绘、消防用具等的购置、维修和摊销费。

(6)劳动保险费:指企业支付离退休职工的易地安家补助费、职工退职金、六个月以上的病假人员工资、职工死亡丧葬补助费、抚恤费、按规定支付给离休干部的各项经费。

(7)工会经费:指企业按职工工资总额计提的工会经费。

(8)职工教育经费:指企业为职工学习先进技术和提高文化水平,按职工工资总额的计提的费用。

(9)保险费:指企业财产保险、管理用车辆等保险费用。

(10)工程保修费:指工程竣工交付使用后,在规定保修期以内的修理费用。

(11)工程排污费:指施工现场按规定缴纳的排污费用。

(12)税金:指企业按规定缴纳的房产税、车船使用税、土地使用税、印花税等。

(13)其他：指上述项目以外的其他必要的费用支出，包括技术转让费、技术开发费、业务招待费、绿化费、广告费、投标费、公证费、定额测定费、法律顾问费、审计费、咨询费等。

基本费用以各类工程的直接费之和为基数，按表 7-19 的费率计算。

基本费用费率表(%)　　表 7-19

工程类别	费率	工程类别	费率
人工土方	3.36	构造物 I	4.44
机械土方	3.26	构造物 II	5.53
汽车运输	1.44	构造物 III	9.79
人工石方	3.45	技术复杂大桥	4.72
机械石方	3.28	隧道	4.22
高级路面	1.91	钢材及钢结构	2.42
其他路面	3.28		

2. 主副食运费补贴

主副食运费补贴是指施工企业在远离城镇及乡村的野外施工购买生活必需品所需增加的费用。该费用以各类工程的直接费之和为基数，按表 7-20 的费率计算。

主副食运费补贴费费率表(%)　　表 7-20

工程类别	综合里程(km)											
	1	3	5	8	10	15	20	25	30	40	50	每增加10
人工土方	0.17	0.25	0.31	0.39	0.45	0.56	0.67	0.76	0.89	1.06	1.22	0.16
机械土方	0.13	0.19	0.24	0.30	0.35	0.43	0.52	0.59	0.69	0.81	0.95	0.13
汽车运输	0.14	0.20	0.25	0.32	0.37	0.45	0.55	0.62	0.73	0.86	1.00	0.14
人工石方	0.13	0.19	0.24	0.30	0.34	0.42	0.51	0.58	0.67	0.80	0.92	0.12
机械石方	0.12	0.18	0.22	0.28	0.33	0.41	0.49	0.55	0.65	0.76	0.89	0.12
高级路面	0.08	0.12	0.15	0.20	0.22	0.28	0.33	0.38	0.44	0.52	0.60	0.08
其他路面	0.09	0.12	0.15	0.20	0.22	0.28	0.33	0.38	0.44	0.52	0.61	0.09
构造物 I	0.13	0.18	0.23	0.28	0.32	0.40	0.49	0.55	0.65	0.76	0.89	0.12
构造物 II	0.14	0.20	0.25	0.30	0.35	0.43	0.52	0.60	0.70	0.83	0.96	0.13
构造物 III	0.25	0.36	0.45	0.55	0.64	0.79	0.96	1.09	1.28	1.51	1.76	0.24
技术复杂大桥	0.11	0.16	0.20	0.25	0.29	0.36	0.43	0.49	0.57	0.68	0.79	0.11
隧道	0.11	0.16	0.19	0.24	0.28	0.34	0.42	0.48	0.56	0.66	0.77	0.10
钢材及钢结构	0.11	0.16	0.20	0.26	0.30	0.37	0.44	0.50	0.59	0.69	0.80	0.11

综合里程＝粮食运距×0.06＋燃料运距×0.09＋蔬菜运距×0.15＋水运距×0.70；粮食、燃料、蔬菜、水的运距均为全线平均运距；综合里程数在表列里程之间时，费率可内插；综合里程在 1km 以内的工程不计取本项费用。

3. 职工探亲路费

职工探亲路费是指按照有关规定施工企业职工在探亲期间发生的往返车船费、市内交通费和途中住宿费等费用。该费用以各类工程的直接费之和为基数，按表 7-21 的费率计算。

职工探亲路费费率表(%) 表 7-21

工程类别	费率	工程类别	费率
人工土方	0.10	构造物 I	0.29
机械土方	0.22	构造物 II	0.34
汽车运输	0.14	构造物 III	0.55
人工石方	0.10	技术复杂大桥	0.20
机械石方	0.22	隧道	0.27
高级路面	0.14	钢材及钢结构	0.16
其他路面	0.16		

4. 职工取暖补贴

职工取暖补贴是指按规定发放给职工的冬季取暖费或在施工现场设置的临时取暖设施的费用。该费用以各类工程的直接费之和为基数，按工程所在地的气温区选用表 7-22 的费率计算。

职工取暖补贴费费率表(%) 表 7-22

工程类别	气温区						
	准二区	冬一区	冬二区	冬三区	冬四区	冬五区	冬六区
人工土方	0.03	0.06	0.10	0.15	0.17	0.26	0.31
机械土方	0.06	0.13	0.22	0.33	0.44	0.55	0.66
汽车运输	0.06	0.12	0.21	0.31	0.41	0.51	0.62
人工石方	0.03	0.06	0.10	0.15	0.17	0.25	0.31
机械石方	0.05	0.11	0.17	0.26	0.35	0.44	0.53
高级路面	0.04	0.07	0.13	0.19	0.25	0.31	0.38
其他路面	0.04	0.07	0.12	0.18	0.24	0.30	0.36
构造物 I	0.06	0.12	0.19	0.28	0.36	0.46	0.56
构造物 II	0.06	0.13	0.20	0.30	0.41	0.51	0.62
构造物 III	0.11	0.23	0.37	0.56	0.74	0.93	1.13
技术复杂大桥	0.05	0.10	0.17	0.26	0.34	0.42	0.51
隧道	0.04	0.08	0.14	0.22	0.28	0.36	0.43
钢材及钢结构	0.04	0.07	0.12	0.19	0.25	0.31	0.37

5. 财务费用

财务费用是指施工企业为筹集资金而发生的各项费用，包括企业经营期间发生的短期贷款利息净支出、汇兑净损失、调剂外汇手续费、金融机构手续费以及企业筹集资金发生的其他财务费用。

财务费用以各类工程的直接费之和为基数，按表 7-23 的费率计算。

财务费用费率表(%) 表7-23

工程类别	费率	工程类别	费率
人工土方	0.23	构造物I	0.37
机械土方	0.21	构造物II	0.40
汽车运输	0.21	构造物III	0.82
人工石方	0.22	技术复杂大桥	0.46
机械石方	0.20	隧道	0.39
高级路面	0.27	钢材及钢结构	0.48
其他路面	0.30		

三、辅助生产间接费

辅助生产间接费是指由施工单位自行开采加工的砂、石等自采材料及施工单位自办的人工装卸和运输的间接费。

辅助生产间接费按人工费的5%计。该项费用并入材料预算单价内构成材料费,不直接出现在概(预)算中。

高原地区施工单位的辅助生产,可按其他工程费中高原地区施工增加费费率,以直接工程费为基数计算高原地区施工增加费(其中,人工采集、加工材料、人工装卸、运输材料按人工土方费率计算;机械采集、加工材料按机械石方费率计算;机械装、运输材料按汽车运输费率计算)。辅助生产高原地区施工增加费不作为辅助生产间接费的计算基数。

第四节 利润和税金

一、利润

利润是指施工企业完成所承包工程应取得的盈利。利润按直接费与间接费之和扣除规费之后的7%计算,即:

$$利润=(直接费+间接费-规费)\times 7\%$$

二、税金

税金是指按国家税法规定应计入建筑安装工程造价内的营业税、城市维护建设税及教育费附加等。

综合税金额:

$$综合税金额=(直接费+间接费+利润)\times 综合税率$$

综合税率:

(1)纳税地点在市区的企业,综合税率为:

$$综合税率(\%)=\left[\frac{1}{1-3\%-(3\%\times 7\%)-(3\%\times 3\%)}-1\right]\times 100=3.41(\%)$$

(2)纳税地点在县城、乡镇的企业，综合税率为：

$$综合税率(\%)=\left(\frac{1}{1-3\%-(3\%\times5\%)-(3\%\times3\%)}-1\right)\times100=3.35(\%)$$

(3)纳税地点不在市区、县城、乡镇的企业，综合税率为：

$$综合税率(\%)=\left(\frac{1}{1-3\%-(3\%\times1\%)-(3\%\times3\%)}-1\right)\times100=3.22(\%)$$

第五节　公路交工前养护费和绿化工程费

公路交工前养护费和绿化工程费是属于建筑安装工程费用的工程项目，该费用列在概、预算项目表中第一部分的第七项和第八项，计算方法按《概预算编制办法》附录一、二的规定进行。

一、公路交工前养护费

公路交工前养护费指对路线工程陆续交工的路段，到路段交工初验时止，以路面为主包括路基、构造物在内的养护费用。

1.养护费指标

公路交工前养护费指标，按工程的全线里程及平均养护月数，以下列标准计算：

三、四级公路：60 工日/月公里；

二级及以上公路：30 工日/月公里。

2.养护费用计算

公路交工前养护费指标，只包括了直接工程费消耗，还须按路面工程类别计算其他工程费和间接费等。其费用关系如下：

养护直接工程费＝人工单价(工程所在地)×养护费指标×养护月数×养护里程

其他工程费＝养护直接工程费×其他工程费综合费率或各类工程人工费和机械费之和×其他工程费综合费率(按路面工程类别)

直接费＝养护直接工程费＋其他工程费

间接费＝各类工程人工费×规费综合费率＋直接费×企业管理费综合费率

利润＝(直接费＋间接费－规费)×7%

税金＝(直接费＋间接费＋利润)×综合税率

建筑安装工程费＝直接费＋间接费＋利润＋税金

公路交工前养护费应在 08 表立项计算，然后转入 03 表计算建筑安装工程费。养护用工数量汇总在 02 表。

二、绿化工程费

1.绿化补助费指标

新建公路的绿化补助费指标如下：

平原微丘区：5000 元/公里；

山岭重丘区:1000 元/公里。

以上费用标准内已包括其他工程费和间接费。

绿化补助指标仅适用于无绿化设计的二级以下等级公路建设项目。

2.绿化工程费计算

按绿化补助费指标计算的费用包括直接费+间接费,故:

利润=路线总里程×绿化补助费指标×7%

税金=(路线总里程×绿化补助费指标+利润)×综合税率

建筑安装工程费=路线总里程×绿化补助费指标+利润+税金

绿化工程费在 03 表计算。

第八章　其他费用项目

公路工程建设项目概、预算总费用中，除了建筑安装工程费之外，还有三项其他费用，它们是：设备、工具、器具及家具购置费、工程建设其他费用、预备费。本章将分别介绍这三项费用的内容和计算方法。

第一节　设备、工具、器具及家具购置费

设备、工具、器具及家具购置费包括设备、工具、器具购置费以及办公和生活用家具购置费。编制概、预算时，其费用在05表中计算。

一、设备购置费

(一)费用内容

设备、工具、器具购置费，是指为了满足公路的营运、管理、养护需要购置的设备、工具、器具的费用，包括渡口设备、隧道照明、通风的动力设备、高等级公路的监控设备、养护用的机械、设备和工具、器具等的购置费用。

渡口设备是指个别公路建设工程跨越大江大河，一时无法修建桥梁而设置渡口时，需购置的渡船、拖轮、跳板等。

养护管理设备有路面画线机、清扫车、工程抢修救护车、汽车式起重机、汽车牵引车、洒水车等，一般是高等级公路才考虑购置这些设备。

(二)计算方法

设备购置费应由设计单位列出计划购置的清单(包括设备的规格、型号、数量)，以设备原价加综合业务费和运杂费按以下公式计算：

设备购置费＝设备原价＋运杂费(运输费＋装卸费＋搬运费)＋运输保险费＋采购及保管费

需要安装的设备，应在第一部分建筑安装工程费的有关项目中另计安装工程费。

1.国产设备原价的构成及计算

国产设备的原价一般是指设备制造厂的交货价，即出厂价或订货合同价。它一般根据生产厂或供应商的询价、报价、合同价确定，或采用一定的方法计算确定。内容包括按专业标准规定的在运输过程中不受损失的一般包装费，及按产品设计规定配带的工具、附件和易损件的费用，即：

设备原价＝出厂价(或供货地点价)＋包装费＋手续费

2.进口设备原价的构成及计算

进口设备的原价是指进口设备的抵岸价，即抵达买方边境港口或边境车站，且交完关税为止形成的价格。

进口设备原价＝货价＋国际运费＋运输保险费＋银行财务费＋外贸手续费＋关税＋增值税＋消费税＋商检费＋检疫费＋车辆购置附加费

(1)货价：一般指装运港船上交货价(FOB，习惯称离岸价)。设备货价分为原币货价和人民币货价，原币货价一律折算为美元表示，人民币货价按原币货价乘以外汇市场美元兑换人民币的中间价确定。进口设备货价按有关生产厂商询价、报价、订货合同价计算。

(2)国际运费：即从装运港(站)到达我国抵达港(站)的运费，即：

国际运费＝原币货价(FOB价)×运费费率

我国进口设备大多采用海洋运输，小部分采用铁路运输，个别采用航空运输。运费费率参照有关部门或进出口公司的规定执行，海运费费率一般为6％。

(3)运输保险费：对外贸易货物运输保险是由保险人(保险公司)与被保险人(出口人或进口人)订立保险契约，在被保险人交付议定的保险费后，保险人根据保险契约的规定对货物在运输过程中发生的承保责任范围内的损失给予经济上的补偿。这是一种财产保险，计算公式为：

运输保险费＝[原币货价(FOB价)＋国际运费]÷(1－保险费费率)×保险费费率

保险费费率按保险公司规定的进口货物保险费费率计算，一般为0.35％。

(4)银行财务费：一般指中国银行手续费，可按下式简化计算：

银行财务费＝人民币货价(FOB价)×银行财务费费率

银行财务费费率一般为0.4％～0.5％。

(5)外贸手续费：指按规定计取的外贸手续费，计算公式为：

外贸手续费＝[人民币货价(FOB价)＋国际运费＋运输保险费]×外贸手续费费率

外贸手续费费率一般为1％～1.5％。

(6)关税：指海关对进出国境或关境的货物和物品征收的一种税，计算公式为：

关税＝[人民币货价(FOB价)＋国际运费＋运输保险费]×进口关税税率

进口关税税率按我国海关总署发布的进口关税税率计算。

(7)增值税：是对从事进口贸易的单位和个人，在进口商品报关进口后征收的税种。按《中华人民共和国增值税条例》的规定，进口应税产品均按组成计税价格和增值税税率直接计算应纳税额，即：

增值税＝[人民币货价(FOB价)＋国际运费＋运输保险费＋关税＋消费税]×增值税税率

增值税税率根据规定的税率计算，目前进口设备适用的税率为17％。

(8)消费税：对部分进口设备(如轿车、摩托车等)征收，一般计算公式为：

应纳消费税额＝[人民币货价(FOB价)＋国际运费＋运输保险费＋关税]÷(1－消费税税率)×消费税税率

消费税税率根据规定的税率计算。

(9)商检费：指进口设备按规定付给商品检查部门的进口设备检验鉴定费，计算公式为：

商检费＝[人民币货价(FOB价)＋国际运费＋运输保险费]×商检费费率

商检费费率一般为0.8％。

(10)检疫费：指进口设备按规定付给商品检疫部门的进口设备检验鉴定费，计算公式为：

检疫费＝[人民币货价(FOB价)＋国际运费＋运输保险费]×检疫费费率

检疫费费率一般为0.17％。

(11)车辆购置附加费：指进口车辆需缴纳的进口车辆购置附加费，计算公式为：

进口车辆购置附加费＝[人民币货价(FOB价)＋国际运费＋运输保险费＋关税＋消费税＋增值税]×进口车辆购置附加费费率

在计算进口设备原价时，应注意工程项目的性质，有无按国家有关规定减免进口环节税的可能。

3.设备运杂费的构成及计算

国产设备运杂费指由设备制造厂交货地点起至工地仓库（或施工组织设计指定的需要安装设备的堆放地点）止所发生的运费和装卸费；进口设备运杂费指由我国到岸港口或边境车站起至工地仓库（或施工组织设计指定的需要安装设备的堆放地点）止所发生的运费和装卸费。其计算公式为：

运杂费＝设备原价×运杂费费率

设备运杂费费率见表 8-1。

设备运杂费费率表（%）　　表 8-1

运输里程（km）	100以内	101～200	201～300	301～400	401～500	501～750	751～1000	1001～1250	1251～1500	1501～1750	1751～2000	2000以上每增250
费率（%）	0.8	0.9	1.0	1.1	1.2	1.5	1.7	2.0	2.2	2.4	2.6	0.2

4.设备运输保险费的构成及计算

设备运输保险费指国内运输保险费，计算公式为：

运输保险费＝设备原价×保险费费率

设备运输保险费费率一般为 1%。

5.设备采购及保管费的构成及计算

设备采购及保管费指采购、验收、保管和收发设备所发生的各种费用，包括设备采购人员、保管人员和管理人员的工资、工资附加费、办公费、差旅交通费，设备供应部门办公和仓库所占固定资产使用费、工具用具使用费、劳动保护费、检验试验费等。其计算公式为：

采购及保管费＝设备原价×采购及保管费费率

需要安装的设备的采购保管费费率为 2.4%，不需要安装的设备的采购保管费费率为 1.2%。

【例 8-1】 某建设工程项目从美国进口设备重 1000t；装运港船上交货价为 600 万美元；海运费为 300 美元/t；运输保险费和银行财务费分别为货价的 2.66‰和 5‰；外贸手续费为运费、保险费在内的价格的 1.5%，增值税率为 17%，关税税率为 25%，商检费率为 0.8%，检疫费率为 0.17%，美元对人民币汇率为 1∶7.8。从到货口岸至安装现场 500km；国内运输保险费率为 1‰；设备的现场保管费率为抵岸价的 2%。试计算该进口设备的购置费。

解：货价（FOB）＝600×7.8＝4680（万元）

海运费＝300×1000×7.8÷10000＝234（万元）

海运保险费＝600×7.8×2.66‰＝12.4488（万元）

银行手续费＝600×7.8×5‰＝23.4（万元）

外贸手续费＝（4680＋234＋12.45）×1.5%＝73.90（万元）

关税＝（4680＋234＋12.45）×25%＝1231.61（万元）

增值税＝（4680＋234＋12.45＋1231.61）×17%＝1046.87（万元）

商检费＝（4680＋234＋12.45）×0.8%＝39.41（万元）

检疫费＝（4680＋234＋12.45）×0.17%＝8.37（万元）

抵岸价＝7350.01（万元）

国内运杂费=7350.01×1.2%=88.20(万元)

运输保险费=7350.01×1%=73.50(万元)

现场保管费=7350.01×2%=147.00(万元)

设备购置费=7350.01+88.20+73.50+147.00=7658.71(万元)

二、工器具及生产家具(简称工器具)购置费

工器具购置费系指建设项目交付使用后,为满足初期正常营运必须购置的第一套不构成固定资产的设备、仪器、仪表、工卡模具、器具、工作台(框、架、柜)等的费用。其不包括:构成固定资产的设备、工器具和备品、备件;已列入设备购置费中的专用工具和备品、备件。

工器具购置应由设计单位列出计划购置的清单(包括规格、型号、数量),购置费的计算方法同设备购置费。

三、办公和生活用家具购置费

(一)费用内容

办公和生活用家具购置费是指为保证新建、改建项目初期正常生产、使用和管理必须购置的办公和生活用家具、用具的费用,具体范围包括:行政、生产部门的办公室、会议室、资料档案室、阅览室、单身宿舍及生活福利设施等的家具、用具。

(二)计算方法

办公和生活用家具购置费,按路线工程的设计里程或独立大桥的座数乘以费用标准,即:

路线工程办公和生活用家具购置费=路线里程×费用标准(元/公里)

独立大桥办公和生活用家具购置费=有看桥房的独立大桥座数×费用标准(元/座)

费用标准见表8-2。

办公和生活用家具购置费标准 表8-2

工程所在地	路线(元/公路公里)				有看桥房的独立大桥(元/座)	
	高速公路	一级公路	二级公路	三、四级公路	一般大桥	技术复杂大桥
内蒙古、黑龙江、青海、新疆、西藏	21500	15600	7800	4000	24000	60000
其他省、自治区、直辖市	17500	14600	5800	2900	19800	49000

注:改建工程按表列数80%计。

第二节 工程建设其他费用

列入概、预算中的工程建设其他费用包括:土地征用及拆迁补偿费、建设项目管理费、研究试验费、前期工作费、专项价(评估)费、施工机构迁移费、供电贴费、联合试运转费、生产人员培训费、固定资产投资方向调节税、建设期贷款利息,共计十一项。

一、土地征用及拆迁补偿费

土地征用及拆迁补偿费系指按照《中华人民共和国土地管理法》(以下简称《土地法》)及其实施条例、《中华人民共和国基本农田保护条例》等法律、法规的规定,为进行公路建设需征用土地所支付的土地征用及拆迁补偿费等费用。

(一)费用内容

(1)土地补偿费:指被征用土地地上、地下附着物及青苗补偿费,征用城市郊区的菜地等缴纳的菜地开发建设基金,租用土地费,耕地占用税,用地图编制费及勘界费,征地管理费等。

(2)征用耕地安置补助费:指征用耕地需要安置农业人口的补助费。

(3)拆迁补偿费:指被征用或占用土地上的房屋及附属构筑物,城市公用设施等拆除、迁建补偿费,拆迁管理费等。

(4)复耕费:指临时占用的耕地、鱼塘等,待工程竣工后将其恢复到原有标准所发生的费用。

(5)耕地开垦费:指公路建设项目占用耕地的,应由建设项目法人(业主)负责补充耕地所发生的费用;没有条件开垦或者开垦的耕地不符合要求的,按规定缴纳的耕地开垦费。

(6)森林植被恢复费:指公路建设项目需要占用、征用或者临时占用林地的,经县级以上林业主管部门审核同意或批准,建设项目法人(业主)单位按照有关规定向县级以上林业主管部门预缴的森林植被恢复费。

(二)计算方法

1.用地面积

公路建设用地包括永久性用地和临时用地,两者对土地的占用时间不同,费用也不同,应分别计算用地面积。

永久性用地包括:公路路线、构造物占地,管理、养护机构修建的办公室、宿舍、修理厂等用地,高等级公路的服务区(旅馆、餐厅、加油站、停车场等)用地,被交道路的改移、扩建、改河、改沟、弃土场等永久占用的土地。其根据审批单位批准的建设工程用地亩数计算。

临时用地应以施工组织设计或施工方案确定的面积作为计算依据,包括施工单位修建的临时生产、生活用房、预制厂、混凝土拌和厂、临时道路、堆料场、砂石料开采和取土场等用地。

凡征用土地上的各类房屋、围墙、水井水塔、果树、林木、坟墓、电力、电讯、水利及铁路设施,及清除青苗等,均以实际调查落实的数量作为计算依据。

2.补偿标准

《土地法》对国家建设征用耕地、土地的补偿费和需要安置的农业人口数与安置补助费的标准都做了指令性规定,即按该耕地被征用前三年平均年产值和不同的土地种类以人均占有耕地数量,以差别倍数计算。如水田按4倍、旱地按3倍补偿。至于耕地的年产值则以年产量乘以当年当地的集市价格计算确定。

由于土地青苗的补偿和安置补助费涉及的内容较多,而且又是一项政策性比较强的工作。因此,为了便于运作,各省、自治区、直辖市人民政府结合各地的实际情况一般都制定了具体的补偿标准,所以在计算补偿时,一般无需进行补偿价格的计算分析,可按各地人民政府规定的费额标准作为计算依据,但拆迁生产、居民住房时造成的停产和搬家必需的费用,也应考虑给予一次性补偿。

当与原有的电力、电信设施、水利工程、铁路及铁路设施互相干扰时,应与有关部门联系,商定合理的解决方案和补偿金额,也可由这些部门按规定编制费用以确定补偿金额。

由施工单位代建设单位拆迁、改移的建筑物、构筑物,其费用应在建筑安装工程费的有关项目内计算。

二、建设项目管理费

建设项目管理费包括建设单位(业主)管理费、工程监理费、设计文件审查费和竣(交)工验收试验检测费。

(一)建设单位(业主)管理费

1. 费用内容

建设单位(业主)管理费系指建设单位(业主)为建设项目的立项、筹建、建设、竣(交)工验收、总结等工作所发生的费用,不包括应计入设备、材料预算价格的建设单位采购及保管设备、材料所需的费用。

费用内容包括:工作人员的工资、工资性补贴、施工现场津贴、社会保障费用(基本养老、基本医疗、失业、工伤保险)、住房公积金、职工福利费、工会经费、劳动保护费;办公费、会议费、差旅交通费、固定资产使用费(包括办公及生活房屋折旧、维修或租赁费,车辆折旧、维修、使用或租赁费,通信设备购置、使用费,测量、试验设备仪器折旧、维修或租赁费,其他设备折旧、维修或租赁费等)、零星固定资产购置费、招募生产工人费;技术图书资料费、职工教育经费、工程招标费(不含招标文件及招标控制价或造价控制值编制费);合同契约公证费、法律顾问费、咨询费;建设单位的临时设施费、完工清理费、竣(交)工验收费(含其他行业或部门要求的竣工验收费用)、各种税费(包括房产税、车船使用税、印花税等);建设项目审计费、境内外融资费用(不含建设期贷款利息)、业务招待费、安全生产管理费和其他管理性开支。

2. 计算方法

建设单位(业主)管理费以建筑安装工程费总额为基数,按表 8-3 的费率,以累进办法计算。建设单位管理费费率见表 8-3。

建设单位(业主)管理费费率表 表 8-3

第一部分 建筑安装工程费(万元)	费率(%)	算 例 (万元)	
		建筑安装工程费	建设单位(业主)管理费
500 以下	3.48	500	500×3.48%=17.4
501~1000	2.73	1000	17.4+500×2.73%=31.05
1001~5000	2.18	5000	31.05+4000×2.18%=118.25
5001~10000	1.84	10000	118.25+5000×1.84%=210.25
10001~30000	1.52	30000	210.25+20000×1.52%=514.25
30001~50000	1.27	50000	514.25+20000×1.27%=768.25
50001~100000	0.94	100000	768.25+50000×0.94%=1238.25
100001~150000	0.76	150000	1238.25+50000×0.76%=1618.25
150001~200000	0.59	200000	1618.25+50000×0.59%=1913.25
200001~300000	0.43	300000	1913.25+100000×0.43%=2343.25
300000 以上	0.32	310000	2343.25+10000×0.32%=2375.25

注:1. 水深>15m、跨度≥400m 的斜拉桥和跨度≥800m 的悬索桥等独立特大型桥梁工程,建设单位(业主)管理费按表中的费率乘以 1.0~1.2 的系数计算。

2. 海上工程[指由于风浪影响,工程施工期(不包括封冻期)全年月平均工作日少于 15d 的工程]的建设单位(业主)管理费按表中的费率乘以 1.0~1.3 的系数计算。

【例 8-2】 某工程项目的建筑安装工程费为 173460 万元，试确定其建设单位管理费。

解：1618.3＋23460×0.59%＝1756.714（万元）

（二）工程监理费

1. 费用内容

工程监理费系指建设单位（业主）委托具有公路工程监理资格的单位，按施工监理规范进行全面的监督和管理所发生的费用。

费用内容包括：工作人员的基本工资、工资性津贴、社会保障费用（基本养老、基本医疗、失业、工伤保险）、住房公积金、职工福利费、工会经费、劳动保护费；办公费、会议费、差旅交通费、固定资产使用费（包括办公及生活房屋折旧、维修或租赁费，车辆折旧、维修、使用或租赁费，通讯设备购置、使用费，测量、试验、检测设备仪器折旧、维修或租赁费，其他设备折旧、维修或租赁费等）、零星固定资产购置费、招募生产工人费；技术图书资料费、职工教育经费、投标费用；合同契约公证费、咨询费、业务招待费；财务费用、监理单位的临时设施费、各种税费和其他管理性开支。

2. 计算方法

工程监理费以建筑安装工程费总额为基数，按表 8-4 的费率计算。

工程监理费费率表 表 8-4

工程类别	高速公路	一级及二级公路	三级及四级公路	桥梁及隧道
费率（%）	2.0	2.5	3.0	2.5

注：桥梁指水深＞15m、斜拉桥和悬索桥等独立特大型桥梁工程；隧道指水下隧道工程。

建设单位（业主）管理费和工程监理费均为实施建设项目管理的费用，执行时可根据建设单位（业主）和施工监理单位所实际承担的工作内容和工作量统筹使用。

（三）设计文件审查费

设计文件审查费系指国家和省级交通主管部门在项目审批前，为保证勘察设计工作的质量，组织有关专家或委托有资质的单位，对设计单位提交的建设项目可行性研究报告和勘察设计文件以及对设计变更、调整概算进行审查所需要的相关费用。

设计文件审查费以建筑安装工程费总额为基数，按 0.1%计算。

（四）竣（交）工验收试验检测费

竣（交）工验收试验检测费系指在公路建设项目交工验收和竣工验收前，由建设单位（业主）或工程质量监督机构委托有资质的公路工程质量检测单位按照有关规定对建设项目的工程质量进行检测，并出具检测意见所需要的相关费用。

竣（交）工验收试验检测费按表 8-5 的规定计算。

竣（交）工验收试验检测费标准表 表 8-5

项目	路线（元/公路公里）				独立大桥（元/座）	
	高速公路	一级公路	二级公路	三、四级公路	一般大桥	技术复杂大桥
试验检测费	15000	12000	10000	5000	30000	100000

竣（交）工验收试验检测费高速公路、一级公路按四车道计算，二级及以下等级公路按二车道计算，每增加一条车道，按表 8-5 的费用增加 10%。

三、研究试验费

(一)费用内容

研究试验费是指为本建设项目提供或验证设计数据、资料进行必要的研究试验和按照设计规定在施工过程中必须进行试验所需的费用,以及支付科技成果、先进技术的一次性技术转让费。不包括:

(1)应由科技三项费用(即新产品试制费、中间试验费和重要科学研究补助费)开支的项目。

(2)应由施工辅助费开支的施工企业对建筑材料、构件和建筑物进行一般鉴定、检查所发生的费用及技术革新研究试验费。

(3)应由勘察设计费、勘察设计单位的事业费或基本建设投资中开支的项目。

(二)计算方法

一般是按照设计提出的研究试验内容和要求,并与建设单位商定其费额列入工程造价内。不需验证设计基础资料的不计本项费用。

四、建设项目前期工作费

(一)费用内容

建设项目前期工作费系指委托勘察设计、咨询单位对建设项目进行可行性研究、工程勘察设计,以及设计、监理、施工招标文件、施工招标控制价文件编制时,按规定应支付的费用,包括:

(1)编制项目建议书(或预可行性研究报告)、可行性研究报告、投资估算,以及相应的勘察、设计、专题研究等所需的费用。

(2)初步设计和施工图设计的勘察费(包括测量、水文调查、地质勘探等)、设计费、概(预)算及调整概算编制费等。

(3)设计、监理、施工招标文件及招标控制价或清单预算文件编制费等。

(二)计算方法

依据委托合同计列,或按国家颁发的收费标准和有关规定进行编制。

五、专项评价(估)费

(一)费用内容

专项评价(估)费系指依据国家法律、法规规定须进行评价(评估)、咨询,按规定应支付的费用。包括环境影响评价费、水土保持评估费、地震安全性评价费、地质灾害危险性评价费、压覆重要矿床评估费、文物勘察费、通航论证费、行洪论证(评估)费、使用林地可行性研究报告编制费、用地预审报告编制费等费用。

(二)计算方法

按国家颁发的收费标准和有关规定进行编制。

六、施工机构迁移费

(一)费用内容

施工机构迁移费系指施工机构根据建设任务的需要,经有关部门决定成建制地(指工程处

等)由原驻地迁移到另一地区所发生的一次性搬迁费用。不包括:

(1)应由施工企业自行负担的,在规定距离范围内调动施工力量以及内部平衡施工力量所发生的迁移费用;

(2)由于违反基建程序,盲目调迁队伍所发生的迁移费;

(3)因中标而引起施工机构迁移所发生的迁移费。

费用内容包括:职工及随同家属的差旅费,调迁期间的工资,施工机械、设备、工具、用具和周转性材料的搬运费。

(二)计算方法

施工机构迁移费应经建设项目和主管部门同意按实计算。计算时应注意以下问题:

(1)若施工机构迁移地点就是新工地地点(如独立大桥),则其他工程费内工地转移费应不再计算。

(2)若施工机构迁移的地点至新工地的地点仍有部分距离,则工地转移费的距离,应以施工机构新地点为计算起点。

在计算该项费用时,须经建设单位主管部门同意,甲、乙双方签订协议或纪要之后,设计单位方可公正地按实计算。

七、供电贴费

由于目前我国外部供电工程建设已基本完善,国家计委、经贸委计价格[2002]98 号文规定,在编制概预算时该项费用不再计列。

八、联合试运转费

(一)费用内容

联合试运转费指新建、改(扩)建工程项目,在竣工验收前按照设计规定的工程质量标准,进行动(静)载荷载实验所需的费用,或进行整套设备带负荷联合试运转期间所需的全部费用抵扣试车期间收入的差额。不包括应由设备安装工程项下开支的调试费的费用。

费用内容包括:联合试运转期间所需的材料、油燃料和动力的消耗,机械和检测设备使用费,工具用具和低值易耗品费,参加联合试运转人员工资及其他费用等。

(二)计算方法

联合试运转费以建筑安装工程费总额为基数,独立特大型桥梁按 0.075%、其他工程按 0.05%计算。

九、生产人员培训费

(一)费用内容

生产人员培训费指新建、改(扩)建公路工程项目,为保证生产的正常运行,在工程竣工验收交付使用前对运营部门生产人员和管理人员进行培训所必需的费用。

费用内容包括:培训人员的工资、工资性补贴、职工福利费、差旅交通费、劳动保护费、培训及教学实习费等。

(二)计算方法

生产人员培训费按设计定员和 2000 元/人的标准计算。

十、固定资产投资方向调节税

固定资产投资方向调节税是指为了贯彻国家产业政策，控制投资规模，引导投资方向，调整投资结构，加强重点建设，促进国民经济持续稳定协调发展，依照《中华人民共和国固定资产投资方向调节税暂行条例》规定，公路建设项目应缴纳的固定资产投资方向调节税。

计算方法：按国家有关规定计算。

十一、建设期贷款利息

建设期贷款利息是指建设项目中分年度使用国内贷款或国外贷款部分，在建设期内应归还的贷款利息。费用内容包括各种金融机构贷款、企业集资、建设债券和外汇贷款等利息。根据不同的资金来源按需付息的分年度投资计算，计算公式如下：

建设期贷款利息＝∑(上年末付息贷款本息累计＋本年度付息贷款额/2)×年利率

【例 8-3】 某建设项目，建设期为 3 年，第一年贷款 2000 万，第二年贷款 4000 万，第三年贷款 1000 万，年利率 9％，试计算建设期贷款利息。

解：建设期各年利息计算如下：

$S_1=2000\times1/2\times9\%=90$(万元)

$S_2=(2000+90+4000\times1/2)\times9\%=368.1$(万元)

$S_3=(2000+4000+90+368.1+1000\times1/2)\times9\%=626.2$(万元)

建设期贷款利息＝90＋368.1＋626.2＝1084.3(万元)

第三节　预　备　费

预备费是为建设项目设立的一项意外费用，是为了防备某些难以事先预料的客观因素出现而准备的费用，如物价上涨、设计变更、自然灾害等。

预备费由价差预备费及基本预备费两部分组成。在公路工程建设期限内，凡需动用预备费时，属于公路交通部门投资的项目，需经建设单位提出，按建设项目隶属关系，报交通部或交通厅(局)基建主管部门核定批准。属于其他部门投资的建设项目，按其隶属关系报有关部门核定批准。

一、价差预备费

价差预备费系指设计文件编制年至工程竣工年期间，第一部分费用的人工费、材料费、机械使用费、其他工程费、间接费等以及第二、三部分费用由于政策、价格变化可能发生上浮而预留的费用及外资贷款汇率变动部分的费用。

价差预备费以概(预)算或修正概算第一部分建筑安装工程费总额为基数，按设计文件编制年始至建设项目工程竣工年终的年数和年工程造价增长率计算。计算公式如下：

$$价差预备费=P\times[(1+i)^{n-1}-1]$$

式中：P——建筑安装工程费总额；

i——年工程造价增长率(％)；

n——设计文件编制年至建设项目开工年＋建设项目建设期限。

年工程造价增长率按有关部门公布的工程投资价格指数计算，或由设计单位会同建设单位根据该工程人工费、材料费、施工机械使用费、其他工程费、间接费以及第二、三部分费用可能发生的上浮等因素，以第一部分建安费为基数进行综合分析预测。

设计文件编制至工程完工在一年以内的工程，不列此项费用。

二、基本预备费

（一）费用内容

基本预备费系指在初步设计和概算中难以预料的工程和费用，其用途如下：

（1）在进行技术设计、施工图设计和施工过程中，在批准的初步设计和概算范围内所增加的工程费用。

（2）在设备订货时，由于规格、型号改变的价差；材料货源变更、运输距离或方式的改变以及因规格不同而代换使用等原因发生的价差。

（3）由于一般自然灾害所造成的损失和预防自然灾害所采取的措施费用。

（4）在项目主管部门组织竣（交）工验收时，验收委员会（或小组）为鉴定工程质量必须开挖和修复隐蔽工程的费用。

（5）投保的工程根据工程特点和保险合同发生的工程保险费用。

（二）计算方法

以第一、二、三部分费用之和（扣除固定资产投资方向调节税和建设期贷款利息两项费用）为基数按下列费率计算：

设计概算按5%计列；

修正概算按4%计列；

施工图预算按3%计列。

采用施工图预算加系数包干承包的工程，包干系数为施工图预算中直接费与间接费之和的3%。施工图预算包干费用由施工单位包干使用。该包干费用的内容为：

（1）在施工过程中，设计单位对分部分项工程修改设计而增加的费用。但不包括因水文地质条件变化造成的基础变更、结构变更、标准提高、工程规模改变而增加的费用。

（2）预算审定后，施工单位负责采购的材料由于货源变更、运输距离或方式的改变以及因规格不同而代换使用等原因发生的价差。

（3）由于一般自然灾害所造成的损失和预防自然灾害所采取的措施的费用（例如一般防台风、防洪的费用）等。

第四节 回收金额

概、预算定额所列材料一般不计回收，只对按全部材料计价的一些临时工程项目和由于工程规模或工期限制达不到规定周转次数的拱盔，支架及施工金属设备的材料计算回收金额。

一、达不到周转次数的工程细目回收金额计算

公路工程所使用的材料，包括一次性消耗材料（如水泥、钢筋等）和周转性消耗材料（如模板、脚手架、支架拱盔等）。在概、预算定额中不仅计入了一次性消耗材料，而且也计入了大部

分周转性材料，所以编制概、预算时，一般直接套用即可。但是，对于确因施工安排而达不到定额规定周转次数的就地浇筑钢筋混凝土梁用的支架，拱圈用的拱盔、支架及施工金属设备（钢壳沉井、钢护筒等）的材料却可以按实际周转次数，按需备料，然后再按规定计算回收金额。

周转性材料按实际周转次数的备料数量，可按式(8-1)计算：

$$F_j = E_j' \times Q_j \tag{8-1}$$

式中：F_j——工程细目中周转性材料 j 按实际周转次数计算的备料数量（m^3、t…）；

Q_j——j 材料之工程细目的工程量（工程量计量单位 $10m^3$、$100m^2$ 等）；

E_j'——实际周转次数的周转性材料 j 的定额，$E_j' = E \cdot k$；

E——定额规定的周转性材料 j 的定额；

k——换算系数 $k = \frac{n}{n'}$；

n——定额规定的材料周转次数；

n'——实际的材料周转次数。

工程细目中某种周转性材料的回收金额可按式(8-2)计算：

$$U_j = S_j \times F_j \times I_j(\%) \tag{8-2}$$

式中：U_j——工程细目中周转性材料 j 的回收金额（元）；

S_j——j 材料的原价，即出厂价格、供应价格；

F_j——j 材料按实际周转次数计算的备料数量（m^3、t…）；

$I_j(\%)$——按 j 材料所在工程细目以不同周转次数确定的回收百分率（%），按表 8-6 确定。

周转材料性材料回收率 表 8-6

回收项目	使用年限或周转次数				计算基数
	一年或一次	二年或二次	三年或三次	四年或四次	
临时电力、电讯线路	50%	30%	10%	—	材料原价
拱盔、支架	60%	45%	30%	15%	
施工金属设备	65%	65%	50%	30%	

注：施工金属设备指钢壳沉井、钢护筒等。

某工程细目中全部周转性材料的总回收金额，按式(8-3)计算：

$$U = \sum_{j=1}^{n} U_j = \sum_{j=1}^{n} S_j \times F_j \times I_j(\%) \tag{8-3}$$

【例 8-4】 某 6 孔净跨径 30m 的混凝土拱桥，拱盔宽度 18m，拱矢比 1/4，起拱线至地面高度 10m。设计允许一次可灌拱二孔，故需制备 2 孔满堂式拱盔及支架，试计算该桥的拱盔消耗数量及材料的回收金额。

解：(1)确定工程量

根据《公路工程预算定额》第四章第九节的说明，工程量按下式计算：

拱盔：$F = K \times (\text{净跨})^2$（立面积）

本例：$F = 6 \times 0.172 \times 30^2 = 928.8(m^2)$

(2)确定拱盔实际消耗数量

《预算定额》P628 说明：1. 桥梁拱盔、木支架及简单支架均按有效宽度 8.5m 计，钢支架按有效宽度 12.0m 计，如实际宽度与定额不同时可按比便换算。

查《公路工程预算定额》附录三“材料周转及摊销定额”，则，定额周转次数：木料 5 次；铁件 5 次；铁钉 4 次；实际周转次数：3 次。故：

拱盔实际消耗数量=定额消耗数量×工程量×宽度抽换系数×周转次数抽换系数

查《公路工程预算定额》桥梁拱盔 4-9-2-3，定额单位 $10m^2$(立面积)

原木实际消耗数量=0.954×92.88×18/8.5×5/3=312.73(m^3)

锯材实际消耗数量=0.566×92.88×18/8.5×5/3=185.54(m^3)

铁件实际消耗数量=35×92.88×18/8.5×5/3=11473.41(kg)

铁钉实际消耗数量=0.9×92.88×18/8.5×4/3=236.02(kg)

(3)计算回收金额

已知本工程材料原价：原木 835 元/m^3；锯材 983 元/m^3；铁件 3.5 元/kg；铁钉 3.5 元/kg。查表 8-3，周转 3 次的回收率为 30%。

$$U=-(835\times312.73+983\times185.54+3.5\times11473.41+3.5\times236.02)\times30\%$$
$$=-145350(\text{元})$$

二、按全部材料计价的临时工程的回收金额计算

在概、预算中，对于临时工程如架设输电、电信线路等工程，是按全部材料备料计价的，对这些临时工程在竣工时将要拆除，此时应按其使用年限，以表 8-3 的回收率计算其回收金额。

临时工程工程细目的回收金额，可按式(8-4)计算：

$$U_j'=E_j\times Q_j'\times S_j\times I_j(\%) \tag{8-4}$$

式中：U_j'——按全部材料价格计价的临时工程细目中 j 材料回收金额(元)；

E_j——j 材料的概、预算定额值(材料计量单位/工程量计量单位，如 $m^3/100m$ 等)；

Q_j'——工程细目的工程数量(如 100m、1000m 等)；

I_j——工程细目的回收百分率(%)，以使用年数按表 8-6 确定。

编制概、预算时，回收金额以负值表示，在 06 表中先按各工程细目的回收金额计算，然后再汇总，即可算得建设项目的总计回收金额。

第九章　公路工程概、预算的编制与审查

公路工程概、预算的编制，就是将批准的设计图纸和既定的施工方法，按照交通部《公路工程基本建设项目概算预算编制办法》的有关规定，以设计文件中各工程项目的工程量，及相应的现行概算定额或预算定额、工程所在地编制年的工、料、机价格，确定其分项工程的价值，累计其全部直接工程费，再根据规定的各项费用的取费标准，计算工程所需的其他工程费、规费、企业管理费等，最后综合计算出工程总造价和技术经济指标。

公路工程概、预算是设计文件的重要组成部分，虽然概算与预算两者的作用和深度有所不同，但其编制程序和方法基本上是相同的。

第一节　概、预算的编制依据和原则

一、编制依据

(1)国家发布的有关法律、法规、规章、规程等。

(2)现行的《公路工程概算定额》、《公路工程预算定额》、《公路工程机械台班费用定额》及《概预算编制办法》。

(3)工程所在地省级交通运输主管部门发布的补充计价依据。

(4)批准的可行性研究报告(编制设计概算时)、初步设计文件(编制修正概算和施工图预算时)或技术设计文件(编制施工图预算时若有)等有关资料。

(5)初步设计(或技术设计)图纸、施工图纸等设计文件。

(6)工程所在地的人工、材料、机械及设备预算价格等。

(7)工程所在地的自然、技术、经济条件等资料。

(8)工程施工方案。

(9)有关合同、协议等。

(10)其他有关资料。

二、编制原则

(1)全面了解工程所在地的建设条件，掌握各项基础资料。

(2)正确套用定额和取费标准。

(3)按《概预算编制办法》的各项规定进行编制。

(4)涉及非公路专业的工程，应按有关专业部门的定额和编制办法计算。

(5)概算应控制在批准的投资估算允许幅度范围之内，预算应控制在概算总金额范围之内。

第二节　概、预算编制的工作程序和方法

一、编制工作程序和内容

公路建设项目是由路基、路面、桥涵等不同功能结构的工程所组成，而每一项工程又包含有众多的分部工程和分项工程，同时，还要受到建设环境和市场行情的影响。所以，公路工程概、预算的编制是一项十分繁杂而又细致的工作，为了确保编制质量，达到经济合理的目的，应遵循以下工作程序进行。

(一)外业调查

外业调查是为了给计算人工、材料、机械台班及征地拆迁单价提供依据，也为编制概、预算提供原始资料。外业调查是否深入细致，资料是否齐全、准确，直接影响到概、预算的编制质量。

外业调查，应包括以下内容：

1. 人工工资、车船使用税

人工单价的计算标准是由各省、自治区、直辖市公路工程定额站负责发布的，是一种指令性价格，编制概、预算时应遵照执行。

车船使用税的调查中要搜集国家、各省、自治区、直辖市的有关文件和规定。调查的内容包括：征收标准、计征办法、计算吨位、有关机械的年工作台班等。

2. 材料供应价格

材料供应价格的调查应包括建设项目所发生的一切建筑材料、零件、构件、半成品、成品的规格品种、质量、数量和价格，以及有关加工材料的料场情况。调查时应将外购材料、地方性材料和自采加工材料分开进行。

由于各省(市)、自治区、直辖市公路工程定额站定期发布材料价格信息，所以外购材料的调查重点是：供应渠道、供货方式和交货地点。地方性材料调查的重点，是当地主管部门的有关规定和市场销售情况。自采材料则应调查料场位置，可开采的种类和数量，材料的上路位置和桩号等。

调查中应做好记录，对于外购材料和地方性材料可参考公路工程概、预算定额中附录所列出材料的品种、规格、单位进行，避免调查中遗漏。自采材料应填写“沿线筑路材料料场表”、“主要材料试验资料表”，并绘制“沿线筑路材料供应示意图”。

3. 材料运输情况

材料运输情况主要应针对材料的运距、运输方式、运价、装卸费和运输过程中有关费用进行调查。

材料运输采用汽车运输时，运距应根据当地交通部门颁发的“公路营运里程图表”计算，进入便道或上路以前的距离应实地测算确定。铁路运输里程按照发站至到站间最短行程计算。

汽车货物运价标准是根据运价线路等级划分的，运输通过的不同路段，按当地交通部门规定的“公路运价线路分段示意图”确定不同运价等级的距离，按不同运价和相应的等级计算运费。运价已放开的省市，应以市场运输价格为依据。

铁路货物运价是国家计划价格的组成部分，由中央定价，集中管理，其中《铁路货物运价规则》是计算铁路货物运输费用的依据，其他有关费用应向铁路部门调查了解。

驳船运输价格，有明确规定的，按规定执行，没有明确规定的以市场价格为准。

4.征用土地

公路建设用地是指与公路建设有关的各项工程占用土地的总和。可分为四个方面：公路路线用地；附属设施用地；沿线其他工程用地；临时用地。

调查时应根据设计图纸标示的平面图确定用地范围，不同类型的土地分别统计，并绘制出公路用地图。同时还应调查各类土地平均产量（产值），以县、乡、镇为单位的各类土地的所有量和人口数量，青苗补偿费和安置补助费的标准等，以满足计算要求。

5.拆迁房屋及建筑物

在公路用地范围内的房屋和建筑物都是拆迁征用的对象。调查的内容是：房屋的轮廓尺寸、结构类型（混凝土结构、砖瓦结构、砖木结构、土木结构、竹木结构）、楼房的层数以及其他设施（牛棚、猪圈、围墙、明沟暗道、城市里的供水供气管道）、建筑物的所属单位、当地政府主管部门制定的补偿标准等。

6.拆迁电力、电信线路

在公路用地范围内的电力、电信线路需要迁移，并给予补偿。野外调查的重点是：电力、电信线路的分类（以电压等级划分）和所属单位；杆塔的结构类型（混凝土杆、铁塔杆）；拆迁范围等。拆迁范围的调查要留有余地，不仅要考虑横向净空的要求，还要考虑净高的要求（当电力、电信线路横跨公路时）。

7.工地转移费和主副食运费补贴里程

工地转移费是指施工企业根据建设任务的需要，由已竣工的工地或后方基地迁至新工地的搬迁费用。外业调查的重点是调遣前后工程主管单位驻地距离或两线中点的距离。施工单位不明确时，大型项目、世行、亚行贷款项目、国际招标项目可按省城至工地的里程计算；小型的地方性工程、自筹资金项目，一般由地区级施工队伍施工时，可按地区所在市至工地的里程计算。

主、副食运费补贴里程的调查，要分别按粮食、燃料、蔬菜、水四种生活物资的实际供应地点、供应数量进行。

8.其他

公路施工过程中需要耗费大量的电力。施工现场供电的方式有两种；利用国家电网供电时，需调查沿线电力线路的分布，确定接线供电的具体位置和每处供电范围、供电量、沿线应该架设的临时电力线路的长度。施工企业自发电的应调查其所占比重，以便计算自发电的电量和发电设备的配备。

电信线路也应调查接线位置，以便确定临时电信线路的架设长度。

除了材料运输的便道、便桥外，应根据施工组织设计的安排，在需要修建便道的地方，调查应修建的长度、宽度和是否需要铺筑路面等，以满足临时便道、便桥费用计算的需要。

此外，公路沿线的气温、雨量、路线是否通过有文物保护区等都应调查。

（二）熟悉设计图纸

设计图纸是计算工程量的主要依据，所以，对设计资料的熟悉和了解是快、准、全地编制工程概、预算的前提条件，通常设计图纸表明了工程数量，而文字说明则确定了施工方法和施工要求，编制人员应通过熟悉设计图纸了解设计意图和工程全貌，并对主要工程量进行核定。核查时应注意：

1. 清点图表资料是否齐全

公路建设工程技术日趋复杂，新材料、新结构、新工艺不断采用，各种设计图纸资料也越来越多，所以在核查时，应按照《公路工程基本建设项目设计文件编制方法》中规定的一个建设项目必须有的图表资料进行清点，查明落实，以免漏项。

2. 核对各种图纸尺寸、高程是否一致

对构造物的平面、立面、结构大样图等进行核对，检查相互之间是否有矛盾和错误，各部分尺寸、高程是否一致，文字说明是否有含糊不清等情况，凡是影响到计价的都要核对清楚。

3. 核对工程量

公路建设工程的工程量，是由设计人员按照一般工程量计算规则计算并列在设计图表上，因此，核对工程量是概、预算编制人员应做的一项重要工作，核对时可从以下方面入手：核对图与表所反映的工程量是否一致；分计合计是否一致；文字说明是否相互矛盾；分部分项工程名称、计量单位是否符合定额的要求，不符合时，要进行调整、修正；对工程关键部位或量大价高的工程应重新复核计算；对个别工程量超出一般常规情况时，应进行分析研究，并将情况反馈给设计人员。

编制人员在熟悉设计图纸和核对工程量的过程中，要结合积累的历史工程造价资料和本工程的实际情况，分析其经济合理性，向设计人员提出建议，保证设计、编制质量。

(三)选择施工方法

在公路工程设计和建设中，施工方法的选择是非常重要的，必须依据工程条件和经济合理的原则进行多方面的比较，选择既经济又适用的施工方法。

在设计阶段，一般情况下，施工方法是设计人员在施工组织设计中提出的，但对具体机械设备的配置，仍然需要概、预算编制人员根据经验选择。

1. 路基施工方法的选择

路基工程中，土石方工程量很大，施工方法不同，人工、机械消耗数量差异很大。目前，高等级公路为了满足施工质量和工期要求一般都是采用机械施工，而低等级公路多采用人工机械组合施工。在机械施工中，主要是就作业种类和机械经济运距选择机械的问题。选择时可参考表 9-1、表 9-2 进行。

作业种类与筑路机械选择表 表 9-1

作业种类	供选择的机械种类
伐树、挖根	推土机
挖掘	挖掘机、推土机、松土机
装载	挖掘机、装载机
挖掘、运输	推土机、铲运机
运输	推土机、自卸汽车、手扶拖拉机、翻斗车
摊铺	推土机、平地机
压实	轮胎式压路机、振动压路机、推土机、羊足碾
洒水	洒水汽车

根据运输距离选择机械 表 9-2

机械类型	经济运距(m)	机械类型	经济运距(m)
推土机	0～60	自行式铲运机	70～500
拖式铲运机	80～400	自行式平地机	500～3000
装载机＋自卸汽车	＞500	手扶拖拉机、翻斗车	50～500
挖掘机＋自卸汽车	＞500		

2. 路面施工方法的选择

路面施工方法，基层主要采用路拌或厂拌，面层有热拌、冷拌、厂拌、层铺法等。当路面结构一定时，不同的施工方法工程成本消耗不同，选择路面施工方法时，应结合公路的技术等级，工程规模、质量和工期的要求以及造价进行综合分析后确定。

3. 构造物施工方法的选择

公路工程构造物是指路基土石方和路面工程以外的桥梁、涵洞、防护工程等。由于构造物的种类多，结构各异，所以其施工方法也各不相同。

20 世纪 70 年代以来，随着预应力混凝土的广泛应用，施工机械设备的不断发展，桥梁施工方法也多种多样，如现浇、预制安装、悬臂施工、顶推施工等。但就其施工工艺的全过程来看，可以归纳为两类：一是就地砌筑或浇筑；二是预制安装或悬拼。基础和墩台工程的施工，基本上都是采用前一种施工方法，而上部构造多采用后一种施工方法。为了使桥梁上部构造具有较好的整体性能，在安装或悬拼完成后，还要适量地现浇接缝混凝土。

桥梁的施工方法虽然很多，但都有其一定的适用范围和条件。表 9-3 是各种桥型常用的施工方法。

各桥型常用施工方法 表 9-3

施工方法＼桥型	简支梁桥	T形刚构	连续梁桥	桁架梁桥	组合体系梁桥	拱桥	斜拉桥	吊桥
现浇施工	√		√		√	√	√	
预制安装	√	√		√	√	√	√	√
悬臂施工		√	√	√			√	√
顶推施工			√					
转体施工		√		√		√		

涵洞的类型按照其洞身形状可分为圆管涵、盖板涵、拱涵和箱涵四种。

圆管涵的基础一般采用石砌混凝土，当地基承载力符合要求时，管身可直接搁置在天然基础上，管身一般采用预制安装施工方法。为避免破坏已建成的路基和影响交通时，圆管涵也可采用顶进法施工。

盖板涵有石盖板和钢筋混凝土盖板两种，目前多采用钢筋混凝土盖板涵，其涵身和基础多采用石砌圬工，钢筋混凝土盖板则采用预制后运至现场安装，安装一般使用扒杆或汽车式起重机进行。

拱式涵洞多为石拱涵，多采用半圆拱结构，施工工艺要求与石拱桥基本一致，施工方法一般是用拱盔、支架或土胎作支撑，现场砌筑拱圈。

箱涵是一种刚架结构，采用钢筋混凝土建造，施工方法有现浇和预制两种。预制钢筋混凝土箱涵通常采用顶进法施工，多用作拟建公路与原有铁路、公路相交的情况。

隧道的施工方法主要有新奥法和矿山法两种。现行概、预算定额是按照一般凿岩机钻爆法施工的开挖方法进行编制的。

(四)划分工程子目(列项)

公路工程概、预算的直接工程费是以分项工程直接工程费汇总而来，所以将一项工程划分为若干工程子目是概、预算编制工作中一项重要的基础工作。一般划分时必须满足三个要求：

1. 按照概、预算项目表的要求进行

概、预算项目表是将一个复杂的建设项目分解成许多分项工程的一种科学划分方法，项目层次的划分应参照表 6-2 进行。

2. 符合定额项目表的要求

定额项目表是不同工程子目的定额消耗数量表，划分的工程子目必须能够在定额项目表中直接查到。因此，在概、预算项目表划分的基础上，按照施工方法、材料类型进一步划分为定额项目表中的某一子目。

【例 9-1】 某工程项目的粗粒式沥青混凝土面层下层(厚 5cm)，沥青拌和站距施工现场平均运距为 2km。根据工期安排，采用 160t/h 沥青拌和设备拌和，15t 自卸汽车运料。试划分预算子目。

解：(1)按照概、预算项目表划分(表 9-4)

表 9-4

项	目	节	细目	工程或费用名称	单位
三				路面	公路公里
	1			…	
	…			…	
	5			沥青混凝土面层	m^2
		1		粗粒式沥青混凝土面层	m^2
			1	粗粒式沥青混凝土面层厚 5cm	

(2)根据定额项目表进一步划分

沥青混凝土路面的施工包括：拌和、运输和铺筑，现行定额将其划分为三个项目表：2-2-11 沥青混合料拌和、2-2-13 沥青混合料运输、2-2-14 沥青混合料路面铺筑。同时沥青混凝土施工还应考虑沥青混合料拌和设备安装、拆除工作。因此，编制粗粒式沥青混凝土预算的子目划分见表 9-5。

表 9-5

定额表号	工作内容	单位
2-2-11-4	160t/h 沥青拌和设备拌和粗粒式	$1000m^3$ 路面实体
2-2-13-21	15t 自卸汽车运第一个 1km	$1000m^3$ 路面实体
2-2-13-22	15t 自卸汽车增运 1km	$1000m^3$ 路面实体
2-2-14-42	沥青混合料摊铺、碾压	$1000m^3$ 路面实体
2-2-15-4	沥青拌和设备安、拆	1 座

3. 满足套用费率的要求

其他工程费和间接费都是按不同工程类别确定其费率，因此，不同类别的子目要分别划分，以满足套用费率的要求。

(五)确定工程数量

从编制概、预算的角度考虑，工程量可以划分为两类：主体工程工程量和辅助工程工程量。

主体工程是指公路构造物本身，即路基、路面、桥梁、涵洞以及隧道工程。这部分工程数量通常是设计人员在完成设计图纸的同时就已进行计算，在编制概、预算时，基本上不需要根据设计图纸再重新计算工程量，但是设计图纸所提供的工程数量与定额表中给出的工程量不完全一致，需要编制人员按照定额的要求从设计图表中摘取计价工程量。所以，确定主体工程量，实际上是根据定额规定的工程量计算规则，将设计图表中提供的工程量进行分类、统计、汇总后，得出符合定额表要求的计价工程量。这是一项十分细致和烦琐的工作，为了确保正确摘取工程量，做到不重不漏，编制人员必须十分熟悉定额，明确定额规定的工程内容，适用范围，对各章、节说明及定额表附注都十分清楚，才能做到正确确定工程数量。

辅助工程是指为了保证主体工程的形成和质量，施工中必须采取的措施或修建的一些临时工程。这部分工程一般在施工完成后，也随之拆除或消失。辅助工程的工程数量，主要依靠概、预算编制人员的工作经验、施工组织设计及工程实际情况来确定。

在编制概、预算时，需要考虑的辅助工程工程量主要包括：

(1)构造物的挖基、排水。

(2)清除表土或零填地段的基底压实、耕地填前碾压的回填数量。

(3)因路基沉陷增加的数量。

(4)为保证路基边缘压实而加宽填筑的数量。

(5)临时工程(汽车便道、便桥、轨道铺设、临时电力、电信设施等)。

(6)桥梁工程中的围堰、护筒、工作平台、吊装设备、混凝土构件运输、预制厂及设施(底座、张拉台座等)、拌和站、蒸气养生设施等。

(六)套用定额计算直接工程费

根据划分的工程子目和选择的施工方法，可以确定应套用的定额。

定额规定了完成一定计量单位该工程子目所需消耗的人工、材料、机械台班的数量，定额与该工程子目的工程量及工、料、机单价相乘后即得相应的直接工程费，即：

$$\text{某工程细目人工费}=\text{人工单价}\times\text{定额值}\times\text{工程量}$$

$$\text{某工程细目材料费}=\sum_{1}^{n}(\text{材料单价}\times\text{定额值}\times\text{工程量})$$

$$\text{某工程细目机械费}=\sum_{1}^{n}(\text{机械台班单价}\times\text{定额值}\times\text{工程量})$$

(七)计算其他各项费用

按照《概预算编制办法》的规定计算其他各项费用。

二、各项费用的计算程序和关系

公路工程建设项目总费用由建筑安装工程费、设备工器具及家具购置费、工程建设其他费用、预备费用四大项组成，各项费用之间存在着紧密的联系，其计算也有一定的规律和程序。现行《概、预算编制办法》规定的各项费用计算过程和计算方式见表 9-6。

各项费用的计算程序和方式　表 9-6

代号	项目	说明及计算式
一	直接工程费(即工、料、机费)	按编制年工程所在地的预算价格计算
二	其他工程费	(一)×其他工程费综合费率或各类工程人工费和机械费之和×其他工程费综合费率
三	直接费	(一)+(二)
四	间接费	各类工程人工费×规费综合费率+(三)×企业管理费综合费率
五	利润	[(三)+(四)-规费]×利润率
六	税金	[(三)+(四)+(五)]×综合税率
七	建筑安装工程费	(三)+(四)+(五)+(六)
八	设备、工具、器具购置费(包括备品备件) 办公和生活用家具购置费	Σ(设备、工具、器具购置数量×单价+运杂费)×(1+采购保管费率) 按有关规定计算
九	工程建设其他费用 土地征用及拆迁补偿费 建设单位(业主)管理费 设计文件审查费 竣(交)工验收试验检测费 工程监理费 研究试验费 前期工作费 专项评价(估)费 施工机构迁移费 供电贴费 联合试运转费 生产人员培训费 固定资产投资方向调节税 建设期贷款利息	 按有关规定计算 (七)×费率 (七)×费率 按有关规定计算 (七)×费率 按批准的计划编制 按有关规定计算 按有关规定计算 按实计算 按有关规定计算 (七)×费率 按有关规定计算 按有关规定计算 按实际贷款数及利率计算
十	预备费 价差预备费 基本预备费 预备费中施工图预算包干系数	包括价差预备费和基本预备费两项 按规定的公式计算 [(七)+(八)+(九)-固定资产投资方向调节税-建设期贷款利息]×费率 [(三)+(四)]×费率
十一	建设项目总费用	(七)+(八)+(九)+(十)

三、概、预算表格计算顺序和填表方法

公路基本建设概、预算文件是由一系列表格组成的，各种表格的计算顺序和相互关系见图 9-1。

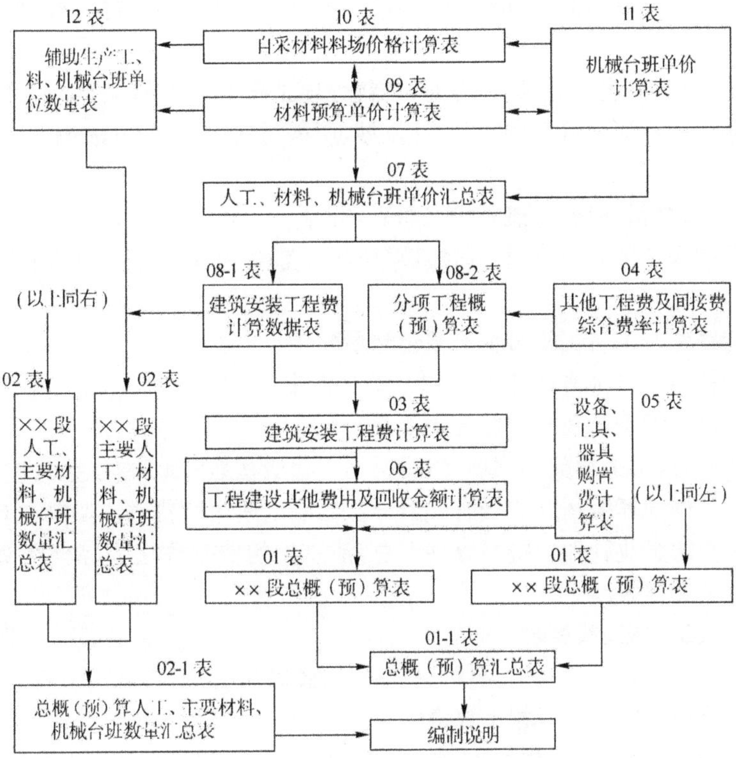

图 9-1　各种表格的计算顺序和相互关系

表格的填写和编制方法如下：

(一)填写分项工程表(08 表)

分项工程表按划分的子目填写，填表方法如下：

编制范围栏：填入本概、预算的编制范围；

工程名称栏：根据“概预算项目表”，填入“目”的工程名称；

工程项目栏：填入概预算定额中套用的该分项工程的定额表名；

工程细目栏：填入该分项工程定额表中套用的子目名称；

定额单位栏：填入所查定额项目的单位；

工程数量栏：填入换算成定额单位后的该分项工程的工程数量；

定额表号栏：填入所套用定额的代号，其表示方式为：章—节—目—子目；

编号栏：按顺序填写；

工、料、机名称栏：按所套定额从表中摘抄，依次填入人工、材料、机械名称、基价。

其他项目栏待单价、费率确定之后计算。

(二)计算人工、材料、机械台班单价

人工预算单价应根据工程所在省交通运输厅发布的人工单价标准计算，并在编制说明中

加以说明。

材料预算单价的计算分为自采材料和外购材料。自采材料是根据工程要求以及自采材料的规格和开采方式在“自采材料料场价格计算表”(10 表)中计算，开采中所需消耗的工、料、机摘自相应的定额，材料和机械台班单价则摘自 09 表和 11 表。外购材料预算单价在 09 表中计算。计算时，首先将分项工程表中的材料按代号顺序依次填入，然后按《概、预算编制办法》规定计算材料预算单价。

机械台班单价在 11 表中计算，计算时，先将分项工程表中的机械类型按代号顺序依次填入，然后查《公路工程机械台班费用定额》并摘抄，所需材料单价从 09 表摘取，据此计算机械台班单价。

(三)编制人工、材料、机械台班单价汇总表(07 表)

根据已计算的人工预算单价、材料预算单价(09 表)以及机械台班预算单价(11 表)依次汇总编制。

(四)计算辅助生产工、料、机械台班单位数量表

数据从自采材料料场价格计算表(10 表)统计而来。

(五)计算其他工程费及间接费综合费率表(04 表)

计算该项费用时，按工程类别列项，然后根据工程所在地的地理位置、气候条件、工程特征等实际情况，按照《概预算编制办法》的标准及规定，取定适用的费率。摘录在 04 表中，并将其他工程费和间接费的企业管理费费率分别汇总，汇总后的费率称之为综合费率。综合费率按工程类别转入分项工程表。

(六)编制分项工程概、预算表(08 表)

(1)单价栏：将已计算出的人工、材料、机械台班预算单价(摘自 07 表)填入相应位置。

(2)金额栏：分别以单价乘以相应数量填入。

(3)合计数量栏：以本表“工程名称”栏所包括的分项工程为单位，将各个分项工程的工、料、机数量分别合计后，填入本栏。

(4)合计金额栏：以本表“工程名称”栏所包括的分项工程为单位，将各个分项工程的工、料、机金额分别合计后，填入本栏。

(5)人工费栏：以本表“工程名称”栏所包括的分项工程为单位，将各个分项工程的人工金额合计后，填入本栏。

(6)材料费栏：以本表“工程名称”栏所包括的分项工程为单位，将各个分项工程的各种材料费金额合计后，填入本栏。

(7)机械使用费栏：以本表“工程名称”栏所包括的分项工程为单位，将各个分项工程的各种机械费金额合计后，填入本栏。

(8)直接工程费栏：将本表的工、料、机费用合计后，填入本栏。

(9)其他工程费栏：以本表工程所属类别的其他工程费汇总的不同综合费率(摘自 04 表)分别乘以直接工程费或人工费和施工机械费之和，填入其他直接费中的相应金额栏。

(10)规费栏：以本表工程所属工程类别的人工费之和分别乘以规定的费率(摘自 04 表)填入规费中的相应金额栏。

(11)企业管理费栏：将本表中直接费汇总后，乘以企业管理费综合费率(摘自 04 表)，所得金额填入本栏。

(12)利润栏：以本表的直接费加间接费并减去规费之后乘以利润率，所得金额填入本栏。

(13)税金栏:以本表的直接费加间接费加利润之和乘以综合税率,所得金额填入本栏。

(14)建筑安装工程费栏:将本表中的直接费、间接费、利润和税金合计后填入本栏。

(七)编制建筑安装工程费计算表(03表)

在分项工程概、预算表完成之后,即可编制建筑安装工程费计算表。其填表方法如下:

(1)建设项目名称栏:填入本概、预算所承担的基本建设项目名称。

(2)编制范围栏:填入本概、预算的编制范围,一般路线工程按划分的路段填写,大桥按桥梁名称填写。

(3)序号栏:按顺序数填写。

(4)工程名称栏:按分项工程概、预算表的"工程名称"栏填写。

(5)单位栏:按分项工程概、预算表"工程名称"对应的单位,即该"目"的单位填写。

(6)工程数量栏:将属于本"工程名称"栏的各个分项工程的工程数量按所要求的单位合计后的数量填入(应与设计文件提供的数量相等)。

(7)直接费栏:此栏又细分直接工程费、其他工程费,直接工程费包括人工费、材料费、机械使用费,数据均摘自分项工程概、预算表中的相应栏目。

(8)间接费栏:将分项工程概、预算表中相应的"间接费"栏数据填入。

(9)利润栏:将分项工程概、预算表中相应的"利润"栏数据填入。

(10)税金栏:将分项工程概、预算表中相应的"税金"栏数据填入。

(11)建筑安装工程费合计栏:将本表中直接费、间接费、利润以及税金四项费用合计后,填入本栏。

(12)建筑安装工程费单价栏:将建筑安装工程费合计栏的数据除以相应的工程量后,填入本栏。

(八)编制工程建设其他费用及回收金额计算表(06表)

建设项目名称及编制范围的填写同03表;

序号栏:根据概、预算项目表中第三部分工程建设其他费用的"项"、"目"的代号填写;

费用名称及回收金额项目栏:对具体发生的工程建设其他费用项目按照序号依次填入;

说明及计算式栏:对需要说明和具体计算的费用项目依次相应在说明及计算式栏内填写或具体计算,各项费用具体填写要求如下:

(1)土地征用及拆迁补偿费应填写土地补偿单价、数量和安置补助费标准、数量等,列式计算所需费用,填入金额栏。

(2)建设项目管理费包括建设单位(业主)管理费、工程监理费、设计文件审查费、竣(交)工验收试验检测费,按"建筑安装工程费×费率"或有关定额列式计算。

(3)研究试验费应根据设计需要进行研究试验的项目,分别填写项目名称及金额或列式计算或进行说明。

(4)建设项目前期工作费按国家有关规定填入本表,列式计算。

(5)其余有关工程建设其他费用的填入和计算方法,根据规定依此类推。

(6)回收金额按实际发生的回收项目填列,并在说明及计算式中按规定回收指标计算回收费用。

(7)金额栏:将说明及计算式栏的计算结果填入。

（九）编制设备、工具、器具购置费计算表（05 表）

本表根据设计单位、建设单位以及上级有关部门列出的计划购置清单进行编制，内容包括：设备规格、单位、数量、单价以及需要说明的有关问题。

（十）编制人工、主要材料、机械台班数量汇总表（02 表）

本表各栏数据均由分项工程概、预算（08 表）及辅助生产工、料、机械台班单位数量表（12 表）统计而来，填表时应注意：

（1）冬、雨季及夜间施工增工及临时设施用工，应根据规定计算后列入本表有关项目内。

（2）材料运输过程中的场外运输损耗数量在本表中统计，以分项工程该材料的消耗总数乘以相应的场外运输损耗率计算。

（3）分项统计栏按概预算项目表中的"项"列项统计。如果一个建设项目划分为若干个单项工程编制概预算时，应编制总概预算人工、主要材料、机械台班数量汇总表（02-1 表）。

（十一）编制总概、预算汇总表（01 表）

本表主要反映一个单项工程或单位工程的各项费用组成、概预算金额、技术经济指标等。其中：

（1）项、目、节、细目栏，工程或费用名称栏及单位栏均按概、预算项目表的序列及内容填列。"目"、"节"、"细目"可视需要增减，但"项"应保留。

（2）数量栏和概预算金额栏，由建筑安装工程费计算表（03 表）、设备工器具购置费计算表（05 表）和工程建设其他费用及回收金额计算表（06 表）转来。

（3）技术经济指标栏，以各项目概、预算金额除以相应数量计算。

（4）各项费用比例栏，以各项概预算金额除以总概预算金额计算。

如果一个建设项目划分为若干个单项工程编制概预算时，还应编制总概、预算汇总表（01-1 表）。

（十二）编制说明

概预算表格编制完成后应写出编制说明，编制说明一般包括以下内容：

（1）工程概况及其建设规模和范围。

（2）编制工程造价资料的依据及有关文号以及比选方案，建设实施总体部署与工期等。

（3）采用的计价依据，以及人工、材料单价的来源，补充定额编制依据的说明等。

（4）与工程造价有关的委托书、协议书、会议纪要等的主要内容。

（5）工程造价总金额，人工、钢材、水泥、木材、沥青等主要材料的总需要量；各设计方案的技术经济比较，以及编制中存在的问题与注意事项。

（6）其他与工程造价有关，但不能在表格中反映的事项。

（7）对前期工程造价文件批复意见的执行情况的说明（如果有）。

第三节　公路工程概、预算编制实例

湖南省境内省道××线××至××公路，路线总长 18.691km，技术标准为平原微丘二级公路标准，设计速度 80km/h，路基宽度 12m，路面结构为水泥混凝土路面。设计文件提供的路基工程数量见表 9-7。

表 9-7

××公路路基土石方数量表（m^3）

桩　　号	挖方（天然方）			填　　方						弃方（天然方）		计价方
	总数量	土方	石方	总数量（压实方）	本桩利用（天然方）		纵向调运（压实方）	借方（天然方）		土方	石方	
		普通土	次坚石		普通土	次坚石		普通土	次坚石	普通土	次坚石	
K0～K1	23894	13613	10281	12830	8751	4863				220	2883	23894
K1～K2	11501	11501		16671	11501		6757					11501
K2～K3	2335	2335		1800	2088							2335
K3～K4	1807	1807		20837	1807		19279					1807
K4～K5	59365	14567	44797	32625	9318	22625				1745	7411	59365
K5～K6	16641	15722	919	8721	10116					5606	919	16641
K6～K7	7562	7562		3900	4525					3037		7562
K7～K8	10340	10340		6877	7978					1196		10340
K8～K9	2815	2815		3758	2815		1331					2815
K9～K10	8070	8070		10794	8070		3837					8070
K10～K11	66988	13394	53594	4880	4935	576				6659	37637	66988
K11～K12	4423	4423		4402	4423		589					4423
K12～K13	4608	4608		17491	4608		13519					4608
K13～K14	56947	2674	54273	30720	2674	26141						56947
K14～K15	2733	2733		77027	2733		41858		30188			32921
K15～K16	7443	7443		4649	5393							7443
K16～K17	4438	4438		3178	3686							4438
K17～K18	33649	8847	24803	69606	8847	24803	35020					33649
K18～K18.7	42959	3933	39026	1925	1807	338						42959
合计	368517	140824	227694	332693	106075	79346	122190		30188	18463	48849	398705

目　　录

编 制 说 明

一、编制依据

(1)交通部发布,中华人民共和国行业标准《公路基本建设项目概算预算编制办法》(JTG B06—2007)。

(2)交通部发布,中华人民共和国行业推荐性标准《公路工程预算定额》(JTG/T B06-02—2007)。

(3)交通部发布,中华人民共和国行业推荐性标准《公路工程机械台班费用定额》(JTG/T B06-03—2007)。

(4)湖南省湘交造价字[2007]638 号《关于执行(公路基本建设工程概算预算定额及编制办法)及补充规定的通知》。

(5)依据《××至××公路施工图预算设计文件》及补充设计文件中提供的工程数量。

(6)湖南省交通厅对工可报告的审查意见。

(7)湖南省发改委对工可报告批复(湘发改交能[2007]971 号)文件。

二、费用的费率标准

(1)人工单价:按湖南省湘交造价字[2007]638 号文件规定计算。取 45.45 元/工日(含机械工)。

(2)机械台班费用:采用 2007 年交通部《公路工程机械台班费用定额》计算。

(3)材料单价:外购材料,生石灰、石油沥青、水泥、钢筋等采用产地价加运杂费计算预算价格;自采材料,参考沿线筑路材料料场示意图及结合当地实际情况、里程进行相应调整后计算。

(4)其他工程费、间接费和工程其他费的取费基数和费率按交通部颁发《公路基本建设项目概算预算定额及编制办法》执行。

(5)规费:按湖南省湘交造价字[2007]638 号文件规定计算,见表 9-8。

(6)价差预备费,根据 1999 年“计投资[1999]1340 号文”规定不计此项费用。

三、预算总金额及人工主要材料数量(表 9-9)

表 9-8

费用名称		新建和改建公路
规费	养老保险费	20%
	失业保险费	2%
	医疗保险费	8.7%
	住房公积金	9%
	工伤保险费	0.5%

工程总造价及人工主要材料用量表

表 9-9

公路基本造价（万元）	人工费（万元）	材料费（万元）	机械费（万元）	总工日（万工日）	木材（m^3）	钢材（t）	水泥（t）	石油沥青（t）
7914.6470	779.9512	2663.9218	972.5232	20.5274	122	1147	13777	378.852

总 预 算 表

建设名称：××二级公路

编制范围：K10＋123～K28＋814

第 1 页　共 6 页　　01 表

项	目	节	细目	工程或费用名称	单位	数量	预算金额(元)	技术经济指标	各项费用比例(%)	备注
				第一部分　建筑安装工程费			57676402		72.87	
一				临时工程	公路公里	18.691	140067	7493.82	0.18	
	1			平整场地	m^2	8000.000	28154	3.52	0.04	
	2			临时道路	km	0.800	57789	72236.25	0.07	
	3			临时电力线路	km	0.800	50182	62727.50	0.06	
	4			临时电信线路	km	0.800	3942	4927.50	0.00	
二				路基工程	km	18.691	25480699	1363260.34	32.19	
	1			场地清理	km	18.691	575443	30787.17	0.73	
		1		清理与掘除	m^2	48977.000	349273	7.13	0.44	
			1	清除表土	m^2	29677.000	301451	10.16	0.38	
			2	伐树、挖根、除草	m^2	19300.000	47822	2.48	0.06	
		2		挖除旧路面	m^3	18464.000	42446	2.30	0.05	
			1	挖除水泥混凝土路面	m^3	665.000	21223	31.91	0.03	
			2	挖除沥青混凝土路面	m^3	17799.000	21223	1.19	0.03	
		3		拆除旧建筑物、构筑物	km	108.300	183724	1696.44	0.23	
				……	……	……	……	……	……	……
	2			挖方	m^3	398706.000	8625339	21.63	10.90	
		1		挖土方	m^3	140824.000	839607	5.96	1.06	
			1	挖路基土方	m^3	140824.000	839607	5.96	1.06	
		2		挖石方	m^3	257882.000	7785732	30.19	9.84	

编制：　　　　　　　　　　复核：

总 预 算 表

建设名称：××二级公路

编制范围：K10+123～K28+814

第 2 页　共 6 页　　01 表

项	目	节	细目	工程或费用名称	单位	数量	预算金额(元)	技术经济指标	各项费用比例(%)	备注
			1	挖路基石方	m^3	257882.000	7785732	30.19	9.84	
	3			填方	m^3	332693.000	3041223	9.14	3.84	
		1		路基填方	m^3	332693.000	3041223	9.14	3.84	
			2	利用土方填筑	m^3	105484.000	1014745	9.62	1.28	
			3	利用石方填筑	m^3	227209.000	2026478	8.92	2.56	
	4			特殊路基处理	km	18.691	1837654	98317.59	2.32	
		1		软土处理	km	18.691	1837654	98317.59	2.32	
			1	清淤换填	km	48540.000	1258988	25.94	1.59	
			2	纵向填挖交界土工格栅处理	km	3456.000	134211	38.83	0.17	
			3	横向填挖交界土工格栅处理	km	2930.000	85091	29.04	0.11	
				……	……	……	……	……	……	……
				第二部分　设备及工具、器具购置费	公路公里	18.691	108408	5800.01	0.14	
一				办公及生活用家具购置	公路公里	18.691	108408	5800.01	0.14	
				第三部分　工程建设其他费用	公路公里	18.691	18615938	995984.06	26.16	
一				土地征用及拆迁补偿费	公路公里	18.691	8664538	463567.39	13.99	
	1			土地补偿费	公路公里	18.691	4058147	217117.70	7.40	
	2			拆迁补偿费	公路公里	18.691	2612990	139799.37	4.06	
	3			耕地开垦费	公路公里	18.691	1591500	85147.93	2.01	
	4			森林植被恢复费	公路公里	18.691	79500	4253.38	0.10	
	5			其他	公路公里	18.691	322401	17249.00	0.41	

编制：　　　　　　复核：

总 预 算 表

建设名称：××二级公路

编制范围：K10＋123～K28＋814

第 6 页　共 6 页　　01 表

项	目	节	细目	工程或费用名称	单位	数量	预算金额(元)	技术经济指标	各项费用比例(%)	备注
二				建设项目管理费	公路公里	18.691	3113539	166579.58	3.93	
	1			建设单位(业主)管理费	公路公里	18.691	1271316	68017.55	1.61	
	2			工程质量监督费	公路公里	18.691	86515	4628.70	0.11	
	3			工程监理费	公路公里	18.691	1441910	77144.62	1.82	
	4			工程定额测定费	公路公里	18.691	69212	3702.96	0.09	
	5			设计文件审查费	公路公里	18.691	57676	3085.76	0.07	
	6			竣(交)工验收试验检测费	公路公里	18.691	186910	10000.00	0.24	
三				建设项目前期工作费	公路公里	18.691	3364380	180000.00	4.25	
四				联合试运转费	公路公里	18.691	28838	1542.88	0.04	
五				建设期贷款利息	公路公里	18.691	3132000	167567.28	3.96	
				第一、二、三部分　费用合计	公路公里	18.691	78492650	4199489.06	99.17	
				预备费	公路公里	18.691	653820	34980.47	0.83	
1				基本预备费		1.000	653820	653820.00	0.83	
	1			保通费用		1.000	373820	373820.00	0.47	
	2			桥梁检测费		1.000	280000	280000.00	0.35	
				预算总金额		1.000	79146470	4234469.53	100.00	
				公路基本造价	公路公里	18.691	79146470	4234469.53	100.00	

编制：　　　　　　　　　　复核：

人工、主要材料、机械台班数量汇总表

建设名称：××二级公路

编制范围：K10＋123～K28＋814　　　　第1页　共7页　　02表

序号	规格名称	单位	代号	总数量	分项统计									场外运输损耗	
					临时工程	路基工程	路面工程	桥梁涵洞工程	交叉工程	公路设施及预埋管线工程	绿化及环境保护工程	辅助生产	其他	%	数量
1	人工	工日	1	176953	586	103884	26258	32104	5157	2483	1134	5346	7151		
2	机械工	工日	2	21170	23	12941	5812	1904	283	206					
3	原木	m^3	101	53.954	11	32		10	1	1					
4	锯材	m^3	102	66.575		18	3	43	2	1					
5	枕木	m^3	103	1.688				2							
6	光圆钢筋	t	111	708.103		4	530	150	21	3					
7	带肋钢筋	t	112	282.416		31	28	194	11	18					
8	钢绞线	t	125	22.821				23							
9	波纹管钢带	t	151	1.946				2							
10	型钢	t	182	13.929				12	1						
11	钢板	t	183	4.162				3		1					
12	钢管	t	191	10.365				8		2					
13	镀锌钢板	t	208	0.006											
14	钢钎	kg	211	51.210				39	12						
15	空心钢钎	kg	212	4641.876		4642									
16	ϕ50mm以内合金钻头	个	213	6447.050		6447									
17	电焊条	kg	231	893.720				743	16	134					
18	螺栓	kg	240	2050.548						2051					

编制：　　　　复核：

人工、主要材料、机械台班数量汇总表

建设名称：××二级公路

编制范围：K10＋123～K28＋814

第 5 页　共 7 页　　02 表

序号	规格名称	单位	代号	总数量	分项统计									场外运输损耗	
					临时工程	路基工程	路面工程	桥梁涵洞工程	交叉工程	公路设施及预埋管线工程	绿化及环境保护工程	辅助生产	其他	%	数量
92	其他材料费	元	996	399601.192	652	195390	39616	40096	5613	17407	100827				
93	设备摊销费	元	997	72098.753	11622			60216	261						
94	75kW 以内履带式推土机	台班	1003	741.498	6	736									
95	135kW 以内履带式推土机	台班	1006	53.693		54									
96	165kW 以内履带式推土机	台班	1007	735.510		736									
97	0.6t 履带式单斗挖掘机	台班	1027	321.787		312	10								
98	1.0t 履带式单斗挖掘机	台班	1035	59.867		29		31							
99	2.0t 履带式单斗挖掘机	台班	1037	102.486		102									
100	2.0t 轮胎式装载机	台班	1050	736.289		736									
101	3.0t 轮胎式装载机	台班	1051	175.571			170		5						
102	120kW 以内平地机	台班	1057	311.160		193	107		11						
103	75kW 以内履带式拖拉机	台班	1063	0.110											
104	6～8t 光轮压路机	台班	1075	612.483	1	485	120		7						
105	8～10t 光轮压路机	台班	1076	44.061	3	31	6		4						
106	12～15t 光轮压路机	台班	1078	551.706	3	11	513	1	24						
107	18～21t 光轮压路机	台班	1080	2.664		3									
108	0.6t 手扶式振动碾	台班	1083	608.874	5		586		19						
109	15t 以内振动压路机	台班	1088	544.399		544									

编制：　　　　　　　　　　　　　　　　　　　　复核：

建筑安装工程费计算表

建设名称：××二级公路

编制范围：K10+123～K28+814　　　　第1页　共4页　　03表

序号	工程名称	单位	工程量	直接费(元)：直接工程费：人工费	直接费(元)：直接工程费：材料费	直接费(元)：直接工程费：机械使用费	直接费(元)：直接工程费：合计	直接费(元)：其他工程费	直接费(元)：合计	间接费(元)	利润(元) 费率7%	税金(元) 综合税率3.41%	建安工程费：合计(元)	建安工程费：单价(元)
1	2	3	4	5	6	7	8	9	10	11	12	13	14	15
1	平整场地	m^2	8000.000	16435		531	16966	1342	18308	7569	1349	928	28154	3.52
2	临时道路	km	0.800	7130	32159	5742	45031	2682	47713	4701	3469	1906	57789	72236.25
3	临时电力线路	km	0.800	2545	37026		39571	2608	42179	3240	3108	1655	50182	62727.50
4	临时电信线路	km	0.800	538	2453		2991	202	3193	384	235	130	3942	4927.50
5	清除表土	m^2	29677.000	5395		239377	244772	15616	260388	12194	18929	9940	301451	10.16
6	伐树、挖根、除草	m^2	19300.000	23745		7303	31048	1981	33029	10816	2401	1576	47822	2.48
7	挖除水泥混凝土路面	m^3	665.000	8347		5826	14173	1094	15267	4131	1124	701	21223	31.91
8	挖除沥青混凝土路面	m^3	17799.000	8347		5826	14173	1094	15267	4131	1124	701	21223	1.19
9	移除标志牌	块	35.000						17500				17500	500.00
10	移除标志牌	块	35.000				17500		17500				17500	500.00
11	拆除波形护栏	m	2514.000						50280				50280	20.00
12	拆除波形护栏	m	2514.000				50280		50280				50280	20.00
13	拆除新泽西护栏	m	108.300	28746	71		28817	2278	31095	13190	2291	1588	48164	444.73
14	挖路基土方	m^3	140824.000	28802		648255	677057	43195	720252	39309	52359	27687	839607	5.96
15	挖路基石方	m^3	257882.000	921250	798377	4371465	6091092	351205	6442297	618372	468324	256739	7785732	30.19
16	利用土方填筑	m^3	105484.000	331458	4747	381299	717504	45672	763176	162627	55479	33463	1014745	9.62

编制：　　　　复核：

建筑安装工程费计算表

建设名称：××二级公路

编制范围：K10＋123～K28＋814

第 2 页　共 4 页　　03 表

序号	工 程 名 称	单位	工程量	直 接 费（元）						间接费（元）	利润（元）费率 7%	税金（元）综合税率 3.41%	建安工程费	
				直接工程费				其他工程费	合计				合计（元）	单价（元）
				人工费	材料费	机械使用费	合计							
1	2	3	4	5	6	7	8	9	10	11	12	13	14	15
17	利用石方填筑	m^3	227209.000	645416		798175	1443591	86471	1530062	318364	111228	66824	2026478	8.92
18	清淤换填	km	48540.000	98086	481983	416703	996772	63436	1060208	80195	77069	41516	1258988	25.94
19	纵向填挖交界土工格栅处理	km	3456.000	33969	49823	14507	98299	6215	104514	17674	7597	4426	134211	38.83
20	横向填挖交界土工格栅处理	km	2930.000	16426	42240	5556	64222	3889	68111	9223	4951	2806	85091	29.04
21	老路加宽路段土工格栅处理	km	17135.000	36447	247027		283474	16094	299568	26170	21776	11850	359364	20.97
22	既有水沟修复	m	0.059	35201	53263		88464	6246	94710	19127	6978	4120	124935	2103189.33
23	浆砌片石边沟	m	0.539	467413	704561		1171974	82768	1254742	253837	92447	54595	1655621	3070587.40
24	盖板边沟	m	0.884	245941	456291	1357	703589	49219	752808	138428	55465	32282	978983	1107663.76
25	浆砌片石排水沟	m	0.735	122303	357181		479484	32891	512375	76091	37751	21354	647571	881408.33
26	浆砌片石急流槽	m	0.994	12636	29051	1	41688	2888	44576	7421	3284	1885	57166	57500.30
27	播种草籽	m^2	36164.000	25477	150261		175738	11782	187520	20096	13816	7551	228983	6.33
28	土工织物植草	m^2	11838.000	61256	285850	1015	348121	23506	371627	44154	27381	15113	458275	38.71
29	浆砌片石护坡	m	0.300	219721	618730	4144	842595	57925	900520	135651	66350	37595	1140116	3800501.48
	……		……	……	……	……	……	……	……	……	……	……	……	……
	各项费用合计			7799512	26639218	9725232	44427766	2791270	70614707	5075894	3422705	1890987	81004293	0

编制：　　　　　　　　　　　　　　　　　　　　复核：

其他工程费及间接费综合费率计算表

建设名称：××二级公路

编制范围：K10＋123～K28＋814

第1页 共1页 04表

序号	工程类别	其他工程费费率(%)													间接费费率(%)											
		冬季施工增加费	雨季施工增加费	夜间施工增加费	高原地区施工增加费	风沙地区施工增加费	沿海地区工程施工增加费	行车干扰工程施工增加费	安全文明施工措施费	临时设施费	施工辅助费	工地转移费	综合费率		规费						企业管理费					
													I	II	养老保险费	失业保险费	医疗保险费	住房公积金	工伤保险费	综合费率	基本费用	主副食运费补贴	职工探亲路费	职工取暖补贴	财务费用	综合费率
1	2	3	4	5	6	7	8	9	10	11	12	13	14	15	16	17	18	19	20	21	22	23	24	25	26	27
2	人工土方		0.31					2.46	0.59	1.59	0.89	0.43	3.81	2.46	20.00	2.00	8.7	9.0	0.5	40.20	3.36	0.21	0.10		0.23	3.90
3	机械土方		0.32					2.19	0.59	1.42	0.49	1.37	4.19	2.19	20.00	2.00	8.7	9.0	0.5	40.20	3.26	0.16	0.22		0.21	3.85
4	汽车运输		0.32					2.09	0.21	0.92	0.16	0.82	2.43	2.09	20.00	2.00	8.7	9.0	0.5	40.20	1.44	0.17	0.14		0.21	1.96
5	人工石方		0.23					2.40	0.59	1.60	0.85	0.45	3.72	2.40	20.00	2.00	8.7	9.0	0.5	40.20	3.45	0.16	0.10		0.22	3.93
6	机械石方		0.29					1.71	0.59	1.97	0.46	0.97	4.28	1.71	20.00	2.00	8.7	9.0	0.5	40.20	3.28	0.15	0.22		0.20	3.85
7	高级路面	0.06	0.29					1.87	1.00	1.92	0.80	1.70	5.77	1.87	20.00	2.00	8.7	9.0	0.5	40.20	1.91	0.10	0.14		0.27	2.42
8	其他路面		0.28					1.77	1.02	1.87	0.74	1.54	5.45	1.77	20.00	2.00	8.7	9.0	0.5	40.20	3.28	0.105	0.16		0.30	3.845
9	构造物 I	0.06	0.23					1.41	0.72	2.65	1.30	1.54	6.50	1.41	20.00	2.00	8.7	9.0	0.5	40.20	4.44	0.155	0.29		0.37	5.255
10	构造物 II	0.08	0.25	0.35				1.43	0.78	3.14	1.56	1.83	7.99	1.43	20.00	2.00	8.7	9.0	0.5	40.20	5.53	0.17	0.34		0.40	6.44
11	构造物 III	0.15	0.52	0.70				1.42	1.57	5.81	3.03	3.62	15.40	1.42	20.00	2.00	8.7	9.0	0.5	40.20	9.79	0.305	0.55		0.82	11.465
12	技术复杂大桥	0.08	0.29	0.35					0.86	2.92	1.68	2.06	8.24		20.00	2.00	8.7	9.0	0.5	40.20	4.72	0.135	0.20		0.46	5.515
13	隧道								0.73	2.57	1.23	1.45	5.98		20.00	2.00	8.7	9.0	0.5	40.20	4.22	0.135	0.27		0.39	5.015
14	钢结构			0.35					0.53	2.48	0.56	1.97	5.89		20.00	2.00	8.7	9.0	0.5	40.20	2.42	0.135	0.16		0.48	3.195

编制：　　　　复核：

设备、工具、器具购置费计算表

建设名称：××二级公路

编制范围：K10＋123～K28＋814　　　　第1页　共1页　　05表

序　号	设备、工具、器具规格名称	单　位	数量	单价(元)	金额(元)	说　明
一	办公及生活用家具购置	公路公里	18.691	5800.01	108408.00	108408

编制：　　　　复核：

工程建设其他费用及回收金额计算表

建设名称：××二级公路

编制范围：K10＋123～K28＋814　　　　第1页　共3页　　06表

序　号	费用名称及回收金额项目	说明及计算式	金额(元)	备　注
	第三部分　工程建设其他费用		11069083	
1	土地补偿费		5859132	
	水田	6.5公顷×306600元/公顷	1992900	
	旱地	6.85公顷×229950元/公顷	1575157	
	林地	1.05公顷×162330元/公顷	170446	
	水塘	0.4公顷×294000元/公顷	117600	
		……		
2	拆迁补偿费		3216550	
	砖混		1560600	
	土砖瓦顶		50900	
	砖墙瓦顶		476080	
		……		
3	耕地开垦费		1591500	
	水田开垦费	6.5公顷×150000元/公顷	975000	
	旱地开垦费	6.85公顷×90000元/公顷	616500	
4	森林植被恢复费		79500	
	经济林地植被恢复费	0.8公顷×60000元/公顷	48000	
	其他林地植被恢复费	1.05公顷×30000元/公顷	31500	
5	其他		322401	
	征地拆迁管理费	10746684元×0.03	322401	
		……		

编制：　　　　复核：

工程建设其他费用及回收金额计算表

建设名称：××二级公路

编制范围：K10＋123～K28＋814

第3页　共3页　06表

序　号	费用名称及回收金额项目	说明及计算式	金额(元)	备　注
二	建设项目管理费		3113539	
1	建设单位(业主)管理费	建安费×2.204222%	1271316	57676402×2.204222%
2	工程质量监督费	建安费×0.15%	86515	57676402×0.15%
3	工程监理费	建安费×2.5%	1441910	57676402×2.5%
4	工程定额测定费	建安费×0.12%	69212	57676402×0.12%
5	设计文件审查费	建安费×0.1%	57676	57676402×0.1%
6	竣(交)工验收试验检测费		186910	
三	建设项目前期工作费		3364380	
	建设项目前期工作费	1项×3364380元/项	3364380	
四	联合试运转费	建安费×0.05%	28838	57676402×0.05%
五	建设期贷款利息		3132000	
	贷款类型	1年×2349000元/年	2349000	
	贷款类型	1年×783000元/年	783000	
	预备费		653820	
1	基本预备费		653820	
1	保通费用		373820	
2	桥梁检测费		280000	
	预算总金额	一、二、三部分合计＋预备费	79146470	78492650＋653820
	公路基本造价	预算总金额	79146470	79146470.00

编制：　　　　　　　　　　复核：

人工、材料、机械台班单价汇总表

建设名称：××二级公路

编制范围：K10+123～K28+814

第 1 页　共 4 页　　07 表

序号	名　　称	单位	代号	预算单价(元)	备注	序号	名　　称	单位	代号	预算单价(元)	备注
1	人工	工日	1	45.45		21	钢管立柱	t	247	5850.00	
2	机械工	工日	2	45.45		22	型钢立柱	t	248	5688.75	
3	原木	m^3	101	974.78		23	波形钢板	t	249	5970.63	
4	锯材	m^3	102	1179.78		24	钢护筒	t	263	5559.85	
5	枕木	m^3	103	985.00		25	钢模板	t	271	5956.98	
6	光圆钢筋	t	111	3978.02		26	组合钢模板	t	272	4964.15	
7	带肋钢筋	t	112	3978.02		27	门式钢支架	t	273	5050.00	
8	钢绞线	t	125	6437.00		28	四氟板式橡胶组合支座	kg	401	82.00	
9	波纹管钢带	t	151	5278.75		29	板式橡胶支座	kg	402	52.00	
10	型钢	t	182	4415.19		30	毛勒伸缩缝	t	541	43100.00	
11	钢板	t	183	4730.38		31	铸铁	kg	561	3.80	
12	钢管	t	191	5253.13		32	钢绞线群锚(7 孔)	套	576	210.00	
13	镀锌钢板	t	208	5893.75		33	铁杆	kg	651	4.72	
14	钢钎	kg	211	4.80		34	镀锌铁件	kg	652	7.20	
15	空心钢钎	kg	212	8.00		35	铁钉	kg	653	4.51	
16	ϕ50mm 以内合金钻头	个	213	48.00		36	8～12 号铁丝	kg	655	4.12	
17	钢丝绳	t	221	6314.00		37	20～22 号铁丝	kg	656	4.93	
18	钢纤维	t	225	5800.00		38	铁皮	m^2	666	32.00	
19	电焊条	kg	231	5.00		39	铝合金标志	t	668	11500.00	
20	螺栓	kg	240	10.65		40	铸铁管	kg	682	3.80	

编制：　　　　　　　　　　　　　　　　复核：

人工、材料、机械台班单价汇总表

建设名称:××二级公路

编制范围:K10+123~K28+814　　　　第3页　共4页　　07表

序号	名　称	单位	代号	预算单价(元)	备注	序号	名　称	单位	代号	预算单价(元)	备注
93	75kW以内履带式推土机	台班	1003	605.39		113	4000L以内沥青洒布车	台班	1193	402.85	
94	135kW以内履带式推土机	台班	1006	1176.08		114	热熔标线设备	台班	1227	502.28	
95	165kW以内履带式推土机	台班	1007	1375.74		115	2.5~4.5m轨道式水泥混凝土摊铺机	台班	1235	1067.05	
96	0.6t履带式单斗挖掘机	台班	1027	492.48		116	电动混凝土真空吸水机组	台班	1239	78.36	
97	1.0t履带式单斗挖掘机	台班	1035	818.25		117	电动混凝土刻纹机	台班	1243	194.89	
98	2.0t履带式单斗挖掘机	台班	1037	1398.01		118	电动混凝土切缝机	台班	1245	137.77	
99	2.0t轮胎式装载机	台班	1050	700.90		119	250L以内强制式混凝土搅拌机	台班	1272	93.04	
100	3.0t轮胎式装载机	台班	1051	896.50		120	6t混凝土搅拌运输车	台班	1307	1227.42	
101	120kW以内平地机	台班	1057	901.39		121	40t/h以内水泥混凝土搅拌站	台班	1325	1047.08	
102	75kW以内履带式拖拉机	台班	1063	518.05		122	油泵、千斤顶各1钢绞线拉伸设备	台班	1349	135.49	
103	6~8t光轮压路机	台班	1075	247.74		123	含钢带点焊机波纹管卷制机	台班	1352	223.07	
104	8~10t光轮压路机	台班	1076	276.63		124	2t以内载货汽车	台班	1370	203.76	
105	12~15t光轮压路机	台班	1078	408.02		125	4t以内载货汽车	台班	1372	290.09	
106	18~21t光轮压路机	台班	1080	527.73		126	8t以内载货汽车	台班	1375	412.52	
107	0.6t手扶式振动碾	台班	1083	98.05		127	15t以内载货汽车	台班	1378	681.10	
108	15t以内振动压路机	台班	1088	766.59		128	12t以自卸汽车	台班	1387	619.22	
109	200~620N·m蛙式夯土机	台班	1094	18.62		129	20t平板拖车组	台班	1393	705.56	
110	300t/h以内稳定土厂拌设备	台班	1160	934.20		130	30t平板拖车组	台班	1394	874.81	
111	摊铺宽9.5m稳定土摊铺机	台班	1165	1885.10		131	4000L以内洒水汽车	台班	1404	451.81	
112	撒布宽度1~3m石屑撒布机	台班	1183	644.64		132	6000L以内洒水汽车	台班	1405	511.26	

编制：　　　　复核：

建筑安装工程费计算数据表

建设名称：××二级公路　　编制范围：K10+123～K28+814　　数据文件编号：　　公路等级：二级公路

路线或桥梁长度(km)：18.691　　路基或桥梁宽度(m)：0.000　　第 1 页　共 15 页　　08-1 表

项的代号	本项目数	目的代号	本目节数	节的代号	本节细目数	细目代号	费率编号	定额个数	定额代号	项或目或节或细目或定额的名称	单位	数量		定额调整情况
一	4									临时工程	公路公里	18.691		
		1						1		平整场地	m^2	8000.000		
							8		4-11-1-2	场地需碾压	$1000m^2$	8.000		
		2						2		临时道路	km	0.800		
							7		7-1-1-3	汽车便道平微区路基宽 4.5m	1km	0.800		
							7		7-1-1-6	汽车便道砂砾路面宽 3.5m	1km	0.800		
		3						1		临时电力线路	km	0.800		
							8		7-1-5-1	干线三线裸铝线输电线路	100m	8.000		
		4						1		临时电信线路	km	0.800		
							8		7-1-5-4	双线通讯线路	1000m	0.800		
二	6									路基工程	km	18.691		
		1	3							场地清理	km	18.691		
				1	2					清理与掘除	m^2	48977.000		
						1		3		清除表土	m^3	29677.000		
							2		1-1-1-12	清除表土(135kW 内推土机)	$100m^3$	296.770		
							2		1-1-10-2	$2m^3$ 内装载机装土方	$1000m^3$	29.677		
							2		1-1-11-17	12t 内自卸车运土 2km	$1000m^3$	29.677		+18×2

编制：　　复核：

建筑安装工程费计算数据表

建设名称：××二级公路　　编制范围：K10＋123～K28＋814　　数据文件编号：　　公路等级：二级公路

路线或桥梁长度(km)：18.691　　路基或桥梁宽度(m)：0.000　　第 2 页　共 15 页　　08-1 表

项的代号	本项目数	目的代号	本目节数	节的代号	本节细目数	细目代号	费率编号	定额个数	定额代号	项或目或节或细目或定额的名称	单位	数　量		定额调整情况
						2		3		伐树、挖根、除草	m^2	19300.000		
							2		1-1-1-3	人工伐推土机挖根(135kW 内)	10 棵	103.500		
							2		1-1-1-4	砍挖灌木林(ϕ10cm 下)稀	$1000m^2$	19.300		
							2		1-1-1-10	挖竹根	$10m^3$	8.200		
				2	1					挖除旧路面	m^2	18464.000		
						1		3		挖除水泥混凝土路面	m^2	665.000		
							8		2-3-2-10	风镐凿除水泥混凝土面层	$10m^3$	15.970		
							5		1-1-10-5	$2m^3$ 内装载机装软石	$1000m^3$	0.160		
							3		1-1-11-17	12t 内自卸车运土 1km	$1000m^3$	0.160		
				3	2					拆除旧建筑物、构筑物	m^3	108.300		
						1		1		移除标志牌	块	35.000		
										移除标志牌	块	35.000		
						2		1		拆除新泽西护栏	m^3	108.300		
							8		4-11-17-3	凿除混凝土及钢筋混凝土	$10m^3$	10.830		
		2	2							挖方	m^3	398706.000		
				1	1					挖土方	m^3	140824.000		
						1		3		挖路基土方	m^3	140824.000		

编制：　　　　复核：

建筑安装工程费计算数据表

建设名称：××二级公路　　编制范围：K10＋123～K28＋814　　数据文件编号：　　公路等级：二级公路

路线或桥梁长度(km)：18.691　　路基或桥梁宽度(m)：0.000　　第 3 页　共 15 页　　08-1 表

项的代号	本项目数	目的代号	本目节数	节的代号	本节细目数	细目代号	费率编号	定额个数	定额代号	项或目或节或细目或定额的名称	单位	数量		定额调整情况
							2		1-1-12-18	165kW 内推土机 30m 普通土	$1000m^3$	51.706		＋20×1
							2		1-1-9-8	$2.0m^3$ 内挖掘机挖装土方普通土	$1000m^3$	89.118		
							3		1-1-11-17	12t 内自卸车运土 2km	$1000m^3$	89.118		＋18×2
				2	1					挖石方	m^3	257882.000		
						1		3		挖路基石方	m^3	257882.000		
							5		1-1-15-31	165kW 内推土机 30m 次坚石	$1000m^3$	257.882		＋34×1
							5		1-1-10-8	$2m^3$ 内装载机装次坚石、坚石	$1000m^3$	244.176		
							3		1-1-11-45	12t 内自卸车运石 2km	$1000m^3$	244.176		＋46×2
		3	1							填方	m^3	332693.000		
				1	2					路基填方	m^3	332693.000		
						1		8		利用土方填筑	m^3	105484.000		
							2		1-1-18-9	二级路 15t 内振动压路机压土	$1000m^3$	105.484		
							2		1-1-22-9	8000L 内洒水车洒水 1km	$1000m^3$	3.165		添 866 量 1000
							1		1-1-4-2	人工挖土质台阶普通土	$1000m^2$	15.780		
							1		1-1-5-5	填前挖松	$1000m^2$	0.240		
							2		1-1-18-29	二级路 18～21t 压路机碾压	$1000m^2$	1.200		
							2		1-1-20-1	机械整修路拱	$1000m^2$	221.928		

编制：　　　　复核：

建筑安装工程费计算数据表

建设名称：××二级公路　　编制范围：K10＋123～K28＋814　　数据文件编号：　　公路等级：二级公路

路线或桥梁长度(km)：18.691　　路基或桥梁宽度(m)：0.000　　第 4 页　共 15 页　　08-1 表

项的代号	本项目数	目的代号	本目节数	节的代号	本节细目数	细目代号	费率编号	定额个数	定额代号	项或目或节或细目或定额的名称	单位	数　量		定额调整情况
							1		1-1-20-3	整修边坡二级及以上等级公路	1km	18.490		
							2		1-1-5-4	填前夯(压)实 12～15t 光轮压路机	$1000m^2$	36.658		
						2		2		利用石方填筑	m^3	227209.000		
							5		1-1-18-20	二级路 15t 内振动压路机压石	$1000m^3$	227.209		
							5		1-1-22-9	8000L 内洒水车洒水 1km	$1000m^3$	6.816		
		4	1							特殊路基处理	km	18.691		
				1	3					软土处理	km	18.691		
						1		4		清淤换填	m^3	48540.000		
							7		1-1-2-5	挖掘机挖装、淤泥、流沙	$1000m^3$	48.540		
							7		1-1-11-17	12t 内自卸车运土 1km	$1000m^3$	48.540		
							7		1-3-9-1	软基土工布处理	$1000m^2$	34.005		
							7		1-3-12-2	软基砂砾垫层	$1000m^3$	3.401		
						2		4		纵向填挖交界土工格栅处理	m^2	3456.000		
							7		1-3-9-3	软基(或路面基层)土工格栅处理	$1000m^2$	3.456		
							7		1-1-6-1	人工挖运松土 20m	$1000m^3$	2.611		
							7		1-1-6-1	人工挖运松土 20m	$1000m^3$	1.000		
							7		1-1-11-17	12t 内自卸车运土 1km	$1000m^3$	1.000		

编制：　　复核：

建筑安装工程费计算数据表

建设名称：××二级公路　　编制范围：K10＋123～K28＋814　　数据文件编号：　　公路等级：二级公路

路线或桥梁长度(km)：18.691　　路基或桥梁宽度(m)：0.000　　第5页　共15页　　08-1表

项的代号	本项目数	目的代号	本目节数	节的代号	本节细目数	细目代号	费率编号	定额个数	定额代号	项或目或节或细目或定额的名称	单位	数量		定额调整情况
							7		1-1-7-2	夯土机夯实	$1000m^3$	1.000		
		5	3							排水工程	km	18.691		
				1	2					边沟	m	1.000	123.000	
						1		3		浆砌片石边沟	m	539.000		
							8		1-2-3-1	浆砌片石边沟　排水沟　截水沟	$10m^3$	616.830		M5，－3.5，M7.5，＋3.5，添898量4.27
							8		4-11-6-17	水泥砂浆抹面(厚2cm)	$100m^2$	54.561		添898量2.78
							8		4-11-7-13	沥青麻絮伸缩缝	$1m^2$	476.200		
						2		6		盖板边沟	m	884.000		
							8		1-2-3-1	浆砌片石边沟　排水沟　截水沟	$10m^3$	206.430		M5，－3.5，M7.5，＋3.5，添898量4.27
							8		4-11-6-17	水泥砂浆抹面(厚2cm)	$100m^2$	9.482		添898量2.78
							8		4-11-7-13	沥青麻絮伸缩缝	$1m^2$	155.232		
							8		1-2-4-9	预制混凝土水沟盖板矩形带孔	$10m^3$	26.340		普C20-32.5-2，－10.1，普C30-32.5-2，＋10.1，添898量4.647
							8		1-2-4-11	安装水沟盖板	$10m^3$	26.340		
							8		1-2-4-10	水沟盖板钢筋	1t	34.505		
										……				

编制：　　复核：

分项工程预算表

编制范围:K10+123～K28+814

工程名称:挖路基土方

第10页　共147页　　08-2表

序号	工程项目			推土机推土			推土机推土			挖掘机挖装土、石方			自卸汽车运土、石方		
	工程细目			165kW 内推土机 20m 普通土			165kW 内推土机每增 10m			2.0m³ 内挖掘机挖装土方普通土			12t 内自卸车运土 1km		
	定额单位			1000m³			1000m³			1000m³			1000m³		
	工程数量			51.71			59.00			89.12			89.12		
	定额表号			1-1-12-18			1-1-12-20			1-1-9-8			1-1-11-17		
	工料机名称	单位	单价(元)	定额	数量	金额	定额	数量	金额	定额	数量	金额	定额	数量	金额
1	人工	工日	45.45	4.50	232.68	10575				4.50	401.03	18227			
2	75kW 以内履带式推土机	台班	605.39							0.25	22.28	13488			
3	165kW 以内履带式推土机	台班	1375.74	1.08	55.84	76825	0.35	20.65	28409						
4	2.0t 履带式单斗挖掘机	台班	1398.01							1.15	102.49	143276			
5	12t 以自卸汽车	台班	619.22										6.62	589.96	365316
	直接工程费	元				87400			28409			174991			365316
	其他工程费 I		4.19%			3662			1190			7332		15307	
	其他工程费 II		2.19%			1914			622			3832		8000	
	间接费 规费		40.20%			4251						7327			
	间接费 企业管理费		3.85%			3580			1164			7167		14962	
	利润及税金	元				10427			3342			20837			42977
	建筑安装工程费	元				111234			34727			221486			446562

编制：　　　　复核：

分项工程预算表

编制范围:K10+123～K28+814

工程名称:挖路基土方　　　　第11页　共147页　　　　08-2表

序号	工程项目			自卸汽车运土、石方									合计	
	工程细目			12t内自卸车运土增0.5km(5km内)										
	定额单位			$1000m^3$										
	工程数量			19.22										
	定额表号			1-1-11-18										
	工料机名称	单位	单价(元)	定额	数量	金额	定额	数量	金额	定额	数量	金额	数量	金额
1	人工	工日	45.45										633.71	28802
2	75kW以内履带式推土机	台班	605.39										22.28	13488
3	165kW以内履带式推土机	台班	1375.74										76.49	105234
4	2.0t履带式单斗挖掘机	台班	1398.01										102.49	143276
5	12t以自卸汽车	台班	619.22	1.76	33.82	20941							623.78	386257
6	基价	元	1.00	1096.00	21059.64	21060							683248.00	683248
	直接工程费	元				20941								677057
	其他工程费 I	元	4.19%			877								28368
	其他工程费 II	元	2.19%			459								14827
	间接费 规费	元	40.20%											11578
	间接费 企业管理费	元	3.85%			858								27731
	利润及税金	元				2463								80016
	建筑安装工程费	元				25598								839607

编制:　　　　　　　　　　　　复核:

分项工程预算表

编制范围:K10+123～K28+814

工程名称:挖路基土方

第 12 页　共 147 页　　08-2 表

序号	工程项目			机械打眼开炸石方			机械打眼开炸石方			装载机装土、石方			自卸汽车运土、石方		
	工程细目			165kW 内推土机 20m 次坚石			165kW 内推土机每增 10m 次坚石			$2m^3$ 内装载机装次坚石、坚石			12t 内自卸车运石 1km		
	定额单位			$1000m^3$			$1000m^3$			$1000m^3$			$1000m^3$		
	工程数量			257.88			54.80			244.18			244.18		
	定额表号			1-1-15-31			1-1-15-34			1-1-10-8			1-1-11-45		
	工料机名称	单位	单价(元)	定额	数量	金额	定额	数量	金额	定额	数量	金额	定额	数量	金额
1	人工	工日	45.45	78.60	20269.52	921250									
2	空心钢钎	kg	8.00	18.00	4641.88	37135									
3	ϕ50mm 以内合金钻头	个	48.00	25.00	6447.05	309458									
4	硝铵炸药	kg	6.00	179.00	46160.88	276965									
5	导火线	m	0.80	481.00	124041.24	99233									
6	普通雷管	个	0.70	381.00	98253.04	68777									
7	其他材料费	元	1.00	26.40	6808.08	6808									
8	165kW 以内履带式推土机	台班	1375.74	2.36	608.60	837277	0.92	50.42	69359						
9	2.0t 轮胎式装载机	台班	700.90							2.84	693.46	486046			
10	12t 以自卸汽车	台班	619.22										10.82	2641.98	1635969
11	9t/min 以内机动空压机	台班	544.18	8.37	2158.47	1174597									
12	小型机具使用费	元	1.00	489.50	126233.24	126233									
13	基价	元	1.00	14765.00	3807627.73	3807628	1273.00	69760.40	69760	2001.00	488596.18	488596	6741.00	1645990.42	1645990

编制：　　　　　　　　　　　　　　复核：

分 项 工 程 预 算 表

编制范围：K10＋123～K28＋814

工程名称：挖路基土方

第 13 页　共 147 页　　08-2 表

序号	工程项目				机械打眼开炸石方			机械打眼开炸石方			装载机装土、石方			自卸汽车运土、石方		
	工程细目				165kW 内推土机 20m 次坚石			165kW 内推土机每增 10m 次坚石			$2m^3$ 内装载机装次坚石、坚石			12t 内自卸车运石 1km		
	定额单位				$1000m^3$			$1000m^3$			$1000m^3$			$1000m^3$		
	工程数量				257.88			54.80			244.18			244.18		
	定额表号				1-1-15-31			1-1-15-34			1-1-10-8			1-1-11-45		
	工料机名称		单位	单价(元)	定额	数量	金额	定额	数量	金额	定额	数量	金额	定额	数量	金额
	直接工程费		元				3857735			69359			486046			1635969
	其他工程费	I	元	4.28%			165111			2969			20803			70019
		II	元	1.71%			52315			1186			8311			27975
	间接费	规费	元	40.20%			370343									
		企业管理费	元	3.85%			156894			2830			19834			66758
	利润及税金		元				463288			8130			56970			191754
	建筑安装工程费		元				5065686			84474			591964			1992476

编制：　　　　复核：

分 项 工 程 预 算 表

编制范围：K10＋123～K28＋814

工程名称：挖路基土方

第 14 页　共 147 页　　08-2 表

序号	工程项目			自卸汽车运土、石方									合计	
	工程细目			12t 内自卸车运土增 0.5km(5km 内)										
	定额单位			$1000m^3$										
	工程数量			49.13										
	定额表号			1-1-11-46										
	工料机名称	单位	单价(元)	定额	数量	金额	定额	数量	金额	定额	数量	金额	数量	金额
1	人工	工日	45.45										20269.52	921250
2	空心钢钎	kg	8.00										4641.88	37135
3	ϕ50mm 以内合金钻头	个	48.00										6447.05	309458
4	硝铵炸药	kg	6.00										46160.88	276965
5	导火线	m	0.80										124041.24	99233
6	普通雷管	个	0.70										98253.04	68777
7	其他材料费	元	1.00										6808.08	6808
8	165kW 以内履带式推土机	台班	1375.74										659.02	906637
9	2.0t 轮胎式装载机	台班	700.90										693.46	486046
10	12t 以自卸汽车	台班	619.22	1.38	67.80	41983							2709.78	1677952
11	9t/min 以内机动空压机	台班	544.18										2158.47	1174597
12	小型机具使用费	元	1.00										126233.24	126233
13	基价	元	1.00	860.00	42251.80	42252							6054226.52	6054227

编制：　　　　　　　　　　　　　　　　复核：

分项工程预算表

编制范围:K10+123～K28+814

工程名称:挖路基石方

第15页　共147页　　08-2表

序号	工程项目			自卸汽车运土、石方									合计	
	工程细目			12t内自卸车运土增0.5km(5km内)										
	定额单位			$1000m^3$										
	工程数量			49.13										
	定额表号			1-1-11-46										
	工料机名称	单位	单价(元)	定额	数量	金额	定额	数量	金额	定额	数量	金额	数量	金额
	直接工程费	元				41983								6091092
	其他工程费 I	元	4.28%			1797								260699
	其他工程费 II	元	1.71%			718								90505
	间接费 规费	元	40.20%											370343
	间接费 企业管理费	元	3.85%			1713								248029
	利润及税金	元				4921								725063
	建筑安装工程费	元				51132								7785732

编制:　　　　　　　　　　复核:

分项工程预算表

编制范围:K10＋123～K28＋814

工程名称:利用土方填筑

第 16 页　共 147 页　　08-2 表

序号	工程项目			填方路基			洒水汽车洒水			人工挖土质台阶			填前夯(压)实及填前挖松		
	工程细目			二级路 15t 内振动压路机压土			8000L 内洒水车洒水 1km			人工挖土质台阶普通土			填前挖松		
	定额单位			1000m³			1000m³			1000m²			1000m²		
	工程数量			105.48			3.17			15.78			0.24		
	定额表号			1-1-18-9			1-1-22-9			1-1-4-2			1-1-5-5		
	工料机名称	单位	单价(元)	定额	数量	金额	定额	数量	金额	定额	数量	金额	定额	数量	金额
1	人工	工日	45.45	3.00	316.45	14383				40.90	645.40	29334	6.20	1.49	68
2	水	m³	1.50				1000.00	3165.00	4748						
3	120kW 以内平地机	台班	901.39	1.63	171.94	154984									
4	6～8t 光轮压路机	台班	247.74	1.24	130.80	32404									
5	8～10t 光轮压路机	台班	276.63												
6	12～15t 光轮压路机	台班	408.02												
7	18～21t 光轮压路机	台班	527.73												
8	15t 以内振动压路机	台班	766.59	1.65	174.05	133424									
9	8000L 以内洒水汽车	台班	659.19				13.12	41.52	27373						
10	基价	元	1.00	3218.00	339447.51	339448	9198.00	29111.67	29112	2012.00	31749.36	31749	305.00	73.20	73

编制:　　　　复核:

分 项 工 程 预 算 表

编制范围：K10＋123～K28＋814

工程名称：利用土方填筑

第 17 页　共 147 页　　08-2 表

序号	工程项目				填方路基			洒水汽车洒水			人工挖土质台阶			填前夯(压)实及填前挖松		
	工程细目				二级路 15t 内振动压路机压土			8000L 内洒水车洒水 1km			人工挖土质台阶普通土			填前挖松		
	定额单位				$1000m^3$			$1000m^3$			$1000m^2$			$1000m^2$		
	工程数量				105.48			3.17			15.78			0.24		
	定额表号				1-1-18-9			1-1-22-9			1-1-4-2			1-1-5-5		
	工料机名称		单位	单价(元)	定额	数量	金额	定额	数量	金额	定额	数量	金额	定额	数量	金额
	直接工程费		元				335195			32120			29334			68
	其他工程费	I	元	4.19%			14045			1346			1229			3
		II	元	2.19%			7341			599			642			1
	间接费	规费	元	40.20%			5782						11792			27
		企业管理费	元	3.85%			13728			1312			1201			3
	利润及税金		元				39631			3767			3853			9
	建筑安装工程费		元				415721			39144			48052			111

编制：　　　　　　　　复核：

分 项 工 程 预 算 表

编制范围:K10＋123～K28＋814

工程名称:利用土方填筑

第 18 页　共 147 页　　08-2 表

序号	工程项目			零填及挖方路基			整修路基			整修路基			填前夯(压)实及填前挖松		
	工程细目			二级路 18～21t 压路机碾压			机械整修路拱			整修边坡二级及以上等级公路			填前夯(压)实 12～15t 光轮压路机		
	定额单位			1000m²			1000m²			1km			1000m²		
	工程数量			1.20			221.93			18.49			36.66		
	定额表号			1-1-18-29			1-1-20-1			1-1-20-3			1-1-5-4		
	工料机名称	单位	单价(元)	定额	数量	金额	定额	数量	金额	定额	数量	金额	定额	数量	金额
1	人工	工日	45.45	1.00	1.20	55				336.70	6225.58	282953	2.80	102.64	4665
2	水	m³	1.50												
3	120kW 以内平地机	台班	901.39	0.49	0.59	530	0.09	19.97	18004						
4	6～8t 光轮压路机	台班	247.74	0.31	0.37	92									
5	8～10t 光轮压路机	台班	276.63				0.14	31.07	8595						
6	12～15t 光轮压路机	台班	408.02										0.30	11.00	4487
7	18～21t 光轮压路机	台班	527.73	2.22	2.66	1406									
8	15t 以内振动压路机	台班	766.59												
9	8000L 以内洒水汽车	台班	659.19												
10	基价	元	1.00	1752.00	2102.40	2102	121.00	26853.29	26853	16566.00	306305.34	306305	261.00	9567.74	9568

编制：　　　　复核：

分项工程预算表

编制范围：K10＋123～K28＋814

工程名称：利用土方填筑

第 19 页　共 147 页　　08-2 表

序号	工程项目				零填及挖方路基			整修路基			整修路基			填前夯(压)实及填前挖松		
	工程细目				二级路 18～21t 压路机碾压			机械整修路拱			整修边坡二级及以上等级公路			填前夯(压)实 12～15t 光轮压路机		
	定额单位				$1000m^2$			$1000m^2$			1km			$1000m^2$		
	工程数量				1.20			221.93			18.49			36.66		
	定额表号				1-1-18-29			1-1-20-1			1-1-20-3			1-1-5-4		
	工料机名称		单位	单价(元)	定额	数量	金额	定额	数量	金额	定额	数量	金额	定额	数量	金额
	直接工程费		元				2083			26599			282953			9152
	其他工程费	I	元	4.19%			87			1114			11856			383
		II	元	2.19%			46			583			6197			200
	间接费	规费	元	40.20%			22						113747			1875
		企业管理费	元	3.85%			85			1089			11589			375
	利润及税金		元				246			3129			37166			1141
	建筑安装工程费		元				2569			32514			463507			13127

编制：　　　　复核：

分项工程预算表

编制范围:K10+123～K28+814

工程名称:利用土方填筑

第 20 页　共 147 页　　08-2 表

序号	工程项目											合计	
	工程细目												
	定额单位												
	工程数量												
	定额表号												
	工料机名称	单位	单价(元)	定额	数量	金额	定额	数量	金额	定额	数量	金额	数量	金额
1	人工	工日	45.45										7292.77	331456
2	水	m^3	1.50										3165.00	4748
3	120kW 以内平地机	台班	901.39										192.50	173518
4	6～8t 光轮压路机	台班	247.74										131.17	32497
5	8～10t 光轮压路机	台班	276.63										31.07	8595
6	12～15t 光轮压路机	台班	408.02										11.00	4487
7	18～21t 光轮压路机	台班	527.73										2.66	1406
8	15t 以内振动压路机	台班	766.59										174.05	133424
9	8000L 以内洒水汽车	台班	659.19										41.52	27373
10	基价	元	1.00										745210.51	745211

编制：　　　　　　　　　　复核：

分 项 工 程 预 算 表

编制范围：K10+123～K28+814

工程名称：利用土方填筑

第21页 共147页　　08-2表

序号	工程项目													合计	
	工程细目														
	定额单位														
	工程数量														
	定额表号														
	工料机名称		单位	单价(元)	定额	数量	金额	定额	数量	金额	定额	数量	金额	数量	金额
	直接工程费		元												717504
	其他工程费	I	元												30063
		II	元												15609
	间接费	规费	元												133245
		企业管理费	元												29382
	利润及税金		元												88942
	建筑安装工程费		元												1014745

编制：　　　　复核：

分项工程预算表

编制范围:K10＋123～K28＋814

工程名称:利用石方填筑

序号	工程项目				填方路基			洒水汽车洒水						合计	
	工程细目				二级路 15t 内振动压路机压石			8000L 内洒水车洒水 1km							
	定额单位				1000m³			1000m³							
	工程数量				227.21			6.82							
	定额表号				1-1-18-20			1-1-22-9							
	工料机名称		单位	单价(元)	定额	数量	金额	定额	数量	金额	定额	数量	金额	数量	金额
1	人工		工日	45.45	62.50	14200.56	645416							14200.56	645416
2	75kW 以内履带式推土机		台班	605.39	2.68	608.92	368634							608.92	368634
3	6～8t 光轮压路机		台班	247.74	1.54	349.90	86685							349.90	86685
4	15t 以内振动压路机		台班	766.59	1.63	370.35	283907							370.35	283907
5	8000L 以内洒水汽车		台班	659.19				13.12	89.43	58949				89.43	58949
6	基价		元	1.00	6367.00	1446639.70	1446640	8698.00	59285.57	59286				1505925.27	1505925
	直接工程费		元				1384642			58949					1443591
	其他工程费	I	元	4.28%			59263			2523					61786
		II	元	1.71%			23677			1008					24685
	间接费	规费	元	40.20%			259457								259457
		企业管理费	元	3.85%			56502			2405					58907
	利润及税金		元				171143			6909					178052
	建筑安装工程费		元				1954684			71794					2026478

编制：　　　　　　　　　　　　　　　　复核：

材料预算单价计算表

建设名称：××二级公路

编制范围：K10+123～K28+814

第 1 页　共 3 页　　09 表

序号	规格名称	单位	原价（元）	运杂费					原价运费合计（元）	场外运输损耗		采购及保管费		预算单价（元）
				供应地点	运输方式、比重及运距（km）	毛重系数或单位重	运杂费构成说明或计算式	单位运费（元）		费率（%）	金额（元）	费率（%）	金额（元）	
1	原木	m^3	920.000	长沙-工地	汽车 25km	1.0000	0.80×25+6.00+5.00	31.000	951.00			2.500	23.775	974.775
2	锯材	m^3	1120.000	长沙-工地	汽车 25km	1.0000	0.80×25+6.00+5.00	31.000	1151.00			2.500	28.775	1179.775
3	光圆钢筋	t	3850.000	长沙-工地	汽车 25km	1.0000	0.80×25+6.00+5.00	31.000	3881.00			2.500	97.025	3978.025
4	带肋钢筋	t	3850.000	长沙-工地	汽车 25km	1.0000	0.80×25+6.00+5.00	31.000	3881.00			2.500	97.025	3978.025
5	钢绞线	t	6249.000	长沙-工地	汽车 25km	1.0000	0.80×25+6.00+5.00	31.000	6280.000			2.500	157.000	6437.00
6	波纹管钢带	t	5119.000	长沙-工地	汽车 25km	1.0000	0.80×25+6.00+5.00	31.000	5150.000			2.500	128.750	5278.75
7	型钢	t	4276.502	长沙-工地	汽车 25km	1.0000	0.80×25+6.00+5.00	31.000	4307.502			2.500	107.688	4415.19
8	钢板	t	4584.005	长沙-工地	汽车 25km	1.0000	0.80×25+6.00+5.00	31.000	4615.005			2.500	115.375	4730.38
9	钢管	t	5094.005	长沙-工地	汽车 25km	1.0000	0.80×25+6.00+5.00	31.000	5125.005			2.500	128.125	5253.13
10	镀锌钢板	t	5719.000	长沙-工地	汽车 25km	1.0000	0.80×25+6.00+5.00	31.000	5750.000			2.500	143.750	5893.75
11	钢管立柱	t	5676.317	长沙-工地	汽车 25km	1.0000	0.80×25+6.00+5.00	31.000	5707.317			2.500	142.683	5850.00
12	型钢立柱	t	5519.000	长沙-工地	汽车 25km	1.0000	0.80×25+6.00+5.00	31.000	5550.000			2.500	138.750	5688.75
13	钢模板	t	5780.688	长沙-工地	汽车 25km	1.0000	0.80×25+6.00+5.00	31.000	5811.688			2.500	145.292	5956.98
14	32.5 级水泥	t	325.000	长沙-工地	汽车 25km	1.0100	(0.80×25+6.00+5.00)×1.01	31.310	356.31	1.00	3.563	2.500	8.997	368.870
15	42.5 级水泥	t	350.000	长沙-工地	汽车 25km	1.0100	(0.80×25+6.00+5.00)×1.01	31.310	381.31	1.00	3.813	2.500	9.628	394.751
16	中(粗)砂	m^3	85.000	长沙-工地	汽车 25km	1.5000	(0.80×25+6.00+5.00)×1.5	46.500	131.50	2.50	3.288	2.500	3.370	138.157
17	碎石(2cm)	m^3	58.968	石料场	汽车 7km	1.5000	(0.80×7+5.00)×1.5	15.90	74.87	1.00	0.749	2.500	1.890	77.507
18	碎石(4cm)	m^3	56.778	石料场	汽车 7km	1.5000	(0.80×7+5.00)×1.5	15.90	72.68	1.00	0.727	2.500	1.835	75.240
19	开采片石	m^3	29.976			1.6000			29.98			2.500	0.749	30.725

编制：　　　　　　　　　　　　　　　　复核：

机械台班单价计算表

建设名称：××二级公路

编制范围：K10＋123～K28＋814

第1页　共2页　　11表

序号	定额号	机械规格名称	台班预算单价（元）	不变费用(元) 调整系数		可变费用(元) 人工：45.45元/工日		汽油：5.20元/kg		柴油：4.90元/kg		重油：2.80元/kg		电力：0.55元/(kW·h)		养路费及车船税（元/台班）	合计
				定额	调整值	定额	金额	定额	金额	定额	金额	定额	金额	定额	金额		
1	1003	75kW以内履带式推土机	605.39	245.14	245.14	2	90.90			55	269.35						360.25
2	1006	135kW以内履带式推土机	1176.08	604.69	604.69	2	90.90			98	480.49						571.39
3	1007	165kW以内履带式推土机	1375.74	695.13	695.13	2	90.90			120	589.72						680.62
4	1027	0.6履带式单斗挖掘机	492.48	219.84	219.84	2	90.90			37	181.74						272.64
5	1035	1.0履带式单斗挖掘机	818.25	411.15	411.15	2	90.90			65	316.20						407.10
6	1037	2.0履带式单斗挖掘机	1398.01	855.38	855.38	2	90.90			92	451.73						542.63
7	1048	1.0轮胎式装载机	398.82	113.12	113.12	1	45.45			49	240.25						285.70
8	1050	2.0轮胎式装载机	700.90	200.44	200.44	1	45.45			93	455.01						500.46
9	1051	3.0轮胎式装载机	896.50	241.36	241.36	2	90.90			115	564.24						655.14
10	1057	120kW以内平地机	901.39	408.05	408.05	2	90.90			82	402.44						493.34
11	1063	75kW以内履带式拖拉机	518.05	161.23	161.23	2	90.90			54	265.92						356.82
12	1075	6～8t光轮压路机	247.74	107.57	107.57	1	45.45			19	94.72						140.17
13	1076	8～10t光轮压路机	276.63	117.50	117.50	1	45.45			23	113.68						159.13
14	1078	12～15t光轮压路机	408.02	164.32	164.32	1	45.45			40	198.25						243.70
15	1080	18～21t光轮压路机	527.73	192.20	192.20	1	45.45			59	290.08						335.53
16	1083	0.6t手扶式振动碾	98.05	38.10	38.10	1	45.45			3	14.50						59.95
17	1088	15t以内振动压路机	766.59	315.05	315.05	2	90.90			74	360.64						451.54

编制：　　　　　　　　　　　　复核

第四节　公路工程概、预算的审查

公路工程概、预算文件的审查是一项政策性、技术性、经济性和实践性很强的技术经济工作。审查的目的是确定建设项目的投资总额，为项目的经济评价、投资控制、招标投标、保证实施等提供可靠的依据。审查的要求和内容，应与基本建设程序各阶段的作用、深度相结合。

公路工程概、预算文件一般是由设计单位完成的，完成之后，建设单位会委托工程造价管理专业机构（如定额站）进行审查，审查意见送项目主管部门后，主管部门再聘请有关单位和专家进行评审，评审通过，工程造价总额在允许范围之内，审查意见则可作为批复的依据。

一、工程概预算审查的主要内容

（一）审查编制依据

首先审查编制依据的合法性，采用的有关编制依据是否经过国家和授权机关的批准，未经批准的不能采用，如经批准的上一阶段设计文件；各种定额和取费标准是否符合国家有关部门的现行规定，有无调查和新的规定，如有，应按新的调整办法和规定执行；再次审查编制依据的适用范围，如采用的定额取费标准是否与本工程一致，是否在其适用范围之内。

（二）审查编制内容

审查概、预算的列项是否完整，有无遗漏；是否体现了设计要求，施工方法选择合理；费用计算是否包括了从项目筹建到竣工交付使用的全部建设费用；是否结合实际、符合规定、经济合理、不重不漏、计算正确、内容完整。

（三）审查工程量

主体工程的工程量应根据设计图纸和相应定额所规定的工程量计算规则进行审查，部分工程量由施工组织设计提供，如清除表土、耕地填前碾压所增加的土石方数量，施工现场临时用地面积等。辅助工程的工程量，如围堰、排水、工作平台、吊装设备、预制厂等，应结合建设项目的实际情况和施工方法进行审查。

（四）审查定额的使用

审查定额的套用和换算是否正确。审查时，必须熟悉定额的说明，分部分项工程的工作内容及适用范围，并根据工程特点及设计图纸的要求，进行比较分析两者是否一致，是否有重套和漏套现象。对于定额的换算，首先应审查是否允许换算，然后再审查换算是否按规定进行，抽换是否正确。

（五）审查其他各项费用

审查其他工程费、间接费的费率取定是否合理，计算是否正确；土地、青苗等补偿费和安置补助费是否符合国家和地方政府的有关规定；设备、工具、器具的购置是否与批准的计划相符，价格计算是否合理可靠。

（六）审查技术经济指标

审查指标有无错误，是否合理或超过国家控制标准。通常可与同类工程的技术经济指标对比，也可与上一阶段的造价文件比较，分析指标高低的原因。

二、工程概预算审查的步骤和方法

(一)审查步骤

(1)先看设计文件总说明部分,了解建设项目各项工程概况,重点掌握与工程造价有关的问题,如技术标准、水文地质、气候条件、施工场地、交通现状、筑路材料及下一阶段须解决的主要问题。

(2)阅读设计方案比选的具体内容,了解与工程造价有关的问题,从经济角度分析其是否优越。

(3)阅读编制总说明,掌握编制依据与要求。

(4)审查工程概预算总表,分析工程造价较大的工程项目和费用、经济指标情况。

(5)审查材料价格和机械台班单价计算,分析其合理性。

(6)分析施工方案的合理性、经济性,内容包括施工工艺及辅助工程设施。如设备数量、施工便道、便桥、临时码头、水上水下设施、供水供电设施、大型机械设备安排(如规模、位置)以及工期安排等。

(7)审查各项费率的取定,分析其合理性。

(8)审查分项工程的列项,工程量计算以及定额的套用。

(9)审查其他各项费用的计算是否符合规定和合理。

(10)编写审查报告,报告中应形成结论性意见。

(二)审查方法

工程概预算的审查应根据工程投资规模、性质、结构复杂程度和要求确定审查方法。为了既保证质量,又加快审查进度,可以采用以下审查方法。

1.全面审查法

又叫逐项审查法,是指对设计图纸所表示的全部内容,按照编制要求进行细致、全面地审查,基本上相当于重复编制一次概、预算,审查的顺序按照编制程序逐一进行。这种方法的优点是全面、细致,审查质量高,效果好,但工作量大、时间长。

2.标准预算审查法

对于利用标准图纸或通用图纸施工的工程先集中力量编制标准预算,以此作为审查的比较依据。按照标准图纸或通用图纸施工的工程,一般上部结构和作法基本相同,只是由于现场施工条件或地质情况不同,而在基础部分作局部改变,在审查中,可直接把审查对象与标准对照,对于局部变动部分单独审查。

这种方法的优点是时间短、效率高,其缺点是适用范围小,尤其对公路工程项目更是如此。

3.分组计算审查法

是把概、预算中有关项目划分为若干组,利用同组中的一个数据审查分项工程量的一种方法。

一个单位工程的概、预算,其分部分项工程少则几十个,多则几百个,若都逐项计算,一则费时,二则费力。为了加快审查速度,可以把若干分部分项工程,按相邻具有一定内在联系的项目进行编组,利用同组中分项工程间有相同或相近计算基数的关系,审查一个分项工程数量,就能判断同组中其他几个分项工程量的准确程度。

4.对比审查法

是利用已建成的或已审查修正的同类工程概预算,对比审查拟建工程概预算的一种方法。

审查时需将费用进行分解，求出各分部工程的工程量和主要材料用量及技术经济指标，然后进行对比分析，以发现错误，寻找原因，修正差错。

5.重点审查法

对概、预算中的重点部分、重点项目进行审查。作为重点审查的内容有:影响面大，涉及范围广的部分和项目;工程量大或造价高的项目;材料预算单位;补充和换算定额项目;各种费率的取定。

重点抽查法的特点是重点突出，审查时时间短，但缺乏全面性。

以上方法在审查概预算时，可以根据情况结合起来使用。

第十章 公路工程基本建设投资估算的编制

第一节 概 述

公路建设项目投资估算是对拟建项目的全部投资费用进行的预测估计，包括项目建议书投资估算和工程可行性研究报告投资估算，它是公路建设项目建议书和可行性研究报告的重要组成部分，具有控制建设项目投资限额的重要作用，同时也是公路建设项目经济评价的主要依据之一。

一、投资估算费用组成

根据交通运输部2011年82号公告颁发的《公路工程基本建设项目投资估算编制办法》(JTG M20—2011)规定(以下简称《估算编制办法》)，公路建设项目投资估算费用组成如图10-1所示。

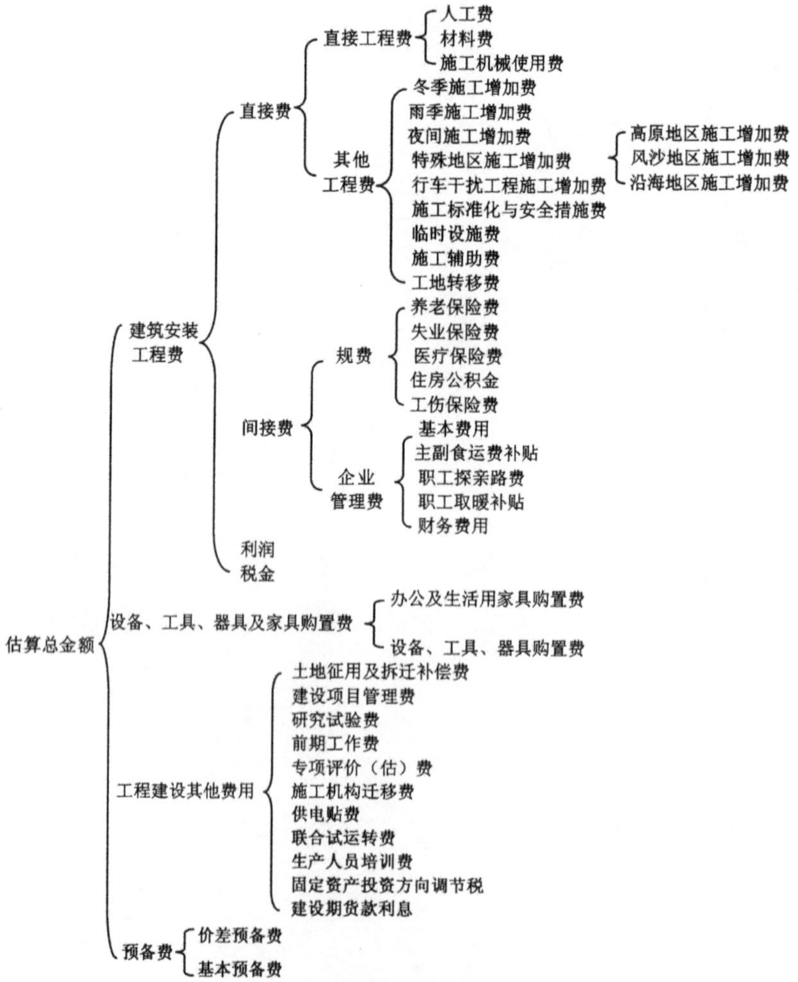

图10-1 投资估算费用组成

二、投资估算文件组成

投资估算文件由封面、扉页、目录、投资估算编制说明及全部投资估算计算表格组成。

1. 封面、扉页及目录

投资估算文件的封面应按《公路建设项目可行性研究报告编制办法》的规定制作。扉页应有建设项目名称，编制单位，编制、复核人员姓名并加盖执业（从业）资格印章，编制日期及第几册共几册等内容。目录应按投资估算表的表号顺序编排。

2. 投资估算编制说明

投资估算编制完成后，应编写编制说明，文字力求简明扼要。编制说明内容应包括：

(1)项目建议书或工程可行性研究报告的依据及有关文号、依据的资料及比选方案等。

(2)采用的估算指标、费用标准，人工费标准、材料预算单价、机械台班单价的依据或来源，补充指标及编制依据的详细说明。

(3)与投资估算有关的委托书、协议书、会议纪要的主要内容（或将抄件附后）。

(4)总投资估算金额，人工、钢材、水泥、沥青等总需要量情况，各建设方案的经济比较，以及编制中存在的问题。

(5)其他与投资估算有关但不能在表格中反映的事项。

3. 投资估算表格

公路工程投资估算应按统一的投资估算表格计算。各种表格的计算顺序和相互关系如图 10-2所示。

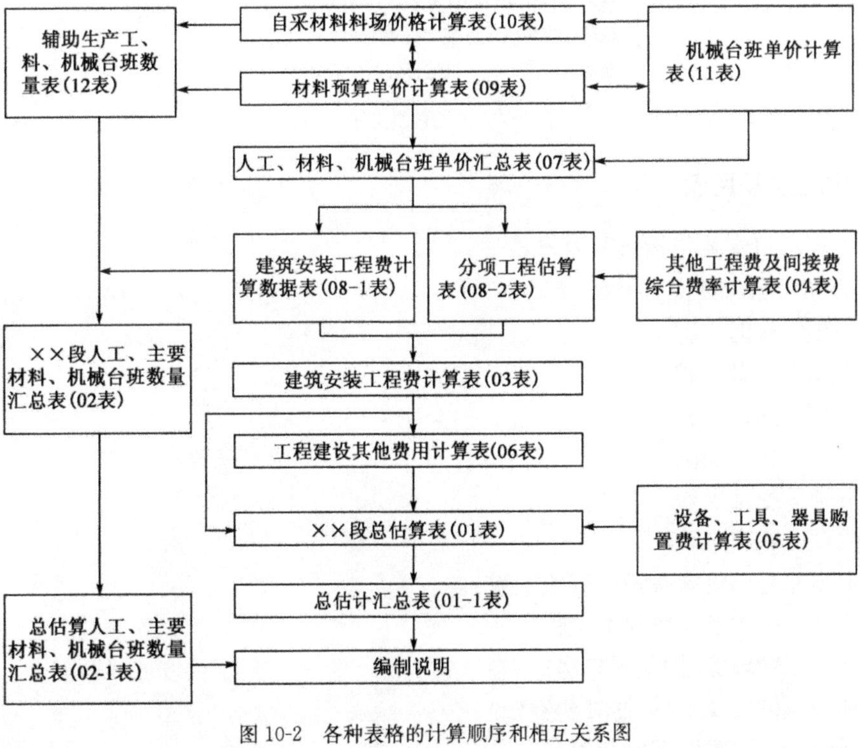

图 10-2 各种表格的计算顺序和相互关系图

4. 甲组文件及乙组文件

投资估算文件按不同的需要分为两组，甲组文件为各项费用计算表，乙组文件为建筑安装工程费各项基础数据计算表(仅供审批使用)。甲、乙两组文件应按《公路建设项目可行性研究报告编制办法》关于文件报送份数的规定报送。报送乙组文件时,尚应提供“建筑安装工程费计算数据表”(08-1 表)的电子文档和编制补充定额的详细资料。

乙组文件中的“建筑安装工程费计算数据表”(08-1 表)和“分项工程估算表”(08-2 表)应根据审批部门或建设项目业主单位的要求全部提供或仅提供其中的一种。

投资估算应按一个建设项目(如一条路线或一座独立大(中)桥、隧道)进行编制。当一个建设项目需要分段或分部编制时,应根据需要分别编制,但必须汇总编制“总估算汇总表”。

甲、乙组文件应包括以下内容(图 10-3)。

- 甲组文件
  - 编制说明
  - 总估算汇总表(01-1表)
  - 总估算人工、主要材料、机械台班数量汇总表表(02-1 表)
  - ××段总估算表(01表)
  - ××段人工、主要材料、机械台班数量汇总表(02表)
  - 建筑安装工程费计算表(03 表)
  - 其他工程费及间接费综合费率计算表(04 表)
  - 设备、工具、器具购置费计算表(05 表)
  - 工程建设其他费用计算表(06 表)
  - 人工、材料、机械台班单价汇总表(07 表)
- 乙组文件
  - 建筑安装工程费计算数据表(08-1 表)
  - 分项工程估算表(08-2 表)
  - 材料预算单价计算表(09 表)
  - 自采材料料场价格计算表(10 表)
  - 机械台班单价计算表(11 表)
  - 辅助生产工、料、机械台班单位数量表(12 表)

图 10-3　甲、乙两组文件的内容

三、投资估算项目表

投资估算项目主要包括以下内容:

第一部分　建筑安装工程费

　第一项　临时工程

　第二项　路基工程

　第三项　路面工程

　第四项　桥梁涵洞工程

　第五项　交叉工程

　第六项　隧道工程

　第七项　公路设施及预埋管线工程

　第八项　绿化及环境保护工程

　第九项　管理、养护及服务房屋

第二部分　设备及工具、器具购置费

第三部分　工程建设其他费用

项目建议书投资估算和可行性研究报告投资估算采用相同的估算项目表。投资估算项目表(节选)见表 10-1。

投资估算项目表(节选)　　表 10-1

项	目	节	细目	工程或费用名称	单　位	备　　注
				第一部分　建筑安装工程费	**公路公里**	建设项目路线总长度(主线长度)
一				临时工程	公路公里	
				……		
二				路基工程	km	扣除桥梁、隧道和互通立交的主线长度,独立桥梁或隧道为引道或接线长度
				……		
三				路面工程	km	同路基长度
				……		
四				桥梁涵洞工程	km	扣除互通立交主线桥梁后桥梁长度
	1			涵洞工程	m/道	指涵洞长度和道数,按不同的的结构类型分节
		1		钢筋混凝土圆管涵	m/道	
		2		拱涵	m/道	按不同的涵径划分细目
			1	涵径 3m 以内	m/道	
			2	涵径 5m 以内	m/道	
		3		盖板涵	m/道	按不同的涵径划分细目
			1	涵径 3m 以内	m/道	
			2	涵径 5m 以内	m/道	
		4		箱涵	m/道	按不同的涵径划分细目
			1	涵径 3m 以内	m/道	
			2	涵径 5m 以内	m/道	
	2			小桥工程	m/座	指小桥长度和座数
	3			中桥工程	m/座	按不同的结构类型或桥名分节
		1		预应力混凝土空心板桥	m/座	
		2		预应力混凝土 T 形梁	m/座	
		3		预应力混凝土小箱梁	m/座	
		4		预应力混凝土连续梁	m/座	
		5		钢筋混凝土斜腿钢构桥	m/座	
		6		拱桥	m/座	
			1	石拱桥	m/座	
			2	钢筋混凝土桁架拱桥	m/座	
			3	钢筋混凝土箱形拱桥	m/座	
			4	钢管拱	m/座	
		7		钢索吊桥	m/座	
	4			大桥工程	m/座	按桥名或不同的工程部位分节
		1		×××大桥	m^2/m	按不同的工程部位划分细目

续上表

项	目	节	细目	工程或费用名称	单　位	备　　注
			1	基础	m^3	指基础圬工体积
			2	下部构造	m^3	指下部构造圬工体积
			3	上部构造	m^3/m	指上部构造圬工体积和桥梁面积，注明上部构造跨径组成及结构形式
			4	调治构造物	m^3	
			5	……		
		2		……	m^2/m	
	5			××特大桥工程	m^2/m	按桥名分目，按不同的工程部位分节
		1		基础	m^3/座	指基础圬工体积，按不同的类型划分细目
			1	桩基础	m^3	指基础圬工体积
			2	沉井基础	m^3	指基础圬工体积
			3	钢管桩	根	指钢管桩数量
			4	承台	m^3	指圬工体积
			5	地下连续墙	m^3	指圬工体积
			6	锚碇	m^3	指锚碇体积
				……		
		2		下部构造	m^3/座	按不同的形式划分细目
			1	桥台	m^3	
			2	桥墩	m^3	
			3	……		
		3		上部构造	m^3	按不同的形式划分细目，并注明其跨径组成
			1	预应力混凝土梁	m^3	
			2	斜拉索	t	
			3	主缆	t	
			4	钢箱梁	t	
				……		
		4		调治构造物	m^3	
		5		……		
	6			……		
五				交叉工程	处	按不同的交叉形式划分细目
				……		
六				隧道工程	km/座	按隧道名称分目，并注明其形式
				……		
七				公路设施及预埋管线工程	公路公里	
				……		

续上表

项	目	节	细目	工程或费用名称	单　位	备　　注
八				绿化及环境保护工程	公路公里	
九				管理、养护及服务房屋	m^2	
				第二部分　设备及工具、器具购置费	**公路公里**	
一				设备购置费	公路公里	
				……		
二				工具、器具购置	公路公里	
三				办公及生活用家具购置	公路公里	
				第三部分　工程建设其他费用	公路公里	
一				土地征用及拆迁补偿费	公路公里	
	1			土地征用费	公路公里	
	2			青苗等补偿和安置补助费	公路公里	
	3			……		
二				建设项目管理费	公路公里	
	1			建设单位(业主)管理费	公路公里	
	2			工程监理费	公路公里	
	3			设计文件审查费	公路公里	
	4			竣(交)工验收试验检测费	公路公里	
三				研究试验费	公路公里	
四				建设项目前期工作费	公路公里	
五				专项评估费		
六				施工机构迁移费	公路公里	
七				供电贴费	公路公里	
八				联合试运转费	公路公里	
九				生产人员培训费	公路公里	
十				固定资产投资方向调节税	公路公里	
十一				建设期贷款利息	公路公里	
				第一、二、三部分费用合计	**公路公里**	
				预备费	元	
				1. 价差预备费	元	
				2. 基本预备费	元	
				投资估算总金额	**元**	
				其中:回收金额	元	
				公路基本造价	公路公里	

投资估算项目应按项目表的序列及内容编制，如实际出现的工程和费用项目与项目表的内容不完全相符时，第一至第三部分和“项”的序号应保留不变，“目”、“节”、“细目”可根据需要增减，并按项目表的顺序以实际出现的“目”、“节”、“细目”依次排列，不保留缺少的“目”、“节”、“细目”的序号。

当第二部分“设备及工具、器具购置费”在该项目工程中不发生时，第三部分“工程建设其他费用”仍为第三部分。同样，路线工程第一部分第六项为隧道工程，第七项为公路设施及预埋管线工程，若路线中无隧道工程项目，其序号仍保留，公路设施及预埋管线工程仍为第七项，但如“目”或“节”或“细目” 发生这样的情况时，可依次递补改变序号。

公路建设项目中的互通式立体交叉、辅道、支线，当工程规模较大时，也可按投资估算项目表单独编制建筑安装工程费，然后将其投资估算建筑安装工程总金额列入路线的总估算表中相应的项目内。

四、投资估算指标

公路工程投资估算指标是确定公路建设项目工、料、机消耗数量的依据。正确地使用估算指标对合理确定公路建设项目造价十分重要。

交通运输部 2011 年 82 号公告颁发的《公路工程估算指标》(JTG/T M21—2011)(以下简称《估算指标》)由路基工程、路面工程、隧道工程、涵洞工程、桥梁工程、交叉工程、交通工程及沿线设施、临时工程共八章及附录组成。其中，交通工程及沿线设施不包括绿化工程指标，由各省、自治区、直辖市交通运输主管部门组织制订并发布。

(一)路基工程

本章包括路基土方、路基石方、粉煤灰路堤、排水与防护、其他路基防护、软基处理等项目。

路基土石方分为挖方、填方、借方挖装等子目。

借土方挖、装指标仅适合集中取土，不适用于路基断面处土方的挖、装。

填土方指标中不包括路基掺灰，掺灰应按公路工程概算定额另行计算。

伐树、挖根、砍挖灌木林、挖方地段的零星工程已综合到挖土方指标内。

清除表土或零填方地段的基底压实、耕地填前夯(压)实后回填至原地面高程所需的土、石方数量、因路基沉陷需增加填筑的土、石方数量和为保证路基边缘压实度需加宽填筑所需的土、石方数量，未综合在指标内，应由设计提出，并入填方数量内计算。

软基处理指标工程内容不包括对溶洞、采空区的处理，需要时应根据设计所采用的处理形式采用相关定额计算。工程量按处治面积计算，共分 4 个子目：

(1)处理深度 3m 以内的，指标Ⅰ综合清淤和一般砂砾换填，指标Ⅱ综合清淤换填、砂砾回填、抛石挤淤和土工合成材料等处治方法。

(2)处理深度 3～12m 以内，指标综合袋装砂井、塑料排水板、粉喷桩、堆载及真空预压和土工合成材料等处治方法。

(3)处理深度 12～20m 以内，指标综合各类粒料桩、加固土桩、CFG 桩、垫层和土工合成材料等处治方法。

(4)软基处理深度超过 20m，按概算定额单独计算。

(二)路面工程

本章包括路面垫层、稳定土基层、其他路面基层、沥青路面、水泥混凝土路面、其他路面、沥青路面镶边和路缘石等项目。

各类稳定土基层、级配碎(砾)石基层，压实厚度在15cm以内，填隙碎石基层压实厚度在12cm以内，垫层和其他种类基层的压实厚度在20cm以内，平地机和压路机的台班消耗按指标数量计算。如实际压实厚度超过压实厚度需进行分层拌和、碾压时，每1000m^{2}增加3个工日，拖拉机、平地机和压路机的台班消耗按指标数量加倍计算。

基层、垫层按顶层面积计算、沥青路面和水泥混凝土路面按路面实体计算。

挖路槽、培路肩、稳定土拌和站安拆、稳定土拌和料的拌和及运输、沥青混合料拌和站安拆、沥青混合料拌和及运输、铺筑、压实、透层、封层、磨耗层、保护层、水泥混凝土的拌和及运输、水泥混凝土搅拌站安拆、路肩加固等已综合在指标中。

路面排水综合到其他排水工程中。

如设计为单车道路面宽度时，压路机台班可按指标用量乘以下列系数：

(1)两轮光轮压路机1.14。

(2)三轮光轮压路机1.33。

(3)轮胎式压路机和振动压路机1.29。

沥青油石比是按《公路工程预算定额》(JTG/T B06-02—2007)附录的油石比编制。当设计能提出项目的油石比时，可按设计油石比调整指标中的沥青用量，换算公式如下：

$$S_i = S_d \times \frac{L_i}{L_d} \tag{10-1}$$

式中：S_i——按设计油石比换算后的沥青数量；

L_d——定额中标明的油石比；

L_i——设计采用的油石比。

温拌橡胶沥青路面是按干拌法编制的。

沥青路面镶边和路缘石工程量以路基长度进行计算。

(三)隧道工程

本章包括洞身、明洞、洞门、斜井、竖井、管棚等项目。

指标均指隧道洞内工程，即隧道进出口洞门端墙墙面间的工程。洞门墙以外的工程应按有关指标另行计算。

洞身工程量按隧道正洞、人行洞身、车行洞身、紧急停车带面积之和计算。隧道正洞面积为隧道长度乘以隧道宽度，隧道长度不包括明洞和洞门的长度，隧道宽度指行车道加侧向宽度加人行道或检修道的宽度。分离式及小净距隧道工程量按单洞洞身长度计算；连拱隧道工程量按双洞洞身长度计算。分离式隧道是按隧长1000m以内、3000m以内、4000m以内编制的。当隧道长度大于4000m时，以隧道长度4000m以内指标为基础，与隧道长度4000m以上每增加1000m指标叠加使用。

指标是以Ⅲ类和Ⅳ类围岩为主进行编制的，若设计能提出隧道的围岩等级时，可对洞身指标进行调整：

(1)Ⅰ级围岩，指标乘以0.68的系数。

(2)Ⅱ级围岩，指标乘以0.75的系数。

(2)Ⅲ、Ⅳ级围岩，指标不做调整。

(3)Ⅴ级围岩，指标乘以1.35的系数。

(4)Ⅵ级围岩，指标乘以1.65的系数。

洞身指标已综合复合式路面结构,使用指标时不得调整。

洞门指标单位为每端洞门,高速、一级公路一座隧道的工程量按两端洞门计算;二级及以下公路一座隧道的工程量按一端洞门计算。

明洞工程量按明洞长度与明洞设计宽度的乘积计算。明洞宽度指行车道加侧向宽度加人行道或检修道的宽度。

斜井工程量按斜井长度与明洞设计宽度的乘积计算,指标中已综合联络道(风道)。

竖井工程量按竖井深度计算。本指标适用于直径 8m 以内的竖井,指标中已综合联络道(风道)。

管棚工程量按单排管棚的设计长度计算。

指标未包括地震、坍塌、溶洞、采空区、超前地质预报及大量地下水处理,以及其他特殊情况所需的费用,需要时可根据设计另行计算。

指标未包括小导管、洞内施工排水、斜井洞内施工排水等项目,需要时按公路工程概算定额进行计算。

指标未包括隧道的监控、通风、消防、供配电及照明、预留预埋等项目,应根据第七章中的有关项目计算。

(四)涵洞工程

本章包括盖板涵、圆管涵、拱涵和箱涵等项目。

涵身按涵洞长度计算。洞口按道计算,一座涵洞按两座洞口计算,如涵洞只有一座洞口,则按 0.5 道计算。

涵洞工程指标分为跨径 3m 以内和 5m 以内。跨径超过 5m 的涵洞按指标第五章中标准跨径小于 16m 的桥梁指标进行计算。

跨径小于 0.5m 的灌溉涵已综合在指标中,不得将灌溉涵作为工程量参与计算。

指标中涵洞洞口按一般常用的标准洞口计算,如有特殊洞口,可根据实体圬工量,套用公路工程概算定额计算。

若有双孔涵洞时,可按单孔指标乘以表 10-2 中双孔系数。

双孔系数表 表 10-2

结构类型	盖板涵	钢筋混凝土圆管涵	拱涵
双孔系数	1.6	1.8	1.5

(五)桥梁工程

本章包括标准跨径小于 16m 的桥梁、标准跨径大于或等于 16m 的一般结构桥梁以及技术复杂大桥三类项目。

本章指标均包括基础、下部、上部、桥台锥坡、桥头搭板等工程。当设置导流坝、丁坝等调治构筑物时,其圬工及土石方等工程应分别按第一章路基工程的防护工程指标及路基土石方指标另行计算。

桥面面积为桥梁长度与桥面宽度的乘积。桥梁全长,有桥台的桥梁为两岸桥台侧墙或八字墙尾端间的距离;无桥台的桥梁为桥面系行车道的长度。桥梁宽度为行车道或安全带加桥梁护栏的宽度并计算至外缘。

除特殊说明外,指标均包括桥面铺装,使用时不得调整指标。

指标中均已综合混凝土集中拌和、混凝土运输及拌和站安拆、临时轨道、混凝土构件蒸汽养生及蒸汽养生室建筑等项目。

本章指标分标准跨径小于16m的桥梁和标准跨径大于或等于16m的桥梁两项。其中标准跨径大于或等于16m的桥梁又分为一般结构桥梁(如预应力空心板、预应力T形梁、预应力混凝土箱梁)和技术复杂结构桥梁(连续刚构、连续梁、斜拉桥、悬索桥、钢管拱等)两部分。

1.标准跨径小于16m的桥梁

标准跨径小于16m的桥梁指标已综合不同结构类型的桥梁,使用时不得调整指标。

2.标准跨径大于或等于16m的一般结构桥梁

标准跨径大于或等于16m的桥梁应按不同结构类型编制估算。标准跨径100m以内的箱形拱和钢管拱,指标综合了基础、下部和上部;标准跨径100m以上的箱形拱和钢管拱,其基础、下部和上部则应按技术复杂大桥相关指标进行计算。

3.技术复杂大桥

如工程可行性研究设计达到一定深度,能提出技术复杂大桥上部构造用高强钢丝(钢绞线)和基础工程用的钢壳沉井或双壁钢围堰以及上部构造、下部构造、基础等各部位用的光圆钢筋、带肋钢筋的数量,可按设计提供的数量调整上部构造、下部构造和基础工程指标中高强钢丝(钢绞线)及光圆钢筋、带肋钢筋的数量和钢壳沉井指标或承台及围堰指标中相应的数量。

(1)基础工程。扩大基础工程量按基础设计混凝土圬工实体计算。

①沉井基础仅适用于水深在20m以内的桥梁工程,水深超过20m时,应编制补充指标或采用公路工程概算定额计算。

②钢筋混凝土沉井按井体、封底、封顶、填芯等设计混凝土圬工实体计算,钢壳沉井按井壁、封底、封顶、填芯等设计混凝土实体计算。

③灌注桩基础工程量按设计混凝土圬工实体计算。

④钢管桩指标仅适用于打桩船打钢管桩,以打入的根数计算,指标中已综合防腐费用,未包括钢管桩的材料费用,需要另计。

⑤承台及围堰工程量按承台及承台封底设计混凝土圬工实体计算。

⑥地下连续墙工程量按地下连续墙内衬与墙体的混凝土圬工实体体积之和计算。

⑦锚体工程量按锚块、散索鞍支墩、横梁、锚室、基础的混凝土圬工实体体积之和计算,指标综合了锚固系统、冷却管、现浇支架,但基坑开挖及其支护、基底处理、隧道锚岩洞开挖支护,需要时可根据相关指标编制计算。

(2)下部构造。下部构造按墩、台或索塔设计混凝土圬工实体计算。

(3)上部构造。平行钢丝斜拉索、钢绞线斜拉索、主缆的工程量以平行钢丝、钢绞线的设计质量计算,不包括锚头和PE或套管防护料质量,锚头和PE或套管防护料费用应含在斜拉索成品单价中。

①钢绞线斜拉索的单价中包括厂家现场编索和锚具的费用。

②主缆指标综合了牵引系统、猫道系统、主缆系统、缠丝、索鞍、索夹、吊索、防腐涂装的费用,编制估算时,不得另行计算。

③钢箱梁质量为钢箱梁(包括箱梁内横隔板)、桥面板(包括横肋)、横梁、钢锚箱、检查行车及钢护栏质量之和。如为钢—混混合梁结构,其结合部的钢铆钉质量应计入钢箱梁质量内。编制估算时,钢箱梁单价中应包括钢梁运输至安装现场和工地现场焊接费用。

④钢箱梁指标中综合了钢箱梁安装所需的一切工作,但未包括钢箱梁桥面铺装,钢桥面铺

装费用应另行计算。

⑤技术复杂大桥上部构造指标中钢管拱是按标准跨径 240m 以内编制的，若标准跨径大于 240m，可按以下规定进行计算：

a. 若标准跨径 240～400m 以内，指标乘以 1.15 的系数；

b. 若标准跨径 400～600m 以内，指标乘以 1.33 的系数。

(六)交叉工程

本章包括互通式立体交叉、分离式立体交叉、平面交叉、通道、人行天桥及渡槽等项目。

1. 互通式立体交叉

匝道工程量按设计长度计算，匝道指标包括路基、路面、构造物以及其他附属设施等全部工程内容。匝道指标仅综合了一般软基处理和一般路基防护，若有特殊路基处理和特殊路基防护，则需单独进行计算。

匝道指标是按注明的匝道路基宽度编制的，如设计匝道宽度与指标注明宽度值不同时，可按如下系数调整指标：

$$k = \frac{(w_1 - w_2) \times 0.8}{w_0} + 1 \qquad (10\text{-}2)$$

式中：k——指标调整系数；

w_1——设计匝道路基宽度(m)；

w_0——指标所注明的匝道路基宽度(m)。

平原微丘区匝道若为借土填方，借方运距在 3km 以内时，指标不另增加费用，借方运距在 3km 以上时，则需按路基工程中土石方运输指标另计借方运输费用。

匝道桥工程量按桥面面积计算，桥面面积的计算方法同主线桥梁工程的规定。匝道桥指标包括基础、下部、上部、桥面系、桥台锥坡等全部工作。

被交道工程量按设计整修长度计算。指标中路况差是指被交道路面需全部重新修建或大部分路面需补强；路况好是指被交道路面基本完好，只需进行小面积处理。本指标仅指被交道的整修工程，如被交道属改线或为规划路、等级提高(改建)等情况，应根据设计数量套用相应的指标另行计算。

2. 分离式立体交叉

分离式立体交叉的桥梁工程按第五章中的桥梁指标计算。

顶进箱涵的工程量为箱涵外缘宽度与箱涵长度的乘积，指标包括顶进设施、箱涵预制、顶进、铁路线加固、防护网等全部工程内容。

被交道工程量按设计整修长度计算，指标包括路基、路面、构造物以及其他附属设施等全部工程内容。本指标仅指被交道的整修工程，如被交道属改线或为规划路、等级提高(改建)等情况，应根据设计数量套用相应的指标另行计算。

3. 平面交叉

平面交叉工程量按需要设置的交叉处数计算，指标包括路基、路面、构造物以及其他附属设施等全部工程。

公路与机耕道、大车道平面交叉按被交道等级为四级路的指标进行计算。

4. 通道

指标的通道仅适用于跨径为 5m 以内的涵式通道，桥式通道采用桥梁指标计算。

通道洞身工程量按需要设置的总长度计算，洞口按需要设置的洞口数量计算。本指标包括通道本身、通道内路面等全部工作。

指标中通道洞口按一般常用的标准洞口计算，如有特殊洞口，可根据实体圬工量，套用公路工程概算定额计算。

若有双孔通道时，按照单孔定额乘以涵洞工程中盖板涵的双孔系数计算。

5. 人行天桥和渡槽

人行天桥和渡槽工程量按桥梁（渡槽）两端桥台台尾之间的水平距离（全桥长）乘以桥梁梁板或槽口外缘的宽度，以面积计算。

人行天桥及渡槽仅适用于混凝土结构，不适用于钢结构工程。

（七）交通工程及沿线设施

本章包括：安全设施、监控系统、通信系统、收费系统、隧道工程机电设施、独立大桥工程机电设施、服务房屋等项目。

（1）安全设施指标单位为公路公里，工程量按建设项目路线总长度计算，指标已综合匝道的安全设施。若建设项目有连接线，连接线的安全设施则应根据道路等级另行计算。

（2）监控系统指标单位为公里，工程量按建设项目路线总长度扣除隧道长度（双洞）的长度计算。

（3）通信系统指标单位为公路公里，工程量按建设项目路线长度计算。

（4）收费系统指标单位为每条收费车道，工程量按建设项目主线和匝道收费所需的收费车道（包括进与出）数目之和计算。

（5）隧道工程机电设施指标分为监控系统、通风系统、消防系统、供配电及照明、预留预埋等项目。

（6）隧道工程机电指标单位为公里，工程量以隧道双洞长度计算；若隧道为单洞，则需将指标乘以 0.5 的系数。

（7）独立大桥机电设施指标仅适用于跨江、跨海的特大型桥梁工程，不适用于路线项目中所含的桥梁工程。

（8）独立大桥机电设施指标单位为 10 桥长米，工程量按新建独立大桥长度计算。

（9）服务房屋按项目所需的房屋建筑面积之和计算，但不包括收费天棚的建筑面积，收费天棚的费用含在收费系统内。

本章指标均不包括外供电，若建设项目需外供电，则应另行计算。

（八）临时工程

本章包括：临时便道、临时便桥、临时码头、其他临时工程四个项目。

（1）临时便道分简易便道和复杂便道，指标单位为 1km，工程量按便道的长度计算。复杂便道是指山岭重丘区的高速公路或独立长大隧道修建时所需的便道，其余为简易便道。复杂便道的设置可结合当地农村路网规划统筹考虑。便道综合了路基、路面、构造物及养护等全部工程。

（2）临时便桥仅为一般性便桥，对特殊的便桥应按公路工程概算定额单独计算。

（3）临时码头指标单位为座，工程量按需要计算的座数进行计算。

（4）其他临时工程指标综合了公路交工前养护、临时电力线路、临时通信线路及其他零星工程等，按项目路线长度计算。

（5）本章指标不包括拆除旧建筑物、构造物、三改工程（改河、改沟、改路），若工程项目需要，应根据概算定额单独计算。

第二节　投资估算的编制

一、编制依据和要求

(一)编制依据

(1)国家发布的有关法律、法规、规章、规程等。

(2)现行的《估算指标》、《公路工程概算定额》、《公路工程预算定额》、《公路工程机械台班费用定额》及《估算编制办法》。

(3)工程所在地省级交通运输主管部门发布的补充计价依据。

(4)批准的项目建议书等有关资料。

(5)项目建议书或工程可行性研究图纸等设计文件。

(6)工程所在地的人工、材料、机械及设备预算价格等。

(7)工程所在地的自然、技术、经济条件等资料。

(8)工程实施方案。

(9)有关合同、协议等。

(10)其他有关资料。

(二)编制要求

(1)投资估算应根据项目建议书和工程可行性研究报告的工作深度,核实工程项目及其数量,结合工程所在地的建设条件,按现行《估算指标》和《估算编制办法》的规定编制。当可行性研究报告的工作深度已达到初步设计的深度时,可采用现行《公路工程概算定额》编制可行性研究报告投资估算。

(2)投资估算编制必须严格执行国家的方针、政策和有关规定,并应符合公路工程行业标准、规范和规定。投资估算文件应达到的质量要求是:符合规定、结合实际、经济合理、提交及时、不重不漏、计算正确、字迹清晰、装订整齐完善。

(3)投资估算应由具有相应资质的设计、工程(造价)咨询单位负责编制。编制、审核人员必须持有公路工程造价人员执业资格证书。当一个建设项目由两个以上设计(咨询)单位共同承担设计时,各设计(咨询)单位应负责编制所设计的单项或单位工程投资估算,主体设计(咨询)单位应负责编制原则和依据、工程设备与材料价格、取费标准等的协调与统一,汇编总估算,并对全部估算的编制质量负责。

(4)公路工程造价人员应具备公路工程专业素质。编制投资估算时,掌握设计、施工情况,做好建设方案的经济比较,使技术工作和经济工作结合起来,全面、有效地提高前期工作质量,合理确定工程造价。

二、投资估算费用计算

现行的《公路工程基本建设项目投资估算编制办法》(JTG M20—2011)与《公路工程基本建设项目概算预算编制办法》(JTG B06—2007)相比,除了“施工标准化与安全措施费”的取费标准略高,以及第二、第三部分在编制投资估算时一些费用取费标准不同外,其他各项费用的计算标准和方法一致。具体计算标准和方法参本教材第七、八章。

投资估算各项费用的计算方法简述如下：

1. 直接工程费的计算

(1)人工费

人工费以现行《估算指标》中人工工日消耗数乘以人工费标准计算。

人工费标准按照本地区公路建设项目的人工工资统计情况并结合工种组成、定额消耗、最低工资标准以及公路建设劳务市场情况进行综合分析确定，由各省、自治区、直辖市交通运输厅(局、委)审批并公布。人工标准仅作为编制投资估算的依据，不作为施工企业实发工资的依据。

(2)机械使用费

施工机械使用费是按列入现行《估算指标》的施工机械台班消耗量，乘以相应的机械台班单价计算的施工机械使用费和小型机具使用费。

施工机械台班预算价格应按现行《公路工程机械台班费用定额》(JTG/T B06-03—2007)计算。

(3)材料费

材料费是以现行《估算指标》给出的构成工程实体的原材料、辅助材料、构(配)件、零件、半成品、成品的消耗量和周转材料的摊销量，按工程所在地的材料预算价格计算的费用。

2. 建筑安装工程费的计算

按照《估算编制办法》规定，确定各种费率的取费标准，并计算其他各项费用，包括其他工程费、间接费、利润和税金。

其他工程费＝直接工程费×其他工程费综合费率

或各类工程人工费和机械费之和×其他工程费综合费率

直接费＝直接工程费＋直接费

间接费＝各类工程人工费×规费综合费率＋直接费×企业管理费综合费率

利润＝(直接费＋间接费－规费)×7%

税金＝(直接费＋间接费＋利润)×3.41%

建筑安装工程费＝直接费＋间接费＋利润＋税金

3. 设备、工具、器具购置费的计算

(1)项目建议书投资估算设备、工具、器具购置费可按《估算编制办法》附录八规定的费率，以第一部分建筑安装工程费总额为基数计算。

(2)工程可行性研究报告投资估算的设备及工具、器具购置费按现行《估算指标》附录一计算。

4. 工程建设其他费用的计算

(1)土地征用及拆迁补偿费计算方法：

①项目建议书投资估算阶段。土地征用费按《公路工程项目建设用地指标》中规定的数量乘以工程所在地的征地单价进行计算。拆迁补偿费按《估算编制办法》附录八规定的费率，以第一部分建筑安装工程费总额为基数进行计算。

②工程可行性研究报告投资估算阶段。土地征用及拆迁补偿费应根据工程可行性研究报告编制的建设工程用地和临时用地面积及其附着物的情况，以及实际发生的费用项目，按国家有关规定及工程所在地的省(自治区、直辖市)人民政府颁发的有关规定和标准计算。

(2)研究试验费计算方法：

①项目建议书投资估算的研究试验费按《估算编制办法》附录八规定的费率，以第一部分建筑安装工程费总额为基数计算。

②工程可行性研究报告的研究试验费按照设计提出的研究试验内容和要求进行编制，不需验证设计基础资料的不计本项费用。

(3)建设项目前期工作费计算方法：

①项目建议书投资估算前期工作费按《估算编制办法》附录八规定的费率，以第一部分建筑安装工程费总额为基数计算。

②工程可行性研究报告投资估算前期工作费依据委托合同计列，或按国家颁发的收费标准和有关规定进行编制。

(4)专项评价(估)费计算方法：

①项目建议书投资估算的专项评价(估)费按《估算编制办法》附录八规定的费率，以第一部分建筑安装工程费总额为基数计算。

②工程可行性研究报告投资估算的专项评价(估)费依据委托合同计列，或按国家颁发的收费标准和有关规定进行编制。

除以上费用外的其他各项费用：建设项目管理费、施工机构迁移费、供电贴费、联合试运转费、生产人员培训费、固定资产投资方向调节税以及建设期贷款利息的计算方法同《公路工程基本建设项目概算预算编制办法》的规定。

5.预备费及回收金额的计算

价差预备费以投资估算第一部分建筑安装工程费总额为基数，按项目建议书和可行性研究报告编制年始至建设项目工程竣工年的年数和年工程造价增长率计算。项目建议书和可行性研究报告编制至工程完工在一年以内的工程，不列此项费用。

基本预备费以第一、二、三部分费用之和(扣除固定资产投资方向调节税和建设期贷款利息两项费用)为基数，项目建议书投资估算按费率11%计列，可行性研究报告投资估算按费率9%计列。

投资估算指标所列材料一般不计回收，只对按全部材料计价的一些临时工程项目和由于工程规模或工期限制达不到规定周转次数的拱盔、支架及施工金属设备的材料计算回收金额。

三、投资估算各项费用的计算程序和关系

公路工程基本建设项目投资估算是以现行《估算指标》以及《估算编制办法》为依据，按照工程所在地的人工费标准、材料预算单价和机械台班单价计算出各工程项目的直接工程费，然后按《估算编制办法》规定计算出其他各项费用。投资估算各项费用的计算程序和关系见表10-3。

各项费用的计算程序和关系　　表10-3

代号	项　目	说明及计算式
一	直接工程费(即工、料、机费)	按编制年工程所在地的预算价格计算
二	其他工程费	(一)×其他工程费综合费率或各类工程人工费和机械费之和×其他工程费综合费率

续上表

代号	项　目	说明及计算式
三	直接费	(一)+(二)
四	间接费	各类工程人工费×规费综合费率+(三)×企业管理费综合费率
五	利润	[(三)+(四)-规费]×利润率
六	税金	[(三)+(四)+(五)]×综合税率
七	建筑安装工程费	(三)+(四)+(五)+(六)
	设备、工具、器具购置费(包括备品备件)	∑(设备、工具、器具购置数量×单价+运杂费)×(1+采购保管费率)
八	办公和生活用家具购置费	按有关规定计算
九	工程建设其他费用	
	土地征用及拆迁补偿费	按有关规定计算
	建设单位(业主)管理费	(七)×费率
	设计文件审查费	(七)×费率
	竣(交)工验收试验检测费	按有关规定计算
	工程监理费	(七)×费率
	研究试验费	按有关规定计算
	建设项目前期工作费	按有关规定计算
	专项评价(估)费	按有关规定计算
	施工机构迁移费	按实计算
	供电贴费(停止收取)	按有关规定计算
	联合试运转费	(七)×费率
	生产人员培训费	按有关规定计算
	固定资产投资方向调节税(暂停征收)	按有关规定计算
	建设期贷款利息	按资金筹措方案贷款数及利率计算
十	预备费	包括价差预备费和基本预备费两项
	价差预备费	按规定的公式计算
	基本预备费	[(七)+(八)+(九)-固定资产投资方向调节税-建设期贷款利息]×费率
十一	建设项目总费用	(七)+(八)+(九)+(十)

第三节　投资估算编制示例

四川省×××高速公路，路段长60km。工程可行性研究报告设计文件提出的桥梁涵洞工程数量见表10-4。根据交通运输部《估算编制办法》和《估算指标》，以及四川省的有关规定和工程所在地区的现场调查，编制可行性研究报告投资估算。

桥梁涵洞工程数量表 表 10-4

序 号	工 程 名 称	单 位	工 程 数 量
四	桥梁涵洞工程	km	6.142
1	涵洞工程	m/道	1575.000/45.000
1.1	盖板涵	m/道	1575.000/45.000
1.1.1	涵径 3m	m/道	1260.000/36.000
	涵身	10 延米	126.000
	洞口	1 道	36.000
1.1.2	涵径 5m	m/道	315.000/9.000
	涵身	10 延米	31.500
	洞口	1 道	9.000
2	小桥工程	m/座	90.000/5.000
2.1	标准跨径 15m 桥梁	$100m^2$ 桥面	22.050
3	中桥工程	m/座	304.000/4.000
3.1	预应力混凝土小箱梁	m/座	304.000/4.000
3.1.1	标准跨径 30m 墩高 20m(干处)	$100m^2$ 桥面	72.960
4	大桥工程	m/座	5838.000/23.000
4.1	连续刚构大桥	m/座	226.000/1.000
4.2	预应力混凝土 T 形梁	m/座	2996.000/11.000
4.2.1	标准跨径 30m 墩高 20m(干处)	$100m^2$ 桥面	191.520
4.2.2	标准跨径 30m 墩高 40m(干处)	$100m^2$ 桥面	220.320
4.2.3	标准跨径 50m 墩高 40m(干处)	$100m^2$ 桥面	165.120
4.2.4	标准跨径 50m 墩高 60m(干处)	$100m^2$ 桥面	142.080
4.3	预应力混凝土连续箱梁	m/座	2616.000/11.000
4.3.1	标准跨径 30m 墩高 20m(干处)	$100m^2$ 桥面	627.840

目 录

总 估 算 表

建设项目名称：×××高速公路

编制范围：K73＋000～K132＋000　　　　第1页　共5页　　01表

项	目	节	细目	工程或费用名称	单位	数量	估算金额(元)	技术经济指标	各项费用比例(%)	备注
				第一部分　建筑安装工程费	公路公里	59.000	3950777491	66962330.36	69.91	
一				临时工程	公路公里	59.000	45695878	774506.41	0.81	
	1			临时道路	km	35.000	40212593	1148931.23		
		1		临时便道的修建与维护	km	35.000	40212593	1148931.23		
	2			临时便桥	m/座	550 / 5	1288711	2343.11 / 257742.20		
	3			其他临时工程	公路公里	59.000	4194574	71094.47		
二				路基工程	km	40.003	543610900	13589253.31	9.62	
				……	……	……	……	……	……	
四				桥梁涵洞工程	km	6.142	643821484	104822774.99	11.39	
	1			涵洞工程	m/道	1575 / 45	13890759	8819.53 / 308683.53		
		1		盖板涵	m/道	1575 / 45	13890759	8819.53/308683.53		
			1	涵径 3m 以内	m/道	1260 / 36	8323735	6606.14/231214.86		
			2	涵径 5m 以内	m/道	315 / 9	5567024	17673.09/618558.22		
	2			小桥工程	m/座	90/5	6967592	77417.69/1393518.40		
	3			中桥工程	m/座	304/4	25810864	84904.16/6452716.00		
		1		预应力混凝土小箱梁	m/座	304/4	25810864	84904.16/6452716.00		
	4			大桥工程	m/座	5838/23	597152269	102287.13/25963142.13		
		1		连续刚构大桥	m/座	226/1	34699057	153535.65/34699057.00		
		2		预应力混凝土 T 形梁	m/座	2996/11	340343933	113599.44/30940357.55		
		3		预应力混凝土连续箱梁	m/座	2616/11	222109280	84904.16/20191752.73		
五				交叉工程	处	55.000	376455930	6844653.27	6.66	
				……	……	……	……	……	……	

编制：　　　　复核：

总 估 算 表

建设项目名称:×××高速公路

编制范围:K73+000~K132+000

第5页 共5页 01表

项	目	节	细目	工程或费用名称	单位	数量	估算金额(元)	技术经济指标	各项费用比例(%)	备注
				第二部分 设备及工具、器具购置费	公路公里	59.000	66259836	1123048.07	1.17	
一				设备购置费	公路公里	59.000	65227336	1105548.07	1.15	
三				办公及生活用家具购置费	公路公里	59.000	1032500	17500.00	0.02	
				第三部分 工程建设其他费用	公路公里	59.000	1217820447	20641024.53	21.55	
一				土地征用及拆迁补偿费	公路公里	59.000	352957875	5982336.86	6.25	
	1			土地征用费	亩	4583.000	252065000	55000.00		
	2			……	……	……	……	……	……	
二				建设项目管理费	公路公里	59.000	110326315	1869937.54	1.95	
	1			建设单位(业主)管理费	公路公里	59.000	26474988	448728.61		
	2			工程监理费	公路公里	59.000	79015550	1339246.61		
	3			设计文件审查费	公路公里	59.000	3950777	66962.32		
	4			竣(交)工验收试验检测费	公路公里	59.000	885000	15000.00		
三				研究试验费	公路公里	59.000	10469560	177450.17	0.19	
四				建设项目前期工作费	公路公里	59.000	123580320	2094581.69	2.19	
五				专项评价(估)费	公路公里	59.000	8138602	137942.41	0.14	
八				联合试运转费	公路公里	59.000	1975389	33481.17	0.03	
十一				建设期贷款利息	公路公里	59.000	610372386	10345294.68	10.80	
				第一、二、三部分费用合计	公路公里	59.000	5234857774	88726402.95	92.63	
				预备费	元		416203685		7.37	
				基本预备费	元		416203685		7.37	
				投资估算总金额	元		5651061459		100.00	
				公路基本造价	公路公里	59.000	5651061459	95780702.69	100.00	

编制: 复核:

人工、主要材料、机械台班数量汇总表

建设项目名称：×××高速公路

编制范围：K73＋000～K132＋000

第 1 页　共 14 页　　02 表

序号	规格名称	单位	总数量	分项统计										场外运输损耗	
				临时工程	路基工程	路面工程	桥梁涵洞工程	交叉工程	隧道工程	公路设施及预埋管线工程	绿化及环境保护工程	辅助生产	其他	%	数量
1	人工	工日	11206718	278122	1914427	270801	1250694	945883	5942412	225030			379350		
2	机械工	工日	1053679	13959	245413	47027	156441	142404	370377	78058					
3	原木	m^3	3462	467	812	0	704	393	1083	2					
4	锯材木中板 § ＝19～35	m^3	5802	345	692	112	1784	794	2072	3					
5	枕木	m^3	889				515	20	354						
6	光圆钢筋直径 10～14mm	t	17736	19	3789	4	6711	2794	4192	227					
7	带肋钢筋直径15～24mm，25mm 以上	t	62551	47	10088	175	27245	9046	15950						
8	钢绞线普通，无松弛	t	3092		419		2107	566							
9	冷拔低碳钢丝 ϕ 5mm 以内冷拔丝	t	1				0	1							
10	波纹管钢带	t	215				166	49							
11	型钢	t	1976	13	277	66	377	312	931	1					
12	钢板	t	1463	2		2	657	86	648	68					
13	圆钢	t	0				0	0							
14	钢管	t	5599	2	72		820	241	4447	16					
15	镀锌钢管	t	0						0						
16	压制弯头	kg	11185						11185						
17	镀锌钢板	t	139						138	1					
18	钢钎	kg	16395	3857	11873		74	587		3					
	……	……	……	……	……	……	……	……	……	……	……	……	……		

编制：　　　　　　　　　　　　　　　　复核：

建筑安装工程费计算表

建设项目名称：×××高速公路

编制范围：K73＋000～K132＋000

第1页 共2页 03表

序号	工程名称	单位	工程量	直接费（元）						间接费（元）	利润（元）费率7.0%	税金（元）综合税率3.41%	建筑安装工程费	
				直接工程费				其他工程费	合计				合计（元）	单价（元）
				人工费	材料费	机械使用费	合计							
1	2	3	4	5	6	7	8	9	10	11	12	13	14	15
1	临时便道的修建与维护	km	35.000	12451500	8425254	8564822	29441576	1127612	30569188	6091080	2226293	1326032	40212593	1148931.22
2	临时便桥	m/座	550.000	150345	795514	45969	991828	60997	1052825	115698	77692	42496	1288711	2343.11
3	其他临时工程	公路公里	59.000	1206892	1777768	9887	2994547	184165	3178712	642974	234570	138318	4194574	71094.48
4	挖土方	m^3	2038710.000	5779773	1427	20158156	25939357	785194	26724551	3091293	1929321	1082510	32827675	16.10
5	挖石方	m^3	3957580.000	28354062	11214100	77268241	116836403	4142860	120979263	15369158	8770324	4948549	150067294	37.92
6	填土方	m^3	854550.000	403070	2905	5842172	6248147	239304	6487451	419290	472468	251631	7630840	8.93
7	填石方	m^3	2092207.000	8382961		11470256	19853217	795717	20648934	4101507	1503676	895265	27149382	12.98
8	借土填方	m^3	41032.000	56839	140	977288	1034266	29868	1064135	53814	76705	40738	1235391	30.11
9	利用隧道弃渣填筑	m^3	18545.000	74305		284077	358382	11030	369412	40381	26657	14883	451333	24.34
……	……	……	……	……	……	……	……	……	……	……	……	……	……	……
24	小桥工程	m/座	90.000	1156090	3413753	680814	5250657	322915	5573573	752963	411296	229760	6967592	77417.69
25	预应力混凝土小箱梁	m/座	304.000	2567240	14424029	2530265	19521534	1479342	21000876	2391482	1567379	851127	25810864	84904.16
26	连续刚构大桥	m/座	226.000				34699057		34699057				34699057	153535.65
27	预应力混凝土T形梁	m/座	2996.000	32931863	189747059	35025786	257704708	19528863	277233570	31196289	20691050	11223023	340343933	113599.44
28	预应力混凝土连续箱梁	m/座	2616.000	22091778	124122569	21773593	167987940	12730126	180718066	20579329	13487712	7324172	222109280	84904.16
……	……	……	……	……	……	……	……	……	……	……	……	……	……	……
	各项费用合计	公路公里	59.000	537578832	1899671658	659370504	3163770051	181806876	3345576927	376556642	241173014	132858972	4096165555	69426534.83

编制：　　　　　　　　　　复核：

其他工程费及间接费综合费率计算表

建设项目名称：×××高速公路

编制范围：K73＋000～K132＋000

第 1 页　共 2 页　　04 表

序号	工程类别	其他工程费费率（%）													间接费费率（%）											
		冬季施工增加费	雨季施工增加费	夜间施工增加费	高原地区施工增加费	风沙地区施工增加费	沿海地区施工增加费	行车干扰工程施工增加费	安全及文明施工措施费	临时设施费	施工辅助费	工地转移费	综合费率		规费						企业管理费					
													Ⅰ	Ⅱ	养老保险费	失业保险费	医疗保险费	住房公积金	工伤保险费	综合费率	基本费用	主副食运费补贴	职工探亲路费	职工取暖补贴	财务费用	综合费率
1	2	3	4	5	6	7	8	9	10	11	12	13	14	15	16	17	18	19	20	21	22	23	24	25	26	27
1	人工土方		0.200						0.590	1.570	0.890	0.348	3.598		20.000	2.000	7.000	9.000	1.000	39.000	3.360	0.450	0.100		0.230	4.140
2	机械土方		0.200						0.590	1.420	0.490	1.130	3.830		20.000	2.000	7.000	9.000	1.000	39.000	3.260	0.350	0.220		0.210	4.040
3	汽车运输		0.220						0.210	0.920	0.160	0.670	2.180		20.000	2.000	7.000	9.000	1.000	39.000	1.440	0.370	0.140		0.210	2.160
4	人工石方		0.150						0.590	1.600	0.850	0.360	3.550		20.000	2.000	7.000	9.000	1.000	39.000	3.450	0.340	0.100		0.220	4.110
5	机械石方		0.190						0.590	1.970	0.460	0.798	4.008		20.000	2.000	7.000	9.000	1.000	39.000	3.280	0.330	0.220		0.200	4.030
6	高级路面	0.060	0.190						1.000	1.920	0.800	1.400	5.370		20.000	2.000	7.000	9.000	1.000	39.000	1.910	0.220	0.140		0.270	2.540
7	其他路面		0.180						1.020	1.870	0.740	1.270	5.080		20.000	2.000	7.000	9.000	1.000	39.000	3.280	0.220	0.160		0.300	3.960
8	构造物Ⅰ	0.060	0.150						0.720	2.650	1.300	1.270	6.150		20.000	2.000	7.000	9.000	1.000	39.000	4.440	0.320	0.290		0.370	5.420
9	构造物Ⅱ	0.080	0.160	0.350					0.780	3.140	1.560	1.508	7.578		20.000	2.000	7.000	9.000	1.000	39.000	5.530	0.350	0.340		0.400	6.620
10	构造物Ⅲ（一般）	0.150	0.350	0.700					1.570	5.810	3.030	2.983	14.593		20.000	2.000	7.000	9.000	1.000	39.000	9.790	0.640	0.550		0.820	11.800

续上表

序号	工程类别	其他工程费费率(%)													间接费费率(%)											
		冬季施工增加费	雨季施工增加费	夜间施工增加费	高原地区施工增加费	风沙地区施工增加费	沿海地区施工增加费	行车干扰工程施工增加费	安全及文明施工措施费	临时设施费	施工辅助费	工地转移费	综合费率		规费						企业管理费					
													Ⅰ	Ⅱ	养老保险费	失业保险费	医疗保险费	住房公积金	工伤保险费	综合费率	基本费用	主副食运费补贴	职工探亲路费	职工取暖补贴	财务费用	综合费率
10-1	构造物Ⅲ(室内管道)	0.150		0.700					1.570	5.810	3.030	2.983	14.243		20.000	2.000	7.000	9.000	1.000	39.000	9.790	0.640	0.550		0.820	11.800
10-2	构造物Ⅲ(安装工程)	0.150							0.785	5.810	3.030	2.983	12.758		20.000	2.000	7.000	9.000	1.000	39.000	9.790	0.640	0.550		0.820	11.800
11	技术复杂大桥	0.080	0.190	0.350					0.860	2.920	1.680	1.700	7.780		20.000	2.000	7.000	9.000	1.000	39.000	4.720	0.290	0.200		0.460	5.670
12	隧道								0.730	2.570	1.230	1.195	5.725		20.000	2.000	7.000	9.000	1.000	39.000	4.220	0.280	0.270		0.390	5.160
13	钢材及钢结构(一般)			0.350					0.530	2.480	0.560	1.625	5.545		20.000	2.000	7.000	9.000	1.000	39.000	2.420	0.300	0.160		0.480	3.360
13-1	钢材及钢结构(金属标志牌等)								0.530	2.480	0.560	1.625	5.195		20.000	2.000	7.000	9.000	1.000	39.000	2.420	0.300	0.160		0.480	3.360

编制：

复核：

设备、工具、器具购置费计算表

建设项目名称：×××高速公路

编制范围：K73＋000～K132＋000

第1页　共1页　　05表

序号	设备、工具、器具规格名称	单　位	数　量	单 价（元）	金 额（元）	说　明
一	设备购置费	公路公里	59.00	1146232.090	67627693	建安工程费×1.651%
三	办公及生活用家具购置费	公路公里	59.00	17500.000	1032500	{办公及生活用家具购置费}

编制：　　　　复核：

工程建设其他费用计算表

建设项目名称：×××高速公路

编制范围：K73＋000～K132＋000

第 1 页　共 2 页　　06 表

序号	费用名称及回收金额项目	说明及计算式	金额（元）	备注
	第三部分　工程建设其他费用		1217820447	
一	土地征用及拆迁补偿费		352957875	
1	土地征用费	4583.00（亩）× 55000	252065000	
2	青苗等补偿和安置补助费		100892875	
（1）	砖混结构	75505.00（m^2）×800	60404000	
	……	……	……	……
二	建设项目管理费		110326315	
1	建设单位（业主）管理费	{建设单位管理费}（建安费）	26474988	26474987.97
2	工程监理费	{工程监理费}	79015550	79015549.81
3	设计文件审查费	建安工程费×0.1%	3950777	3950777490.69×0.1%
4	竣（交）工验收试验检测费	{竣（交）工验收试验检测费}	885000	885000
三	研究试验费	建安工程费×0.265%	10469560	3950777490.69×0.265%
四	建设项目前期工作费	建安工程费×3.128%	123580320	3950777490.69×3.128%
五	专项评价（估）费	建安工程费×0.206%	8138602	3950777490.69×0.206%
八	联合试运转费	{联合试运转费}	1975389	1975388.75
十一	建设期贷款利息	建息（4，110000，110000，110000，110000，6.55%）×10000	610372386	建息（4，110000，110000，110000，110000，6.55%）×10000
	第一、二、三部分费用合计	建安工程费＋第二部分 设备及工具、器具购置费＋第三部分 工程建设其他费用	5234857774	3950777490.69＋66259836.37＋1217820446.88
	预备费		416203685	
	基本预备费	（第一、二、三部分费用合计－建设期贷款利息－{P}）×9%	416203685	（5234857773.94－610372385.97－0）×9%
	投资估算总金额	第一、二、三部分费用合计＋预备费	5651061459	5234857773.94＋416203684.92
	公路基本造价	投资估算总金额－{M}	5651061459	5651061458.86－0

编制：　　　　　　　　　　　　复核：

人工、材料、机械台班单价汇总表

建设项目名称：×××高速公路

编制范围：K73＋000～K132＋000

第 1 页　共 7 页　　07 表

序号	名　称	单位	代号	预算单价(元)	备注	序号	名　称	单位	代号	预算单价(元)	备注
1	人工	工日	1	49.65		26	电焊条	kg	231	8.50	
2	机械工	工日	2	49.65		27	螺栓	kg	240	10.65	
3	原木	m^3	101	1566.61		28	镀锌螺栓	kg	241	14.76	
4	锯材木中板 $\delta=19\sim35$	m^3	102	1669.11		29	膨胀螺栓	套	242	3.30	
5	枕木	m^3	103	1648.61		30	镀锌膨胀螺栓	套	243	5.01	
6	光圆钢筋直径 10～14mm	t	111	4231.61		31	凸缘	kg	244	10.63	
7	带肋钢筋直径 15～24mm，25mm 以上	t	112	4334.11		32	钢管立柱	t	247	5850.00	
8	钢绞线普通，无松弛	t	125	6486.61		33	型钢立柱	t	248	5300.00	
9	冷拔低碳钢丝 ϕ5mm 以内冷拔丝	t	132	5564.11		34	波形钢板	t	249	6100.00	
10	波纹管钢带	t	151	6350.00		35	钢管桩	t	262	5000.00	
11	型钢	t	182	4487.86		36	钢护筒	t	263	4800.00	
12	钢板	t	183	4539.11		37	钢模板	t	271	5970.00	
13	圆钢	t	184	3177.00		38	组合钢模板	t	272	5710.00	
14	钢管	t	191	5564.11		39	门式钢支架	t	273	5500.00	
15	镀锌钢管	t	192	5769.11		40	四氟板式橡胶组合支座	dm^3	401	110.00	
16	压制弯头	kg	196	19.34		41	板式橡胶支座	dm^3	402	80.00	
17	镀锌钢板	t	208	5820.36		42	模数式伸缩缝	t	541	38500.00	
18	钢钎	kg	211	6.49		43	板式橡胶伸缩缝	m	542	1300.00	
19	空心钢纤	kg	212	8.23		44	铸铁	kg	561	3.00	
20	ϕ50mm 以内合金钻头	个	213	27.21		45	钢绞线群锚(3 孔)	套	572	105.00	
21	ϕ150mm 以内合金钻头	个	214	95.00		46	钢绞线群锚(4 孔)	套	573	140.00	
	……	……	……	……			……	……	……	……	

编制：　　　　　　　　复核：

建筑安装工程费计算数据表

建设项目名称：×××高速公路　　编制范围：K73＋000～K132＋000　　数据文件编号：1　　公路等级：高速公路

路线或桥梁长度(km)：59.0　　路基或桥梁宽度(m)：0.0　　第1页　共7页　　08-1表

项的代号	本项目数	目的代号	本目节数	节的代号	本节细目数	细目的代号	费率编号	定额个数	定额代号	项或目或节或细目或定额的名称	单位	数量		定额调整情况
一	3									临时工程	公路公里	59.000		
		1	1							临时道路	km	35.000		
				1				1		临时便道的修建与维护	km	35.000		
							02		8～1～5	山岭重丘区复杂便道路基宽度 4.5m	1km	35.000		
		2						2		临时便桥	m/座	550.000	5.000	
							08		8～2～1	钢便桥上部	10m	55.000		
							08		8～2～3	墩桩长 20m 以内	1座	27.000		
		4						1		其他临时工程	公路公里	59.000		
							08		8～4～2	山岭重丘区高速公路其他临时工程	公路公里	59.000		
二	5									路基工程	km	40.003		
		2	1							挖方	m^3	5996290.000		
				1	2					路基挖方	m^3	5996290.000		
						1		2		挖土方	m^3	2038710.000		
							02		1～1～2	山岭重丘区挖土方	$1000m^3$ 天然密实方	2038.710		
							03		1～4～1	自卸汽车运土 3km	$1000m^3$ 天然密实方	1184.160		＋2× 4.0
						2		2		挖石方	m^3	3957580.000		
							05		1～5～2	山岭重丘区开炸石方	$1000m^3$ 天然密实方	3957.580		
							03		1～4～5	自卸汽车运石 3km	$1000m^3$ 自然方	1969.323		＋6× 4.0
……	……	……	……	……	……	……	……	……	……	……	……	……	……	……

编制：　　　　复核：

建筑安装工程费计算数据表

建设项目名称：×××高速公路　　编制范围：K73＋000～K132＋000　　数据文件编号：1　　公路等级：高速公路

路线或桥梁长度(km)：59.0　　路基或桥梁宽度(m)：0.0　　第 4 页　共 7 页　　08-1 表

项的代号	本项目数	目的代号	本目节数	节的代号	本节细目数	细目的代号	费率编号	定额个数	定额代号	项或目或节或细目或定额的名称	单位	数量		定额调整情况
四	4									桥梁涵洞工程	km	6.142		
		1	1							涵洞工程	m/道	1575.000	45.000	
				3	2					盖板涵	m/道	1575.000	45.000	
						1		2		涵径 3m 以内	m/道	1260.000	36.000	
							08		4～1～1	跨径 3m 以内盖板涵涵身	10 延米	126.000		
							08		4～1～2	跨径 3m 以内盖板涵洞口	1 道	36.000		
						2		2		涵径 5m 以内	m/道	315.000	9.000	
							08		4～1～3	跨径 5m 以内盖板涵涵身	10 延米	31.500		
							08		4～1～4	跨径 5m 以内盖板涵洞口	1 道	9.000		
		2						1		小桥工程	m/座	90.000	5.000	
	……	……	……	……	……	……	……	……	……	……	……	……	……	……
		4	3							大桥工程	m/座	5838.000	23.000	
				1						连续刚构大桥	m/座	226.000	1.000	226 × 153535.65 元
				2				4		预应力混凝土 T 形梁	m/座	2996.000	11.000	
							09		5～4～1	标准跨径 30m 以内基础干处墩高 20m 以内	100m² 桥面	191.520		
							09		5～4～2	标准跨径 30m 以内基础干处墩高 40m 以内	100m² 桥面	220.320		
							09		5～4～9	标准跨径 30m 以上干处墩高 40m 以内	100m² 桥面	165.120		
							09		5～4～10	标准跨径 30m 以上干处墩高 60m 以内	100m² 桥面	142.080		
				4				1		预应力混凝土连续箱梁	m/座	2616.000	11.000	
	……	……	……	……	……	……	……	……	……	……	……	……	……	……

编制：　　复核：

分项工程估算表

编制范围：K73＋000～K132＋000

工程名称：预应力混凝土 T 形梁

第 68 页　共 202 页　　08-2 表

序号	工程项目			预制安装预应力混凝土 T 形梁			预制安装预应力混凝土 T 形梁			预制安装预应力混凝土 T 形梁			预制安装预应力混凝土 T 形梁		
	工程细目			标准跨径 30m 以内基础干处 墩高 20m 以内			标准跨径 30m 以内基础干处 墩高 40m 以内			标准跨径 30m 以上干处 墩高 40m 以内			标准跨径 30m 以上干处 墩高 60m 以内		
	定额单位			100m² 桥面			100m² 桥面			100m² 桥面			100m² 桥面		
	工程数量			191.520			220.320			165.120			142.080		
	定额表号			5～4～1			5～4～2			5～4～9			5～4～10		
	工、料、机名称	单位	单价(元)	定额	数量	金额(元)	定额	数量	金额(元)	定额	数量	金额(元)	定额	数量	金额(元)
1	人工	工日	49.65	713.700	713.700	6786550	772.900	170285.328	8454667	912.000	150589.440	7476766	1447.900	205717.632	10213880
2	原木	m^3	1566.61	0.260	0.260	78010	0.291	64.113	100440	0.344	56.801	88985	0.505	71.750	112405
3	锯材木中板 § ＝19～35	m^3	1669.11	1.086	1.086	347159	1.215	267.689	446802	1.434	236.782	395215	1.805	256.454	428051
4	枕木	m^3	1648.61	0.349	0.349	110194	0.349	76.892	126764	0.411	67.864	111882	0.411	58.395	96270
5	光圆钢筋直径 10～14mm	t	4231.61	4.511	4.511	3655886	4.600	1013.472	4288618	5.428	896.271	3792671	5.189	737.253	3119768
6	带肋钢筋直径 15～24mm,25mm 以上	t	4334.11	15.499	15.499	12865236	17.229	3795.893	16451819	20.330	3356.890	14549129	44.976	6390.190	27695787
7	钢绞线普通,无松弛	t	6486.61	1.504	1.504	1868443	1.504	331.361	2149411	1.775	293.088	1901148	1.775	252.192	1635871
8	波纹管钢带	t	6350.00	0.089	0.089	108238	0.089	19.608	124514	0.105	17.338	110094	0.105	14.918	94732
9	型钢	t	4487.86	0.159	0.159	136663	0.175	38.556	173034	0.206	34.015	152653	0.497	70.614	316905
10	钢板	t	4539.11	0.721	0.721	626787	0.721	158.851	721041	0.851	140.517	637823	0.963	136.823	621055
11	钢管	t	5564.11	0.538	0.538	573313	0.650	143.208	796825	0.767	126.647	704678	0.341	48.449	269577
12	钢钎	kg	6.49										0.400	56.832	369
13	钢丝绳	t	5853.00	0.015	0.015	16814	0.016	3.525	20633	0.019	3.137	18362	0.014	1.989	11642
14	电焊条	kg	8.50	211.800	211.800	344793	221.100	48712.752	414058	261.000	43096.320	366319	374.900	53265.792	452759
15	钢护筒	t	4800.00	0.044	0.044	40449	0.054	11.897	57107	0.063	10.403	49932	0.070	9.946	47739

编制：　　　　　　　　　　复核：

分项工程估算表

编制范围:K73+000~K132+000

工程名称:预应力混凝土 T 形梁

序号	工程项目			预制安装预应力混凝土 T 形梁			预制安装预应力混凝土 T 形梁			预制安装预应力混凝土 T 形梁			预制安装预应力混凝土 T 形梁		
	工程细目			标准跨径 30m 以内基础干处 墩高 20m 以内			标准跨径 30m 以内基础干处 墩高 40m 以内			标准跨径 30m 以上干处 墩高 40m 以内			标准跨径 30m 以上干处 墩高 60m 以内		
	定额单位			100m² 桥面			100m² 桥面			100m² 桥面			100m² 桥面		
	工程数量			191.520			220.320			165.120			142.080		
	定额表号			5~4~1			5~4~2			5~4~9			5~4~10		
	工、料、机名称	单位	单价(元)	定额	数量	金额(元)	定额	数量	金额(元)	定额	数量	金额(元)	定额	数量	金额(元)
16	钢模板	t	5970.00	0.368	0.368	420762	0.368	81.078	484034	0.434	71.662	427823	0.434	61.663	16
17	组合钢模板	t	5710.00	0.104	0.104	113732	0.121	26.659	152221	0.143	23.612	134825	0.511	72.603	17
18	门式钢支架	t	5500.00	0.006	0.006	6320	0.007	1.542	8482	0.009	1.486	8173			18
19	四氟板式橡胶组合支座	dm³	110.00	6.400	6.400	134830	6.400	1410.048	155105	7.500	1238.400	136224	7.500	1065.600	19
20	板式橡胶支座	dm³	80.00	20.100	20.100	307964	20.100	4428.432	354275	23.800	3929.856	314388	23.800	3381.504	20
21	模数式伸缩缝	t	38500.00	0.122	0.122	899569	0.122	26.879	1034843	0.144	23.777	915425	0.144	20.460	787692
22	铸铁	kg	3.00	63.300	63.300	36370	63.300	13946.256	41839	74.800	12350.976	37053	74.800	10627.584	31883
23	钢绞线群锚(7孔)	套	245.00	5.010	5.010	235081	5.010	1103.803	270432	5.910	975.859	239086	5.910	839.693	205725
24	钢绞线群锚(12孔)	套	420.00	3.990	3.990	320949	3.990	879.077	369212	4.710	777.715	326640	4.710	669.197	281063
25	铁件	kg	4.40	142.300	142.300	119915	156.100	34391.952	151325	184.200	30415.104	133826	348.500	49514.880	217865
26	铁钉	kg	6.97	0.900	0.900	1201	1.100	242.352	1689	1.300	214.656	1496	0.500	71.040	495
27	8~12 号铁丝	kg	7.80	2.900	2.900	4332	3.000	660.960	5155	3.600	594.432	4637	3.000	426.240	3325
28	20~22 号铁丝	kg	8.00	70.100	70.100	107404	75.100	16546.032	132368	88.600	14629.632	117037	169.500	24082.560	192660
29	铸铁管	kg	3.00	28.300	28.300	16260	28.300	6235.056	18705	33.400	5515.008	16545	33.400	4745.472	14236
30	油漆	kg	13.04	0.800	0.800	1998	0.800	176.256	2298	0.900	148.608	1938	0.900	127.872	1667
31	桥面防水涂料	kg	8.50	229.200	229.200	373119	229.200	50497.344	429227	270.400	44648.448	379512	270.400	38418.432	326557

编制:　　　　复核:

分项工程估算表

编制范围:K73+000～K132+000

工程名称:预应力混凝土 T 形梁

第 70 页　共 202 页　　08-2 表

序号	工程项目			预制安装预应力混凝土 T 形梁			预制安装预应力混凝土 T 形梁			预制安装预应力混凝土 T 形梁			预制安装预应力混凝土 T 形梁		
	工程细目			标准跨径 30m 以内基础干处 墩高 20m 以内			标准跨径 30m 以内基础干处 墩高 40m 以内			标准跨径 30m 以上干处 墩高 40m 以内			标准跨径 30m 以上干处 墩高 60m 以内		
	定额单位			100m² 桥面			100m² 桥面			100m² 桥面			100m² 桥面		
	工程数量			191.520			220.320			165.120			142.080		
	定额表号			5～4～1			5～4～2			5～4～9			5～4～10		
	工、料、机名称	单位	单价(元)	定额	数量	金额(元)	定额	数量	金额(元)	定额	数量	金额(元)	定额	数量	金额(元)
32	玻璃纤维布	m^2	2.40	258.500	258.500	118819	258.500	56952.720	136687	305.000	50361.600	120868	305.000	43334.400	104003
33	32.5 级水泥	t	474.85	60.885	60.885	5537081	71.156	15677.090	7444266	83.964	13864.136	6583385	120.134	17068.639	8105043
34	42.5 级水泥	t	505.91	25.205	25.205	2442160	25.205	5553.166	2809402	29.741	4910.834	2484440	29.741	4225.601	2137774
35	硝铵炸药	kg	6.00	0.300	0.300	345	0.400	88.128	529	0.500	82.560	495	2.600	369.408	2216
36	导火线	m	1.50							1.000	165.120	248	6.000	852.480	1279
37	普通雷管	个	1.30										5.000	710.400	924
38	石油沥青	t	5512.86	0.005	0.005	5279	0.005	1.102	6073	0.006	0.991	5462	0.006	0.852	4700
39	改性沥青	t	6742.86	1.323	1.323	1708512	1.323	291.483	1965431	1.561	257.752	1737988	1.561	221.787	1495478
40	乳化沥青	t	5461.61	0.130	0.130	135981	0.130	28.642	156429	0.153	25.263	137979	0.153	21.738	118726
41	纤维稳定剂	t	15404.11	0.067	0.067	197663	0.067	14.761	227387	0.079	13.044	200939	0.079	11.224	172901
42	煤	t	480.00	0.001	0.001	92	0.001	0.220	106	0.002	0.330	159	0.004	0.568	273
43	水	m^3	2.00	424.000	424.000	162409	485.000	106855.200	213710	572.000	94448.640	188897	653.000	92778.240	185556
44	青(红)砖	千块	395.00	2.060	2.060	155840	2.060	453.859	179274	2.430	401.242	158490	2.430	345.254	136375
45	砂	m^3	48.43	1.090	1.090	10110	1.090	240.149	11630	1.290	213.005	10316	1.290	183.283	8876
46	中(粗)砂	m^3	58.94	104.510	104.510	1179729	117.620	25914.038	1527373	138.790	22917.005	1350728	189.450	26917.056	1586491

编制：　　　　　　　　　　　　　　　　复核：

分项工程估算表

编制范围:K73+000～K132+000

工程名称:预应力混凝土 T 形梁

序号	工程项目			预制安装预应力混凝土 T 形梁			预制安装预应力混凝土 T 形梁			预制安装预应力混凝土 T 形梁			预制安装预应力混凝土 T 形梁		
	工程细目			标准跨径 30m 以内基础干处 墩高 20m 以内			标准跨径 30m 以内基础干处 墩高 40m 以内			标准跨径 30m 以上干处 墩高 40m 以内			标准跨径 30m 以上干处 墩高 60m 以内		
	定额单位			100m² 桥面			100m² 桥面			100m² 桥面			100m² 桥面		
	工程数量			191.520			220.320			165.120			142.080		
	定额表号			5～4～1			5～4～2			5～4～9			5～4～10		
	工、料、机名称	单位	单价(元)	定额	数量	金额(元)	定额	数量	金额(元)	定额	数量	金额(元)	定额	数量	金额(元)
47	砂砾	m^3	44.08	90.470	90.470	763766	90.470	19932.350	878618	106.750	17626.560	776979	106.750	15167.040	668563
48	黏土	m^3	8.21	36.000	36.000	56606	44.070	9709.502	79715	52.000	8586.240	70493	27.310	3880.205	31856
49	片石	m^3	48.01	12.780	12.780	117511	14.080	3102.106	148932	16.610	2742.643	131674	8.250	1172.160	56275
50	矿粉	t	7.81	2.262	2.262	3383	2.262	498.364	3892	2.669	440.705	3442	2.669	379.212	2962
51	碎石(2cm)	m^3	78.78	30.460	30.460	459579	30.460	6710.947	528688	35.940	5934.413	467513	35.940	5106.355	402279
52	碎石(4cm)	m^3	76.71	100.910	100.910	1482519	118.160	26033.011	1996992	139.430	23022.682	1766070	212.940	30254.515	2320824
53	碎石(6cm)	m^3	75.68	0.640	0.640	9276	0.640	141.005	10671	0.750	123.840	9372	0.750	106.560	8064
54	碎石(8cm)	m^3	74.64	2.060	2.060	29448	2.140	471.485	35192	2.530	417.754	31181	2.040	289.843	21634
55	石屑	m^3	94.31	1.810	1.810	32693	1.810	398.779	37609	2.140	353.357	33325	2.140	304.051	28675
61	105kW 以内履带式推土机	台班	1103.09	0.050	0.050	10563	0.050	11.016	12152	0.060	9.907	10929	0.060	8.525	9404
62	0.6m³ 履带式单斗挖掘机	台班	645.53	0.070	0.070	8654	0.070	15.422	9956	0.080	13.210	8527	0.080	11.366	7337
63	1.0m³ 履带式单斗挖掘机	台班	1078.31	0.050	0.050	10326	0.060	13.219	14254	0.070	11.558	12464	0.050	7.104	7660
64	1.0m³ 轮胎式装载机	台班	595.67	0.670	0.670	76435	0.770	169.646	101053	0.900	148.608	88521	1.320	187.546	111715
65	2.0m³ 轮胎式装载机	台班	1070.46	0.070	0.070	14351	0.070	15.422	16509	0.080	13.210	14140	0.080	11.366	12167
66	120kW 以内平地机	台班	1234.18	0.050	0.050	11819	0.050	11.016	13596	0.060	9.907	12227	0.060	8.525	10521
67	6～8t 光轮压路机	台班	327.32	0.190	0.190	11911	0.190	41.861	13702	0.220	36.326	11890	0.220	31.258	10231

编制:　　　　　　复核:

分项工程估算表

编制范围:K73+000~K132+000

工程名称:预应力混凝土 T 形梁

第 72 页 共 202 页 08-2 表

序号	工程项目			预制安装预应力混凝土 T 形梁			预制安装预应力混凝土 T 形梁			预制安装预应力混凝土 T 形梁			预制安装预应力混凝土 T 形梁		
	工程细目			标准跨径 30m 以内基础干处 墩高 20m 以内			标准跨径 30m 以内基础干处 墩高 40m 以内			标准跨径 30m 以上干处 墩高 40m 以内			标准跨径 30m 以上干处 墩高 60m 以内		
	定额单位			100m² 桥面			100m² 桥面			100m² 桥面			100m² 桥面		
	工程数量			191.520			220.320			165.120			142.080		
	定额表号			5~4~1			5~4~2			5~4~9			5~4~10		
	工、料、机名称	单位	单价(元)	定额	数量	金额(元)	定额	数量	金额(元)	定额	数量	金额(元)	定额	数量	金额(元)
68	8~10t 光轮压路机	台班	371.31	0.390	0.390	27734	0.390	85.925	31905	0.460	75.955	28203	0.460	65.357	24268
69	12~15t 光轮压路机	台班	570.02	0.330	0.330	36026	0.330	72.706	41444	0.390	64.397	36707	0.390	55.411	31585
70	235kW 以内稳定土拌和机	台班	2321.67	0.010	0.010	4446	0.010	2.203	5115	0.010	1.651	3834	0.010	1.421	3299
71	4000L 以内沥青洒布车	台班	566.33	0.020	0.020	2169	0.020	4.406	2495	0.030	4.954	2805	0.030	4.262	2414
72	160t/h 以内沥青混合料拌和设备	台班	31520.46	0.030	0.030	181104	0.030	6.610	208338	0.030	4.954	156140	0.030	4.262	134353
73	9.0m 以内带自动找平沥青混合料摊铺机	台班	2592.02	0.030	0.030	14893	0.030	6.610	17132	0.040	6.605	17120	0.040	5.683	14731
74	15t 以内双钢轮振动压路机	台班	1592.72	0.050	0.050	15252	0.050	11.016	17545	0.050	8.256	13149	0.050	7.104	11315
80	60m³/h 以内混凝土输送泵	台班	1264.71	0.840	0.840	203462	0.920	202.694	256350	1.090	179.981	227624	3.010	427.661	540867
81	40m³/h 以内水泥混凝土搅拌站	台班	1253.92	0.780	0.780	187318	0.890	196.085	245875	1.050	173.376	217400	1.540	218.803	274362
82	油泵、千斤顶各 1 钢绞线拉伸设备	台班	142.79	1.550	1.550	42388	1.550	341.496	48762	1.830	302.170	43147	1.830	260.006	37126
83	含钢带点焊机波纹管卷制机	台班	241.51	0.340	0.340	15726	0.340	74.909	18091	0.400	66.048	15951	0.400	56.832	13725
84	8t 以内载货汽车	台班	593.62	0.190	0.190	21601	0.190	41.861	24849	0.230	37.978	22544	0.230	32.678	19399
85	15t 以内载货汽车	台班	928.76	0.120	0.120	21345	0.140	30.845	28647	0.170	28.070	26071	0.120	17.050	15835

编制:　　　　复核:

分 项 工 程 估 算 表

编制范围：K73＋000～K132＋000

工程名称：预应力混凝土 T 形梁

第 73 页　共 202 页　　08-2 表

序号	工程项目			预制安装预应力混凝土 T 形梁			预制安装预应力混凝土 T 形梁			预制安装预应力混凝土 T 形梁			预制安装预应力混凝土 T 形梁		
	工程细目			标准跨径 30m 以内基础干处 墩高 20m 以内			标准跨径 30m 以内基础干处 墩高 40m 以内			标准跨径 30m 以上干处 墩高 40m 以内			标准跨径 30m 以上干处 墩高 60m 以内		
	定额单位			100m² 桥面			100m² 桥面			100m² 桥面			100m² 桥面		
	工程数量			191.520			220.320			165.120			142.080		
	定额表号			5～4～1			5～4～2			5～4～9			5～4～10		
	工、料、机名称	单位	单价(元)	定额	数量	金额(元)	定额	数量	金额(元)	定额	数量	金额(元)	定额	数量	金额(元)
86	5t 以内自卸汽车	台班	562.48	0.030	0.030	3232	0.030	6.610	3718	0.030	4.954	2786	0.030	4.262	2398
87	10t 以内自卸汽车	台班	777.54	0.140	0.140	20848	0.140	30.845	23983	0.170	28.070	21826	0.170	24.154	18780
88	20t 以内平板拖车组	台班	897.79	0.040	0.040	6878	0.040	8.813	7912	0.050	8.256	7412	0.410	58.253	52299
89	4000L 以内洒水汽车	台班	623.06	0.100	0.100	11933	0.100	22.032	13727	0.120	19.814	12346	0.120	17.050	10623
90	6000L 以内洒水汽车	台班	682.70	0.080	0.080	10460	0.080	17.626	12033	0.100	16.512	11273	0.100	14.208	9700
91	1.0t 以内机动翻斗车	台班	161.57	0.350	0.350	10830	0.350	77.112	12459	0.410	67.699	10938	0.410	58.253	9412
92	15t 以内履带式起重机	台班	724.15	0.100	0.100	13869	0.120	26.438	19145	0.140	23.117	16740	0.120	17.050	12346
93	5t 以内汽车式起重机	台班	503.60	0.070	0.070	6751	0.090	19.829	9986	0.100	16.512	8315	0.110	15.629	7871
94	12t 以内汽车式起重机	台班	886.77	3.790	3.790	643672	4.610	1015.675	900670	5.440	898.253	796544	4.060	576.845	511529
95	20t 汽车式起重机	台班	1272.28	0.970	0.970	236357	1.080	237.946	302733	1.280	211.354	268901	1.360	193.229	245841
96	40t 汽车式起重机	台班	2330.15										0.360	51.149	119184
97	75t 汽车式起重机	台班	3407.97	0.080	0.080	52216	0.080	17.626	60068	0.090	14.861	50645	0.090	12.787	43578
98	80m 以内最大提升质量 12t 以内塔式起重机	台班	1361.73										7.870	1118.170	1522645
99	30kN 以内单筒慢动电动卷扬机	台班	104.45	7.530	7.530	150632	7.590	1672.229	174664	8.960	1479.475	154531	8.560	1216.205	127033
100	50kN 以内单筒慢动电动卷扬机	台班	124.84	14.180	14.180	339035	14.570	3210.062	400744	17.190	2838.413	354347	27.310	3880.205	484405
101	1500mm 以内回旋钻机	台班	1347.36	1.340	1.340	345782	1.640	361.325	486835	1.930	318.682	429379	12.230	1737.638	2341224

编制：　　　　复核：

分项工程估算表

编制范围:K73＋000～K132＋000

工程名称:预应力混凝土 T 形梁

第 74 页　共 202 页　　08-2 表

序号	工程项目			预制安装预应力混凝土 T 形梁			预制安装预应力混凝土 T 形梁			预制安装预应力混凝土 T 形梁			预制安装预应力混凝土 T 形梁		
	工程细目			标准跨径 30m 以内基础干处 墩高 20m 以内			标准跨径 30m 以内基础干处 墩高 40m 以内			标准跨径 30m 以上干处 墩高 40m 以内			标准跨径 30m 以上干处 墩高 60m 以内		
	定额单位			100m² 桥面			100m² 桥面			100m² 桥面			100m² 桥面		
	工程数量			191.520			220.320			165.120			142.080		
	定额表号			5～4～1			5～4～2			5～4～9			5～4～10		
	工、料、机名称	单位	单价(元)	定额	数量	金额(元)	定额	数量	金额(元)	定额	数量	金额(元)	定额	数量	金额(元)
102	2500mm 以内回旋钻机	台班	2101.54	7.140	7.140	2873757	8.740	1925.597	4046719	10.310	1702.387	3577635	3.710	527.117	1107757
103	容量 100～150L 泥浆搅拌机	台班	67.05	2.130	2.130	27352	2.610	575.035	38556	3.080	508.570	34100	1.250	177.600	11908
104	150mm 以内电动多级离心清水泵 DA1-150-6	台班	580.11										8.730	1240.358	719544
105	32kV·A 交流电弧焊机	台班	144.52	32.190	32.190	890970	34.000	7490.880	1082582	40.120	6624.614	957389	63.960	9087.437	1313316
106	100kV·A 交流对焊机	台班	252.14	0.820	0.820	39598	0.820	180.662	45552	0.970	160.166	40384	0.970	137.818	34749
107	小型机具使用费	元	1.00	1074.600	1074.600	205807	1159.300	255416.976	255417	1368.000	225884.160	225884	3080.200	437634.816	437635
108	指标基价	元	1.00	240347	240347	46031257	261353	57581293	57581293	308268	50901212	50901212	468312	66537769	66537769
	直接工程费	元				53504909			67080093			59290216			77829489
	其他工程费 Ⅰ	元		7.578		4054602	7.578		5083329	7.578		4493013	7.578		5897919
	其他工程费 Ⅱ	元													
	间接费 规费	元		39.000		2646755	39.000		3297320	39.000		2915939	39.000		3983413
	间接费 企业管理费	元		6.620		3810440	6.620		4777219	6.620		4222450	6.620		5542754
	利润 税金	元	7% 3.41%			6625356			8305617			7341154			9641946
	建筑安装工程费	元				70642062			88543578			78262772			102895521

编制:　　　　复核:

材料预算单价计算表

建设项目名称：×××高速公路

编制范围：K73+000～K132+000

第1页　共5页　　09表

序号	规格名称	单位	原价(元)	运杂费					原价运费合计(元)	场外运输损耗		采购及保管费		预算单价(元)
				供应地点	运输方式、比重及运距(km)	毛重系数或单位毛重	运杂费构成说明或计算式	单位运费(元)		费率(%)	金额(元)	费率(%)	金额(元)	
1	原木	m^3	1500.000	某市——工地	汽车、1.0、40.0	1.000	(0.59×40.0+4.8×1.0)×1×1	28.400	1528.40			2.500	38.210	1566.610
2	锯材木中板δ=19～35	m^3	1600.000	某市——工地	汽车、1.0、40.0	1.000	(0.59×40.0+4.8×1.0)×1×1	28.400	1628.40			2.500	40.710	1669.110
3	枕木	m^3	1580.000	某市——工地	汽车、1.0、40.0	1.000	(0.59×40.0+4.8×1.0)×1×1	28.400	1608.40			2.500	40.210	1648.610
4	光圆钢筋直径10～14mm	t	4100.000	某市——工地	汽车、1.0、40.0	1.000	(0.59×40.0+4.8×1.0)×1×1	28.400	4128.40			2.500	103.210	4231.610
5	带肋钢筋直径15～24mm,25mm以上	t	4200.000	某市——工地	汽车、1.0、40.0	1.000	(0.59×40.0+4.8×1.0)×1×1	28.400	4228.40			2.500	105.710	4334.110
6	钢绞线普通，无松弛	t	6300.000	某市——工地	汽车、1.0、40.0	1.000	(0.59×40.0+4.8×1.0)×1×1	28.400	6328.40			2.500	158.210	6486.610
7	冷拔低碳钢丝φ5mm以内冷拔丝	t	5400.000	某市——工地	汽车、1.0、40.0	1.000	(0.59×40.0+4.8×1.0)×1×1	28.400	5428.40			2.500	135.710	5564.110
8	型钢	t	4350.000	某市——工地	汽车、1.0、40.0	1.000	(0.59×40.0+4.8×1.0)×1×1	28.400	4378.40			2.500	109.460	4487.860
9	钢板	t	4400.000	某市——工地	汽车、1.0、40.0	1.000	(0.59×40.0+4.8×1.0)×1×1	28.400	4428.40			2.500	110.710	4539.110
10	钢管	t	5400.000	某市——工地	汽车、1.0、40.0	1.000	(0.59×40.0+4.8×1.0)×1×1	28.400	5428.40			2.500	135.710	5564.110
11	镀锌钢管	t	5600.000	某市——工地	汽车、1.0、40.0	1.000	(0.59×40.0+4.8×1.0)×1×1	28.400	5628.40			2.500	140.710	5769.110
12	镀锌钢板	t	5650.000	某市——工地	汽车、1.0、40.0	1.000	(0.59×40.0+4.8×1.0)×1×1	28.400	5678.40			2.500	141.960	5820.360
13	钢钎	kg	6.300	某市——工地	汽车、1.0、40.0	0.001	(0.59×40.0+4.8×1.0)×1×0.001	0.030	6.33			2.500	0.158	6.490
14	空心钢纤	kg	8.000	某市——工地	汽车、1.0、40.0	0.001	(0.59×40.0+4.8×1.0)×1×0.001	0.030	8.03			2.500	0.201	8.230
15	钻杆	kg	7.500	某市——工地	汽车、1.0、40.0	0.001	(0.59×40.0+4.8×1.0)×1×0.001	0.030	7.53			2.500	0.188	7.720
16	中空注浆锚杆	m	34.000	某市——工地	汽车、1.0、40.0	0.004	(0.59×40.0+4.8×1.0)×1×0.004	0.110	34.11			2.500	0.853	34.960
	……	……	……	……	……	……	……	……	……	……	……	……	……	……

编制：　　　　　　　　复核：

机械台班单价计算表

建设项目名称：×××高速公路

编制范围：K73＋000～K132＋000

第4页　共8页　　11表

序号	定额号	机械规格名称	台班单价(元)	不变费用(元) 调整系数：1.0		可变费用(元) 人工 49.65元/工日		重油 5.0元/kg		汽油 9.8元/kg		柴油 8.8元/kg		煤 480.0元/t		电 1.0元/kW·h		水 2.0元/m³		木柴 0.0元/kg		车船税	合计
				定额	调整值	定额	费用	定额	费用	定额	费用	定额	费用	定额	费用	定额	费用	定额	费用	定额	费用		
60	1304	3m³以内混凝土搅拌运输车	856.42	447.90	447.90	1.000	49.65					40.460	356.05									2.82	408.52
61	1307	6m³以内混凝土搅拌运输车	1451.97	909.82	909.82	1.000	49.65					55.540	488.75									3.75	542.15
62	1316	60m³/h以内混凝土输送泵	1264.71	849.95	849.95	1.000	49.65									365.110	365.11						414.76
63	1323	15m³/h以内水泥混凝土搅拌站	756.63	258.48	258.48	5.000	248.25									249.900	249.90						498.15
64	1325	40m³/h以内水泥混凝土搅拌站	1253.92	512.06	512.06	7.000	347.55									394.310	394.31						741.86
65	1327	60m³/h以内水泥混凝土搅拌站	2253.47	1121.64	1121.64	9.000	446.85									684.980	684.98						1131.83
66	1344	900kN以内预应力拉伸机	55.51	27.59	27.59											27.920	27.92						27.92
67	1347	5000kN以内预应力拉伸机	209.31	140.34	140.34											68.970	68.97						68.97
68	1349	油泵、千斤顶各1钢绞线拉伸设备	142.79	126.56	126.56											16.230	16.23						16.23

续上表

序号	定额号	机械规格名称	台班单价(元)	不变费用(元)		可变费用(元)																	
				调整系数:1.0		人工 49.65元/工日		重油 5.0元/kg		汽油 9.8元/kg		柴油 8.8元/kg		煤 480.0元/t		电 1.0元/kW·h		水 2.0元/m³		木柴 0.0元/kg		车船税	合计
				定额	调整值	定额	费用	定额	费用	定额	费用	定额	费用	定额	费用	定额	费用	定额	费用	定额	费用		
69	1352	含钢带点焊机波纹管卷制机	241.51	119.90	119.90	2.000	99.30									22.310	22.31						121.61
70	1370	2t以内载货汽车	300.84	53.89	53.89	1.000	49.65			20.080	196.78											0.52	246.95
71	1371	3t以内载货汽车	362.17	57.48	57.48	1.000	49.65			25.960	254.41											0.63	304.69
72	1372	4t以内载货汽车	452.90	66.38	66.38	1.000	49.65			34.280	335.94											0.93	386.52
73	1374	6t以内载货汽车	487.54	91.38	91.38	1.000	49.65					39.240	345.31									1.20	396.16
74	1375	8t以内载货汽车	593.62	146.81	146.81	1.000	49.65					44.950	395.56									1.60	446.81
75	1376	10t以内载货汽车	671.59	177.43	177.43	1.000	49.65					50.290	442.55									1.96	494.16
76	1378	15t以内载货汽车	928.76	333.22	333.22	1.000	49.65					61.720	543.14									2.75	595.54
77	1379	20t以内载货汽车	1163.92	397.24	397.24	1.000	49.65					81.140	714.03									3.00	766.68
78	1382	3t以内自卸汽车	454.07	67.62	67.62	1.000	49.65			34.280	335.94											0.86	386.45
…	…	…	…	…	…	…	…	…	…	…	…	…	…	…	…	…	…	…	…	…	…	…	…

编制： 复核：

第十一章　公路工程投标价的编制

工程招标投标是市场经济的一种竞争方式，投标者通过竞标与买方就产品价格达成一致，获得工程项目。衡量施工企业投标成功与否的重要标准就是，标价是否足够低，能够赢得项目，同时又足够高，能够按照合同要求完成工程，并有一定的利润。因此，可以说合理编制标价是施工企业投标的核心工作。

公路工程投标价的编制既不同于概、预算的编制，也不同于招标控制价的编制。概、预算是国家为控制基本建设投资进行宏观管理，在设计阶段编制的工程建设项目总造价文件。招标控制价是招标人在工程招标前，根据国家或省级、行业建设主管部门颁发的有关计价依据和办法，按设计施工图纸计算的，对招标工程限定的最高工程造价，投标价如超过，则为废标。建筑产品的最终成交价格由中标单位的投标价决定。

第一节　概　　述

一、投标报价与概预算的区别

概算和预算是初步设计和施工图设计文件的重要组成部分，是确定建设项目投资最高限额和预计工程造价的重要方法，是国家对基本建设项目实行计划投资和管理的反映。由于多方面的原因，使得我国标价的编制方法与工程概、预算方法有紧密联系，以致实践中常将标价与概预算混淆。实际上标价与概、预算有本质的区别，主要表现在以下方面：

1.两者表现的建筑产品价格性质不同

概、预算反映的是建筑产品的计划价格，而标价反映的是建筑产品的市场价格。概、预算是计划经济的产物，反映的是计划价格，在概、预算编制过程中，除材料价格已修改为按市场价格来确定外，其他如人工费、机械台班折旧费以及管理费均按概、预算编制办法中的预算价格（即计划价格）来确定。而标价是市场经济的产物，反映的是建筑产品的市场价格，在编制标价过程中，施工所消耗的各种资源的价格原则上应根据市场价格来确定，特别是在完全竞争市场中更是如此。

2.两者所受的价值规律影响不同

概、预算在编制中主要反映的是价值规律的作用和影响，而标价除考虑价值规律的作用外，还应考虑供求规律的作用。公路工程概、预算的编制依据是公路工程概、预算定额及编制办法，它是公路工程项目在施工过程中社会必要劳动消耗量和资源消耗量的反映，这是价值规律的要求和结果。同时在概、预算编制过程中，基本上未考虑供求规律对建筑产品价格的影响，因而使得建设项目的概、预算金额与市场价格可能产生较大的差距。一般而言，建设项目的标价随着投标人数量的增加，其成本和市场价格有降低的趋势，而建设项目的概、预算价格，并不随投标人数量的多少而发生变化。

3.两者反映的劳动生产力水平不同

概预算反映的是施工企业过去平均先进的劳动生产力水平，而标价反映施工企业当前平均先进的劳动生产力水平。编制概、预算所依据的定额是根据平均先进的原则制订出来的，但编制定额所依据的统计数据是施工企业在过去施工过程中所发生的数据，随着生产力水平的提高(技术水平、经营管理水平、劳动生产率的提高)，这些数据滞后于当前的劳动生产力水平，不能真实地反映在当前先进的劳动生产力水平下的工、料、机消耗。

4.两者的编制依据和费用范围不同

概、预算是根据设计文件及概、预算定额和编制办法来确定工程造价，而标价则根据招标文件(或合同)中明确的承包人的义务来编制。同时两者包含的费用范围不同，工程概、预算的费用范围，包括建设项目从立项开始的前期费用一直到项目竣工验收整个过程中，建设单位、施工单位以及监理单位等所发生的全部工程造价，而编制标价时，其费用通常只包括施工单位所发生的建筑安装工程费、根据合同需要由承包人承担的不可预见风险费、施工投标中发生的费用(即交易成本)、合理利润等费用。

5.两者的性质不同

概、预算的编制具有法令性，而标价的编制则具有自主性。由于概、预算定额及编制办法是由国家基本建设委员会或授权机关编制的，在一般情况下具有经济法规性质和执行的强制性。因此在编制概、预算时，定额除允许抽换的外，原则上应遵照执行，费率的取定也应严格执行编制办法的规定，在执行中，即使不合理，编制者也无权擅自进行变更。但在编制标价时却不受上述规定的限制，当运用概、预算定额及编制办法来编制和确定标价时，对于定额中不合理、不能真实地反映当前劳动生产力水平的工、料、机消耗应如实地进行调整，费率和利润的取定也由施工企业自主决定。

二、公路工程投标价编制依据

(一)招标文件

招标文件是编制投标报价的重要资料，编标前应认真仔细地研究，以全面了解承包人在合同中的权利和义务，深入分析施工中所面临的和需要承担的风险，发现招标文件中的漏洞和疏忽，为合理确定标价、制订投标策略寻找依据，创造条件。实践证明，吃透招标文件，可为投标成功打下良好的基础，否则，易给自己带来投标失误甚至造成无法弥补的损失。

(二)现场考察收集的资料

现场考察是承包人投标时全面了解现场施工环境及施工风险的重要途径，是投标单位搞好投标报价的先决条件。在招标过程中，业主通常会组织正式的现场考察。当考察时间不够时，投标单位的编标人员可再抽时间到现场收集编标用的资料，或进行重点补充考察。投标单位提出的报价应当是在现场考察的基础上编制出来的，而且应包括施工中可能遇见的各种风险和费用。在投标有效期内及工程施工过程中，承包人无权以现场考察不周、情况不了解为由而提出修改标书或调整标价给予补偿的要求。因此，投标单位在报价以前必须认真地进行现场考察，全面、细致地了解工程所在地的政治、经济、法律、地理及现场施工条件等情况，收集与报价有关的各种数据资料。

(三)施工组织设计

施工组织设计的优劣不仅影响施工能否顺利进行，而且影响标价的高低。不同的施工方案、不同的施工顺序、不同的平面布置所需的工程费用是不一样的，有时会相差很大，因此在进行投标时，应编制出技术上可行、经济上合理的施工组织设计，并以此作为编制投标报价的依据。

(四)本企业的资料

(1)本企业历年来(至少5年)已完工程的成本分析资料。

(2)本企业为本项目提供新添施工设备经费的可能性。

(3)本企业的定额。

(五)其他资料

1. 招标文件所规定的各种国家标准、部颁标准、技术规范等。

2. 国家颁发的《公路工程施工定额》、《公路工程预算定额》和《公路工程基本建设项目概算预算编制办法》及地方政府颁发的有关收费标准和定额。

三、投标价的构成

(一)内部标价的构成

所谓的内部标价，是指投标单位根据设计图纸和技术规范，参照有关定额计算的完成本工程所需的全部费用，但不是按照工程量清单格式计算的费用。它是递交标书前投标单位内部控制的标价。

建筑安装工程费是施工单位在施工中所花费的全部费用，从报价的角度看可以划分为直接工程费、待摊费、分包费和暂定金额。各项费用的构成见图11-1。

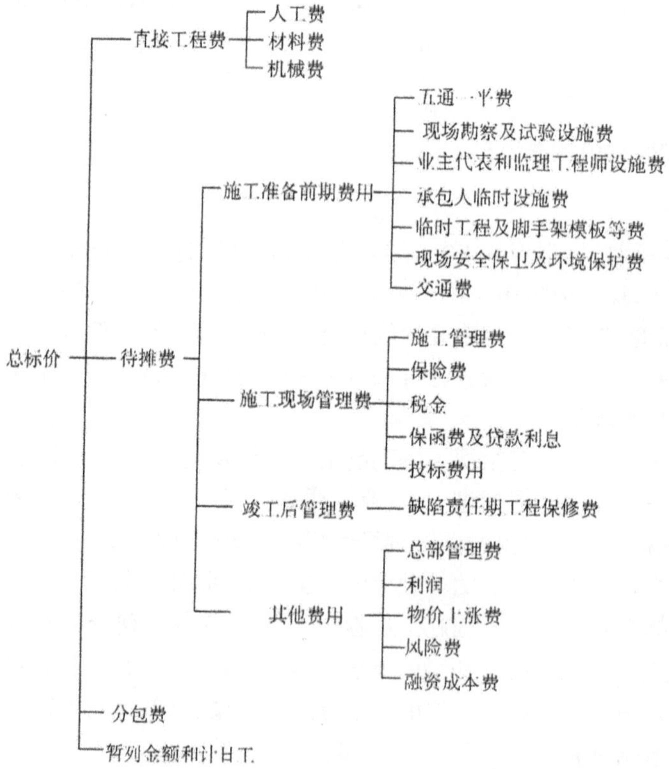

图11-1 总标价的构成

(二)对外标价的构成

对外标价是将本工程全部费用(内部标价)，按照工程量清单格式计算的标价，它是在内部标价计算的基础上，经过分析、组合、分配后对外做出的最终报价。

$$\text{总标价}=\sum_{1}^{n}(\text{工程量清单细目工程单价}\times\text{细目工程量})+\text{暂列金额}+\text{计日工}$$

$$\text{工程量清单细目工程单价}=\text{细目单位直接工程费}\times\text{待摊费用系数}$$

$$\text{平均待摊费用系数}=\frac{\sum_{1}^{n}(\text{细目工程直接费})+\text{待摊费}}{\sum_{1}^{n}(\text{细目工程直接费})}\approx 1.15\sim 1.36$$

第二节　标价编制的程序及工作内容

在编制标价前，首要的工作就是认真仔细地研究招标文件，对招标文件有一个系统而完整的理解，并充分了解其工作内容和要求，列出需要进一步搞清和考察的问题；其次进行现场考察和询价，收集编标的基本资料，核实招标工程量，制订施工方案等；最后考虑公路工程承包市场的行情，竞争对手的实力，市场上人工、机械及材料供应的价格，并结合本企业的自身经验和习惯，包括施工企业的管理水平、工程经验与信誉、技术能力与机械装备能力、财务应变能力、承受风险的能力、降低工程成本的能力等诸多因素，确定报价策略，根据投标报价程序和方法，编制出合理的报价。

一、研究招标文件

招标文件是编制标价的重要依据。招标文件包括投标须知、合同条件、技术规范、设计图纸、工程量清单等。根据交通运输部《公路工程标准施工招标文件》(2009 年版)，编标时应特别注意以下方面：

(一)投标须知

投标须知是招标单位为了说明招标性质、范围，向投标单位提供的必要的信息资料以及对投标人的合格条件、编制投标书的规定、投标书的送交、开标与评标直至签订合同的有关要求。与报价有关的主要内容有：

1. 投标费用

投标费用是投标人在投标过程中发生的所有费用，包括购买招标文件、投标人现场考察、参加投标会议等往返交通住宿费、市场调查询价费、投标文件打印装订费、编标人员工资奖金等费用。投标须知中规定：投标人准备和参加投标活动发生的费用自理。

2. 投标价

投标价是指完成本工程所投合同段的全部工程的全部价格，包括直接费、间接费、税金、保险、利润以及投标阶段和缺陷责任期阶段所花费的费用。投标须知中规定：投标人没有填入单价或总额价的工程细目将不支付，并认为该细目的价款已包括在工程量清单其他细目的单价或总额价中。

为了保证施工安全，工程量清单 100 章内列有安全生产费的支付子目，由投标人按招标文件的规定填写总额价。根据交通部 2007 年第 1 号令《公路水运工程安全生产监督管理办法》规定：施工单位在工程报价中应当包含安全生产费用，一般不得低于投标价的 1%，且不得作为竞争性报价。在《公路工程标准施工招标文件》中则相应规定：安全生产费用应为投标价(不含安全生产费及建筑工程一切险及第三者责任险的保险费)的 1%，如果报价高于 1%，则应在工程量清单其他相关子目的单价或总额价中予以考虑，发包人不再另行支付。

投标文件工程量清单中的投标报价和投标函大写金额报价应一致，如果报价金额出现差异时，则以投标函大写金额报价为准。

3.投标保证金和投标有效期

投标人在送交投标书时应同时提交规定的投标保证金。投标保证金可以采用：电汇、银行保函或招标人规定的其他形式。投标保证金一般为投标总价的1%～2%。

按照合同规定：提交的投标保证金应在投标有效期满后30d内保持有效，招标人如果延长了投标有效期，则投标保证金的有效期也相应延长。投标有效期一般为75～105d，这样投标保证金的退回需要3～4个月，同时银行提供保函要收取手续费并要求存入一定的资金，因此承包人编标时应考虑此项费用。

4.备选投标方案

如果投标人须知前附表规定允许有备选方案，投标人在完全按照招标文件要求提出基本方案的报价外，还可以提出备选投标方案并报价。一般备选投标方案是招标人主动征询的，如果招标人没有提出该要求，投标人不得递交备选投标方案，并且只有中标人所递交的备选投标方案才被考虑。如果评标委员会认为中标人的备选投标方案优于其按照招标文件要求编制的投标方案时，招标人可以接受备选投标方案。

5.评标方法

《公路工程标准施工招标文件》给出了三种评标办法：合理低价法、综合评估法和经评审的最低投标价法。

(1)合理低价法

合理低价法是综合评估法的评分因素中评标价得分为100分、其他评分因素分值为0分的特例。招标人采用合理低价法时，也可采用双信封形式。除技术特别复杂的特大桥和长大隧道工程外，公路工程施工招标评标一般使用合理低价法。

(2)综合评估法

综合评估法是对投标人的评标价、施工组织设计、项目管理机构、财务能力、设备配置、业绩、履约信誉等综合评估打分的方法。其中评标价所占权重不应低于50%。采用综合评估法时，也可采用双信封形式。综合评估法适用于技术特别复杂的特大桥梁和长大隧道工程。

(3)经评审的最低投标价法

经评审的最低投标价法是评标委员会对满足招标文件实质要求的投标文件，根据规定的量化因素及量化标准进行价格折算，按照经评审的投标价由低到高的顺序推荐中标候选人的方法。使用世界银行、亚洲开发银行等国际金融组织贷款的项目和工程规模较小、技术含量较低的工程采用经评审的最低投标价法进行评标。

三种评标方法的评审因素、标准和程序在《公路工程标准施工招标文件》做出了明确规定，招标项目具体采用哪一种评标方法，在招标文件中有明确说明。

(二)合同条款

公路工程施工标准招标文件中合同条款包括三个层次：通用合同条款、公路工程专用合同条款和项目专用合同条款。通用合同条款是九部委联合发布的，适用于国内建设规模比较大的政府投资项目，对不同行业工程招标具有通用性，使用时不得修改；公路工程专用合同条款适用于国内的公路工程项目，它是结合公路行业施工招标特点和管理需要，对通用合同条款进行的补充和细化；项目专用条款是根据该招标项目的具体特点和实际需要，对通用合同条款和公路工程专用合同条款进行的补充和细化，在合同文件中优先于通用合同条款及公路工程专用合同条款。

所以,对于通用合同条款和公路工程专用合同条款应当在平时就认真阅读,熟悉其内容和涵义。投标之前要着重研究招标项目的专用合同条款,特别是一些与标价有关的内容。

1. 工期的要求和逾期交工违约金

工期与施工投入和效益有很大关系。一般来说,工期长,施工机械设备利用率高,投入的设备可相对减少,同时用于购买建筑材料和人员费用的流动资金也相应减少。对于承包人无疑是有利的。

合同一旦签订,工期对于承包人就是硬指标,能否按期完成工程是承包人信誉的首要因素。拖期往往被认为是承包人履约能力差的表现,不但给业主造成经济损失,而且由于拖长工期,使承包人的管理费、设备折旧费等固定开支增加,同时也影响资金、施工设备、施工人员的周转使用,从而加大工程成本。此外,合同规定拖期要支付逾期交工违约金,逾期交工违约金的计算方法在项目专用合同条款数据表中约定,时间自预定的交工日期起到交工验收证书写明的实际交工日期止(扣除已批准的延长工期),按天计算。逾期交工违约金累计金额最高不超过签约合同价的10%。

2. 工程预付款与质量保证金

工程预付款有开工预付款和材料、设备预付款两种。开工预付款是发包人开工初期提供给承包人做施工准备之用的,开工预付款的金额在项目专用条款数据表中有约定;材料、设备预付款则是发包人在材料、设备到场时按照材料购买价和设备购置费的一定比例预先支付给承包人的,具体支付比例在项目专用合同条款数据中约定。开工预付款在中期支付达到一定累计金额时逐月扣还,当材料、设备已用于或安装在永久工程上时,材料、设备预付款从进度付款证书中扣回。

这些预付款都属于无息贷款,可以缓解承包人施工初期资金流动的困难。这对于承包人是至关重要的。发包人提供工程预付款的比例和支付条件各不相同,合同条款通常还要求承包人出具预付款保函,保函在发包人将预付款全部扣回之前一直有效,担保金额可以随预付款的逐次扣回而减少。投标人在编标时应当特别注意有关条款,并加以考虑。

质量保证金是包发人为保证承包人履行缺陷责任期的义务,在每次工程中期结算时扣留的金额,合同中规定了扣留的比例、计算基数和限额。在整个工程缺陷责任期满时,承包人申请并经发包人核定后,剩余的保证金将返还给承包人。因此,履行缺陷责任期修复义务的费用是承包人报价时需要考虑的。

3. 报价方式和支付条件

公路工程一般采用以工程量清单为基础的单价合同,承包人按照发包人提供的工程量清单填报各工程细目的单价,单价中应包括完成该分项工程的全部价格,即直接费、间接费、税金、保险、利润以及投标阶段和缺陷责任期阶段所花费的费用。

国内工程采用人民币支付,国际工程一般部分采用外币支付,但报价时都要按统一规定时间和银行的汇率折合为人民币,以便评标时进行比较。外币部分可能采取固定汇率,也可能采取浮动汇率。采用两种货币就必须考虑外汇与人民币的兑换率及其波动的可能性。外汇波动幅度有时很大,造成的损益也很明显,因此,要十分慎重,设法规避外汇市场的风险,这种风险可能使原来盈利项目变为亏损项目。

4. 工程变更和价格调整

工程变更是在工程实施过程中由于发包人的要求、设计深度不够、难以预料的地质条件以及施工技术的要求等原因造成的，它包括原工作性质、质量、数量、类型、位置甚至施工顺序和时间安排的变更。只要这些变更不是承包人原因引起的，按照合同条款规定可以调整费用或价格。一般而言，数量减少，价格调高，数量增加，价格调低。承包人在编标时可以通过仔细审核设计文件、核实工程数量和现场调查，对可能的工程变更作出判断，在报价中加以考虑。

工程施工过程中，物价的变化具有很强的不确定性和不可预见性，施工成本会因物价因素的变化而变化。为了减少双方的风险，同时降低投标报价及合理确定工程造价，合同条款专门规定了价格调整条款，包括两种情况：一是合同执行期间，由于人工、机械使用和材料的价格涨跌；二是在送交投标文件截止日期前28d以后，国家或省(自治区、直辖市)颁布的法律、法规出现修改或变更。这两种情况引起的费用增加或减少，应按合同规定进行价格调整。因此，在合同做出明确规定的情况下，承包人在编标时可以不考虑物价影响。

5. 其他方面

其他对承包人报价有直接影响的条款有：材料和工程设备；交通运输；施工安全、治安保卫和环境保护；计量与支付；工程保险等。

(三)技术规范

技术规范规定了工程量清单中各项工程包含的内容、质量要求和计量方法，特别是有关工程量的计量规则和支付范围，是各工程细目报价编制的依据，必须逐条仔细阅读。

1. 工程量的计量

工程量的计量是施工期间，承包人完成合同规定的工作后，对工程数量如何进行量测和计量的规则，它是确定承包人完成的工程数量及应得工程付款的依据，是承包人在投标报价时必须熟知的。在技术规范总则中，工程量计量的主要规定有：

(1)按合同提供的材料数量和完成的工程数量所采用的测量与计算方法，应符合技术规范的规定。

(2)全部必需的全部模板、脚手架、装备、机具、螺栓、垫圈和钢制件等其他材料，应包括在工程量清单中所列的有关支付项目中，均不单独计量。

(3)钢筋、钢板或型钢计量时，应按图纸或其他资料标示的尺寸和净长计算。搭接、接头套筒、焊接材料、下脚料和定位架立钢筋等，则不予计量。钢筋、钢板或型钢以千克计量，四舍五入，不计小数。钢筋、钢板或型钢由于理论单位质量与实际单位质量的差异而引起的材料质量与数量不匹配的情况，计量时不予考虑。

(4)金属材料的质量不包括施工需要加放或使用的灰浆、楔快、填缝料、垫衬物、油料、接缝料、焊条、涂敷料等的质量。

(5)除非另有规定，计算面积时，其长、宽应按图纸所示尺寸线或监理人指示计量。对于面积在$1m^2$以下的固定物(如检查井)不扣除。

(6)结构物应按图纸所示净尺寸线或监理人指示修改的尺寸线计量。

(7)所有以延米计量的结构物(如管涵等)，除非图纸另有标示，应按平行与该结构物位置的基面或基础的中心方向计量。

(8)土方体积可采用平均断面积法计算，但与似棱体公式计算结果比较，如果误差超过±5%时，采用似棱体公式计算。

(9)用于填方的土方量，按压实后的纵断面高程和路床面为准来计量。承包人报价时，应考虑在挖方或运输过程中引起的体积差。

具体的工程量计量规则在技术规范各章节中规定。

2. 工程量清单支付项的范围

(1)除非另有规定,工程量清单中各支付细目所报的单价或总额,都应认为是该支付细目全部作业的全部报酬,包括所有劳务、材料和设备的提供、运输、安装和维修、临时工程的修建、维护与拆除、责任和义务等费用,均应认为已计入工程量清单标价的各工程细目中。

(2)工程量清单未列入的细目,其费用应认为已包括在相关的工程细目的单价和费率中,不再另行支付。

在阅读技术规范时,对于工程实际情况与技术规范可能存在比较大的差异的工程细目应特别注意。例如,清理场地,以平方米计量但不同地区的植被却有很大差异。在熟悉技术规范的有关规定之后应通过实地调查以确定工程难度和工作量,作为编制报价的依据。

(四)工程量清单

工程量清单由说明、工程量清单表、计日工明细表、暂估价表、工程量清单汇总表和工程量清单单价分析表几部分组成。

工程量清单说明对工程量清单的性质、承包人填报工程量清单的单价和合同价格的要求等作了明确规定,对承包人如何进行工程报价有实质影响,是承包人编标前必须熟知的。工程量清单说明包括投标报价说明、计日工说明和其他说明。

1. 投标报价说明

(1)工程量清单中的每一子目须填入单价或价格,且只允许有一个报价。

(2)除非合同另有规定,工程量清单中有标价的单价和总额价均已包括了为实施和完成合同工程所需的劳务、材料、机械、质检(自检)、安装、缺陷修复、管理、保险、税费、利润等费用,以及合同明示或暗示的所有责任、义务和一般风险。

(3)工程量清单中投标人没有填入单价或价格的子目,其费用视为已分摊在工程量清单中其他相关子目的单价或价格之中。承包人必须按监理人指令完成工程量清单中未填入单价或价格的子目,但不能得到结算与支付。

(4)符合合同条款规定的全部费用应认为已被计入有标价的工程量清单所列各子目之中,未列子目不予计量的工作,其费用应视为已分摊在本合同工程的有关子目的单价或总额价之中。

(5)承包人用于本合同工程的各类装备的提供、运输、维护、拆卸、拼装等支付的费用,已包括在工程量清单的单价与总额价之中。

(6)工程量清单中各项金额均以人民币(元)结算。

2. 计日工说明

(1)计日工劳务

①在计算应付给承包人的计日工工资时,工时应从工人到达施工现场,并开始从事指定的工作算起,到返回原出发地点为止,扣去用餐和休息的时间。只有直接从事指定的工作,且能胜任该工作的工人才能计工,随同工人一起做工的班长应计算在内,但不包括领工(工长)和其他质检管理人员。

②承包人可以得到用于计日工劳务的全部工时的支付,此支付按承包人填报的"计日工劳务单价表"所列单价计算,该单价应包括基本单价及承包人的管理费、税费、利润等所有附加费,具体如下:

a. 劳务基本单价包括承包人劳务的全部直接费用,如工资、加班费、津贴、福利费及劳动保护费等。

b. 承包人的利润、管理、质检、保险、税费;易耗品的使用、水电及照明费,工作台、脚手架、临时设施费，手动机具与工具的使用及维修，以及上述各项伴随而来的费用。

(2)计日工材料

承包人可以得到计日工使用的材料费用(已计入劳务费内的材料费用除外)的支付，此费用按承包人"计日工材料单价表"中所填报的单价计算，该单价应包括基本单价及承包人的管理费、税费、利润等所有附加费，具体如下：

①材料基本单价按供货价加运杂费(到达承包人现场仓库)、保险费、仓库管理费以及运输损耗等计算。

②承包人的利润、管理、质检、保险、税费及其他附加费。

③从现场运至使用地点的人工费和施工机械使用费不包括在上述基本单价内。

(3)计日工施工机械

①承包人可以得到用于计日工作业的施工机械费用的支付，该费用按承包人填报的"计日工施工机械单价表"中的租价计算。该租价应包括施工机械的折旧、利息、维修、保养、零配件、油燃料、保险和其他消耗品的费用以及全部有关使用这些机械的管理费、税费、利润、驾驶员与助手的劳务费等费用。

②在计日工作业中，承包人计算所用的施工机械费用时，应按实际工作小时支付。除非经监理人的同意，计算的工作小时才能将施工机械从现场某处运到监理人指令的计日工作业的另一现场往返运送时间包括在内。

工程量清单表给出了技术规范中各工程细目的数量，其编号与技术规范一致，因此，在编制报价时，应将工程量清单中各章节工程细目的数量与技术规范相应章节的工作范围、计量与支付条款结合起来理解。

暂估价指发包人在工程量清单中给定的用于支付必然发生但暂时不能确定价格的材料、设备以及专业工程的金额。由于在工程招标阶段，一些材料、工程设备或工程项目已经确定，但又无法准确确定价格，可能影响招标效果，因而发包人在工程量清单中给定一个暂估价，工程实施中按合同规定重新计价。暂估价表包括:材料暂估价表、工程设备暂估价表和专业工程暂估价表。

工程量清单各章费用合计、计日工合计和暂列金额总额在工程量清单汇总表中汇总后，构成投标价。

二、现场考察

现场考察是投标人在编标前了解现场施工环境和施工风险的重要途径，因此必须全面、认真、细致地考察和了解工地及周围的政治经济、地理、法律等情况，收集与报价有关的各种数据资料，并在当地进行材料，物资等调查研究，必要时还可再次进行重点补充调查(标前会议结束后)。为此，必须拟定现场考察提纲及疑点，设计好现场调查表格，有计划地进行现场考察。

现场考察的主要内容有：

(一)地理、地貌、气象方面

(1)项目所在地及附近地形地貌，地质等是否与设计图纸相符。

(2)项目所在地的河流水深、地下水及水质等情况。

(3)项目所在地近 20 年的气象情况，包括最高最低气温及月份、每月雨量、雨日、冰冻深度、降雪量、风向、风速、台风等。

(4)当地特大风、雨、雪、灾害情况。

(5)地震、泥石流、滑坡等情况。

(6)自然地理:修筑便道、便桥位置、高度、宽度标准;运输条件及水陆运输情况。

(二)工程施工条件

(1)当地建筑材料的料源、分布地及开采难度,是否具备自办料场的条件等。

(2)场内外交通运输条件;现场周围道路和桥梁通过能力,便道便桥修建位置、长度、数量等。

(3)施工供电、供水条件,临时电力线路架设的位置、长度,对自备发电的要求等。

(4)施工生产生活临时房屋的场地及可能租赁民房情况及房价、租地的情况及单价。

(5)当地劳动力来源、技术水平及工资标准等。

(6)当地施工机械租赁、修理能力的情况。

(三)经济方面

(1)工程所需各种材料,当地市场可供的数量、质量、规格、性能等能否满足工程要求及其价格等。

(2)当地土源地点、数量、单价、运距、可采用的运输方式。

(3)监理工程师工资标准。

(4)当地各种运输、装卸能力及燃料的价格等。

(5)当地主副食供应情况和近3~5年物价上涨率。

(6)保险费情况。

(四)其他方面

工程所在地有关健康、安全、环保和治安等情况,如医疗设施、救护工作、环保要求、废料处理、保安措施等。

考察时,应带上招标单位发的1/2000比例的平面图,详细标绘施工便道、便桥在现场布置及数量;调查路基范围内拆迁情况;需填筑的水塘面积大小、抽水数量、淤泥深度和数量;了解开山的岩石等级、打洞放炮的设计方法;调查文物古迹保护要求情况;调查桥梁位置、水深水位、便桥架设,钻孔(打桩)工作平台架设、深水基础、承台、下部构造如何施工、上部构造如何预制;预制场、仓库等设在哪里及如何布置、安装等有关的具体情况,以便为施工组织设计做好准备。

根据上述调查和现场考察的资料及招标文件中的有关资料,编制出材料和机械台班单价,为制订合理报价做好准备。

对于国外承包工程,还应调查考察政治方面的情况:包括项目所在国政局是否稳定,有无发生政变的可能;项目所在国与邻国的关系如何,有无发生边界冲突的可能;项目所在国与我国的关系如何;了解项目所在地的民法,与本项目施工有关的具体规定,如劳动力的雇佣、设备材料的进出口及运输施工机械使用等;还应了解当地工人工作时间、年法定假日天数、工人假日,冬、雨、夜施工及病假的补贴、工人所交所得税及社会保险金比例等。

三、核实工程数量

招标文件中列有工程量清单并有详细说明,但往往由于多种原因导致清单中的数量和图纸中的数量不一致,通过现场考察与调查,投标人更进一步掌握了第一手资料,也会发现相关的问题,因此,必须对工程量进行细心的核实。

通过工程量的核算,可以促进对技术规范中的计量支付规定做进一步的研究,全面掌握本项目工程量清单中各分项工程的数量以及计量单位，便于更好地分析定额和确定单价，从而达到准确计算报价的目的。同时，通过核算发现工程量清单中关于工程量的错误和漏洞，也为制订投标策略和投标决策提供参考。

(一)工程量种类

公路工程项目工程量清单包括的工程量种类有：

1.路基土石方

工程量包括：场地清理；路基挖方（土方、石方和弃方超运距数量分别列出）；路基填方（土方、石方、借方和借方超运距数量分别列出）；特殊地区路基处理和路基整修。

场地清理一般以 m^2 为单位，路基土石方以 m^3 为单位，超运距运输数量以 $m^3 \cdot km$ 为单位，软土地基处理中的桩、井采用 m 为单位。

2.路面工程

工程量清单是按结构层类型划分，一般包括：石灰稳定土底基层；水泥稳定土底基层、基层；石灰粉煤灰稳定土底基层、基层；级配碎（砾）石底基层、基层；透层、黏层和封层；热拌沥青混合料面层；改性沥青及改性沥青混合料；水泥混凝土面板。

路面工程中的计量单位，除改性沥青采用质量单位 t 外，其余均采用面积单位 m^2，这与定额中的规定不完全一致。

3.桥梁工程

包括桥梁及其附属结构物。附属结构物的施工指模板、拱架和支架的设计、制作、安装、拆卸等有关作业，其工程数量在相关的工程报价中考虑，不单独列出。桥梁工程量按照工作内容分为：钢筋；基础挖方及回填；钻孔灌注桩；沉桩；挖孔灌注桩；桩的垂直静荷载试验；沉井；结构混凝土工程；预应力混凝土工程；预制构件的安装；砌石工程；钢构件；桥面铺装；桥梁支座；桥梁接缝和伸缩缝；防水处理。其中预制构件的安装工程量包括在结构混凝土和预应力混凝土的有关工程细目中，不单独计算。

桥梁工程中的钢筋工作以 kg 为单位，桩以 m 为单位，混凝土和砌石工作以 m^3 为单位。

4.隧道工程

工程量包括：洞口与明洞工程；洞身开挖；洞身衬砌；防水与排水；监控量测；特殊地质地段的施工与地质预报。风、水、电作业及通风防尘工作作为隧道施工的附属工作，其工作量包含在有关的工程细目中，不单独计算。

5.排水及涵洞

包括坡面排水；路面及中央分隔带排水；圆管涵及倒虹吸管；盖板涵、箱涵；拱涵等各种排水结构物的工程量。

6.防护工程

按照防护工程的种类分别有：护坡、护面墙；挡土墙；加筋土挡土墙；喷射混凝土和喷射边坡防护；抗滑桩；河道防护。

7.其他工程

包括安全设施及预埋管线、绿化及环境保护工程。

(二)核实及分解工程量

(1)对于路基工程，核实的重点是工程量计算方法与数量是否合理、准确，土石方划分是否恰当，弃方、借方运距是否合理，工程细目是否存在漏项等。

(2)对于附属工作，根据技术规范计算其消耗的工程量，一般它与所采用的施工方案（施工方法)有关。

(3)工程量的计量单位,工程量清单与定额的规定有些不完全一致,需参照技术规范中计量支付的规定和定额的计量单位换算出新的工程量(在换算中有时需对设计图纸中的工程量进行分解或合并)。

四、制订施工组织方案

施工方案是投标报价的一个前提条件,也是招标单位评标时要考虑的因素之一。施工方案由投标单位的技术负责人主持制订,主要考虑施工方法、主要施工机具的配置、各工种劳动力的安排及现场施工人员的平衡、施工进度、安全措施等。施工方案的制订应在技术、工期和质量保证等方面具有吸引力,同时有助于降低施工成本。

(一)选择和确定施工方法

施工方法的选择取决于工程的特点、工期要求、施工条件等因素。所以,不同类型的工程施工方法有很大的差异。对于一般的土方工程、混凝土工程等比较简单的工程,可以结合已有的施工机械及工人的技术水平来选定施工方法,尽可能地节约开支,加快进度。对于大型复杂的桥梁工程,则要考虑几种方案,进行综合比较。

在拟定施工方法的同时,还应明确施工质量标准以及保证质量与安全的措施。

(二)选择施工设备

施工方法一经确定,机具的选择就应以满足施工方法为基本原则。但是,在现代化的施工条件下,许多时候是以选择施工机具为主来确定施工方法的,所以施工机具的选择往往成为主要问题。在选择施工机具时,应考虑以下问题:

(1)现有机械设备是否能满足招标工程的要求,是采购还是租赁,需要的设备型号、数量等。

(2)选择的机械能否满足施工的需要,机械的生产能力与进度安排是否协调。

(3)在多种机械配合施工时,配套机械的数量应能保证主机的连续作业。

(4)选择施工机具必须从全局出发,不仅要考虑到在本工程或某分部工程施工中使用,还要考虑到同一现场上其他工程是否也可以使用。

(三)编制施工进度计划

一般来说,投标阶段编制的施工进度计划不属于实际作业计划,可以适当粗一些,有些情况可以不用网络计划技术,而采用横道图或斜条图,只要满足招标要求即可。在制订施工进度计划时应注意以下几个方面:

(1)投标的总工期要符合招标文件的要求,并且尽可能比招标要求的总工期短一些,对于分部分项主要工程,例如桥梁工程的基础工程、桥梁墩台工程和上部结构工程,都要明确其开始和结束作业的时间,以便于分期分批进展和完成分部分项工程。

(2)不论使用横道图还是网络计划技术,都要使各工序之间相互衔接紧凑合理,形成顺畅的流水作业线路,以利于人力物力的充分利用。应尽量避免施工机械的闲置和频繁调动,劳动力数量的急剧增减,以提高工效和节省施工机械的数量,减少投入,增大产出和收益。

(3)制订合理的工程进度计划,有利于编制相应的资金流动计划,若进度计划合理,各工序安排的时间充裕,工序间拉开距离较小,人力物力协调周转,可以相应降低流动资金占用量,节省资金利息。

总之,进度计划安排的是否得当,直接关系到缩短工期,降低工程成本和报价,对于投标工作至关重要。

（四）制订施工组织与技术方案

在制订施工进度计划和核算完招标工程量清单以后，就需要选择和研究合适的施工组织方法和技术实施方案，以确定重要的施工规程及与报价的关系。

因此，施工组织设计与技术方案的确定应包括下列内容：

(1)根据分类汇总的工程数量和工程进度计划中该类工程的施工周期，以及招标文件的技术要求，制订各项工程的施工技术方案和施工措施，并综合考虑节约工程成本、保证工程质量等多方面因素，以选出合理和经济有效的施工方案。

(2)根据上述各类工程的施工方案，选择的机具设备，计算所需机械数量和使用周期，研究确定应采购那些新机械设备，或在当地租用机械设备，并把使用租用设备的时间安排得紧凑和短一些，以减少租用的费用。

(3)劳务人员可以根据工程项目所在地区的情况而定，可以用本公司的劳务人员，也可以雇佣当地的劳务。根据劳务人员的数量多少，估算出管理人员的数量，并计算出生活临时设施的数量以及劳务费用等。

(4)估算建筑材料的用量和进场计划，考虑其来源和分批进场的时间安排，从而估算现场用于存储、加工的临时设施以及砂、石材料的开采，预制构件的场地等。

(5)考虑安排工程的各分项内容，确定哪些工程由自己组织施工，哪些专业专项工程向外分包。一般情况下，若当地分包商拥有某些机械设备，又有专业分包的经验，报价又比较合理，则可以考虑分包。比如将道路工程中的小桥涵等结构工程分包给分包商去实施，也许对总投标报价有利。

(6)在施工方案中，考虑进出工地的交通，水、电、临时施工设施，环境保护、安全卫生等其他方面的安排和费用。

(7)考虑外部和内部材料供应的运输方式，估计运输和交通的需要和来源。

(8)考虑其他临时工程的需要和建设方案。例如进场道路、停车场地等。

(9)提出某些特殊条件下保证正常施工的措施。例如冬季、雨季施工措施等。

另外，若招标文件中规定向业主代表或监理工程师提供办公室、车辆和检测试验设备仪器时，投标报价中，应该计入这些费用。根据以上各项的考虑，将工程进度计划和施工方案等综合考虑，再在标价的具体计算中，予以补充、修改和完善。

五、确定报价策略

在对投标项目所在地区进行了市场调研，研究了项目招标文件，并进行现场考察之后，就可以根据本企业的实力和发展需求，制订投标的战略，作为报价的指导方针。

(1)进入市场标。将本项目投标作为本企业进入该市场的首选机会，尽可能利用企业已有施工设备，适当添置新型设备，制订切实可行的施工组织方案，以保本或微利报价，力争中标为开发该市场打下有利基础。

(2)后续项目标。考虑到该项目与本企业即将完工的项目邻近，工程内容亦比较接近，可以充分利用即将退出在建项目的施工设备和人员，发挥熟悉市场，减少迁移费用，减少资金投入的优势，可以以低成本报价，力争中标。

(3)试探性标。考虑到工程难度比较大，须增添大型设备，资金投入比较多，风险比较大。为进一步摸清市场行情，决定参加投标。编标时应考虑各种有利、不利因素，以合理价格投标。

以上战略主要是从企业市场营销的角度考虑，在确定最终报价时，还应根据自身情况和需要、市场竞争程度、本工程的实际情况，综合考虑各种因素后，研究和分析投标报价的具体战术和方法，以便从宏观把握、微观入手去解决问题，做出决策。

依据国际工程承包的经验与方法，常用的报价战术和方法有以下几种：

(一)不平衡报价法

所谓的不平衡报价是相对于通常的平衡报价而言的，它是指在不影响总报价水平的前提下，将某些项目的单价定得比正常单价高一些，而将另一些项目的单价定得比正常单价低一些，在保证报价具有竞争力的前提下，获得最大收益。

不平衡报价法根据情况不同，分摊费用的方法有以下几种：

1.早期摊入法

将投标期间的各项开支、投标保函手续费、工程保险费、部分临时设施费、由承包人承担的监理设施费、施工队伍调遣费、管理费、利润、税金等待摊费用多摊一些在早期完成的分项工程单价中，少摊一些在后期完成的分项工程单价中。这样报价有利于承包人尽早收回成本或减少周转资金。

采用这种方法必须注意施工技术方案和施工顺序安排是合理可行的，预计工程量不会发生大的变化。实际中，若施工顺序发生变化或前期工程量大减，后期工程量大增，则可能会造成亏损。

2.按量摊入法

根据预测的工程量增减趋势分摊费用。通过现场考察，认真阅读图纸并仔细核算工程量，预计今后工程量会增加的项目，分摊费用多一些(单价适当提高)；工程量可能减少的项目，分摊费用少一些(单价适当降低)。

3.递减摊入法

将施工前期发生较多而后逐步减少的一些费用，按时间发生逐步减少分摊比例的方法分摊到各分项工程中，如履约保函手续费、贷款利息、部分临时设施费、管理费、业务费等。这种方法与早期摊入法相比，分摊的数量较为均匀，单价不会产生太大的不平衡。

4.递增摊入法

其方法与递减摊入法相反，当承包人预测物价上涨率在施工后期较高甚至超过银行利率时，可采用此法。这种方法同样适用于允许调价的合同。

【例 11-1】 某单价合同中，A、B 两个工程细目，业主提供的工程量和预计的工程量见表 11-1，相应的平衡报价和不平衡报价也列在表 11-1 中。

工程量及报价表

表 11-1

工程项目	工程量(m^3)		单价(元/m^3)	
	业主提供	投标者预计	平衡报价	不平衡报价
A	4300	3300	85.00	76.50
B	3500	4000	120.00	132.00

利用平衡报价，A、B 两个工程细目的总报价为：

$$4300\times85.00+3500\times120.00=785500.00(元)$$

不平衡报价，A、B 两个工程细目的总报价为：

$$4300\times76.50+3500\times132.00=790950.00(元)$$

二者之差：

$$790950.00-785500.00=5450.00(\text{元})$$

为了确保报价具有竞争性，应消除这一差价。因而，重新调整B项目的单价，以使总报价不变。调整后，B项目的单价为130.44元/m^3。合同实施中，投标者可额外获得的收益为：

$$(3300\times76.50+4000\times130.44)-(3300\times85.00+4000\times120.00)=13710.00(\text{元})$$

事实上，由于工程设计深度不够或其他多方面的原因，业主提供的某些工程数量往往不够准确，投标者通过仔细阅读分析设计图纸和现场踏勘后发现，运用不平衡报价法就可获益。

不平衡报价方法在运用时，要注意单价的不平衡幅度一定要控制在合理范围内，一般控制在5%～10%，以免引起业主反对，甚至导致废标。如果不注意这一点，有时业主会挑出报价过高的项目，要求投标者进行单价分析，而围绕单价分析中过高的内容压价，以至投标人得不偿失。

（二）降价系数法

这种方法主要是用降价系数来调整最后总报价。在最初填写工程量报价单的分部分项工程单价时，都预先设定降价系数，在最后的投标致函中，可以现场决策，提出某一降价指标。

采用降价系数法的优越性表现在：对最终审核已编好的投标书时，若发现个别错误可用降低系数进行弥补，以免重新算标；在递交标书的最后时刻，还可用降价系数法确定最终报价，而不用全部修改报价单；因最终降低价格仅由少数人知道，可以保密。

（三）灵活细目的区别报价法

在公路工程的招标过程中，一般对于计日工、暂定工程都有单列报价的栏目，对于这些细目的报价可灵活区别对待。

对于暂定工程，业主一般有一笔暂定金额来单独支付。承包人可根据招标文件要求来报价。若该项报价不计入合同总价，投标时可将暂定工程部分的单价适当提高；若该项报价也计入总报价，则要慎重对待。

一般招标文件中，要求投标者列出计日工的人工、材料和机械台班的单价，这种单价一般不计入投标总价或给出的工程数量为名义工程量，实际中用于支付零星用工费用，因此，可适当提高报价，以便使用时获得较多利润。

第三节　直接工程费的计算

直接工程费是施工过程中直接耗费的构成工程实体和有助于工程形成的工、料、机费用，是标价构成中的主要部分。直接工程费的计算一般有三种方法：定额单价分析法、工序单价分析法和总价控制法。

一、定额单价分析法

定额单价分析法是我国投标人员常用的方法，它与编制工程概、预算的方法大致相同，即按照招标文件的工程量清单所列工程细目，选用与工作内容相适应的工、料、机消耗定额（选用的定额可能是经过组合并进行调整的），并分析实际的工、料、机单价，从而计算出各工程细目的直接工程费用。

定额单价分析法计算工程直接工程费的步骤如下：

（一）分析工、料、机单价

1.人工单价

对于国内工程，按技工、普通工、机械操作手分类，每类均采用该类平均(算术平均或加权平均)工资计算。应当指出的是，投标时应按实际支付额计算，特别是当地招收的临时工更应随行就市，以免计划开支与实际开支脱节。国外工程投标则分别计算中方和当地工人费用。中方一般为技工(含机械操作手)和管理人员，可按全部国外费用和国内费用之和计算；当地工人则分为机械操作手和普通工，或按该国工人分级，采取加权平均分别计算熟练工和非熟练工工资加上当地规定的其他费用(如各项社会福利费等)。

人工单价(元/工日)=[某工种全年各种(基本工资+各种津贴、福利+劳保用品费+人身保险费)费用之和]/年有效施工天数(工日)

年有效施工天数应综合考虑工程所在地的气候条件、国家法定节假日等因素确定。

2.材料单价

在投标前，应通过现场调查或询价确定材料的供应价格，再考虑运输、装卸、损耗(场外运输)、采购保管后计算材料的工地价格。

材料按其来源可分为进口材料、国内供应材料和自采材料三类。计算材料费时，首先要确认拟用材料的规格是否符合技术规范的要求，然后按照其来源分别计算费用。

进口材料单价=到岸价+海关税和港口费+运至工地的运费+装卸费+运输损耗+仓储费

国内供应材料单价=供应价+到工地运费+运输损耗+装卸费+仓储费

自采材料单价=料场价+运至工地的运费+装卸费+运输损耗

3.机械台班单价

机械台班单价是指在一个台班中为保持机械正常运转所必须支出的全部费用，又称机械使用费，一般由两部分构成，第一部分为不变费用，第二部分为可变费用。编制工程概、预算时，按照主管部门颁布的机械台班费用定额计算台班费，但投标是一种市场商业活动，应当采用符合本企业经营方针和管理模式的方法，以免与实际脱节。随着市场化的进程，机械使用费的计算方法，可以参照国际工程市场通用的方法。

国外的机械租赁企业或施工企业独立核算的机械经营部门，机械使用费一般包括资金利息摊销费、运转费和管理费。资金摊销费包括折旧费、资金利息；运转费包括台班消耗的燃油(或电力)和驾驶人员工资等费用；管理费包括机械调度、管理费、维修保养费、税收和企业利润。机械租赁费根据租赁条件确定，短期租用一般由出租方配备驾驶人员，其费用包括除了燃油费以外的全部费用；长期租用或内部租用则不配备驾驶人员，其费用包括运转费和维修保养费，调度管理费也可减少。

施工企业本身拥有的机械一般将机械管理费并入工程管理费中，但应包括维修保养费。为便于计算，机械使用费仍然可以分为不变费用和可变费用两部分：

(1)不变费用

不变费用主要包括折旧费、资金利息分摊费、大修费和维修保养费。

①机械折旧费。

机械折旧费主要受机械原值、预计净残值、折旧年限、年工作台班以及折旧方法的影响。

机械原值是指机械从购买到运至施工企业所在地发生的全部费用，包括购买价格、运输费用、相关部门的手续费以及国家征收的各种税收，如进口机械的关税、增值税、运输机械的车辆购置附加费等。计算时，按照实际发生的费用确定。

预计净残值是施工机械报废清理时的预计残余价值，一般用预计净残值率(预计净残余价值与机械原值的比率)表示。公路工程施工机械的预计净残值率一般为2%～5%。

施工机械的折旧年限除与机械的类型有关外,主要受国家有关财务制度的规定。财政部、中国人民银行(1993)颁布的《施工、房地产开发企业财务制度》中,对企业固定资产折旧年限作出了规定。这些规定是为了核算承包人的工程成本和利润,以便征收税收,同时允许企业根据自身的实际情况,在国家规定的折旧年限的区间内编制本企业的固定资产折旧年限。因此,施工企业要考虑机械使用的实际情况和竞争力确定各类机械的折旧年限。

机械的年工作台班指机械在规定的使用期内,每年应作业的平均台班数,它取决于机械的使用效率、使用条件、适宜施工的气候因素以及国家的有关规定。施工企业可以根据积累的资料分析确定。

机械的折旧方法主要有使用年限法、双倍余额递减法。

使用年限法亦称平均年限法或直线法,是根据机械的原始价值和使用年限计算折旧的方法,计算公式为:

$$\begin{aligned}(\text{直线})\text{台班折旧费} &= \text{机械原值}\times\frac{(1-\text{预计净残值率})}{\text{折旧年限}\times\text{年工作台班}}\\ &= \text{机械原值}\times(\text{直线})\text{台班折旧率}\end{aligned}$$

双倍余额递减法又称递减费用法。即每期计提的折旧数额,在使用初期计提的多,而在后期计提的少,从而相对加快折旧速度的一种方法。这种方法是用直线法折旧率的双倍去乘以机械净值的方法,计算公式为:

$$\begin{aligned}(\text{双倍余额})\text{台班折旧费} &= \text{机械净值}\times\frac{2}{\text{折旧年限}\times\text{年工作台班}}\\ &= \text{机械净值}\times(\text{双倍余额})\text{台班折旧率}\end{aligned}$$

采用双倍余额递减法计算折旧时,要注意不能把机械净值降低到它的残值以下,或者到使用年限末了,净值还高于残值。为此,财务制度规定实行双倍余额递减法时,应在折旧年限到期前两年内,将固定资产账面净值扣除净残值后的净额平均摊销。

双倍余额递减法是一种快速折旧法,适用于技术更新快的机械设备。由于承包工程流动性大,任务的连续性没有保证,对某些施工机械采取快速折旧,一方面可尽快回收投入机械的资金,另一方面有利于更新设备,及时采用效率较高的新型机械。采用何种折旧方法,施工企业可以结合机械的类型、已使用年限和企业的经营成本等实际情况决定。

②资金利息。

对于大型机械设备,投入购置的资金是相当可观的,而且机械的折旧费一般不可能在一项工程中收回,所以把投入的资金利息分摊到使用台班上去是比较合适的。机械的净值随着折旧费的提取而逐年下降,因而各年利息也随之下降。为便于计算,可以采取把各年利息总和平均摊入台班费的办法,计算公式为:

$$\text{台班资金利息}=\frac{\sum_{i=1}^{n}(\text{第 } i \text{ 年机械净值}\times\text{年利率})}{n\times\text{年工作台班}}$$

式中:n——折旧年限,机械净值为机械原值减去累计折旧。

③大修费和维修保养费。

大修费是指机械设备在规定的时间间隔,按照规定的大修理范围、工作内容进行修理时所消耗的全部费用。施工企业应根据积累的资料,确定不同机械设备的一次大修费和需要大修的次数并将其分摊在台班单价内。

维修费包括定期维修费(相当于中修)和现场修理费(相当于小修),保养费则是指维持机械正常运转的日常费用。轮胎的维修和更换以及某些易耗件(如松土器的齿耙和平地机的刀刃等)则应另行计算,并列入机械使用费。维修保养费与机械的工作条件和使用年度有关,即随着使用年度的延长,维修保养费增加,随着工作条件的改善而减少。为了简化计算,台班维修费可采用平均年度维修费分摊的方式计算。

(2)可变费用

①燃料费。

燃料费是指机械运行时消耗的燃油费。目前施工机械用的基本上都是轻柴油,只有一些小汽车用汽油。由于柴油、汽油价格都比较高,燃料费一般达到台班费的30%~50%,因此,燃料费用的计算要十分认真。首先要认真确定各个机械的台班(或小时)耗油量。台班耗油量一是取决于机械工作状态下的耗油量;二是取决于台班内的操作时间。工作状态下的耗油量一般以L/h计,有条件的应根据实际耗油量资料确定。由于耗油量一般与机械功率大小有联系,在缺乏实测资料的情况下,可以参照下式进行估算:

$$\text{台班耗油量} \simeq Q_h \cdot H \cdot P \cdot N$$

式中:Q_h——全负荷下千瓦小时功率耗油量,一般为0.3L/(h·kW);

H——台班内预计操作时间,根据施工工艺和各种机械的互相配合而定,对于间歇性工作采用5~6h;对于连续工作采用8h;

P——机械额定功率(kW);

N——负荷系数,视施工条件而定,一般土方机械变化在0.45~0.90;汽车、吊车类变化在0.25~0.5。

②驾驶员工资。

驾驶员工资在报价时可按照预计雇佣的人员工资计。在国内,按相应的工资等级计,应包括基本工资和各种补贴、福利和保险费。国外工程中要先确定我国派出人员和当地人员的比例和工资等级,并计算出加权平均等级工日人工费。也可适当分为高、中、低三级驾驶员,对需要高技术的驾驶人员,采用高等级工人工资,反之,采用低等级工资。对于一个机组需要几名操作人员(如沥青拌和设备)应根据需要配备,并一起计入台班费。

③其他费用。

诸如机械停放场所、设施和看管机械人员等费用,以及机械调运和保险费等,都可用一个综合系数摊入台班费(或工时费)。如果把这些费用计入施工管理费,列入待摊费用也是可以的。

(二)计算细目工程单位工程量直接工程费

对工程量清单中的每一细目,查相应的工程定额,确定其工、料、机消耗数量,然后再与相应单价相乘,得出细目工程单位工程量直接工程费。

$$\begin{aligned}\text{细目工程单位工程量直接工程费} = &\sum_1^n(\text{人工消耗定额}\times\text{人工单价}) + \\ &\sum_1^n(\text{材料消耗定额}\times\text{材料单价}) + \\ &\sum_1^n(\text{机械台班消耗定额}\times\text{机械台班单价})\end{aligned}$$

(三)计算细目工程直接工程费

把上述细目工程单位直接工程费乘以工程量清单中给出的工程量,即可得出完成该分项工程的直接工程费。

细目工程直接工程费=细目工程单位工程量直接工程费×工程量

【例 11-2】 某高速公路××标段,路段长 8km,路面设计为沥青混凝土路面,工程量清单提供的数量见表 11-2。施工单位拟在路段中部设置沥青混凝土和水泥稳定土拌和站,合同工期 7 个月。试按定额单价法确定路面工程的直接工程费及报价。

第 300 章 路面工程 表 11-2

细目编号	项目名称	单位	数量	单价	金额
304-2	水泥稳定土基层				
304-2-1	5%水泥稳定砂砾基层(厚 15cm)	$1000m^2$	10.617		
304-2-2	5%水泥稳定砂砾基层(厚 20cm)	$1000m^2$	320.029		
306-3	级配砾石底基层				
306-3-1	天然级配砾石底基层(厚 11cm)	$1000m^2$	3.495		
306-3-2	天然级配砾石底基层(厚 15cm)	$1000m^2$	276.718		
306-3-3	天然级配砾石底基层(厚 28cm)	$1000m^2$	72.647		
307-1	透层油	$1000m^2$	249.071		
308-2	中粒式沥青混凝土				
308-2-1	中粒式沥青混凝土面层上层(厚 4cm)	$1000m^2$	239.255		
308-3	粗粒式沥青混凝土				
308-3-1	粗粒式沥青混凝土面层下层(厚 5cm)	$1000m^2$	239.255		
308-3-2	热拌沥青碎石连接层(厚 6cm)	$1000m^2$	239.255		

解:(1)分析工、料、机单价

施工单位根据现场生产工人的实际支出,计算出人工的平均单价为 34.50 元/工日。材料主要为国内市场购买和施工单位自采,经市场调查分析确定的材料单价见表 11-3。机械台班单价见表 11-4。

材 料 单 价 表 表 11-3

编号	材 料 名 称	单位	单价	编号	材 料 名 称	单位	单价
1	原木	元/m^3	1096.82	12	块石	元/m^3	83.64
2	锯材	元/m^3	1396.75	13	32.5 级水泥	元/t	318.77
3	型钢	t	3589.62	14	土	元/m^3	7.30
4	组合钢模板	t	5650.34	15	砂	元/m^3	43.21
5	铁件	元/kg	4.38	16	砂砾	元/m^3	29.26
6	铁钉	元/kg	6.30	17	矿粉	元/t	124.37
7	铁丝	元/kg	4.92	18	石屑	元/m^3	64.16
8	青(红)砖	元/千块	220.63	19	路用碎石(1.5cm)	元/m^3	64.48
9	中(粗)砂	元/m^3	57.81	20	路用碎石(2.5cm)	元/m^3	63.75
10	片石	元/m^3	33.48	21	路用碎石(3.5cm)	元/m^3	47.417
11	碎石(8cm)	元/m^3	47.25	22	路用碎石(5cm)	元/m^3	62.18

续上表

编号	材料名称	单位	单价	编号	材料名称	单位	单价
23	砾石(2cm)	元/m^3	46.49	29	电	元/度	0.95
24	砾石(4cm)	元/m^3	40.76	30	汽油	元/kg	5.20
25	砾石(6cm)	元/m^3	35.56	31	煤	元/t	263.42
26	石油沥青	元/t	3756.25	32	水	元/m^3	0.85
27	柴油	元/kg	4.90	33	木柴	元/kg	0.5
28	重油	元/kg	2.80				

机械台班单价 表 11-4

编号	机械名称	不变费用	可变费用	台班单价(元/台班)
1	2m^3 轮式装载机	200.44	494.63	695.07
2	3m^3 轮式装载机	241.36	639.84	881.20
3	160t/h 以内沥青拌和设备	4234.10	16511.00	20745.10
4	5t 以内自卸汽车	103.49	316.03	419.52
5	15t 以内自卸汽车	303.18	529.73	832.91
6	6～8t 光轮压路机	107.57	129.22	236.79
7	12～15t 光轮压路机	164.32	232.75	397.07
8	9.0m 以内沥青混合料摊铺机	1592.20	577.28	2169.48
9	9～16t 轮胎式压路机	311.85	199.68	511.53
10	16～20t 轮胎压路机	362.24	241.72	603.96
11	20～25t 轮胎压路机	464.65	280.92	745.57
12	6000L 以内洒水车	257.90	284.84	542.74
13	300t/h 以内稳定土厂拌设备	455.64	650.58	1106.22
14	120kW 以内自行式平地机	408.05	477.99	886.04
15	0.6m^3 以内单斗挖掘机	170.02	257.63	427.65
16	250L 以内混凝土搅拌机	18.58	84.60	103.18
17	12t 以内汽车式起重机	387.11	402.53	789.64
18	20t 以内汽车式起重机	672.98	513.32	1186.30
19	40t 以内汽车式起重机	1566.30	687.90	2254.20
20	75t 以内汽车式起重机	2501.31	967.90	3469.21
21	4000L 以内沥青洒布机	179.14	250.52	429.66
22	20t 以内平板拖车	392.89	467.47	860.36

(2)分解工程量清单及套用定额

由于工程量清单的每一个细目包含定额中的若干子目，因此在套用定额前，应根据清单项目划分和实际工作内容进行工程量清单分解。工程量清单分解示例见表 11-5，工程量清单分解汇总表见表 11-6。

工程量清单分解示例

表 11-5

306-3-3 天然级配砾石底基层(厚 28cm)									
编号	工程项目			级配砾石路面			级配砾石路面		
	工程细目			平地机拌和底基层,压实厚度 8cm			平地机拌和底基层每增加 1cm		
	定额单位			$1000m^2$			$1000m^2$		
	工程数量			72.647			72.647		
	定额表号			2-3-15			2-2-3-18×20		
	工料机名称	单位	单价(元)	定额	数量	金额(元)	定额	数量	金额(元)
1	人工	工日	34.50	3.4	247.00	8521.50	4.00	290.59	10025.29
2	土	m^3	7.30	7.61	552.84	4035.73	19.00	1380.29	10076.14
3	砂	m^3	43.21	23.74	1724.64	74521.69	59.40	4315.23	186461.17
4	砾石(2cm)	m^3	46.49	48.84	3548.08	164950.24	122.00	8862.93	412037.80
5	砾石(4cm)	m^3	40.76	27.13	1970.91	80334.29	67.80	4925.47	200762.02
6	砾石(6cm)	m^3	35.56	10.85	788.22	28029.10	27.20	1976.00	70266.50
7	120kW 以内自行式平地机	台班	886.04	0.61×3	132.94	117790.16			
8	6~8t 光轮压路机	台班	236.79	0.14×3	30.51	7224.46			
9	12~15t 光轮压路机	台班	397.07	1.09×3	237.56	94327.95			
10	6000L 以内洒水汽车	台班	542.74	0.2	14.53	7886.01	0.40	29.06	15771.37

注:分三层摊铺,每 $1000m^2$ 增加 6 个工日,平地机和压路机的台班消耗按定额数量乘以 3 计算。

工程量清单分解汇总表

表 11-6

清单号(定额号)	项 目 名 称	单 位	工程数量	单位工程人工费(元)	单位工程材料费(元)	单位工程机械费(元)	直接工程费合计(元)
304-1	水泥稳定土基层						
304-1-1	5%水泥稳定砂砾基层(厚 15cm)	$1000m^2$	10.617				147510.13
2-1-7-3	厂拌 5%水泥稳定砂砾基层(厚 15cm)	$1000m^2$	10.617	93.15	11082.74	265.49	121473.19
2-1-8-21	15t 自卸汽车运第一个 1km	$1000m^3$	1.593			4914.17	7828.27
2-1-8-24×2	15t 自卸汽车增运 1km	$1000m^3$	1.593			932.86	1486.04
2-1-9-3	120kW 以内平地机铺筑	$1000m^2$	10.617	162.15		865.26	10908.06
2-1-10-4	稳定土厂拌设备安、拆(分摊项)	$1000m^2$	10.617	90.60	219.38	237.69	5814.56
304-1-2	5%水泥稳定砂砾基层(厚 20cm)	$1000m^2$	320.029				5279578.13
2-1-7-3	厂拌 5%水泥稳定砂砾基层(厚 15cm)	$1000m^2$	320.029	34.5	11082.74	679.66	3775349.99
2-1-7-4×5	厂拌 5%水泥稳定砂砾基层(增加 5cm)	$1000m^2$	320.029	34.5	738.48	48.56	262915.46
2-1-8-21	15t 自卸汽车运第一个 1km	$1000m^3$	64.006			4914.17	314536.30
2-1-8-22	5t 自卸汽车增运 1km	$1000m^3$	64.006	1099.44			70370.83
2-1-9-3	120kW 以内平地机铺筑	$1000m^2$	320.029	162.15		1966.21	681136.76
2-1-10-4	稳定土厂拌设备安、拆(分摊项)	$1000m^2$	320.029	90.60	219.38	237.69	175268.78
306-3	级配砾石底基层						
306-3-1	天然级配砾石底基层(厚 11cm)	$1000m^2$	3.495				27768.88

续上表

清单号（定额号）	项目名称	单位	工程数量	单位工程人工费（元）	单位工程材料费（元）	单位工程机械费（元）	直接工程费合计（元）
2-2-3-15	平地机拌和、摊铺(厚 8cm)	$1000m^2$	3.495	117.30	4843.57	1114.99	21235.15
2-2-3-18×3	平地机拌和、摊铺(增加 3cm)	$1000m^2$	3.495	20.70	1816.19	32.56	6533.73
306-3-2	天然级配砾石底基层(厚 15cm)	$1000m^2$	276.718				3195500.42
2-2-3-15	平地机拌和、摊铺(厚 8cm)	$1000m^2$	276.718	220.80	4843.57	2121.43	1988441.70
2-2-3-18×7	平地机拌和、摊铺(增加 7cm)	$1000m^2$	276.718	48.30	4237.77	75.98	1207058.72
306-3-3	天然级配砾石底基层(厚 28cm)	$1000m^2$	72.647				1409765.79
2-2-3-15	平地机拌和、摊铺(厚 8cm)	$1000m^2$	72.647	324.30	4457.75	3127.87	574632.01
2-2-3-18×20	平地机拌和、摊铺(增加 20cm)	$1000m^2$	72.647	138.00	11140.68	217.10	835133.78
307-1	透层油	$1000m^2$	249.071	48.30	3333.81	60.79	857525.60
2-2-16-3	透层油	$1000m^2$	249.071	48.30	3333.81	60.79	857525.60
308-2	中粒式沥青混凝土						
308-2-1	中粒式沥青混凝土面层上层(厚 4cm)	$1000m^2$	239.255				5814231.83
2-2-11-10	160t/h 沥青拌和设备拌和中粒式	$1000m^3$	9.570	1266.15	515555.10	60160.30	5521713.47
2-2-13-21	15t 自卸汽车运第一个 1km	$1000m^3$	9.570			6654.95	63687.88
2-2-13-24	15t 自卸汽车增运 1km	$1000m^3$	9.570			1199.39	11478.17
2-2-14-20	沥青混合料摊铺、碾压	$1000m^3$	9.570	1117.80		10903.64	115045.19
2-2-15-4	沥青拌和设备安、拆(分摊项)	$1000m^3$	9.570	1941.68	5897.85	2850.87	102307.12
308-3	粗粒式沥青混凝土						
308-3-1	粗粒式沥青混凝土面层下层(厚 5cm)	$1000m^2$	239.255				7023504.69
2-2-11-4	160t/h 沥青拌和设备拌和粗粒式	$1000m^3$	11.963	1269.60	494127.78	60385.85	6648834.74
2-2-13-21	15t 自卸汽车运第一个 1km	$1000m^3$	11.963			6654.95	79613.18
2-2-13-22×2	15t 自卸汽车增运 1km	$1000m^3$	11.963			1216.05	14547.59
2-2-14-42	沥青混合料摊铺、碾压	$1000m^3$	11.963	1131.60		11626.06	152619.93
2-2-15-4	沥青拌和设备安、拆(分摊项)	$1000m^3$	11.963	1941.68	5897.85	2850.87	127889.26
308-3-2	热拌沥青碎石联结层(厚 6cm)	$1000m^2$	239.255				7064352.56
2-2-10-10	160t/h 沥青拌和设备拌和沥青碎石	$1000m^3$	14.355	1224.75	402129.37	58328.12	6627448.45
2-2-13-21	15t 自卸汽车运第一个 1km	$1000m^3$	14.355			6654.95	95531.82
2-2-13-22×2	15t 自卸汽车增运 1km	$1000m^3$	14.355			1216.05	17456.38
2-2-14-19	沥青混合料摊铺、碾压	$1000m^3$	14.355	1100.55		10773.73	170455.22
2-2-15-4	沥青拌和设备安、拆(分摊项)	$1000m^3$	14.355	1941.68	5897.85	2850.87	153460.69

(3)确定各工程细目单价及合价

套用定额计算出工程细目直接工程费后，需详细分析施工单位花费在本工程的有待分摊的各项费用，并计算分摊系数。若本工程分摊费用的平均分摊系数为 1.30，则：

$$清单工程细目单价=\frac{直接工程费合计}{工程数量}\times平均分摊系数$$

例：热拌沥青碎石联结层(厚6cm)单价$=\frac{7064352.56}{239.255}\times1.3=38384.39$(元/$1000m^2$)

各工程细目的单价及合价计算结果见表11-7。

第300章　路面工程　　表11-7

细目编号	项目名称	单位	数量	单价	金额
304-1	水泥稳定土基层				
304-1-1	5%水泥稳定砂砾基层(厚15cm)	$1000m^2$	10.617	18061.90	191763.17
304-1-2	5%水泥稳定砂砾基层(厚20cm)	$1000m^2$	320.029	21446.34	6863451.57
306-3	级配砾石底基层				
306-3-1	天然级配砾石底基层(厚11cm)	$1000m^2$	3.495	10328.91	36099.54
306-3-2	天然级配砾石底基层(厚15cm)	$1000m^2$	276.718	15012.22	4154150.54
306-3-3	天然级配砾石底基层(厚28cm)	$1000m^2$	72.647	25227.41	1832695.53
307-1	透层油	$1000m^2$	249.071	4475.77	1114783.28
308-2	中粒式沥青混凝土				
308-2-1	中粒式沥青混凝土面层上层(厚4cm)	$1000m^2$	239.255	31591.82	7558501.38
308-3	粗粒式沥青混凝土				
308-3-1	粗粒式沥青混凝土面层下层(厚5cm)	$1000m^2$	239.255	38162.45	9130556.09
308-3-2	热拌沥青碎石联结层(厚6cm)	$1000m^2$	239.255	38384.39	9183658.32

定额单价分析法计算的直接工程费，一般是以正常的施工条件和合理的施工组织下完成该工程细目的直接工程费(即根据定额计算的细目工程直接工程费)。它的优点是计算方法比较规范，便于使用计算机，但缺点是，各工程细目的人工和机械台班消耗是分别计算的，对各工程细目之间的相互关系，人员和机械的合理调配问题没有考虑。也就是说，按定额单价法计算的直接工程费与整个工程的施工安排以及工期的要求没有必然的联系。由于工期要求不同，人员和机械配备的数量就不同，而不同的机械数量，又会导致人工和机械的利用率不同，从而影响施工成本。因此，采用定额单价法报价，在实际中可能产生以下问题：

(1)由于施工机械的利用率达不到定额的平均水平，实际发生的机械费用(主要是不变费用部分)就会高于计算的费用，造成报价偏低。例如某道路工程工地，按照台班需求量需要配备2台平地机，但实际在进入全面施工期时，为了保证路基、路面基层、底基层同时按要求进度施工，则需要3台或4台平地机。又如，某工地有沥青透层油(用稀释沥青)工序，又有黏层油(用乳化沥青)工序，每天均需按进度完成，所需台班加起来不超过一台机械的能力，但是，由于采用两种油料，不能混用，只好配备两台沥青洒布机。而且，此种机械只有在工期的后半期才使用，但仍需按监理要求的时间进场，如按其到场时间开始计算占用时间，其实际利用率是很低的，这就造成计算费用的明显偏少。如不考虑上述因素，只按定额分析的机械台班需求量配置施工机械，就会使投入的设备偏少，投入设备资金也明显偏低；反之，如果施工机械的利用率超过了定额的平均水平，实际发生的机械费用就会低于计算的费用，造成报价偏高，因而难以体现施工企业的竞争力。

(2)与上述原因类似，人工的配备和人工费也会出现偏差。

为了克服定额单价分析法存在的缺陷，使工程单价计算更接近实际，可采用工序单价分析法。

二、工序单价分析法

所谓的工序单价分析法，是根据施工进度计划和工程量，计算每道工序需要配置的机械数量，机械使用费按照该机械在本工序的利用率确定。

(一)工、料、机单价分析

人工和材料单价的分析，与定额单价分析法相同。机械台班单价应考虑机械运转和闲置，分两种情况计算：

机械闲置时台班单价＝台班不变费用

机械运转时台班单价＝台班不变费用＋台班可变费用

(二)编制实施性施工计划

1. 拟定初步施工方案和进度计划

先确定主要工程的大体起止时间，然后把每一分项工程作为一道工序作相应的安排。

2. 以工序进度反算机械数量

以每道工序的主导机械控制进度，以其产量定额和该工序施工期限作为控制，反算所需机械数量，进行必要调配，并相应配备辅助机械，计算公式如下：

$$R_{ij}=\frac{Q_i}{T_i \cdot C_{ij} \cdot n}=\frac{Q_i \cdot S_{ij}}{T_i \cdot n}$$

式中：R_{ij}——i 工序 j 种机械的需要数量；

Q_i——i 工序的工程量；

C_{ij}——i 工序 j 种机械的产量定额；

T_i——i 工序的有效施工天数；

n——作业班制，可取 1 班、2 班、3 班；

S_{ij}——i 工序 j 种机械的时间定额。

3. 以主导机械数量确定工序作业时间

$$T_i=\frac{Q_i}{R_i \cdot C_{ij} \cdot n}=\frac{Q_i \cdot S_{ij}}{R_i \cdot n}$$

式中符号意义同前。

4. 确定人工数量

根据工序作业时间和劳动定额计算该工序所需人工数量。

(三)确定工序单价

人工费＝人工单价×工序所需总工日

$$材料费=\sum_{1}^{n}[材料单价\times材料消耗数量]$$

$$机械使用费=\sum_{j=1}^{m}[j\ 种机械的运转单价\times运转台班数+j\ 种机械的闲置单价\times闲置台班数]$$

其中：j 种机械运转台班数量＝工序作业时间×j 种机械的配备数量×机械利用率

j 种机械闲置台班数量＝工序作业时间×j 种机械的配备数量×(1－机械利用率)

或：

$$机械使用费=\sum_{j=1}^{m}[工序作业时间\times j\ 种机械的配备数量\times j\ 种机械的实际台班单价]$$

其中：j 种机械的实际台班单价 ＝ j 种机械的(不变费用＋可变费用)× 机械利用率＋ j 种机械的不变费用×(1－机械利用率)

工序直接工程费＝人工费＋材料费＋机械使用费

【例 11-3】 试按工序单价法确定[例 11-2]路面工程的直接工程费及报价。

解：(1)编制施工进度计划

根据施工现场的气候条件，路面施工从 3 月中旬开始，采用流水作业，每道工序计划 6 个月，每月有效施工天数按 22 天计。路面底基层从 3 月 15 日到 9 月 15 日；路面基层从 4 月 1 日到 9 月 30 日；面层从 4 月 15 日到 10 月 15 日。施工进度安排见图 11-2。

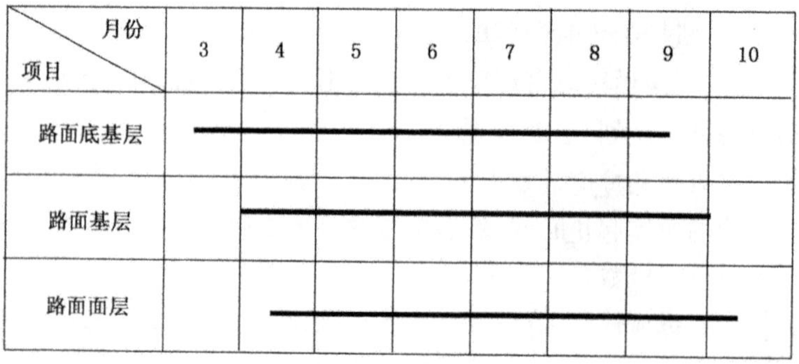

图 11-2 施工进度图

(2)确定机械配备数量

各道工序需要配备的机械数量，是根据工序的工程量、机械台班产量、作业持续时间和作业班制确定的。机械的台班产量以施工单位实际投入的机械型号和生产能力确定。本例以《公路工程施工定额》为基础分析确定。

例：沥青面层，工程量总计 35.888($1000m^3$)

160t/h 以内沥青拌和设备，台班平均产量 0.473($1000m^3$/台班)，则需要配备的机械数量为：

$$\frac{35.888}{0.473\times6\times22}=0.57(\text{台}) \qquad \text{取 1 台}$$

$2m^3$ 轮式装载机，台班平均产量 0.231($1000m^3$/台班)，则需要配备的机械数量为：

$$\frac{35.888}{0.231\times6\times22}=1.18(\text{台}) \qquad \text{取 2 台}$$

5t 以内自卸汽车，台班平均产量 0.512($1000m^3$/台班)，则需要配备的机械数量为：

$$\frac{35.888}{0.512\times6\times22}=0.53(\text{台}) \qquad \text{取 1 台}$$

15t 以内自卸汽车(运距 2km)，台班平均产量 0.141($1000m^3$/台班)，则需要配备的机械数量为：

$$\frac{35.888}{0.141\times6\times22}=1.93(\text{台}) \qquad \text{取 2 台}$$

6～8t 光轮压路机，台班平均产量 0.26($1000m^3$/台班)，则需要配备的机械数量为：

$$\frac{35.888}{0.26\times6\times22}=1.0(\text{台}) \qquad \text{取 1 台}$$

12～15t 光轮压路机，台班平均产量 0.26($1000m^3$/台班)，则需要配备的机械数量为：

$$\frac{35.888}{0.26\times6\times22}=1.0(\text{台}) \qquad \text{取 1 台}$$

9.0m 沥青摊铺机，台班平均产量 0.448(1000m^3/台班)，则需要配备的机械数量为：

$$\frac{35.888}{0.448\times6\times22}=0.61(台) \qquad 取1台$$

9～16t 光轮压路机，台班平均产量 0.534(1000m^3/台班)，则需要配备的机械数量为：

$$\frac{35.888}{0.534\times6\times22}=0.51(台) \qquad 取1台$$

水泥稳定基层和级配砾石底基层施工需要的机械数量见表 11-8。

(3)确定机械利用率及台班实际单价

例：沥青面层，作业持续时间 6 个月，根据台班需要数量和实际配备数量计算机械利用率及台班实际单价。

160t/h 以内沥青拌和设备：利用率 57%

台班单价＝(4234.1＋16511)×0.57＋4234.1×(1－0.57)＝13724.57(元/台班)

2m^3 轮式装载机：利用率 59%

台班单价＝(200.44＋494.63)×0.59＋(200.44＋5.12)×(1－0.59)

＝493.63(元/台班)

其余计算结果见表 12-9(计算时将机械的车船税计入了不变费用)。

(4)确定工序机械使用费

机械使用费＝工序作业时间× j 种机械的配备数量× j 种机械的实际台班单价

例：沥青面层，作业持续时间 6 个月，根据实际配备机械数量和台班单价计算机械使用费如下：

160t/h 以内沥青拌和设备使用费＝6×22×1×13724.57＝1811642.78(元)

2m^3 轮式装载机使用费＝6×22×2×493.63＝130317.77(元)

5t 以内自卸汽车使用费＝6×22×1×301.81＝39839.41(元)

15t 以内自卸汽车使用费(运距 2km)＝6×22×2×819.73＝216409.33(元)

6～8t 光轮压路机使用费＝6×22×1×236.79＝31256.28(元)

12～15t 光轮压路机使用费＝6×22×1×397.07＝52413.24(元)

9.0m 沥青摊铺机使用费＝6×22×1×1942.54＝256414.65(元)

9～16t 光轮压路机使用费＝6×22×1×413.51＝54583.89(元)

沥青面层机械使用费合计＝2592877.36(元)

水泥稳定基层和级配砾石底基层的机械使用费见表 11-9。

(5)确定各工程细目直接工程费

各工程细目的人工费和材料费计算同定额单价法。机械费则应将工序机械使用费按照各工程细目的工程量进行分摊。

例：沥青面层

首先，根据有关资料确定沥青各层单位工程的机械使用费比例，如：

(6cm)沥青碎石(X)∶(5cm)粗粒式沥青混凝土(Y)∶(4cm)中粒式沥青混凝土(Z)＝1∶1.027∶1.026

则：$14.355X+11.963Y+9.570Z=2592877.36+94625.25=2687502.61$(元)

其中：94625.25 为沥青拌和站的安拆费。

解得：$X=61322.36$；$Y=75570.52$；$Z=94375.12$

各工序机械配备数量

表 11-8

编号	机械名称	304-1 水泥稳定土基层 330.646(1000m²)			306-3 级配砾石底基层 352.860(1000m²)			307-1 透层油 249.071(1000m²)			308-2(3)沥青混凝土(碎石) 35.888(1000m³)		
		工序台班产量(1000m²/台班)	需配备数量(台)	实际配备数量(台)	工序台班产量(1000m²/台班)	需配备数量(台)	实际配备数量(台)	工序台班产量(1000m²/台班)	需配备数量(台)	实际配备数量(台)	工序台班产量(1000m³/台班)	需配备数量(台)	实际配备数量(台)
1	$2m^3$ 轮式装载机										0.231	1.18	2
2	$3m^3$ 轮式装载机	2.325	1.1	2									
3	300t 稳定土厂拌设备	3.949	0.6	1									
4	15t 自卸汽车(运距 2km)	0.955	2.4	3							0.141	1.93	2
5	120kW 以内自行式平地机	4.162	0.6	1	1.15	2.32	3						
6	6~8t 光轮压路机	10.214	0.2	1	4.651	0.57	1	11.917	0.16	1	0.260	1.05	1
7	12~15t 光轮压路机	1.126	2.2	3	0.597	4.48	5				0.260	1.05	1
8	9~16t 轮胎压路机										0.534	0.51	1
9	16~20t 轮胎压路机												
10	20~25t 轮胎压路机												
11	6000L 以内洒水车	4.968	0.5	1	3.921	0.68	1						
12	4000L 以内沥青洒布机							22.00	0.09	1			
13	160t/h 沥青拌和设备										0.473	0.57	1
14	5t 自卸汽车										0.512	0.53	1
15	9.0m 沥青摊铺机										0.448	0.61	1

各工序机械台班利用率、台班实际单价及机械使用费

表 11-9

编号	机械名称	304-1 水泥稳定土基层 330.646(1000m^2)			306-3 级配砾石底基层 352.860(1000m^2)			307-1 透层油 249.071(1000m^2)			308-2(3)沥青混凝土(碎石) 35.888(1000m^3)		
		台班利用率	台班实际单价(元/台班)	机械使用费(元)	台班利用率	台班实际单价(元/台班)	机械使用费(元)	台班利用率	台班实际单价(元/台班)	机械使用费(元)	台班利用率	台班实际单价(元/台班)	机械使用费(元)
1	2m^3 轮式装载机										0.59	493.63	130317.77
2	3m^3 轮式装载机	0.54	589.08	155516.61									
3	300t 稳定土厂拌设备	0.63	868.31	114616.92									
4	15t 自卸汽车(运距 2km)	0.87	786.76	311557.40							0.96	819.73	216409.33
5	120kW 以内自行式平地机	0.60	698.34	92180.29	0.77	779.89	308835.79						
6	6~8t 光轮压路机	0.25	139.26	18382.33	0.57	181.84	24002.85	0.16	128.03	16900.00	1.00	236.79	31256.28
7	12~15t 光轮压路机	0.74	336.91	133416.95	0.90	372.76	246019.32				1.00	397.07	52413.24
8	9~16t 轮胎压路机										0.51	413.51	54583.89
9	16~20t 轮胎压路机												
10	20~25t 轮胎压路机												
11	6000L 以内洒水车	0.50	422.55	55777.19	0.68	465.60	61458.61						
12	4000L 以内沥青洒布机							0.09	235.15	31039.54			
13	160t/h 沥青拌和设备										0.57	13724.57	1811642.78
14	5t 自卸汽车										0.53	301.81	39839.41
15	9.0m 沥青摊铺机										0.61	1942.54	256414.65
工序机械费合计				881447.70			640316.56			47939.54			2592877.36

注:水泥稳定基层和沥青面层的机械使用费中未包括拌和设备的安、拆费。

最后，沥青面层机械使用费的分摊结果为：

沥青碎石机械使用费＝61322.36×14.355＝880282.55(元)

粗粒式沥青混凝土机械使用费＝75570.52×11.963＝904050.17(元)

中粒式沥青混凝土机械使用费＝94375.12×9.570＝903169.89(元)

水泥稳定基层和级配砾石底基层的分摊结果见表11-10。

(6)确定各工程细目单价及合价

平均分摊系数仍取1.30。工序单价法计算的各工程细目单价及合价见表11-11。

比较表11-7与表11-11的结果可以看出：由于机械利用率不同，水泥稳定基层、级配砾石底基层和沥青面层的单价均低于定额单价法的报价，而透层油的单价则高于定额单价法。

工程细目直接工程费 表11-10

清单号	项 目 名 称	单 位	工程数量	人工费(元)	材料费(元)	机械费(元)	直接工程费合计(元)
304-1	水泥稳定土基层	1000m²	330.646	106641.57	3973334.91	960038.09	5040014.57
304-1-1	5%水泥稳定砂砾基层(厚15cm)	1000m²	10.617	3672.41	119994.62	30826.70	154493.73
304-1-2	5%水泥稳定砂砾基层(厚20cm)	1000m²	320.029	102969.16	3853340.29	929211.39	4885520.84
306-3	级配砾石底基层	1000m²	352.860	108531.83	3669426.61	640316.56	4418275.00
306-3-1	天然级配砾石底基层(厚11cm)	1000m²	3.495	482.31	23275.87	2888.10	26646.28
306-3-2	天然级配砾石底基层(厚15cm)	1000m²	276.718	74464.81	2512971.54	457332.61	3044768.96
306-3-3	天然级配砾石底基层(厚28cm)	1000m²	72.647	33584.71	1133179.20	180095.85	1346859.76
307-1	透层油	1000m²	249.071	12030.13	830354.19	47939.54	890323.86
308-2(3)	沥青面层	1000m²	717.765	154602.67	16829342.08	2687502.61	19671447.36
308-2-1	中粒式沥青混凝土面层上层(厚4cm)	1000m²	239.255	41396.30	4990304.77	903169.89	5934870.96
308-3-1	粗粒式沥青混凝土面层下层(厚5cm)	1000m²	239.255	51953.87	5981806.61	904050.17	6937810.65
308-3-2	热拌沥青碎石联结层(厚6cm)	1000m²	239.255	61252.50	5857230.70	880282.55	6798765.75

注：水泥稳定土基层和沥青面层的机械使用费中计入了拌和设备的安、拆费。其中水泥稳定土拌和设备安装、拆卸机械费为78590.39元，沥青拌和设备安装拆卸机械费为94625.25元。

第300章 路面工程 表11-11

细目编号	项 目 名 称	单位	数量	单价(元)	金额(元)
304-1	水泥稳定土基层				
304-1-1	5%水泥稳定砂砾基层(厚15cm)	1000m²	10.617	18917.01	200841.85
304-1-2	5%水泥稳定砂砾基层(厚20cm)	1000m²	320.029	19845.63	6351177.09
306-3	级配砾石底基层				
306-3-1	天然级配砾石底基层(厚11cm)	1000m²	3.495	9911.35	34640.16
306-3-2	天然级配砾石底基层(厚15cm)	1000m²	276.718	14304.09	3958199.65
306-3-3	天然级配砾石底基层(厚28cm)	1000m²	72.647	24101.72	1750917.69
307-1	透层油	1000m²	249.071	4646.95	1157421.02
308-2	中粒式沥青混凝土				
308-2-1	中粒式沥青混凝土面层上层(厚4cm)	1000m²	239.255	32247.32	7715332.25
308-3	粗粒式沥青混凝土				
308-3-1	粗粒式沥青混凝土面层下层(厚5cm)	1000m²	239.255	37696.82	9019153.85
308-3-2	热拌沥青碎石联结层(厚6cm)	1000m²	239.255	36941.32	8838395.48

三、总价控制法

采用工序单价分析法算出的单价比较切合实际，然而，由于施工时实际上并非按分项工序组织施工，而是划分几个专业作业队进行施工，例如道路工程往往划分为土方工程队、路面基层施工队、沥青面层施工队和桥涵施工队，并按这些施工队的工作范围配备各自的施工机械和人员。这些施工机械和人员既可以在本队施工项目范围内随时调度，必要时还可在队与队之间调动，以便充分发挥机械和人员的作用。

因此，还可以按施工组织方案确定的专业队，根据实际需要配备人工、机械和材料，确定各种机械使用起止时间，然后按其应计的不变费用（不以设定台班分摊，而以实际在场日历计）和预计作业台班计算运转费用。由于不变费用一般按月（租金则按日）计算（不管是否开机），而运转费用则按实际开机操作台班计，所以两者都可以分别计算。

劳务人员则可以按进度画出人员需求图，确定各工种人员进退场计划，并按此计划计算其工资和其他费用。

材料也可按类汇总，一起计算其费用（包括运费、仓储、损耗）。

这样该项工程所需工、料、机三项费用的总账都可按实际需要算出，从而得出该项目的直接费总额。

综上所述，总价控制法直接工程费的分析步骤如下：

(1)根据施工组织方案划分专业队。

(2)按专业队工作范围配备人员和机械。

(3)确定各机械使用的起止时间，计算机械费（闲置费和运转费分别计算）。

(4)按进度计划确定人员总需求，并计算人工费。

(5)计算材料费。

(6)计算工程总直接工程费。

这样算出来的直接工程费总额与将来要发生的费用是基本符合的，如果施工方案是切实可行的，则所算出的费用可以作为控制该工程的总价（不包括待摊费用）。

计算出直接工程费的总额后，就可以把它分摊到各分项中去。分摊的办法有两种：一种是先按上述几个专业组分摊，然后逐步缩小，分摊到各分项细目；另一种是利用当地已有报价，或掌握的市场价格，经适当调整后试分摊，把分摊后的差额再次调整，直至完全符合为止。在分摊费用时对于主要项目还可用定额单价分析法或工序法计算校核。

目前，国内施工企业多采用定额单价分析法。在缺乏以往报价资料和经验的情况下，为了慎重起见，可先按定额单价分析法或工序法计算直接工程费，再按总价控制法计算直接工程费，两者进行比较后进行调整，确定最后报价。

第四节　待摊费的计算

所谓的待摊费用是指本工程项目实际发生的，但在工程量清单里没有列项的费用，投标报价时需要分摊在相关的分项工程单价里。这些费用包括施工准备前期费用、施工现场管理费用、竣工后管理费用以及其他费用。

一、施工准备前期费用

公路工程项目在开工之前的准备工作费用主要包括以下几个方面：

(1)施工现场的五通一平费用。即进场临时道路费，应考察已有道路能否用，是否要修新的临时道路、施工便桥等，还应加上经常维护费用；施工现场通水、通电、通信、通气等费用；工程现场的场地平整与清理费用等。

(2)现场勘察及试验设施费。业主移交现场后，应进行的补充测量或勘测费用；标书中要求的工地试验设备及试验室建设费用，以及委托当地研究检验机构试验鉴定费用等。

(3)业主代表和监理工程师设施费。按招标文件要求，计算其办公、住房、车辆、检验等费用。

(4)承包人临时设施费。考虑承包人的员工生活、办公、卫生、仓库等设施费用，可按经验值计算。

(5)临时工程及脚手架和模板等费用。依据施工方案，考虑所需数量计算分摊。

(6)现场安全保卫设施及环保费用。按当地环境保护要求以及安全保卫工作的需要计算。

(7)交通费及其他费用。考虑施工人员到工地的距离及交通工具费以及劳动保护费，意外情况，恶劣气候的人员闲置费等。

二、施工现场管理费用

施工现场管理费在国内编制工程概、预算时往往以直接费的百分率计算，在工程投标中所包含内容与标书工程量的分项有关，而且与工程规模、特点以及地区经济条件有关。用百分率取费的办法往往与实际偏离较大，特别是在竞争激烈，需要精打细算时更不适用，因而，在公路工程施工中，一般都要逐项据实计算。

(一)施工管理费

1. 施工管理人员费

包括项目经理部领导、主管工程测设、施工、试验、机械、财会、后勤的各种技术人员和服务人员的人工费，按配备数量和各自的工资和各种补贴以及福利费用计算。

2. 办公和生活设施、用具的购置或摊销费

包括办公室和接待室的家具、水、电、电信设施，办公室的复印机、打字机、保险柜、照相机、空调(或电扇、取暖设施)，宿舍和食堂的家具、餐具、床具、电冰箱、冰柜、彩电、录像机、洗衣机以及澡堂、厕所设施等。凡属于固定资产的，按公司规定的固定资产管理办法摊销；属低值易耗品则一次摊销或部分摊销。

3. 办公费

包括日常办公用品、电话、电传、邮电、水电、卫生、资料等费用，除大项开支可单独计算(如电传机及线路租用费等)外，其他一般可按每人、每月定额费用计算。必要时加列差旅费。

4. 辅助生产费

主要包括测设、试验、机械维修、库房(配件等物资用)和警卫等，以及辅助生产项目的仪器、设备、机具、测设用具、用品和辅助生产人员费用。其中仪器、设备属固定资产的按固定资产摊销年限摊销；不够固定资产的耐用器具可酌情分摊；属消耗性的一次摊销。辅助生产人员只计入工人。管理干部已列入管理费，不再重复计算。

5. 其他直接费

包括维持交通，便道的修筑和维护，岔道口管理，雨季施工、夜间施工附加费等。

6. 后勤车辆使用费

办公、生活用车（包括工地交通和对外联络）的车辆固定费用和运转费用。

7. 小型工具费

国内工程可参照预算编制办法开列；国外工程机械化程度高，小工具少，一般按人工数量适当估算即可。

8. 宣教文娱费

包括公用书报、文体用品、文体活动费，一般按固定工人人数估算，此项也可列入办公费内。

9. 招待费

包括日常接待和必要的宴请、交际费用。

（二）保险费

保险的种类很多，工程上要投保哪几种险，取决于标书中合同条件的规定以及项目所处的外部条件、工程性质和业主与承包人对风险的评价和分析。其中，合同条件的规定是主要因素，凡是合同条件规定的保险项目一般都是强制性的，其他的保险项目，承包人可以根据自己的分析和估计来决定是否投保。对于国内工程，需要考虑的保险主要有以下几项：

1. 工程一切险

工程一切险是一种综合性的保险，是对投保工程从开始到竣工移交整个期间的已完工程、在建工程，到达现场的材料、设备和物品，临时工程，现场的其他财产等的损失的保险。投保的金额应符合合同文件的规定，一般至少为投保范围的重置成本，保险费率通过与保险公司商讨确定。

2. 第三方责任险

第三方责任险是对工程施工过程中发生意外事故而引起的第三方损失的保险。投保的金额应符合合同的规定，通常合同都规定最低的保险额，投保时不得低于此数。费率与保险公司商定。

3. 施工设备保险

施工设备保险是对承包人已经运抵施工现场的施工设备因意外事故引起的损失或损坏的保险。投保的金额一般为施工设备的重置价值（原值减去折旧），费率与保险公司商定。

4. 人身意外险

人身意外险是对承包人在施工期间对其雇佣的人员因施工引起的意外伤害的保险。投保的金额一般是根据有关的法律规定（如劳动法、社会安全法）确定。

以上保险费用，若已列入工程量清单单独报价，可不作为待摊费计算。

（三）税金

税金的计算应按工程项目实际情况确定，一般国际上税金包括合同注册税、公司营业税、印花税及地方税、特别税等，国内工程包括的税金有营业税、城市维护建设税、教育费附加以及印花税。

按照税法规定：建筑安装企业营业税的税率为3%，纳税基数为工程总承包额。若总承包人将工程分包或转包给他人的，以工程的全部承包额减去付给分包人或者转包人的价款后的余额作为营业额计税。城市维护建设税和教育费附加都是在营业税的基础上计算的，前者的税率按纳税人所在地的不同而不同，纳税人所在地在市区的：7%；纳税人所在地在县城、乡镇的：5%；纳税人所在地不在市区、县城和乡镇的：1%；后者的费率为3%。印花税以建筑安装工程承包合同的承包金额为计税依据，税率为0.03%。

（四）保函费及贷款利息

工程购买机械设备的资金利息已计入机械费用，计入待摊费用的只是流动资金贷款的利息，一般按其金额和占用时间计息。在计算所需流动资金时，应考虑有无工程预付款和材料预付款及其支付时间和数额等因素。从资金总需求量中扣除预付款作为流动资金部分。计算利率应视资金来源而异，内部贷款、银行优惠贷款和商业贷款利率有所不同，应据实计算。

保函费用包括投标保函、履约保函、预付款保函和保留金保函。保函费用的计算应分两部分考虑：第一部分为保函手续费；第二部分为损失利息，银行提供保函时，还要求承包人按保证金的20%～50%存入银行一笔资金，这笔款项不支付利息。保函手续费与保函金额和保函时间（按年计）成正比，一般为担保金额的0.2%～0.5%。投标保函和履约保函金额在投标时均有明确规定。预付款保函和保留金保函担保金额都是该款（金额）的全额。履约保函、预付款保函的金额可随着工程结算而递减，但手续费不变。保函时间一般是：投标保函为3～6个月，预付款保函和履约保函为合同规定工期（有的业主要求适当延长，以便一旦工期拖延时仍然有效），保留金保函的有效期为规定工期加缺陷责任期。

（五）投标费用

投标人员的差旅费、工资及经营活动费、购买招标文件及资料费、调查咨询费等可列入管理费之中。

（六）其他费用

如聘请当地代理人酬金、法律顾问、会计师、审计师等费用。

三、竣工后管理费用

工程项目竣工移交后，承包人还要对缺陷责任期内的工程缺陷修复工作负责，因此，还应计算缺陷修复、维修养护、管理人员及机具设备的费用。

招标项目竣工后，缺陷责任期内的缺陷修复与责任期长短和工程性质相联系，缺陷责任期长的费用多些，反之少些。承包人只负责维修由于质量不好引起的损坏，而不负责因特殊气候或外界原因（如水毁或行车事故冲撞）引起破坏的费用。因而，质量较高的永久性结构（如钢筋混凝土桥涵，高级沥青路面）维修费用相对较低，而低级公路（如砂石路）需要经常的养护，费用比较高。其费用可用定额估算，如需配备多少人和机具，或按每月或每季需多少人次、机次、材料计算，也可按直接费的比率计算，一般为直接费的0.2%。

四、其他费用

其他待摊费用可按不同的比例，分摊入工程数量清单的各细目价格之中，主要包括以下几个方面内容：

（一）总部管理费

除工地现场管理费外，为保证工程的实施与市场的开拓，承包人的公司总部和国外驻地机构也要进行协调和组织管理，总部要提取一定比例的管理费，一般为总价的3%～10%，具体比例由各企业自行规定。

(二)利润

利润要根据市场竞争和企业的投标策略而定,一般可按总价的比率预计一利润值。由于市场竞争的激烈,国际工程承包的利润率常控制在2%~10%,国内工程宜控制在3%~5%。也有些施工企业不惜采用“无利润标价”,只按工程成本报价,靠中标后的工程分包以及向业主索赔等手段获利。

(三)物价上涨费

对于大型的土木工程合同,若工期较长,合同条件中又无调价条款,应当收集当地市场多年或近年的统计资料,通过分析,确定一个物价上涨指数,然后以市场当时的费用为基数进行计算。对于工期在24个月以上的合同,《公路工程标准施工招标文件》专用合同条款的规定列有专门的调价条款,进行估价时,可以不考虑物价因素。

(四)降价系数和风险费

当承包人递交标书之前或评标过程,也可能中标后,业主可能会提出让承包人适当降价。这时,承包人若事先算标时考虑了这一系数,就比较主动。风险费对于国际工程承包中应付偶然发生的事故和风险是非常必要的。具体数量多少应结合具体的工程项目去研究确定。

(五)融资成本费

工程承包中,常须承包人垫付一定的流动资金,或者到银行去贷一笔款,先维持工程开工和正常运转,待到获得付款后才慢慢周转起来。垫付或贷款的资金利息应全部计入工程成本。特别对于工程项目规模大,周期长又无预付款的情况,其垫付或贷款的利息是一笔相当可观的数目,投标报价时应注意具体计算与分析。

第五节　标价的分析与评估

在确定了直接工程费和平均分摊系数,初步计算出标价之后,应对标价进行多方面的分析和评估,其目的是探讨标价的经济合理性,从而做出最终报价决策。标价分析包括单价分析与总价分析。单价分析就是对工程量清单中所列分项单价进行分析和计算,确定出每一分项的单价和合价,分析标价计算中使用的劳务、材料、施工机械的基础单价以及选用的工程定额是否合理,是否符合拟投标工程的实际情况。同时,应根据以往本企业的投标报价资料进行对比分析,合理确定投标单价和总报价。

标价的分析评估可以从以下几个方面进行:

1.标价的宏观审核

标价的宏观审核是依据长期的工程实践中积累的大量的经验数据,用类比的方法,从宏观上判断初步计算标价的合理性。

(1)首先应当分项统计计算书中的汇总数据,并计算其比例指标。

(2)通过对各类指标及其比例关系的分析,从宏观上分析标价结构的合理性。例如,分析总直接工程费和总的管理费比例关系,劳务费和材料费的比例关系,临时设施和机具设备费与总的直接工程费用的比例关系,利润、流动资金及其利息与总标价的比例关系等。承包过类似工程的有经验的承包人不难从这些比例关系中判断标价的构成是否基本合理。如果发现有不合理的部分,应当初步分析其原因。首先研究拟投标工程与其他类似工程是否存在某些不可比因素,如果考虑了不可比因素的影响后,仍存在不合理的情况,就应当深入分析其原因,并考虑调整某些基价、定额或分摊系数。

(3)探讨上述平均人月产值和人年产值的合理性和实现的可能性。如果从本企业的实践经验角度判断这些指标过高或过低,就应当考虑所采用定额的合理性。

(4)参照同类工程的经验,扣除不可比因素后,分析单位工程价格及用工、用料量的合理性。

(5)从上述宏观分析得出初步印象后,对明显不合理的标价构成部分进行微观方面的分析检查。重点是在提高工效、改变施工方案、降低材料设备价格和节约管理费用等方面提出可行措施,并修正初步计算的标价。

2.标价的动态分析

标价的动态分析是假定某些因素发生变化,测算标价的变化幅度,特别是这些变化对计划利润的影响。

(1)工期延误的影响。由于承包人自身的原因,如材料设备交货拖延、管理不善造成工程延误、质量问题造成返工等,承包人可能会增大管理费、劳务费、机械使用费以及占用的资金及利息,这些费用的增加不可能通过索赔得到补偿,而且还会导致误期赔偿。一般情况下,可以测算工期延长某一段时间,上述各种费用增大的数额及其占总标价的比率。这种增大的开支部分只能用风险费和计划利润来弥补。因此,可以通过多次测算,分析工期拖延多久,利润将全部丧失,从而得出可行的补偿费。

(2)物价和工资上涨的影响。通过调整标价计算中材料设备和工资上涨系数,测算其对工程计划利润的影响。同时切实调查工程物资和工资的升降趋势和幅度,以便做出恰当判断。通过这一分析,可以得知投标计划利润对物价和工资上涨因素的承受能力。

(3)其他可变因素影响。影响标价的可变因素很多,而有些是投标人无法控制的,如贷款利率的变化、政策法规的变化等。通过分析这些可变因素的变化,可以了解投标项目计划利润的受影响程度。

3.标价的盈亏分析

初步计算的标价经过宏观审核与进一步分析检查后,可能对某些分项的单价做必要的调整,然后形成基础标价,再经盈亏分析,提出可能的低标价和高标价,供投标报价决策时选择。盈亏分析包括盈余分析和亏损分析两个方面。

盈余分析是从标价组成的各个方面挖掘潜力、节约开支,计算出基础标价可能降低的数额,即所谓"挖潜盈余"进而算出低标价。盈余分析主要从下列几个方面进行:

(1)定额和效率,即工料、机械台班消耗定额以及人工、机械效率分析。

(2)价格分析,即对劳务、材料设备、施工机械台班(时)价格三方面进行分析。

(3)费用分析,即对管理费、临时设施费等方面逐项分析。

(4)其他方面,如流动资金与贷款利息,保险费、维修费等方面逐项复核,找出有潜可挖之处。

考虑到挖潜不可能百分之百实现,尚需乘以一定的修正系数(一般取 0.5~0.7),据此求出可能的低标价。

低标价=基础标价-(挖潜盈余×修正系数)

亏损分析是分析在算标时由于对未来施工过程中可能出现的不利因素考虑不周和估计不足,可能产生的费用增加和损失。主要从以下几个方面分析:

(1)人工、材料、机械设备价格。

(2)自然条件。

(3)管理不善造成质量、工作效率等问题。

(4)建设单位、监理工程师方面问题。

(5)管理费失控。

以上分析估计出的亏损额，同样乘以修正系数0.5～0.7，并据此求出可能的高标价。

$$高标价=基础标价+(估计亏损\times修正系数)$$

第十二章　标后预算的编制

第一节　标后预算概述

一、标后预算产生的背景

标后预算制度始于1996年左右。当时，公路建筑市场从1986年开始实行招投制已经十年，交通部对部属企业的行业保护政策早已取消，市场完全开放，铁路、冶金、房建、水利等行业纷纷进入公路建筑行业，激烈的市场竞争导致投标报价越来越低，项目接二连三地出现亏损，企业不堪重负。国家对项目投资管理体制的改革，使交通部概预算定额仅仅成为国家控制和审批投资的依据，交通部原有的施工定额在项目招投标体制和合同清单结算制度下早已经失去了对企业的指导意义。在企业内部，普遍存在不适应市场的变化、找不到成本底线、项目管理模式落后、生产效率低下、施工设备陈旧等问题，项目经营状况堪忧。

在这种市场环境下，公路施工企业陆续出现了以标后预算、切块包干、与项目经理部签订项目经营承包合同、完成指标则奖、完不成指标则罚的项目承包经营管理方法。特别是鲁布革水电站项目法施工的经验给国内施工企业注入了一线希望，传统的局、处、队三级管理体制逐步被适应于"项目法施工"的局、子公司、项目三级的管理体制代替。标后预算制度就是施工企业推行"项目法施工"的配套制度，其目的是通过标后预算明确项目的成本目标和成本责任。

人民交通出版社2006年出版的《公路施工企业标后预算管理理论与实务》首次以施工企业推行标后预算为研究对象，对施工企业数十年推行标后预算的技术方法、经济指标、过程管控、绩效考核以及企业定价计价体系进行了全面系统的总结和提炼，界定了标后预算的名词术语，使标后预算制度从理论和实务都得到了提升，使标后预算核定的各项经济指标成为了施工企业控制项目成本、考核项目经营效果的标准。

标后预算制度与交通部颁发的《公路工程基本建设项目概算预算编制办法》的最大区别在于：标后预算制度不仅仅是指导施工企业如何编制标后预算单价，而是基于项目合同条款、清单计价、部预算定额、企业定额以及企业积累的经验成本价所建立的标后预算单价编制、内部承包经营指标确定、标后预算过程管控以及项目竣工考核兑现的一整套的成本测算办法和过程管控制度。

二、标后预算的概念及组成

（一）标后预算的概念

标后预算是施工企业在中标后，为了进行成本控制，在施工前编制的施工预算。它是以中标的合同工程量清单（以下称主合同工程量清单）细目为计算对象，根据实施性施工组织设计和施工企业岗位设置、工资标准、通信费用标准等分析计算的项目经营承包成本和切块利润。

标后预算的编制分为两个层次：企业管理层面，在开工阶段，由预算部门编制并下达标后预算;项目管理层面,在开工阶段,项目以标后预算为控制标准,编制项目总成本预算。

相应的标后预算管理也分为两个层次:企业管理层面和项目管理层面。企业管理层面,在施工过程中,根据标后预算单价和发包人批复的计量工程量对标后预算进行集中远程结算,将切块利润留在企业,将预算成本划拨给项目,在竣工阶段,预算部门对标后预算进行最终确认;项目管理层面,在施工过程中,以项目总成本预算为依据,进一步编制年度成本预算、季度成本预算、月度成本预算等。

(二)标后预算管理目标及费用构成

标后预算管理目标包括:切块利润目标、项目预算总成本目标、计量支付目标、上缴费用目标,见图12-1。

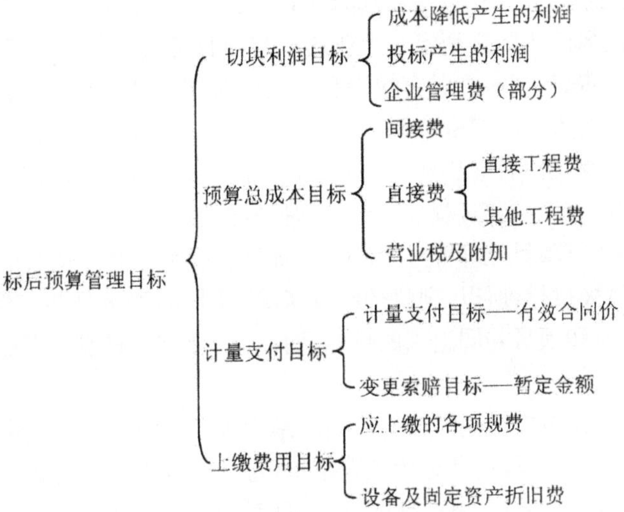

图12-1 标后预算管理目标

标后预算的主要经济指标包括标后预算的三大代表值、工程数量、切块利润三大类。

(1)标后预算的三大代表值是指标后预算的平均切块率、支付细目切块率和标后预算清单单价。

标后预算清单单价=直接工程费清单单价×(1+平均分摊系数)

平均分摊系数=(其他工程费合价+间接费合价+营业税及附加总额)/直接工程费清单合价

平均切块率=∑[(合同清单价-标后预算单价)×工程量]/∑[合同清单价×工程量]

支付细目切块率=细目(合同清单价-标后预算单价)/细目合同清单价

(2)工程数量:包括清单预估工程量、中期计量工程量、变更工程量。

(3)切块利润:开工阶段标后预算核定的切块利润是项目的目标切块利润。

切块利润=∑[(合同清单价-标后预算单价)×预估工程量]

标后预算利润:指在有效合同价限额内,在标后预算单价不变的情况下,经竣工后对标后预算最终确认分析,仅因工程数量的增加产生的利润。

标后预算利润=∑(计量工程量×支付细目切块率)-标后预算目标切块利润

超额利润:指经竣工后对标后预算最终确认分析,项目通过加强合同管理、项目过程管理、开源节流,降低了项目的成本,增加了合同收入而产生的利润。

超额利润=项目经审计确认的利润-标后预算利润-标后预算目标切块利润

三、标后预算的作用

企业执行标后预算制度的首要任务是测算科学合理的标后预算单价。标后预算单价所反映的是企业的个别成本而非社会平均成本，故必须根据企业的管理水平、生产能力、技术状态、各种资源的消耗水平以及项目实施性施工组织设计等计算。根据施工企业推行标后预算制度的实践来看，标后预算具有以下四个方面的作用：

（1）标后预算是确定项目经理部目标成本和目标切块利润的标准。项目是成本管理中心，企业是利润中心。标后预算单价和切块利润，明确了项目经理部的责任目标和企业对项目的利润管理目标。

（2）标后预算是划分企业与项目经理部合同风险和利益的标准。标后预算单价一经确定，则与之相对应的合同风险也随之划定。企业通过与项目经理部签订经营承包合同，明确企业与项目经理部双方的责、权、利，在各自权限和职责内对项目进行有效的管控，确保标后预算核定目标的实现。企发包人要承担资源配置、重大技术支持、项目过程监控以及成熟的承包人不可预见的市场风险，如涨价、后继法规变化等责任；而项目经理部则承担项目施工进度、质量安全、现场标准化与文明施工以及过程成本管理和控制的责任。

（3）标后预算是考核项目经理部经营绩效的标准。项目是企业运营的基本，实现利润的最大化是企业追求的终极目标，所以，项目的经营状况、项目的盈亏是项目经理部经营管理水平的最终体现，也是企业和项目共同追求的目标，而衡量、评判和计算项目盈亏的唯一标准就是企业下达的标后预算。

（4）标后预算是企业集中远程结算的标准。集中远程结算是由企业标后预算下达部门根据发包人批复的中期计量工程量和标后预算单价，每月对分布在不同省、区所有在建项目进行标后预算集中远程结算，并通过远程合同管控信息系统，对主合同、劳务分包合同、材料采购合同、机械租赁合同的履行、计量支付等进行有效监控的管理方法。

四、标后预算与投标报价的异同

投标报价实际上包括了两项内容：一是投标预算的编制，二是发包人招标现场报价。由于公路施工项目具有复杂性、一次性的特点，所以每一个工程项目均需进行多次预算，如图 12-2 所示。

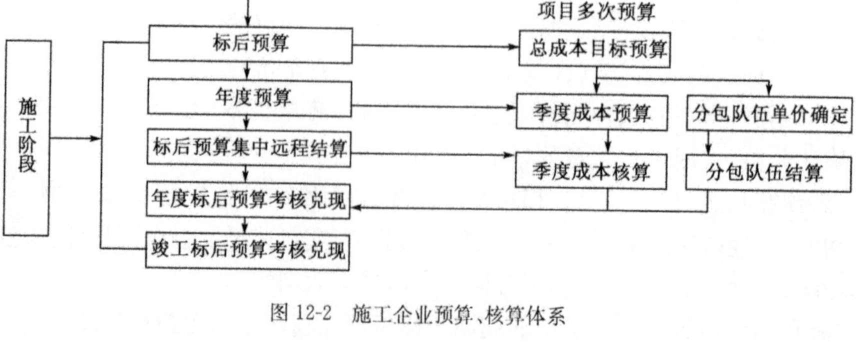

图 12-2　施工企业预算、核算体系

从图 12-2 中可以看出，投标预算与现场报价是企业多次预算中的第一次预算，而标后预算可以认为是企业的第二次预算。两者的相同点在于都是在编制同一项目的工程预算，不同点在于：

(1)性质和目的不同。投标报价是建筑市场竞争承包工程权利的产物，具有较强的灵活性，其目的是为投标人获取工程项目的承建权利。当然，在致力于达此目的的同时，必须考虑自身的经营能力，以保本、微利的工程价格为报价的起点；标后预算是施工生产经营管理的产物，核定的是项目的总成本目标和目标切块利润，编制具有较强的原则性，其目的是保证施工企业在履行承包合同的全过程中，使用标后预算及一整套管理办法，来达到以最少的投入获得最佳工程经济效果。

(2)编制依据和编制方法不同。标后预算的编制依据主要是实施性施工组织设计、企业定额和以往同类项目的经验成本价，所使用的编制方法主要是本章介绍的实测法；投标预算编制的主要依据是投标书所列的总体施工组织设计和《公路工程预算定额》，所使用的编制方法是参照《公路工程基本建设项目概预算编制办法》进行的，这样做的原因是为了充分考虑同行业的报价水平。

(3)标后预算是企业投标最终报价的底线。投标的最终报价是企业在向招标方递交标书前，由企业有权定价的领导根据投标预算工程师提交的投标预算书和对竞争对手的分析确定的最终报价，该报价一般以让价函的形式密封提交给招标人。最终报价一般依据以往同类项目的标后预算单价、竞争对手可能的报价以及企业的营销策略，确定企业在该项目的赢利水平、让利程度，而企业投标最终报价的底线应是以往同类项目的标后预算单价和经验成本价。目前，也有的企业在招投标阶段，标后预算部门就参与测算项目的成本底价，以便较为准确地进行现场报价。

五、标后预算与项目成本预算、财务核算的关系

(一)标后预算与项目成本预算的关系

标后预算是企业核定项目成本目标的标准，也是企业对项目成本进行过程管控的标准。从图 12-2 可知，站在企业角度来看，项目成本预算是企业的第三次预算；站在项目角度来看，项目成本预算是项目成本控制的标准。项目成本预算单价的测算，应以标后预算单价作为分析控制的标准。标后预算单价是按企业内部平均先进水平测算的，而项目成本预算则是以项目管理水平测算。项目成本管理水平高，项目成本预算单价就会低于标后预算单价，项目就可以创造超额利润；反之项目成本管理水平低，项目成本预算单价就会高于标后预算单价，项目就无法完成企业下达的切块利润，项目就表现为亏损。

(二)标后预算、项目成本预算与项目财务核算三者之间的关系

(1)标后预算是企业核定的项目责任成本目标，项目成本预算是项目经理部核定的项目成本管理标准，财务综合核算反映的是项目的实际成本价。企业定期将项目实际成本价与标后预算单价对比分析，可以起到及时了解项目经营活动、定期对项目经理部过程管理绩效进行考核奖惩兑现的作用；项目管理层将项目实际成本价与项目成本预算单价对比，可以分析监控项目施工全过程的经济活动，并对项目各部门和作业队的绩效进行考核奖惩兑现。这就要求标后预算单价、项目成本预算单价中包括的工作内容以及预算对象与财务实际成本核算的票据包含的工作内容与核算对象一致，才使企业、项目在定期的经济活动分析中发现偏差，及时追溯经济活动中出现的失误，以便及时纠正改进。从这个角度讲，企业需要推行作业成本法，这

方面的内容可以参考人民交通出版社出版的《作业成本法在公路施工项目中应用》一书，在此不再赘述。

(2)标后预算中切块利润与财务账面上的项目毛利润的区别在于：标后预算中的切块利润不包含营业税及附加，企业将营业税及附加划拨给了项目，原因是项目需要在其所在地缴税，而项目毛利润中却包含了营业税及附加，这是财务核算制度所要求的。

(3)项目成本预算是核定项目预计总成本、财务确认项目营业收入的重要工作。目前建筑企业财务核算执行的是《企业会计准则》第 15 号建造合同准则。根据《企业会计准则》第 15 号建造合同准则，合同预计总收入、预计总成本能可靠确认的，采用累计实际发生的合同成本占合同预计总成本的比例来计算完工进度，按照合同预计总收入乘以完工进度确认为自开工累计营业收入，扣除以前会计期间累计已确认收入后的金额，确认为当期营业收入，计算公式如下：

完工进度＝实际发生的合同成本/合同预计总成本×100%

自开工累计营业收入＝合同预计总收入×完工进度

当期营业收入＝自开工累计营业收入－以前会计期间累计已确认收入

预计总成本＝实际发生的合同成本＋剩余工程预计总成本

所以，项目合同预算工程师的一项重要职责就是在会计核算期间，盘点计算预计总收入、预计总成本、剩余工程预计总成本，而项目实际发生的合同成本则由财务部门核算并提供。这项工作比较复杂，需要项目计划统计、人力资源、办公室、计量结算、财务核算等岗位配合才能完成。

六、标后预算的形式

(一)按合同的计价方式分

合同的计价方式不同，导致了项目经营的风险不同，从而直接影响标后预算的形式。所以，预算工程师在做标后预算之前，应认真研究合同条件及其合同的计价方式，在此基础上，确定标后预算编制的基本原则和编制方式。一般来讲，按主合同的计价方式标后预算分为以下几种形式：

(1)固定总价形式的标后预算。主合同为固定总价合同，说明合同的风险相对较低，图纸的工程数量相对不变，标后预算编制可以采用固定总价形式。固定总价包括两个方面：一是企业收取的切块利润和平均切块率不变，二是项目经理部承包的预算总成本不变。

(2)清单单价形式的标后预算。主合同为清单单价形式，亦应采用和合同清单细目相同的承包方式形成标后预算清单。在这种形式中，主要的标后预算经济指标包括两大类：一类是标后预算单价、平均切块率、支付细目切块率、切块率；另一类是主合同清单预估工程量、发包人中期计量工程量、变更工程量。由于单价合同是目前国内公路建筑市场最常见的施工合同，故本节介绍的标后预算编制方法主要以单价合同作为分析依据，书中所引用和涉及的规定均出自国家九部委联合颁发的《中华人民共和国标准施工招标文件》(2007 年版)和交通部颁发的《公路工程标准施工招标文件》的合同条款。

(二)按项目管理模式分

项目的管理模式直接影响标后预算编制方式。一般来讲，项目经理部的管理模式有两种，一种是两层分离模式，一种是自行组织施工生产模式。相应的标后预算的编制形式亦可以分为两大类：

（1）两层分离模式下的标后预算编制形式。所谓两层分离，是指由企业派出并组建项目经理部作为项目管理层，对项目的合同计量结算、技术、质量、安全、进度以及标准化施工等进行全面的管理，以具有符合主合同规定的劳务公司作为架子队或者作业班组。这种管理模式一般适用于路基、常规桥涵、专业性较强的钢桥等。在这种模式下，标后预算编制形式分为两大块：一是由项目经理部管理人员使用的间接费、中心试验室费用、测量费用；二是用于控制项目经理部对作业层招标的劳务分包单价。劳务分包单价又包括纯劳务分包单价、小型机具＋劳务＋辅材分包单价、专用设备单价等。

（2）自行组织施工生产管理模式下的标后预算编制形式。这种管理模式一般适用于特大型桥梁、路面的施工。标后预算编制形式主要分为间接费、直接工程费和其他工程费。其中，间接费包括100章费用和200～700章中按费率计提的费用；200～700细目与主合同清单相同。

（三）按费用类别分

按标后预算的费用类别分，可以分为以下几种：

（1）以综合成本费用表现的总额控制价，如100章中的承包人驻地建设、安全措施费等。

（2）人工成本费用，如管理人员工资限额、生产工人工资限额等。

（3）自有机械使用费限额，如应上缴的机械设备折旧费、维修费控制限额、油料费限额等。

（4）采购合同限价，包括大宗材料采购、设备租赁、劳务分包采购限价等。

（四）按标后预算编制阶段分

根据合同计价的特点，标后预算可以分为一阶段预算和两阶段预算。

如果主合同为固定总价合同，标后预算为一阶段编制，即在开工阶段完成标后预算的编制工作，以固定总价的方式承包给项目经理部，在项目施工的全过程中，不对标后预算进行调整。

如果主合同为单价合同，标后预算的编制为两阶段，即开工阶段标后预算和竣工阶段标后预算最终确认。开工阶段的标后预算核定了项目预算总成本、切块利润、计量支付目标以及项目应上缴的各项费用等四大经营目标，计算和确定了标后预算平均切块率、标后预算清单支付细目切块率和标后预算综合单价等标后预算三大代表值，企业以标后预算清单单价的形式承包给项目经理部。标后预算的最终确认是确保标后预算公平、科学、合理、公正的重要手段，其主要目的是确认项目施工过程中因设计、方案、施工组织、市场等变化以及主合同变更引起的预算总成本、切块利润、应上缴的各项费用的变化，对项目经理部完成企业开工时下达的标后预算各项经济指标完成情况进行确认，对项目的盈亏情况做出正确评价和认定，为企业对项目经理部的绩效考核和奖惩兑现提供数据支持。

第二节　标后预算编制

一、标后预算的编制原则

1. 公平、公正性原则

标后预算的编制，无论采用何种方法，各新开工项目的合同单价虽有不同，但其标后预算清单单价应处于同一水平，以确保标后预算的公平性和公正性，更好地激励和调动项目经理部的积极性和创造性。

2. 科学、合理性原则

标后预算的编制方法、取费标准应该科学合理。标后预算所依据的工程造价数据和基础资料，如项目实施性施工组织设计、材料、人工采购单价、机械设备租赁单价、工程量等必须真实可靠，预算工程师应具有丰富的实践经验，熟悉施工工艺和工序，具有合同、技术、经济等综合知识。

企业下达的标后预算应具备一定的激励性，不可过高也不可过低，过高易使项目经理部感到超越无望而失去信心；过低，项目不用努力则可轻易达到，起不到激励作用。同时标后预算清单单价应能抵御主合同所包含的一般风险。项目的特殊风险和不可预见的风险应按主合同规定应由发包人和企业承担。

3. 风险、责任合理划分原则

标后预算是企业加强内部管理、明确企业与项目的责、权、利的重要标准，一般来讲，投标亏损项目或因市场恶性竞争、或因为了占领某一细分市场、或因判断失误导致报价失误，无论原因如何，因投标亏损导致的项目经营风险，都不应该全部由项目承担，企业应该承担起投标决策的风险和责任。

与合理价中标的项目不同，投标亏损的项目四大目标分别为：项目的扭亏指标、项目必需的预算总成本、计量支付及变更索赔目标、应上缴的成本补偿费用及规费。其中，项目扭亏指标等于预算的亏损额度，如果经过项目经理部努力，完成了扭亏指标，则应视为项目赢利。

投标亏损的项目应及时下达标后预算，以便及时划分企业与项目经理部的风险、责任，以确保企业内部所有项目能够在同一成本价水平上组织项目施工。

二、标后预算的编制依据

编制标后预算是一项严肃、细致的工作，标后预算一经施工企业有关领导和管理部门的批准，它就成为衡量下属施工单位经营效果的标准，所以在企业内部具有很强的权威性，预算工程师应当慎重地对待这一项工作。标后预算的编制依据主要有：

(1)主承包合同。包括中标通知书、合同协议、投标书、合同条款、技术规范、设计图纸、标价的工程量清单等全部内容。

在编制标后预算时，主承包合同总价和工程量清单的单价，以及在投标过程中编制的中标的投标报价资料，是编制标后预算的重要参考。在编制投标报价过程中，预算工程师应首先透彻了解投标的全过程和标价的编制过程。为了某些需要或疏忽大意而存在编标不合理的地方，在编制标后预算时纠正其不合理的部分，采用其正确的，对于提高标后预算的质量是很重要的。

因此，在编制标后预算时，应进一步充分、全面地研究合同，特别是合同专用条款、合同谈判记录、招投标阶段的答疑和澄清文件，认真分析工程量清单中各支付细目所包含的工作内容、附属工程以及合同风险，对原报价清单做出合理的调整。

(2)项目经理部的组成。包括项目经理部配备的管理人员数量，管理办公设施，如计算机及网络、电话、传真、复印、空调、指挥车辆数量和费用，项目经理部的驻地建设、临时设施、试验设备、测量设备，财务费用，宣传和会议费用，财产和人身保险费用支出等。

(3)实施性施工组织设计。在投标报价时制订的施工组织设计是在满足质量和工期要求下编制的纲领性文件，对施工中要采取的一些具体措施还不十分明确，而实施性施工组织设计则是在投标时制订的总体计划下，具体落实到项目经理部组织实施，为达到承包工程项目目标而制订的可行的施工组织设计。

(4)企业预算定额。包括企业内部颁发使用的《公路工程标后预算定额》、《内部机械台班费用定额》以及企业积累和自行制订的成本价指标、分包单价、工资总额控制、折旧提取、各项费用上缴比例等。在诸多编制标后预算的依据中，企业预算定额不仅是承包工程建筑安装工程费中的人工、材料、机械台班消耗量的主要依据和标准，而且因为它规定了分项工程各自的工作内容和定额的一些换算方法，所以还是计算和摘取工程量的主要依据。

(5)人工工资标准，材料供应价格及运距、运价等。人工工资标准和材料的出厂价及运费等是市场调查取得的，包括工程所在地区工程造价管理单位发布的有关规定、物价调整指数等。

(6)各种费率标准。是指企业内部制订和实施的，一般纳入"标后预算编制办法"。

(7)标后预算编制办法。除了包括企业内部对其他各项费用的取费标准外，还包括组成标后预算文件的各项内容及统一的表格形式、计算方法等。

(8)其他。企业下达的有关经营管理的文件和规定，以及在投标过程中，建设单位发布的有关工程造价的资料。

三、标后预算编制流程及主要工作内容

标后预算的编制流程见图 12-3。

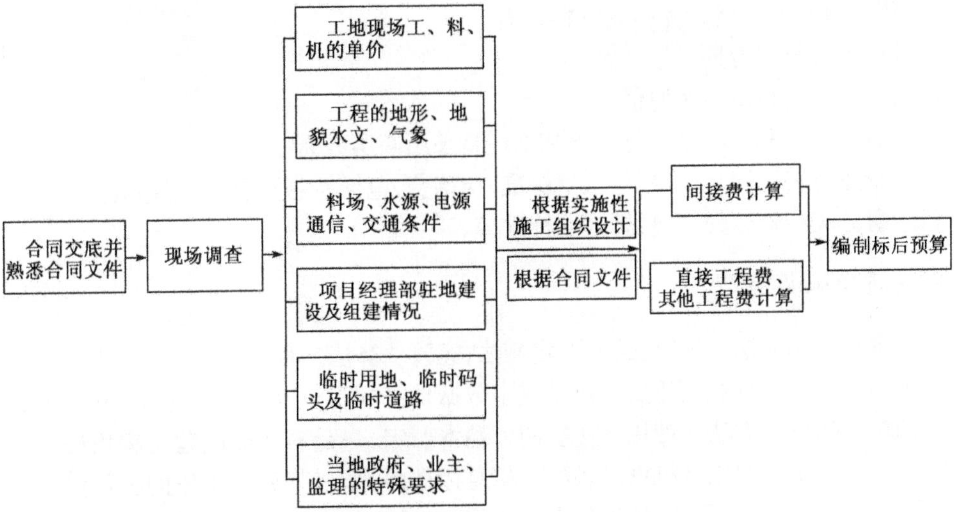

图 12-3　标后预算的编制流程

(一)熟悉合同文件

项目中标后，市场开发部门应在签订合同后十日内向项目经理部和标后预算编制部门进行合同交底，应将包括中标通知书、合同协议、投标书、合同条款(通用和专用)、技术规范、图纸、标价的工程量清单以及构成合同文件的其他文件交给项目经理部，以便预算工程师阅读和熟悉。

(二)赴项目施工现场调查

现场调查的目的是收集一手的资料和数据，以确保标后预算的合理性。预算工程师在现场调查时，主要应收集以下资料：

(1)实施性施工组织设计。实施性施工组织设计是项目重要的技术、组织、经济的纲领性文件，是项目实际组织施工的重要依据。施工组织设计包括项目的人、财、机械设备、施工方案

和施工工艺、计划工期等内容，这些内容均是测算标后预算单价的依据，应是编制标后预算首先需要收集的资料。

(2)单项施工设计。如施工平台设计、模板设计、挂篮设计、施工便桥设计等。

(3)相关的主合同文件。包括施工图纸、主合同工程量清单、专用合同条款、专用技术规范、合同协议书、谈判纪要、投标书附录、招投标期间的澄清函、设计图纸等。

(4)间接费计算相关资料收集。项目经理部配备的管理人员数量、固定资产清单，如计算机、传真、复印机、空调，交通指挥车辆数量、财务费用、宣传和会议费用、财产和人身保险费用支出等。

(5)其他工程费计算相关资料收集。项目经理部的驻地建设、临时设施、试验设备、测量设备等。

(6)材料费计算的相关资料收集。

①原材料单价：材料的采购价、运费/公里、运距等。

②混合料配合比。

(7)机械使用费相关资料收集。

①外租机械设备租赁合同。

②自有机械设备清单及原值。

(8)周转材料使用费计算相关资料收集。

①外租周转材料合同。

②自有周转材料清单及原值。

(9)项目的管理模式：是自行组织施工还是采用两层分离。

(10)企业有关定岗定员、岗位工资标准、招待费、电话费、差旅费等报销规定。

(11)财务关于资金使用、规费提取标准等。

四、标后预算编制方法

标后预算编制方法一般有实测法、定额法、经验估算法三种。

经验估算法是一种利用历史的经验成本数据估算项目预期成本的方法，其实质是一种量价合一的单位估价的方法。使用该法有两个基本假定：一是新接或改建工程均按企业工法施工，施工工艺、施工组织以及机械设备配套相对标准而稳定，某分项工程的工作内容与主合同《技术规范》中"计量支付"规定的工作内容相同；二是单位实体材料、机械、人工消耗量均为企业平均先进水平。有了这两个基本假定，在对新建项目或改建项目的成本进行估算时，仅对分项工程中相应的材料单价和机械费用中可变费用部分进行抽换和调整。这种方法的主要优点是适合领导、项目经理等非工程造价专业人员使用，一般可在估算项目总体成本时通过简单抽换和调整，对分项工程的成本价进行匡算，以快速得出成本价；缺点是算出的成本价比较粗，准确性较差，易漏项或重项。

定额法与交通部颁布的《公路工程基本建设项目概算预算编制办法》所述的方法相同，在此不再赘述。

实测法也叫实物量分析法，是以项目编制的实施性施工组织设计、项目实际的资源配置、施工现场资源采购单价以及企业岗位配置、工资标准、通信费用标准等作为计算依据，结合主合同文件的有关规定及本项目工程特点，参考本企业同类或类似项目的工程造价数据资料，首先分析确定各种资源在单位工程产品中的消耗量，再根据项目施工同期的各种资源的市场价，计算标后预算单价的方法。

由于实测法是依据企业具体施工、管理水平测算的，所以能够适应项目实际的施工条件，反映项目实际的施工规模、施工工期和质量要求对施工成本的影响，能够较准确地计算工程施工所需要的资源消耗。在一定的施工技术、工艺水平、施工组织管理和资源配备条件下，特定工程产品的成本是一定的，企业不同、项目不同，其表现的技术水平、管理水平、生产能力以及资源配备水平不同，则工程成本不同，所以它有别于定额法。交通运输部颁布的定额水平代表社会平均水平，是在社会公认的标准施工技术工艺和资源配置水平下测定的单位产品的资源消耗量，并不是最省、最优的，因此，套用交通运输部颁布的定额消耗量计算的标后预算单价没有使用实测法计算的单价合理。

在编制标后预算时，应结合项目实际，选用其中的一种或者综合分析采用。

下面对实测法标后预算编制方法做一介绍。

(一)实测法标后预算清单组成

实测法标后预算清单(图 12-4)由“直接费工程量清单”和“间接费清单”两大类表式组成，其中，直接费工程量清单包括“直接工程费清单”和“其他工程费清单”。“直接工程费清单”各章节的细目名称、单位、工程数量和工作内容均与主合同工程量清单 200～700 章相同。直接工程费清单单价中仅包含该工作内容的工、料、机费用；其他工程费清单包括冬雨季及夜间施工增加费、施工辅助费和临时工程费等；“间接费清单”包括主合同工程量清单 200～700 章单价中包含的间接费、需缴纳的各种税费、其他费用以及主合同工程量清单 100 章费用等。

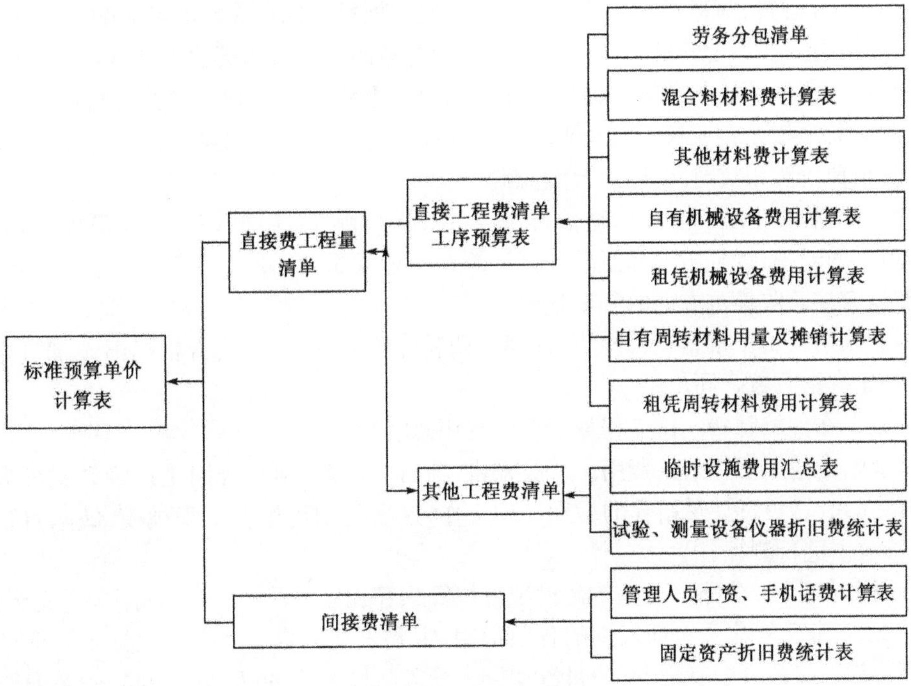

图 12-4　标后预算清单及计算表式

(二)实测法标后预算各类费用计算

标后预算费用包括直接费、间接费、切块利润、税金等四大类。各类费用计算如下：

1.间接费计算

在实测法标后预算编制中，间接费计算没有采取交通部颁布的《公路工程基本建设项目概算预算编制办法》规定的以各类工程的直接费为基数按费率计提的方法，而是根据计划工期、企业规定的管理人员配置标准、管理人员工资标准、指挥车辆配置标准、固定资产原值以及财务制度规定的折旧率等计算的。

(1)项目经理部管理人员工资。项目经理部管理人员工资按项目经理部管理层、经理部部门领导、各岗位平均工资标准计算。一般来讲，企业会根据项目合同额大小和施工难易程度将项目划分为特大型项目、大型项目和常规项目，并根据项目规模确定配备项目领导层职位数、管理人员数量标准和工资标准，预算工程师可以根据这些规定和项目计划工期，计算项目管理人员工资。

(2)工资附加费及社会保障金计算。工资附加费及社会保障金与(1)项目管理人员工资之和即为项目的工资总额。《公路工程基本建设项目概算预算编制办法》提到的规费只有五项，即职工养老保险、失业保险、医疗保险、住房公积金、工伤保险，将职工福利费、工会经费、职工教育费作为企业管理的基本费用按费率计提，而这些费用在财务科目中统称为工资附加费及社会保障金，实际计提时，是由财务部门根据财政部规定的比率统一计算的。

工资附加费及社会保障金＝财务制度规定的综合比率×(1)的管理人员工资额

其中：财务制度规定的综合比率约为67%，同时，财务制度还规定了工资附加费及社会保障金的最高限额，在计算时应不超过财务规定的最高限额。

(3)施工现场指挥车辆费。由企业配备的指挥车辆费由四部分构成：折旧费、经常维修费、使用费(过路过桥费、油料费)、机驾人员工资。根据项目的规模确定项目应配备的指挥车辆数量。根据计划工期、所配备的指挥车辆的净值和财务制度规定的折旧率计算应提取的折旧费。根据车辆使用维修的经验数据和计划工期预测经常维修费、使用费(过路过桥费、油料费)；机驾人员工资总额根据企业核定的月平均工资和计划工期计算。如果为租赁的车辆，根据合同约定的月租单价和租赁时间计算费用总额。

(4)办公费、水电费、差旅费、通信费、劳保费、降温费、取暖费、职工探亲路费、宣传广告费等根据项目的规模、计划工期和经验数据计算。一般来讲，企业或项目都规定了费用标准，现场调查时，应注意收集这方面的制度规定。

(5)业务招待费。根据项目规模、计划工期和经验数据计算，或者根据财政部规定的招待费提取的比率乘有效合同价。

(6)竣工文件编制费。按工程量清单的费用总额计列。

(7)缺陷责任期留守人员费用。一般来讲，项目交工后，项目合同工程师和财务人员作为常驻的留守人员，负责计量结算的后期办理工作，这项费用可根据工程规模、缺陷责任期长短以及经验数据进行测算。

(8)财务费用。《公路工程基本建设项目概算预算编制办法》对财务费用的定义为：财务费用系指施工企业为筹集资金而发生的各项费用，主要表现为贷款利息。但施工企业的实际情况是：企业为了加强资金管理，将项目流动资金管理权限和企业捆绑在一起，一般筹资行为为企业，但是资金成本即贷款利息却由项目承担，所以预算工程师在做标后预算时应考虑项目的资金成本。在计算该项费用时，预算工程师应充分与财务部门沟通，根据项目工程规模、发包人资金状况、计划工期、企业流动资金投入情况等综合分析核定。

(9)不可预见费。套用部颁《公路工程预算定额》编制的投标预算单价中已经包含了施工过程中的一般风险、返修、返工、非施工方责任出现的待工、窝工、沿线干扰等现象。但是，用"实测法"计算的单价，却无法包含这些费用，所以在间接费清单中增加了"不可预见费"支付项。在测算该项费用时，可根据工程规模、市场环境、项目的周边环境进行预测。

(10)投标费。一般由企业在投标阶段预支、在项目开工时列项目成本，这项费用根据实际发生计列。

(11)工地转移费。根据经验数据或者实际发生计列。

(12)固定资产使用费。是指现场管理部门使用的属于固定资产的设备、仪器、计算机等的折旧、大修理、维修费或租赁费等。对此类费用根据项目实际情况和企业有关规定计算。

(13)营业税及附加。营业税及附加不属于间接费范畴，将其列入该表是为了查询及计算方便。营业税及附加以有效合同价为基数乘综合税率计算，在实际缴纳时，以计量产值为基数乘综合税率计算。

2.直接费计算

直接费包括直接工程费和其他工程费两项。

(1)直接工程费

影响直接工程费高低的因素的有三个方面：一是计算对象及所包括的工作内容；二是该对象单位实体工、料、机等资源的消耗数量；三是各种资源的单价。通过以上分析可知：直接费的计算对象(即细目名称)及所包括的工作内容与主合同工程量清单200～700章相同；生产工人数量和机械使用数量是根据实施性施工组织设计中计划配置的数量和需配套的机械设备计算的，材料消耗量则根据设计数量和混合料目标配合比计算；对于从未施工过、没有历史经验数据可参考的细目，消耗量可以按部颁预算定额计算；对于新技术、新工艺、新结构的工程项目，既无定额可查，也无历史经验可供参考，只能暂估一个总额价；工、料、机的预算单价则按现场实际的采购单价、考虑一定场外运输损耗计算。

直接工程费＝人工费＋材料费＋机械费

①人工费的测算：人工费系指直接从事建筑安装的生产工人开支的各项费用，其测算方法根据项目经理部的管理模式确定。如果为两层分离模式，劳务分包单价包括：纯劳务分包单价、小型机具＋劳务＋辅材分包单价、专用设备采购单价等。测算劳务分包单价时，首先应对项目周边市场行情进行调查，然后根据施工图纸计算劳务分包工程数量。

人工费＝承包(分包)单价×承包(分包)工程量。

如果项目经理部自行组织施工的，可按生产工人的月平均工资与财务规定的工资附加费及保障金之和计算工资总额，折合成工日单价。人工工日数量可按同类项目的经验数据或者定额数量计算，或者按以下公式计算：

人工工日＝完成单位工程配备的生产工人用工数量×每天工作时间/8h

人工费＝工日单价×人工工日数量

或：　　人工费＝(生产工人月工资＋附加工资)×用工数量×计划工期

每天工作时间，一般工程为8h，潜水和隧道为6h。用工数量按照项目开工时编制的总体实施性施工组织设计中的生产工人配备的相应的数量计算，生产工人主要指钢筋工、混凝土工、辅助工、普工等。

②材料费的测算：材料费是指施工过程中耗用的构成工程实体的各种原材料、半成品、辅助材料以及周转材料摊销量等及这些材料损耗的费用。

材料费＝构成工程实体材料费用＋周转材料费

a. 构成工程实体材料费用：主材、地材等材料用量必须根据设计图纸计算的总用量和工地试验室做出的生产配合比计算；工程实体所用的钢筋用量根据设计图纸统计。

构成工程实体材料费用＝∑(构成工程实体各种材料消耗量×相应材料单价)

构成工程实体的钢筋消耗量按照设计的理论用量计算。

各种混合料中各种原材料数量＝根据设计图纸计算的总用量×工地试验的标准配合比×(1＋经验损耗率)

材料预算单价＝(材料采购原价＋运杂费)×(1＋场外运输损耗率)×(1＋采购及保管费用率)－包装品回收价值

b. 周转材料费的测算：

周转材料费＝周转材料数量×单价×摊销率

周转材料数量按照实施性施工组织设计中某单项施工设计(如模板设计、平台设计、围堰设计等)用量统计计算。

周转材料单价按照采购价计算。

周转材料摊销率按财政部规定或者企业财务部门规定的摊销率计算。

③机械费的测算：根据施工组织设计提供的机械设备配备情况，结合项目实际情况，按外租设备、企业自有设备两种情况计算。

a. 自有机械设备费用计算：企业自有的机械设备种类和数量按实施性施工组织设计中机械配置计划统计计算；计划使用时间按照机械部门计划的机械设备进场时间计算；自有机械设备需考虑固定费用和可变费用两部分。

固定费用包括折旧费和大修理费：按企业财务部门或财政部规定折旧年限计算。

可变费用包括：经常维修费、燃、油料费、电费、机驾人员工资、车船使用税等，可按以下方法计算：

经常维修费：根据经验数据计算。

油料费：根据每机械设备吨/公里耗油量计算或者根据经验消耗量计算。

电费：根据机械设备铭牌标注的额定功率计算电费。

机驾人员工资：根据市场行情或者企业的平均月工资(含附加工资)计算。

车船使用税：按实际缴纳计算。

单机费用＝(固定费用＋可变费用)

自有机械总费用＝∑(每种型号的单机费用×该型号机械设备的计划使用时间)

b. 外部租赁机械费测算：根据租赁合同确定计算方法。如果租赁合同约定机驾人员工资、油料、小修等使用费由项目经理部承担，则：

机械租赁费＝∑[(某种机械租赁单价＋使用费)×租赁时间]

式中，使用费包括机驾人员工资、油料、小修等费用。租赁单价按照租赁合同中的约定计算，使用费的计算方法同自有机械的可变费用。

机械租赁数量和时间按照实施性施工组织设计和项目实际施工进度由机械部门提出具体的计划。

(2)其他工程费

其他工程费是直接工程费以外施工过程中发生的直接用于工程的费用，其内容包括冬季施工增加费、雨季施工增加费、夜间施工增加费、高原地区增加费、沿海地区工程施工增加费、行车干扰工程增加费、施工辅助费、临时设施费、施工标准化与安全措施费等。施工辅助费按实际配置的试验检测、测量设备固定资产折旧、试验检测频次、计划工期计算，包含的费用项目有：生产工具用具使用费、检验试验费和工程定位复测、工程点交、场地清理等。

①冬、雨、夜、高原、沿海、行车干扰费用计算：冬、雨、夜、高原、沿海、行车干扰等施工增加费不可能同时出现在一个项目，首先应根据项目所在地气候及地质水文条件和实施性施工组织设计确定费用项目类别，然后根据其对标后预算单价的影响特点计算。

夜间施工增加费、行车干扰施工增加费，主要表现为单纯的人工费增加与机械效率降低，可按实际发放的生产工人工资或者纯劳务分包单价乘作业量计算，机械费用因效率降低增加了使用时间，固定费用部分在直接工程费中已经计算过，在此仅考虑可变费用部分。

冬季施工增加费、雨季增加费，除计算人工增加和机械效率降低导致的费用增加外，还应考虑材料、设施费用的增加。施工组织设计中有单项设计的，按单项设计中增加的材料、设施规格、种类计算。

②现场文明及环境保护费：根据项目经理部实际情况进行测算。

③安全措施费：根据国家对安全施工的规定标准以及特殊安全设施方案进行测算。

④临时设施费：临时设施项目包括临时施工便道，人行便道，工地临时用水、用电的水管支线和电线支线，承包人驻地建设等。临时设施费用内容包括临时设施的搭设、维修、折旧费或摊销费。一般来讲，在编制标后预算的时候，临建工作已经完成，可以根据项目经理部财务部门提供的核算总额列入标后预算成本。

⑤施工辅助费：包括检验、试验用具的购置、摊销和维修费、试验所耗用的材料和化学药品的费用、技术革新和研究试验费、工程定点复测、工程点交、场地清理等费用；还包括试验设备、测量仪器的折旧费、校准费、维修费以及试验、测量的人工费。其计算方法如下：

a. 检验试验费。是指对包括检验试验仪器设备的折旧费和校准费、药品、材料和试剂费、试验人工费以及项目进行技术革新和研究试验费等，但不包括新结构、新材料的试验费和发包人要求对具有出厂合格证明的材料进行检验、对构件破坏性试验及其他特殊要求检验的费用。

a)检验试验仪器折旧费和校准费。折旧费：根据项目经理部配置的检验试验仪器设备清单和财务部门规定的折旧费率计算；校准费：根据地方技术监督部门收费标准计算。

b)根据设计文件和技术规范要求的试验频次和试验项目，测算各类化学药品、材料和试剂用量。

化学药品、材料和试剂费用＝∑[各类试剂用量×采购单价（含运费及损耗）]

c)试验人工费。包括试验技术人员和试验工工资、奖金和工资附加费。这部分费用可以在间接费中管理人员工资中计算，也可以在该项下根据企业核定的平均工资和财政部有关规定计算，计算时注意不要重计或漏计。

人工费＝（月工资＋工资附加费）×试验工数量×计划工期

d)外委试验项目费用。首先编制需要委托外部试验检测机构检验的试验项目清单，然后进行询价。

外委试验项目费用＝∑（各类试验项目次数×单价）

b. 测量费用。包括的工作内容有工程定位复测、工程点交、场地清理、施工测量等；包括的费用有测量仪器折旧费、标定校准费及人工费。

a)测量仪器折旧费。根据项目经理部配置的检验试验仪器设备清单和财务部门规定的折旧费率计算。

b)测量仪器标定校准费。根据地方技术监督部门收费标准计列。

c)人工费。包括测量工程师和测量工工资。在计算人工费时，第一种方法采用岗位工资加奖金的方法进行计算总费用；第二种方法是在交桩、恢复定线阶段，针对时间紧、工程质量要求高、任务重的特点，采取单项承包的方式，以承包费计算。在施工过程中的测量放样工作则可以采用岗位工资加奖金的方法进行计算，总费用等于两者之和。

c. 工具用具使用费。是指现场管理使用的不属于固定资产的生产工具、检验、试验用具的购置、摊销和维修费，以及支付给工人自备工具的补贴费。该部分费用属于辅助生产工具费用，如施工中使用的小推车、铁锹等，如果进行劳务分包，这部分费用应在与劳务队进行劳务分包单价协商时，包含在单价中；如果是自行组织施工，可以根据经验核定一个控制额度。

(三)实测法标后预算书的构成

标后预算书一般由封面、标后预算编制说明、主合同工程量清单与标后预算工程量清单对比分析表、主合同工程量清单、标后预算工程量清单、间接费计算表、直接费和其他直接费计算表，工、料、机预算单价计算表、工、料、机用量计算表等组成。封面应注明项目名称和编制日期。标后预算编制说明应包括以下内容：

1. 工程概况

主要说明项目名称、标段号、起讫桩号、标段长度、主要工程量等。

2. 合同概况

(1)主要从合同的计价特点说明合同是总价合同、单价合同、还是交钥匙工程、BOT 项目等。

(2)说明合同总价、有效合同价、暂列金额及其他费用。

(3)主材的供应情况：是否为发包人直供或指定厂家、限定单价供应等。

(4)合同工期。

(5)合同是否调价。

(6)其他应说明的问题。

3. 标后预算结果

主要说明项目的预算总成本、税金、预计的切块费用、平均切块率(支付细目切块率、综合单价详见附后的清单对比表)等指标。

4. 标后预算计算依据

主要说明标后预算所依据的数据、文件、合同、人工、材料、机械单价、混合料生产配合比等情况。

5. 标后预算计算过程中，需要特殊说明的问题

标后预算主要分析表见表 12-1～表 12-6。

主合同工程量清单与标后预算清单单价对比分析表 表 12-1

细目编号	细目名称	单位	工程数量	合同清单单价(元)	合同清单金额(元)	标后预算单价(元)	标后预算金额(元)	切块利润(元)	支付细目切块率(%)
1	2	3	4	5	6=4×5	7	8=4×7	9=6−8=(5−7)×4	10=9/5

标后预算清单单价计算表　　　　表 12-2

细目编号	细目名称	单　位	工程数量	直接工程费清单单价（元）	直接工程费清单金额（元）	平均分摊系数	预算单价（元）	标后预算金额（元）
(1)	(2)	(3)	(4)	(5)	(6)＝(4)×(5)	(7)	(8)＝(5)×[1＋(7)]	(9)＝(8)×(4)
	标后预算清单单价＝直接工程费清单单价×(1＋平均分摊系数) 平均分摊系数＝(其他工程费合价＋间接费合价＋营业税及附加总额)/直接工程费清单合价							

直接工程费清单工序成本计算表　　　　表 12-3

章节	细目名称	单位	数量	工序名称				直接工程费								单价	金额
								人工费（劳务分包费）		材料费		机械费	周转材料摊销费		其他		
				序号	名称	单位	数量	单价	金额	单价	金额	金额	单价	金额	金额		
1	2	3	4	5	6	7	8	9	10＝8×9	11	12＝8×11	13	14	15＝8×14	16	17＝18/4	18＝10＋12＋13＋15＋16
405-1	钻孔灌注桩直径1.5m	m	1200	小计													
				1	成孔	m											
				2	混凝土												
				3	…												
				…													
	合计																

注：1. 表中“劳务分包费”中的“单价”是由“劳务分包清单”表计算得出。

2. 表中“材料费”中的“单价”是由“混合料材料费用计算表”表和“实体材料费用计算表”表计算得出。

3. 表中“机械费”是由“自有机械设备费用计算表”和“租赁机械设备费用计算表”计算得出。

4. 表中“周转材料摊销费”中的“单价”是由“自有周转材料费用计算表”和“租赁周转材料费用计算表”计算得出。

5. 表中“其他”是指对于次要、零星材料和小型施工机具等未包含在劳务分包费、材料费、机械费、周转材料摊销费之外的费用，以金额单列。

6. “劳务分包清单”表、“自有机械设备费用计算表”、“租赁机械设备费用计算表”、“自有周转材料费用计算表”、“租赁周转材料费用计算表”、“混合料材料费用计算表”、“实体材料费用计算表”等相对简单，不再一一列出。

其他工程费汇总表(单位:元)　　表 12-4

编　号	费 用 名 称	单　位	数量(或计算基数)	单价(费率)	金额(元)	备注
栏次	1	2	3	4	5=3×4	6
1	冬雨季施工增加费					
2	夜间施工增加费					
3	施工进退场费					
4	生产工具用具使用费					
5	检验试验费					
5.1	检验试验费					
5.2	试验、测量设备仪器折旧费①					
5.3	试验、测量设备仪器修理费					
6	安全措施费					
7	文明施工费					
8	工程定位点交清理费					
9	工程保护费					
10	临时设施费②					
11	其他					
合计						

注:①试验、测量设备仪器折旧费详见表 12-5。

②临时设施费详见表 12-6。

试验、测量设备仪器折旧费统计表(单位:元)　　表 12-5

序　号	名　称	数　量	单　价	原　值	月折旧率%	使用时间(月)	折　旧　费
栏次	1	2	3	4=2×3	5	6	7=4×5×6

临时设施费用汇总表(单位:元)　　表 12-6

序　号	费 用 项 目	单　位	数量(或计算基数)	摊销率	摊销金额	备　注
1	拌和站土建					
2	便道、便桥					
3	驻地建设					
4	供电设施					

(四)实测法标后预算编制算例

【例 12-1】 某沥青路面施工项目直接工程费分析预测实例。该项目路面结构如下:封层为:4cm 中粒式沥青混凝土封层,透、黏层油,沥青面层为:6cm 下面层,5cm 中面层,4cm 上面层,全长 19km,请分别计算工、料、机费用。

解:(一)材料费用计算

第一步:根据设计图纸计算工程数量;

第二步:根据工地试验室做出的混合料配合比、密度以及原材料密度计算各种原材料用量;

第三步:根据原材料单价计算材料费用。

1.计算沥青混凝土总数量

(1)4cm 中粒式沥青封层

已知:主合同工程量清单给出的中粒式沥青封层的面积为 $7.931\times1000m^2$,层厚 4cm,沥青混合料密度 $2.43t/m^3$,所以该层沥青混合料用量为:

$$7.931\times1000\times2.43\times0.04=770.89(t)$$

(2)沥青混凝土下面层

已知:主合同工程量清单给出的沥青混凝土下面层的面积为 $396.613\times1000m^2$,层厚 6cm,沥青混合料密度 $2.494t/m^3$,所以该层沥青混合料用量为:

$$396.613\times1000\times2.494\times0.06=59349.17(t)$$

(3)沥青混凝土中面层

已知:设计图纸中面层的厚度分别为 4cm、5cm,主合同工程量清单给出的沥青混凝土中面层的面积分别为 4cm:$32.58\times1000m^2$;5cm:354.049×1000;沥青混合料密度,$2.43t/m^3$,所以该层沥青混合料用量为:

$$(32.58\times0.04+354.049\times0.05)\times1000\times2.43=46183.73(t)$$

(4)沥青混凝土上面层

已知:设计图纸中面层的厚度分别为:4cm、6cm,主合同工程量清单给出的沥青混凝土中面层的面积分别为 4cm:$427.512\times1000m^2$;6cm:19.23×1000;沥青混合料密度,$2.4t/m^3$,所以该层沥青混合料用量为:

$$(19.23\times0.06+427.512\times0.04)\times1000\times2.4=43810.27(t)$$

(5)沥青混合料的总数量

$$59349.17+46183.73+43810.27+770.89=150114.06(t)$$

2.计算各种原材料用量

已知:由试验室提供的资料知,沥青混合料配合比如下:油石比 4%,碎石 91%,矿粉 5%,所以各种原材料需用量如下:

沥青:$150114.06\times4\%=6004.56(t)$

碎石:$150114.06\times91\%=136603.79(t)$

矿粉:$150l14.06\times5\%=7505.70(t)$

该层用砂量为:1062(t)

透层油乳化沥青用量:399.307(t)

3.计算材料费用

已知:各种原材料单价(含运费、场外运输损耗及采购保管费)。沥青:1880.7 元/t,碎石:81.7 元/m^3(碎石的密度为:$1.45t/m^3$);矿粉:110 元/t,砂:12 元/t,乳化沥青:1800 元/t。所以各种原材料费用计算如下:

沥青:$6004.56\times1800.7=10812411.19$(元)

碎石:$136603.79\times81.7\div1.45=11160531.09$(元)

矿粉:$7505.70\times110=825627.00$(元)

乳化沥青:$399.307\times1800=718752.60$(元)

砂:$1062\times12=12744$(元)

考虑一定量损耗及其他共计(根据经验估算):600000(元)

材料总费用=24130065.88(元)

(二)机械费用

1. 自有机械设备费用计算

(1)计算应提取的折旧费

已知:该项目计划工期为一年,根据施工工艺配备的自有设备的种类、数量、型号及应提取的折旧费见表12-7。

机械设备折旧费计算表

表12-7

序号	设备名称(1)	型号(2)	数量台(3)	使用时间(年)(4)	设备原值(元)(5)	折旧年限(6)	折旧费(元/年)(7)=(5)÷(6)
1	装载机	ZL50D	1	1	311000	6	51833.33
2	装载机	ZL50	1	1	320000.00	6	53333.33
3	双钢轮压路机	DD-110	1	1	876400.00	6	146066.67
4	双钢轮压路机	DD-110	1	1	774400.00	6	129066.67
5	轮胎压路机	YZ220	2	1	466556.3	6	77759.38
6	沥青拌和站	NP2000	1	1	8146924.9	6	1357820.80
7	沥青混凝土摊铺机	ABG423	1	1	3289180.00	6	548196.67
8	沥青泵	LCB25A	1	1	8100.00	6	1350.00
9	一汽小解放	CA1046L	1	1	54270.00	6	9045.00
10	400kW发电机	P500E	1	1	519111.00	6	86518.50
11	15kW发电机	GF15kW	1	1	8500.00	6	1416.67
12	机动小翻斗	F10型	1	1	16500.00	2	8250.00
13	电子称	DL-12型	1	1	68000.00	2	34000.00
14	混凝土切割机	HLQ-12型	1	1	3990.00	1	3990.00
15	交流弧焊机	BX-400	1	1	4900.00	1	4900.00
16	合计						2513547.02

(2)大修理费

$$大修理费=折旧费\times 3\%$$

$$大修理费=2513547.02\times 3\%=75406.41(元)$$

(3)经常维修费

因为该项目配备的设备基本上为新购置的设备,所以经常维修费比较低,根据经验,估计为:100000元。

(4)机驾人员工资

根据机械设备配备情况,配置随机人员。根据表12-7机械设备配套情况,每台班约需配备机驾人员和辅助人员22人。

按平均工资和计划工期计算。该项目计划工期1年,月平均工资1700,则:

机驾人员工资及附加费总额=12×22×1700(1+67%)

=749496元(式中67%为各种工资附加费计提的比率)

(5)燃料、电力费用

燃料油费用:根据经验估计每台班用量1.3495t。

总用量＝预估的台班数×每台班用量＝938.2×1.3495＝1266.1(t)

已知:油料的市场价为2300元/t

所以:总费用＝2300×1266.1＝2912032.07(元)

电力:已知每台班理论用电3660度,单价0.63(元/度)

所以:电费＝3660×0.63×938.2＝2163301.56(元)

自有机械设备总费用:

2513547.02＋75406.41＋100000＋749496＋2912032.07＋2163301.56＝8513783.06(元)

2.租赁设备费用计算

由于自有机械设备不能满足施工的需要,所以需要租赁社会上的设备。租赁设备费用计算见表12-8。设备租赁费用中含机驾人员工资,小修和油料费已经计入自有设备费用中。

租赁设备费用计算表

表12-8

设备名称	租赁时间	单　位	租金	租赁费用(元)	备　注
水车	6个月	元/月	9000	54000	
洒油车	19×2/1.8＝21台班	元/台班	700	2×700＝14700	每台班工作量1800m,该项目全长19km(双幅)
装载机	7个月	元/月	20000	140000	
沥青混凝土运输车		元/t·km	0.7	8×15014.06×0.7＝840638.74	平均运距:8km;沥青混凝土总量:150114.06t
合计				1049338.52	

机械设备总费用＝自有机械设备费用＋租赁设备费用＝8513783.06＋1049338.52
＝9563121.58(元)

(三)人工费

1.生产工人费用

根据施工组织设计需配备各类生产工人60人,如果考虑施工高峰期三班倒,则需要180人。平均以120人计;计划工期12个月,每月平均工资按1200元计算,所以:

生产工人工资＝120×12×1200＝1728000(元)

工资附加费＝1728000×67%＝1157760元(式中67%为各种工资附加费计提的比率)

2.计日工

根据实施性施工组织设计,估计需要计日工230个,计日工工资:38元/工日,所以:

计日工费用＝230×38＝8740(元)

3.临时工

根据实施性施工组织设计,估计需要临时工30个,计划平均使用时间为5个月,平均工资800元/月,所以:

临时工费用＝30×5×800＝120000(元)

人工费＝1728000＋1157760＋8740＋120000＝3014500(元)

【例12-2】 间接费计算实例:某南方地区大型桥梁施工,该项目共配置各类管理人员55人(含试验人员、测量人员、管理辅助人员),计划工期29个月。月平均工资1750元/月。该项目制度规定,有9人可以配置手机用于指挥生产,每月话费报销标准为800元;配置传真机一台,每月消费标准为1000元,该项目配备自有指挥车辆4辆。请计算该项目的间接费总额。

解:间接费计算详见表12-9。

间接费清单(单位:元)　　表 12-9

细目号(1)	细目名称(2)	单位(3)	数量(4)	单价(5)	工期(6)	费用总额(7)=(4)×(5)×(6)
001	保险费(a+b+c)	总额				464476
—a	财产保险	总额				130270
—b	机械设备保险	总额				235660
—c	职工人身保险	总额				98546
002	工资总额(a+b)					4661388
—a	管理人员工资	元/月	55	1750	29	2791250
—b	工资附加费(按6%计提)		67%			1870138
003	指挥车辆∑(a~g)					1518986
—a	自有车辆折旧费	总额	4		29	563200
—b	小修费			1830	29	53070
—c	大修费					226060
—d	过路过桥费			3634	29	105386
—e	油料费		4	1800	29	217770
—f	租金					179500
—g	机驾人员工资	元/月	4	1500	29	174000
004	通信费∑(a~c)					258680
—a	手机费用	元/月	9	800	29	208800
—b	传真机费用	元/月	1	1000	29	29000
—c	网络费	元/月		720	29	20880
005	办公费∑(a~d)	元/月		1200	29	34800
—a	复印纸	元/月		400	29	11600
—b	打印纸	元/月		400	29	11600
—c	稿纸、本子、笔等低值易耗品	元/月		200	29	5800
—d	邮递费用	元/月		200	29	5800
006	生活用水(a+b)					75922
—a	纯净水	元/桶	100	6	29	17400
—b	自来水	元/月		2018	29	58522
007	生活用电(a+b)					797355
—a	空调	元/月		26535	29	769515
—b	其他用电器	元/月		960	29	27840
008	职工探亲费	元	55	1000		55000
08	差旅费	总额				900000
09	降温及保暖费	元/年	55	200	3	33000
010	工地宣传费					15000
011	招待费	注:按财政部规定比率提取				521992
012	固定资产折旧费	注:按财政部规定比率提取				150000

续上表

细目号(1)	细目名称(2)	单位(3)	数量(4)	单价(5)	工期(6)	费用总额(7)=(4)×(5)×(6)
013	财务费					1000000
014	缺陷责任期费用					100000
015	不可预见费					400000
016	营业税及附加	注:有效合同价×综合税率				
017	合计					10986599

第三节　标后预算的管理

标后预算管理是根据施工企业标后预算管理制度的规定,对标后预算的编制、下达、执行、项目成本过程控制、项目经济活动分析、项目执行标后预算考核兑现等项目成本管控的活动。主要的管理程序与工作内容如下。

一、编制标后预算

企业预算人员在经过充分调查,掌握施工现场条件、项目经理部的具体配备、实施性施工组织设计以及各项资源价格的基础上,依据项目主合同文件、施工企业定额、标后预算编制办法和规定等,编制项目的标后预算。

二、与项目经理部协商标后预算

标后预算编制完成后,应充分与项目经理部进行沟通和协商,以确保标后预算的合理性和项目经理部执行标后预算的积极性,与单纯靠行政命令向项目经理部下达标后预算的方式相比,采用标后预算协商的方式,充分体现了企业人性化管理的思想。与项目经理部协商标后预算的方式一般通过下发协商函、项目经理部反馈意见、与项目经理部沟通协商、最终统一意见达成共识的过程来完成。

标后预算协商函的主要内容包括有效合同价、平均切块率、切块利润、预算总成本以及项目经理部提出反馈意见的时间要求,应以协商函的形式发给与项目经理部,以确保标后预算单价的合理性和项目经理部执行标后预算的积极性。

标后预算协商应把握两点:

(1)协商函应明确限定项目经理部反馈的时间,否则应视为接受。

(2)对项目经理部提出的意见既不能一概否决,也不能全盘接受,应分析采纳,并应与项目经理部沟通。

三、下达标后预算

由于标后预算在下达前,与项目经理部进行了充分的协商,企业与项目经理部就项目预算成本已达成一致,因此,企业可以以文件的形式直接下达给项目经理部,也可以作为项目承包经营合同的组成部分,以合同的形式与项目经理部形成经济契约关系。

四、标后预算过程管控

在企业管理层面,应建立集中远程结算与管控信息系统,见图 12-5。在开工时由公司预算部门和项目合同工程师共同上网录入项目合同、标后预算等基础信息，每月由项目合同工程师在线录入发包人批复的计量支付产值，由公司预算工程师根据标后预算清单单价和计量工程量计算应计提的切块利润和项目的标后预算产值，项目定期与劳务分包队伍结算，大额的结算由企业合同预算部门审批。通过该系统，企业对项目的主合同和各类采购合同、成本、进度、质量等各项基础管理进行实时监控，及时获取项目各类基础管理数据、信息和资料，各项目经理部之间在权限内实现了各类信息数据共享。

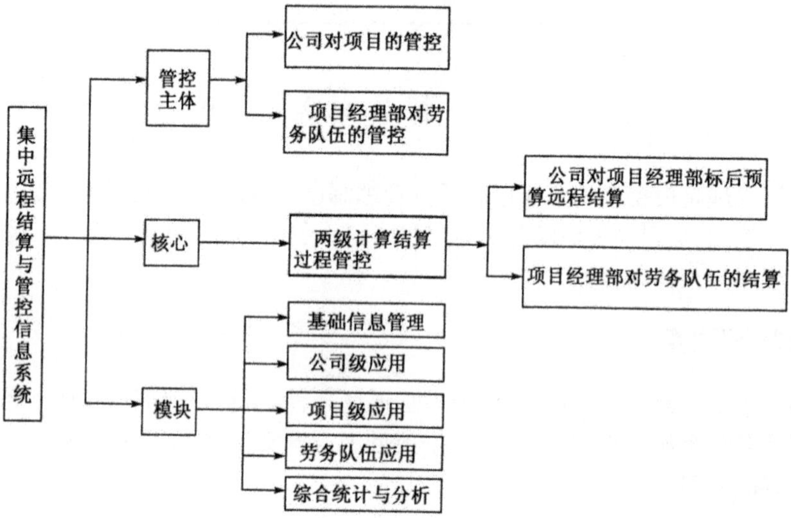

图 12-5 集中远程结算与管控信息系统

标后预算远程管控流程见图 12-6。

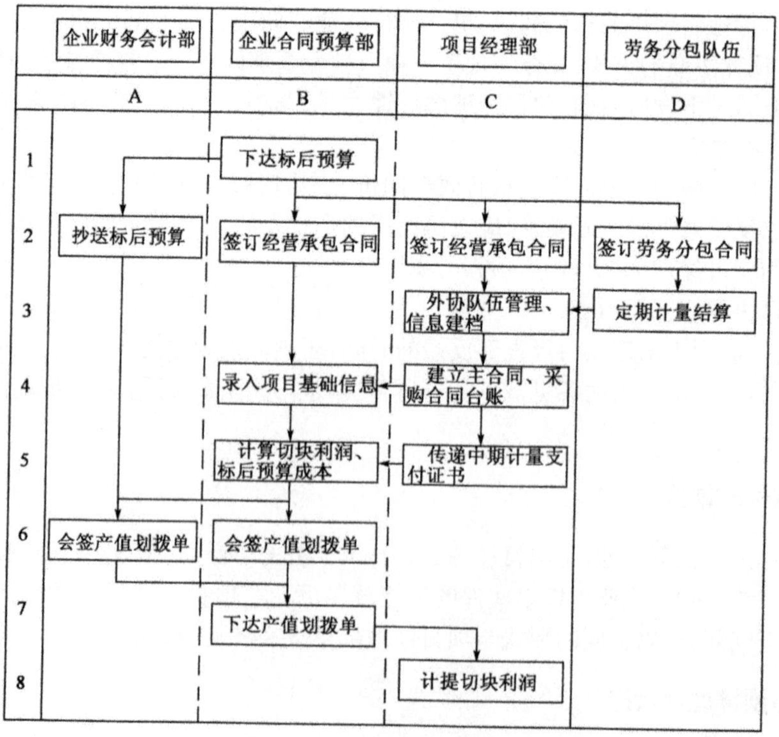

图 12-6 标后预算管控流程

标后预算远程结算公式如下：

项目应上缴的切块利润＝∑[细目计量工程量×细目(合同清单单价－标后预算单价)]

企业应划拨项目的标后预算产值＝计量产值－项目应上缴的切块利润

在项目管理层面，在开工准备阶段，项目经理部应以标后预算作为项目经理部成本控制的标准，编制项目的总成本预算，全面策划建立项目成本管理体系，定期编制和下达年、季、月度成本预算，层层分解和测算成本指标，并下达到作业中心、班组、部门和岗位，作为考核其绩效的标准。在年、季、月末，要根据财务提供的实际成本，组织各作业中心、部门进行经济活动分析，对比成本偏差，查找、分析成本偏差原因，提出改进措施，确保成本目标实现。

标后预算是以有效合同价为基础计算的，暂列金额是列为项目经理部变更索赔目标。在施工过程中，企业应通过远程结算系统及时审批变更工程的标后预算单价，审批的原则如下：工程变更项目按合同工程量清单中某一工程细目单价计量支付的，则该细目的切块率即为变更项目的切块率；工程变更项目以新增工程细目重新议价计量支付的，则由标后预算编制部门重新核定该细目的标后预算综合单价和切块率；在施工过程中，发包人违约、发包人风险等引起的索赔事件，如索赔成功，先冲抵成本，然后按企业制度规定的比例奖励项目经理部；监理批准的计日工，可以据实核销。

因不可预见的市场风险如涨价、后继法规变化等引起的成本增加，应在项目竣工后标后预算最终确认时统一认定。

因企业预算工程师失误导致的标后预算单价低于项目成本价，也应在项目竣工后标后预算最终确认时统一认定。

五、标后预算执行情况考核

分年度考核预兑现与竣工考核总兑现。

(一)年度考核预兑现

年度考核预兑现是企业标后预算部门以年度预算、标后预算集中远程结算、年度决算等数据、资料为依据，对项目经理部年度经营效果和标后预算年度指标完成情况进行考核、认定和预兑现的管理活动。考核的内容如下：

(1)根据标后预算单价和年度计划产值计算的年度各项经济指标的完成情况。

年度预算应上缴切块利润＝∑[年度计划细目工程量×

该细目(合同清单单价－标后预算单价)]

年度实际应上缴的切块利润＝∑[细目年度累计计量工程量×

该细目(合同清单单价－标后预算单价)]

年度应划拨项目的标后预算产值＝年度计划产值－年度应上缴的切块利润

年度实际划拨项目的标后预算产值＝年度累计完成产值－年度实际应上缴的切块利润

(2)上缴切块利润及应上缴的各项费用情况。

(3)有无因项目自身管理原因造成的工期延误情况。

(4)有无重大质量、安全事故。

(5)有无重大发包人或民工投诉。

(6)有无重大合同纠纷。

(7)项目现场文明施工执行《文明施工规范》情况。

考核方法：可根据月度集中远程结算汇总统计年度实际应上缴的切块利润，并与下达的年度预算对比分析，结合项目质量、安全、进度、环保等目标的完成情况和财务部门提供的相关资料，分析计算项目年度各项经济指标完成情况。

年度预兑现仅计算并兑现年薪部分，暂不兑现年度实现的超额利润奖励。

（二）竣工考核总兑现

竣工考核总兑现是在项目竣工后，企业根据标后预算最终计算结果以及项目审计结论，对项目经理部完成经营考核指标、实现超额利润情况进行综合评定、考核兑现的活动。竣工考核总兑现应在发包人批复了最后支付证书并经外部审计后进行。

竣工考核步骤如下：

(1)企业成立由预算合同部门牵头，财务、施工、机械、物资、审计等部门组成的标后预算考核小组。

(2)根据项目竣工文件、发包人批复的支付报表、施工组织情况等对标后预算最终计算确认，重点分析新增工程、变更工程、索赔项目以及因标后预算计算失误项目的标后预算单价和合同单价，以确认支付细目单价是否发生了变化。

(3)财务部门提供项目账面实际发生成本清单、上缴切块利润清单。

(4)将标后预算最终计算确认结果与财务提供的清单对比分析，对支付细目切块率、平均切块率、切块利润、标后预算利润、超额利润等主要指标进考核认定。

(5)经审计部门内部审计并签署意见后，报企业最高领导审批，根据企业相关制度规定对项目经理部进行考核兑现。

第十三章　公路工程施工结算与竣工决算

第一节　施工结算

公路工程施工结算，就是业主将承包人在一定时期内(一般按月)，已经完成并符合质量要求的工程进行计量，并按合同约定的价格计价后支付给承包人。在工程施工管理中，施工结算又称为费用支付(含前期支付、中期支付和最终支付)。费用支付的内容、程序和方法，都应按照合同规定进行。

一、施工结算的作用

(一)确保工程施工正常进行

业主将工程发包给承包人，承包人要根据设计图纸和施工合同的要求组织施工。由于公路工程具有工程规模大、建设时间长、施工环节多、工序复杂、风险大、费用高等特点，以及应保证工程施工的连续性和均衡性的要求，承包人在工程施工中必定会投入大量的人力、物力、财力，垫付大量的资金，而承包人的筹资能力又是有限的。如果在一定时期内业主不按合同规定将承包人垫付资金转化为合格工程的价值部分支付给承包人，势必会造成承包人的资金短缺而影响工程施工的正常进行。为了确保工程施工的正常进行，使承包人能在合同工期内完成工程施工，应在施工期间进行施工结算。

(二)保证工程质量

在施工期间进行施工结算的一项基本工作就是进行工程计量，而工程计量的依据之一是质量必须合格(即符合合同文件规定的质量要求)。如果质量不合格，则不得进行工程计量，因此业主也就谈不上要向承包人进行工程费用的结算，这就会促使承包人在施工中注重工程质量，在出现质量问题或质量缺陷后能及时对质量问题或质量缺陷进行处理，使工程符合质量要求。

(三)促使双方履行施工承包合同

在施工期中进不进行施工结算、如何进行施工结算，这是在施工承包合同文件中已明确规定的，承发包双方都应当遵守合同文件中的规定，认真履行自己的职责，行使自己的权利，获得自己的利益。如果某一方不履行自己的职责，则要承担相应的责任。例如，业主如果不按规定的时间向承包人付款，根据《公路工程标准施工招标文件》专用合同条款的规定，业主应向承包人支付全部未付款的利息，付息时间从应付而未付该款额之日算起。若业主向承包人迟付款超过一定时间限度，业主不但要向承包人支付利息，而且承包人还有权终止对本合同项下的承包工程。由此可见，施工期中的施工结算，对业主和承包人双方均有约束力，能促使双方遵守并履行施工合同。

(四)提高经济效益

实行施工结算，是促进缩短建设周期，加速资金周转，提高投资效益的一项重要措施。从发包人的角度来看，他可以根据承包人的施工进度计划和费用支付计划，按计划筹集建设资金，这样可以降低资金成本，提高投资效益；从承包人的角度来看，可以促使承包人加速资金周转，提高资金的周转率，减少流动资金贷款利息，甚至可以促使缩短建设工期。

二、施工结算的依据

公路工程施工结算的主要依据有国家和地方交通主管部门颁发的有关工程造价编制方面的文件、工程承包合同、项目专用合同条款、公路工程专用合同条款和通用合同条款、技术规范、工程量清单、设计图纸、计量的工程量、日常施工记录等。

(一)国家和地方交通主管部门颁布的有关工程造价编制方面的文件

国家和地方交通主管部门颁发的有关工程造价编制方面的文件有：交通运输部颁发的现行《公路工程预算定额》、《公路工程施工定额》、《公路工程基本建设项目概算预算编制办法》等文件，以及地方交通主管部门颁布的一些补充规定，它们既是设计阶段、招投标阶段工程造价编制的依据，也是在一定条件下的工程施工结算的依据。

(二)工程承包合同

工程承包合同文件中明确规定了合同双方应承担的责任、可以行使的权利、应获得的利益，也明确载明了该工程的合同总价、合同清单单价等。在施工结算中，必须按合同文件的规定进行。

(三)合同条款

合同条款涉及施工结算中的一些特定支付项目，如开工预付款、材料预付款、质量保证金、工程变更费用、价格调整费用、索赔费用、逾期交工违约金、提前竣工奖金、迟付款利息等的具体处理方式。因此，合同条款是施工结算的依据。

(四)技术规范

技术规范除详细列有对工程的技术要求外，还列有直接用于施工结算的计量细则和支付细则。因此，技术规范既是承包人报价时的指导文件和根据，也是施工结算的依据。

(五)工程量清单

作为合同文件重要组成部分的工程量清单，其中列有支付细目编号、项目名称、计量单位、数量和承包人所报的单价。在施工结算中，细目编号、项目名称、计量单位、特别是单价是计算工程价款和进行施工结算的重要依据。

(六)计量的工程量

根据通用条款的规定，工程量清单中开列的工程量是根据本工程的设计提供的预计工程量，不能作为承包人在履行合同义务中应予完成工程的实际和准确数量。除合同另有规定外，监理人应根据《公路工程施工监理规范》(JTG G10—2006)关于工程计量的要求和合同文件规定，对承包人提出的已完工程量通过计量来核实工程量和确定其价值。计量的工程量是确定承包人已完成工程价值的基础，是施工结算的基本依据。

(七)日常施工记录

对于一些特定的费用支付项目，如索赔费用、工程变更费用等的核定，常常要根据承包人的现场施工记录、监理人的监理日志等来确认，并分析对承包人造成的实际影响程度和责任的分担，据此核定应向承包人支付的费用。因此，日常施工记录是施工结算的依据。

三、施工结算的分类

(一)按时间分类

按时间分类,施工结算可以分为预结算(支付)、期中结算(支付)、交工结算(支付)和最后结算(支付)四种。

(1)预结算(支付)

即施工前的预付款,有开工预付款和材料预付款两类。在开工前,承包人履行了合同规定的义务后,由监理人签发支付证书,业主付款。施工中按规定扣回。

(2)期中结算(支付)

即施工中进行的结算,一般按月进度支付,是根据每月完成的工程量按清单价格计算的工程价款及合同规定应结算(支付)的其他款项。

(3)交工结算(支付)

即在本合同段完工或基本完工,监理人签发交工证书后办理的结算(支付)工作。

(4)最终结算(支付)

即在缺陷责任期结束,监理人签发缺陷责任证书后,办理的最后一次结算(支付)工作。

(二)按结算(支付)的内容分类

按结算(支付)的内容可分为工程量清单内的结算(支付)和工程量清单外、合同内的结算(支付)。工程量清单内的结算(支付)是按合同条款和技术规范,通过监理人的质量检查、计量,确认已完的工程量,然后按确认的工程数量与报价单中的单价,结算和支付工程量清单中的各项工程费用,简称清单支付。清单支付是期中支付中的主要项目,占有很大的比重。工程量清单外、合同内的结算(支付)是按合同规定,并且监理人根据工程实际情况和现场证实资料,确认清单以外的各项工程费用,如索赔费用、工程变更费用、价格调整等,简称附加支付。附加支付在期中支付中虽然占的比重较小,却是比较难以控制和掌握的,它一方面取决于合同规定,另一方面取决于工程施工中实际遇到的客观条件和各种干扰。

(三)按工程内容分类

按工程内容划分,可分为路基土石方工程、路面工程、桥梁工程、隧道工程等。

(四)按合同执行情况分类

根据合同执行是否顺利,可分为正常结算(支付)和合同终止后的结算(支付)两类。正常结算是指发包人与承包人双方共同遵守合同约定,使工程按照合同规定内容顺利实施并结算。合同终止后的结算是指发包人或承包人违约或发生了双方无法控制的不可抗力,使合同不可能继续履行而终止时,发包人向承包人所作的结算(支付)。

四、施工结算的费用项目

(一)工程量清单内结算的费用项目

1.月进度付款

月进度付款是根据承包人每月实际完成的符合质量要求、并经监理人计量确认的工程数量乘以相应的单价计算确定,即:

$$月进度付款=\sum_{1}^{n}本月实际完成的合格工程数量\times相应的单价 \tag{13-1}$$

2.计日工

合同中通常含有计日工明细表，表中列有不同劳务、材料、施工设备的估计数量，计日工单价由承包人报价，然后将汇总的计日工价合计在投标总价中。工程实施中，按监理人的指令进行。

在工程实施过程中，监理人如果认为必要或可取，可以指令承包人按计日工完成任何需变更的工作，并按合同中包括的计日工明细表中所定的细目，及承包人在其投标书中对此所报的单价或总额价，向承包人付款。

采用计日工计价的任何一项变更工作，应从暂列金额中支付，承包人应在变更的实施过程中，每天提交以下内容报表和有关凭证报送监理人审批：

(1)工作名称、内容和数量。

(2)投入该工作所有人员的姓名、工种、级别和耗用工时。

(3)投入该工作的材料类别和数量。

(4)投入该工作的施工设备型号、台数和耗用台时。

(5)监理人要求提交的其他资料和凭证。

计日工由承包人汇总后，按合同的约定列入进度付款申请单，由监理人复核并经发包人同意后列入进度付款。

3.暂列金额

暂列金额在已标价工程量清单中列出，用于在签订协议书时尚未确定或不可预见变更的施工及其所需材料、工程设备、服务等的金额，包括以计日工方式支付的金额。

对于经发包人批准的每一笔暂列金额，监理人有权向承包人发出实施工程或提供材料、工程设备或服务的指令。这些指令应由承包人完成，监理人应根据合同条款约定的变更估价原则和规定，对合同价格进行相应调整。

当监理人提出要求时，承包人应提供有关暂列金额支出的所有报价单、发票、凭证和账单或收据，除非该工作是根据已标价工程量清单列明的单价或总额价进行的估价。

4.暂估价

在工程招标阶段已经确定的材料、工程设备或工程项目，但又无法在当时确定准确价格，而可能影响招标效果时，发包人在工程量清单中给定一个暂估价。因此暂估价是用于支付必然发生但暂时不能确定价格的材料、设备以及专业工程的金额。

暂估价在工程实施过程中，对于不同类型的材料与专业工程采用不同的计价方法。

发包人在工程量清单中给定暂估价的材料、工程设备和专业工程属于依法必须招标的范围并达到规定的规模标准的，由发包人和承包人以招标的方式选择供应商或分包人。发包人和承包人的权利义务关系在专用合同条款中约定。中标金额与工程量清单中所列的暂估价的金额差以及相应的税金等其他费用列入合同价格。

发包人在工程量清单中给定暂估价的材料和工程设备不属于依法必须招标的范围或未达到规定的规模标准的，应由承包人按合同的约定提供。经监理人确认的材料、工程设备的价格与工程量清单中所列的暂估价的金额差以及相应的税金等其他费用列入合同价格。

发包人在工程量清单中给定暂估价的专业工程不属于依法必须招标的范围或未达到规定的规模标准的，由监理人按照合同规定进行估价，但专用合同条款另有约定的除外。经估价的专业工程与工程量清单中所列的暂估价的金额差以及相应的税金等其他费用列入合同价格。

(二)工程量清单外、合同内结算的费用项目

工程量清单以外、合同以内的费用项目，是指那些没有包括在工程量清单以内，但根据合同条款规定应该结算的费用项目，包括开工预付款、材料预付款、质量保证金、工程变更费用、价格调整费用、索赔费用、拖期违约损失偿金、提前竣工奖金、迟付款利息等费用项目。

1. 开工预付款

根据合同规定，承包人有权得到发包人提供的一笔相当于合同价值一定比例(通常规定为合同价的 10%)的无息开工预付款，用于支付开工初期各项准备工作的款项。开工预付款的金额在项目专用条款数据表中约定，并且在施工期间按合同规定分批扣回。

(1)开工预付款的支付条件

①签订了合同协议书。

②提交了履约担保。

③提交了开工预付款担保。

在承包人完成上述工作后，监理人在当期进度付款证书中向承包人支付开工预付款的 70%的价款；在承包人承诺的主要设备进场后，再支付预付款 30%。

(2)开工预付款的扣回

开工预付款属于发包人的预付，因此，要在中期结算(支付)中由发包人逐次扣回。扣回时间是在进度付款证书的累计金额达到签约合同价的 30%之后开始，按工程进度以固定比例(即每完成签约合同价的 1%，扣回开工预付款的 2%)分期从各月的进度付款证书中扣回，全部金额在进度付款证书的累计支付金额达到签约合同价的 80%时扣完。

2. 材料、设备预付款

材料、设备预付款是由发包人预先支付给承包人的一定比例的材料、设备款项，以供购进将用于和安装在永久工程中的各种材料、设备。材料、设备预付款按项目专用合同条款数据表中所列主要材料、设备单据费用(进口的材料、设备为到岸价，国内采购的为出厂价或销售价，地方材料为堆场价)的百分比支付。该费用支付和扣回应严格按合同文件的规定进行。

(1)材料、设备预付款的支付条件

①材料、设备符合规范要求并经监理人认可。

②承包人已出具材料、设备费用凭证或支付单据。

③材料设备已在现场交货，且存储良好，监理人认为材料、设备的质量及其存储方法符合要求。

符合支付条件后，监理人将应支付的金额计入到下一次的进度付款证书中进行支付，在预计竣工前 3 个月，将不再支付材料、设备预付款。

(2)材料、设备预付款扣回

当材料、设备已用于或安装在永久工程之中时，材料、设备预付款应从进度付款证书中扣回，扣回时间不超过 3 个月。已经支付材料、设备预付款的材料、设备的所有权属于发包人。

3. 质量保证金

质量保证金 (以下简称保证金)是指发包人与承包人在工程承包合同中约定，从应付的工程款中预留，用以保证承包人在缺陷责任期内对工程出现的缺陷进行维修的资金。质量保证金的计算额度不包括预付款的支付、扣回以及价格调整的金额。

(1)保证金的扣留

保证金的金额是按项目专用合同条款数据表规定的百分比扣留，扣留时间从第一个付款周期开始，在应支付给承包人的工程结算款额中扣留，直至金额达到项目专用合同条款数据表规定的限额为止。

(2)保证金的缺陷修复责任

缺陷责任期内，由承包人原因造成的缺陷，承包人应负责维修，并承担鉴定及维修费用。如承包人不维修也不承担费用，发包人可按合同约定扣除保证金，并由承包人承担违约责任。承包人维修并承担相应费用后，不免除对工程的一般损失赔偿责任。由他人原因造成的缺陷，发包人负责组织维修，承包人不承担费用，且发包人不得从保证金中扣除费用。

缺陷责任期满时，承包人没有完成缺陷责任的，发包人有权扣留与未履行责任剩余工作所需金额相应的质量保证金余额，并有权根据约定要求延长缺陷责任期，直至完成剩余工作为止。

(3)保证金的退还

缺陷责任期内，承包人认真履行合同约定的责任；约定的缺陷责任期满，承包人向发包人申请返还保证金。发包人在接到承包人返还保证金申请后，应于14d内会同承包人按照合同约定的内容进行核实。如无异议，发包人应当在核实后14d内将保证金返还给承包人，逾期支付的，从逾期之日起，按照同期银行贷款利率计付利息，并承担违约责任。发包人在接到承包人返还保证金申请后14d内不予答复，经催告后14d内仍不予答复，视同认可承包人的返还保证金申请。

4.工程变更费用

工程变更是指在工程实施中，对某些工作内容做出修改或者追加或取消某一工作内容。显然，由于勘测、设计、试验与实际的差异，在合同执行过程中，工程变更是不可避免的，为了更加合理的完成工程，工程变更也是很有必要的。当工程发生变更时，监理人应根据合同文件和工程实际情况对工程变更费用进行合理的估价。

(1)工程变更范围

《标准施工招标文件》通用合同条款15.1规定工程变更的范围包括：

①取消合同中任何一项工作，但被取消的工作不能转由发包人或其他人实施。

②改变合同中任何一项工作的质量或其他特性。

③改变合同工程的基线、高程、位置或尺寸。

④改变合同中任何一项工作的施工时间或改变已批准的施工工艺或顺序。

⑤为完成工程需要追加的额外工作。

对于条款①，公路工程专用合同条款又规定：由于承包人违约造成的情况除外。

在合同履行过程中，如果监理人、发包人和承包人发现出现上述约定情形的，均可提出变更建议，但变更指示只能由监理人发出。监理人发出的变更指示应说明变更的目的、范围、变更内容以及变更的工程量及其进度和技术要求，并附有关图纸和文件。承包人收到变更指示后，应按变更指示进行变更工作；没有监理人的变更指示，承包人不能进行任何变更。

(2)工程变更估价的原则

《公路工程标准施工招标文件》专用合同条款15.4款给出了估价的原则，一般在变更估价时应该做到：

①如果取消某项工作，则该项工作的总额价不予以支付。

②已标价工程量清单中有适用于变更工作的子目的，采用该子目的单价。

③已标价工程量清单中无适用于变更工作的子目，但有类似子目的，可在合理范围内参照类似子目的单价，由监理人按合同规定商定或确定变更工作的单价。

④已标价工程量清单中无适用或类似子目的单价，可在综合考虑承包人在投标时所提供

的单价分析表的基础上，由监理人按合同规定商定或确定变更工作的单价。

⑤如果本工程的变更指示是因承包人过错、承包人建反合同或承包人责任造成的，则这种违约引起的任何额外费用应由承包人承担。

5. 价格调整费用

工程建设的周期往往都较长，在这样一个比较长的建设周期中，无论是发包人还是承包人都必须考虑到与工程有关的各种价格变化。为了避免双方的风险损失，降低投标报价及合理确定工程造价，合同通用条款16条对价格调整做出了专门的规定，应按规定进行调整。

(1)物价变动引起的价格调整

一般情况下，因物价波动引起的价格调整，可采用以下两种方法中的某一种计算。

①采用价格指数调整价格差额。因人工、材料和设备等价格波动影响合同价格时，根据投标函附录中的价格指数和权重表约定的数据，按公式(13-2)计算差额并调整合同价格。

这种方式主要适用于使用的材料品种较少，但每种材料使用量较大的土木工程，如公路、水坝等。

$$\Delta P = P_0\left[A + \left(B_1 \times \frac{F_{t1}}{F_{01}} + B_2 \times \frac{F_{t2}}{F_{02}} + B_3 \times \frac{F_{t3}}{F_{03}} + \cdots + B_n \times \frac{F_{tn}}{F_{0n}}\right) - 1\right] \tag{13-2}$$

式中：　ΔP——需调整的价格差额；

P_0——根据进度付款、交工付款和最终结清等付款证书中承包人应得到的已完成工程量的金额；此项金额应不包括价格调整、不计质量保证金的扣留和支付、预付款的支付和扣回；变更及其他金额已按现行价格计价的，也不计在内；

A——定值权重(即不调部分的权重)，$A=1-(B_1+B_2+B_3+\cdots+B_n)$；

B_1，B_2，$\cdots B_n$——各可调因子的变值权重(即可调部分的权重)为各可调因子在投标函投标总报价中所占的比例；

$Ft1$，F_{t2}，$\cdots F_{tn}$——各可调因子的现行价格指数，指根据进度付款、交工付款和最终结清等付款证书相关周期最后一天的前42d的各可调因子的价格指数；

F_{01}，F_{02}，$\cdots F_{0n}$——各可调因子的基本价格指数，指基准日期的各可调因子的价格指数。

以上价格调整公式中的价格指数应首先采用国家或省、自治区、直辖市价格部门或统计部门提供的价格指数，缺乏上述价格指数时，可采用上述部门提供的价格代替。

在运用价格调整公式进行工程价格调整时，应注意以下几点：

a. 暂时确定调整差额。在计算调整差额时得不到现行价格指数的，可暂用上一次价格指数计算，并在以后的付款中再按实际价格指数进行调整。

b. 权重的调整。以上价格调整公式中的各可调因子、定值权重，以及基本价格指数及其来源，由发包人在投标函附录价格指数和权重表中约定。

价格调整公式中的变值权重，由发包人根据项目实际情况测算确定范围，并在投标函附录价格指数和权重表中约定范围；承包人在投标时在此范围内填写各可调因子的权重，合同实施期间将按此权重进行调价。

c. 承包人工期延误后的价格调整。由于承包人原因未在约定的工期内竣工的，则对原约定竣工日期后继续施工的工程，在使用价格调整公式时，应采用原约定竣工日期与实际竣工日期的两个价格指数中较低的一个作为现行价格指数。

②采用造价信息调整价格差额。施工期内，因人工、材料、设备和机械台班价格波动影响

合同价格时，人工、机械使用费按照国家或省、自治区、直辖市建设行政管理部门、行业建设管理部门或其授权的工程造价管理机构发布的人工成本信息、机械台班单价或机械使用费系数进行调整；需要进行价格调整的材料，其单价和采购数应由监理人复核，监理人确认需调整的材料单价及数量，作为调整工程合同价格差额的依据。

这种方式适用于使用的材料品种较多，相对而言每种材料使用量较小的房屋建筑与装饰工程。

在采用造价信息调整价格差额时，应注意以下几点：

a. 人工单价发生变化时，发、承包双方应按省级或行业建设主管部门或其授权的工程造价管理机构发布的人工成本文件调整工程价款。

b. 材料价格变化超过省级或行业建设主管部门或其授权的工程造价管理机构规定的幅度时应当调整，承包人应在采购材料前就采购数量和新的材料单价报发包人核对，确认用于本合同工程时，发包人应确认采购材料的数量和单价。发包人在收到承包人报送的确认资料后3个工作日内不予答复的视为已经认可，作为调整工程价款的依据。如果承包人未报经发包人核对即自行采购材料，再报发包人确认调整工程价款的，如发包人不同意，则不做调整。

c. 施工机械台班单价或施工机械使用费发生变化超过省级或行业建设主管部门或其授权的工程造价管理机构规定的范围时，按其规定进行调整。

(2)后继法律、法规变动引起的价格调整

在基准日后，因法律、政策变化导致承包人在合同履行中所需要的工程费用发生增减时，监理人应根据法律、国家或省、自治区、直辖市有关部门的规定，商定或确定需调整的合同价款。

6. 逾期交工违约金

逾期交工违约金是指承包人未能按合同工期完成工程施工，或在监理人批准的延期内完成工程的施工而给予发包人的补偿，为此，通用合同条款11.5款做了专门的规定。

(1)逾期交工违约金的计算。逾期交工违约金的计算方法在项目专用合同条款数据表中约定，时间自预定的交工日期起到交工验收证书中写明的实际交工日期止(扣除已批准的延长工期)，按天计算。逾期竣工违约金累计金额最高不超过签约合同价的10%。发包人可以从应付或到期应付给承包人的任何款项中或采用其他方法扣除此违约金。承包人支付逾期竣工违约金，不免除承包人完成工程及修补缺陷的义务。

(2)逾期交工违约金的减少。如果在合同工作完工之前，已对合同工程内按时完工的单位工程签发了工程接收证书，则合同工程的逾期竣工违约金，应按已签发工程接收证书的单位工程的价值占合同工程价值的比例予以减少，但逾期竣工违约金的最高限额不变。

7. 提前竣工奖金

发包人要求承包人提前竣工或承包人提出提前竣工的建议能够给发包人带来效益的，应由监理人与承包人共同协商采取加快工程进度的措施和修订合同进度计划。发包人应承担承包人由此增加的费用，并向承包人支付专用合同条款约定的相应奖金。

8. 迟付款利息

这是合同中赋予承包人的权利，即承包人有权在合同规定的时间期限内从发包人处得到支付。如果发包人不按合同规定时间付款，则应支付承包人迟付款额的利息。

通用合同条款17.3.3规定：发包人应在监理人收到进度付款申请单后的28d内，将进度应付款支付给承包人。发包人不按期支付的，按项目专用条款数据表中约定的利率向承包人支付逾期付款违约金。违约金计算基数为发包人的全部未付款额，时间从应付而未付该款额之日算起（不计复利）。

9.索赔费用

索赔是在施工合同履行过程中，当事人一方因并非自己的过错，而是由于对方没有按照合同约定正确地履行合同或合同规定由对方承担的风险出现时，造成当事人一方损害，当事人一方通过一定的合法程序向对方提出经济或时间补偿的一种要求。因此，从理论上讲，索赔是双向的，既可以是承包人向发包人的索赔，也可以是发包人向承包人的索赔。在施工结算时，承包人向发包人的索赔金额，经监理人确认后计入支付证书，发包人向承包人的索赔金额，则从支付证书中扣除。

五、施工结算的程序和内容

（一）期中结算

期中结算是合同在履行过程中对每月所发生的付款申请、审查和支付的工作。结算的程序和内容如下：

（1）承包人提交付款申请。根据合同规定，承包人应在每月末向监理人提交由其项目经理签署的按监理人格式要求填写的月结账单（付款申请书）一式6份，该月结账单包括以下栏目：

①自开工截至本月末止已完成的工程价款。

②自开工截至上月末止已完成的工程价款。

③本月完成的（应结算的）工程价款，即①～②。

④本月完成的应结算的计日工价款。

⑤本月应支付的暂列金额价款。

⑥本月应支付的材料设备预付款。

⑦根据合同规定本月应结算的其他款项。

⑧价格调整及法规变更引起的费用。

⑨本月应扣留的保留金、材料设备预付款及开工预付款。

⑩根据合同规定，本月应扣除的其他款项。

（2）监理人审查与签证。监理人在收到承包人进度付款申请单以及相应的支持性证明文件后的14d内完成核查，提出发包人到期应支付给承包人的金额以及相应的支持性材料，经发包人审查同意后，由监理人向承包人出具经发包人签认的进度付款证书。监理人有权扣发承包人未能按照合同要求履行任何工作或义务的相应金额。

监理人审查的主要工作有：

①承包人所完成的工程价款。

②计日工付款申请。

③材料设备预付款付款申请。

④变更工程付款申请。

⑤价格调整付款申请。

⑥其他款项的付款申请。

期中支付申请书要求：

①申请的格式和内容应满足合同要求。

②各项资料、证明文件手续齐全。

③所有款项计算与汇总无误。

(3)发包人付款。根据《标准施工招标文件》通用条款第17.3.3款的有关规定，发包人应在收到期中支付证书后28d内将应付款项支付给承包人，如果发包人未能在规定期限内付款，则应按投标书附录规定的利率支付全部未付款额的利息。如果发包人收到承包人通知后的28d内仍不履行付款义务，承包人有权暂停施工。暂停施工28d后，发包人仍不纠正违约行为的，承包人可向发包人发出解除合同通知。

(二)交工结算

1.承包人的交工支付申请

称交工结算。根据《公路工程标准施工招标文件》专用合同条款第17.5.1款的规定，工程接收证书颁发后，承包人应按专用合同条款约定的份数和期限向监理人提交交工付款申请单，并提供相关证明材料。除专用合同条款另有约定外，交工付款申请单应包括下列内容：

(1)交工结算合同总价。

(2)发包人已支付承包人的工程价款。

(3)应扣留的质量保证金。

(4)应支付的交工付款金额。

2.交工支付申请的审定与支付

监理人在收到承包人提交的交工付款申请单后的14d内完成核查，提出发包人到期应支付给承包人的价款送发包人审核并抄送承包人。发包人应在收到后14d内审核完毕，由监理人向承包人出具经发包人签认的交工付款证书。监理人未在约定时间内核查，又未提出具体意见的，视为承包人提交的交工付款申请单已经监理人核查同意。发包人未在约定时间内审核又未提出具体意见的，监理人提出发包人到期应支付给承包人的价款视为发包人已经同意。

(三)最终结算

1.最终支付申请

根据《标准施工招标文件》通用合同条款第17.6.1款的规定：

(1)缺陷责任期终止证书签发后，承包人可按专用合同条款约定的份数和期限向监理人提交最终结清申请单，并提供相关证明材料。

(2)发包人对最终结清申请单内容有异议的，有权要求承包人进行修正和提供补充资料，由承包人向监理人提交修正后的最终结清申请单。

2.结清证书和支付时间

(1)监理人收到承包人提交的最终结清申请单后的14d内，提出发包人应支付给承包人的价款送发包人审核并抄送承包人。发包人应在收到后14d内审核完毕，由监理人向承包人出具经发包人签认的最终结清证书。监理人未在约定时间内核查，又未提出具体意见的，视为承包人提交的最终结清申请已经监理人核查同意；发包人未在约定时间内审核又未提出具体意见的，监理人提出应支付给承包人的价款视为已经发包人同意。

(2)发包人应在监理人出具最终结清证书后的14d内，将应支付款支付给承包人。发包人不按期支付的，按合同的约定，将逾期付款违约金支付给承包人。

(3)承包人对发包人签认的最终结清证书有异议的，按第24条的约定办理。

(4)最终结清付款涉及政府投资资金的，按合同的约定办理。

(四)合同终止后的结算

合同终止后的结算是指由于某种情况的发生导致合同无法履行而终止合同后的结算。通常，合同终止可能产生于承包人违约、发包人违约和特殊风险的发生。

1.承包人违约导致合同终止后的结算

(1)合同解除后，监理人按合同要求商定或确定承包人实际完成工作的价值，以及承包人已提供的材料、施工设备、工程设备和临时工程等的价值。

(2)合同解除后，发包人应暂停对承包人的一切付款，查清各项付款和已扣款金额，包括承包人应支付的违约金。

(3)合同解除后，发包人应按合同的约定向承包人索赔由于解除合同给发包人造成的损失。

(4)合同双方确认上述往来款项后，出具最终结清付款证书，结清全部合同款项。

(5)发包人和承包人未能就解除合同后的结清达成一致而形成争议的，按合同的约定办理。

2.发包人违约导致合同终止后的结算

因发包人违约解除合同的，发包人应在解除合同后28d内向承包人支付下列金额，承包人应在此期限内及时向发包人提交要求支付下列金额的有关资料和凭证：

(1)合同解除日以前所完成工作的价款。

(2)承包人为该工程施工订购并已付款的材料、工程设备和其他物品的金额。发包人付还后，该材料、工程设备和其他物品归发包人所有。

(3)承包人为完成工程所发生的，而发包人未支付的金额。

(4)承包人撤离施工场地以及遣散承包人人员的金额。

(5)由于解除合同应赔偿的承包人损失。

(6)按合同约定在合同解除日前应支付给承包人的其他金额。

发包人应按本项约定支付上述金额并退还质量保证金和履约担保，但有权要求承包人支付应偿还给发包人的各项金额。

3.因不可抗力而终止合同后的结算

合同一方当事人因不可抗力不能履行合同的，应当及时通知对方解除合同，合同解除后，承包人应按照合同的约定撤离施工场地。已经订货的材料、设备由订货方负责退货或解除订货合同，不能退还的货款和因退货、解除订货合同发生的费用，由发包人承担，因未及时退货造成的损失由责任方承担。合同解除后的付款，参照合同约定，由监理人商定或确定。

第二节 竣工决算

工程项目在通过竣工检验，办理验收手续之前，必须对所有财产和物资进行清理，编制竣工决算报告。竣工决算报告是考核交通基本建设项目投资效益，反映建设项目实际造价的文件，是工程项目竣工验收系列文件的重要组成部分。建设项目竣工决算包括从筹建到竣工投产全过程的全部实际支出费用，即建筑安装工程费用、设备工器具购置费用和工程建设其他费用等。

竣工决算的内容包括竣工决算报告说明书、竣工决算报表、竣工工程平面示意图和工程造价对比分析四个部分，前两个部分又称之为建设项目竣工财务决算，是竣工决算的核心内容和重要组成部分。

一、公路工程竣工决算的作用

公路工程竣工决算是考核工程项目建设成果的主要依据，主要有以下几方面作用：

(一)竣工决算是检查基本建设投资计划、设计概算执行情况和考核投资效果的依据

公路建设项目的建设通常都是在国家基本建设计划安排下进行的,其投资额要以批准的可行性研究投资估算、设计概算、施工图预算文件为依据;实施要符合批准的建设计划和设计文件要求;工程项目的建设方案、技术标准不得随意变更;建设规模不得随意扩大或缩小;投资额应控制在批准的概算或预算值以内。因此,竣工决算要围绕检查基本建设投资计划的执行情况和概、预算的执行情况进行。

通过竣工决算,检查落实建设项目是否已达到了设计要求,有没有提高技术标准或扩大建设规模的情况;通过各项实际完成的货币工作量,来分析和检查有无不合理的开支或违背财经纪律和投资计划的情况;竣工决算还应对其他费用的开支进行检查分析,对于临时设施、占地、拆迁以及新增工程都应认真的进行核对。

(二)竣工决算是核定新增资产价值、办理交付使用财产的依据

工程项目建设好后,要核定新增资产价值,并办理交付使用财产的移交手续。通常,新增资产包括新增固定资产、流动资产、无形资产、递延资产、其他资产等。要根据竣工决算报告的编制要求,编制交付使用财产总表和交付使用财产明细表,详细计算全部交付使用财产的价值。应向管理或使用单位提交交付使用财产具体的项目名称、规格、数量、价值等明细表,作为办理交付使用资产交接手续的依据。

(三)竣工决算是建设项目财务状况、财务管理水平的综合反映

竣工决算表明了建设项目开始建设以来各项资金的来源和支出以及取得的财务成果,它是建设项目财务状况的综合反映,也体现了项目建设中的财务管理水平。通过竣工决算,可以检查建设单位(业主)是否遵守国家的财经纪律和投资计划的执行情况,并为基建主管部门、财务部门总结经验,改进管理提供信息。

(四)竣工决算为建立交通基本建设工程技术经济档案、修订工程定额提供资料和依据

竣工决算反映了主要工程的全部数量和实际成本、工程造价以及从开始筹建至竣工为止全部资金的运用情况和工程建成后新增资产价值。大中型项目的竣工决算报告要报交通运输部,它是国家基本建设的技术经济档案,并为以后基本建设规划和项目投资安排提供参考。

通过对竣工决算中的人工、材料、机械台班消耗及其他费用的分析,可以反映出在一定时期内各种资源消耗水平、各项费率的取值水平,这些参数可以作为工程定额修订和各项取费标准修订的参考。有些工程项目改进了施工方法,采用了新技术、新工艺、新材料、新结构,降低了材料消耗,提高了劳动生产率,降低了成本,通过竣工决算资料的积累和分析,可以为以后编制新定额或补充定额提供必要的数据、资料。

竣工决算资料是工程造价管理中应积累的基础资料之一,它对提高工程造价的编制水平和管理水平具有积极作用。

二、公路工程竣工决算的编制依据和主要内容

按照交通部《交通基本建设项目竣工决算报告编制办法》(交财发〔2000〕207 号)(以下简称《竣工决算报告编制办法》)的规定,交通基本建设项目竣工后,应按照国家有关规定及本办法编制竣工决算报告。没有编制竣工决算报告的项目不得进行竣工验收。

建设单位编制的竣工决算报告在审计部门提出审计意见后,方可组织竣工验收。未经竣工验收委员会认定的竣工决算报告不得上报。

中央级大中型基本建设项目,其项目竣工决算报告经省级交通主管部门或部属一级单位

签署意见后报部备案(一式四份)。竣工决算报告在竣工验收委员会审查同意后三个月内报出。

竣工决算报告是考核交通基本建设项目投资效益、反映成果的文件,是确定交付使用财产价值、办理交付使用手续的依据。建设单位要有专人负责有关资料收集、整理、分析、保管工作。项目完成建后,要组织工程技术、计划、财务、物资、统计等有关部门的人员共同编制项目竣工决算报告。设计、施工、监理等单位应积极配合建设单位做好竣工决算报告的编制工作。

(一)竣工决算报告的编制依据

编制竣工决算报告所依据的文件、资料有:

(1)经批准的可行性研究报告、初步设计、概算或调整概算等有关资料。

(2)历年的年度基本建设投资计划。

(3)经审核批复的历年年度基本建设财务决算。

(4)编制的施工图预算、承包合同、工程结算等有关资料。

(5)历年有关财产物资、统计、财务会计核算、劳动工资、审计及环境保护等有关资料。

(6)工程质量鉴定、检验等有关文件,工程监理有关资料。

(7)施工企业交工报告等有关技术经济资料。

(8)有关建设项目附产品、简易投产、试运营(生产)、重载负荷试车等产生基本建设收入的财务资料。

(9)有关征地拆迁资料(协议)和土地使用权确权证明。

(10)其他有关的重要文件。

(二)竣工决算报告的组成及主要内容

竣工决算报告由以下几部分组成:

1.竣工决算报告的封面、目录

2.竣工工程平面示意图

为了满足竣工验收和竣工决算需要,应绘制能反映竣工工程全部内容的工程设计平面示意图。平面示意图按经过施工实际修改后的工程设计平面图绘制。

3.竣工决算报告说明书

竣工决算报告说明书是竣工决算报告的重要组成部分,主要内容包括:工程项目概况及组织管理情况;工程建设过程和工程管理工作中的重大事件、经验教训;工程投资支出和财务管理工作的基本情况(包括主要会计事项处理原则,财产物资清理及债权债务清偿情况;基建结余资金、基建收入等的上交分配情况;主要技术经济指标的分析、计算情况等);工程遗留问题等。

4.竣工决算表格

按照《交通基本建设项目竣工决算报告编制办法》的规定,竣工决算报告表式分为决算审批表、工程概况专用表和财务通用表。

(1)竣工决算审批表(交建竣 1 表)。

(2)工程概况专用表(公路项目)。

①公路建设项目工程概况表(交建竣 2-1 表)。

②桥梁隧道建设项目工程概况表(交建竣 2-2 表)。

(3)财务通用表式。

通用表格的格式共有 7 种:

①建设项目竣工财务决算总表(交建竣 3-1 表)。

②资金来源情况表(交建竣 3-2 表)。

③待核销基建支出及转出投资明细表(交建竣 3-3 表)。

④工程造价和概算执行情况表(交建竣 4 表)。

⑤外资使用情况表(交建竣 5 表)。

⑥基本建设项目交付使用资产总表(交建竣 6-1 表)。

⑦基本建设项目交付使用资产明细表(交建竣 6-2 表)。

5. 工程造价比较分析

经批准的概、预算是考核实际建设工程造价的依据,在分析时,可将决算报表中所提供的实际数据和相关资料与批准的概、预算指标进行对比,以反映出竣工项目总造价和单位造价是节约还是超支,在比较的基础上,总结经验教训,找出原因,以利改进。

为了考核概、预算执行情况,正确核实建设工程造价,财务部门首先应积累概、预算动态变化资料,如设备材料价差、人工价差和费率价差及设计变更资料等;其次,考查竣工工程实际造价节约或超支的数额。在进行比较分析时,可先对比整个项目的总概算,然后对比单项工程的概算和其他工程费用概算,最后对比分析单位工程概算,并分别将建筑安装工程费、设备工器具费和其他工程费用逐一与竣工决算的实际工程造价对比分析,找出节约和超支的具体内容和原因。在实际工作中,侧重分析以下内容:

(1)主要实物工程量。概预算编制的主要实物工程量的增减必然使工程概预算造价和竣工决算实际工程造价随之增减。因此,要认真对比分析和审查建设项目的建设规模、结构、标准、工程范围等是否遵循批准的设计文件规定,其中有关变更是否按照规定的程序办理,它们对造价的影响如何。对实物工程量出入较大的项目,还必须查明原因。

(2)主要材料消耗量。在建筑安装工程投资中,材料费一般占直接工程费 70%以上,因此考核材料费的消耗是重点。在考核主要材料消耗量时,要按照竣工决算表中所列三大材料实际超概算的消耗量,查清是在哪一个环节超出量最大,并查明超额消耗的原因。

(3)建设单位管理费、建筑安装工程其他工程费和间接费。要根据竣工决算报表中所列的建设单位管理费与概预算所列的建设单位管理费数额进行比较,确定其节约或超支数额,并查明原因。对于建筑安装工程其他工程费和间接费的费用项目的取费标准,国家和各省(自治区、直辖市)均有规定,要按照有关规定查明是否多列或少列费用项目,有无重计、漏计、多计的现象以及增减的原因。

以上所列内容是工程造价对比分析的重点,应侧重分析。但对具体项目应进行具体分析,究竟选择哪些内容作为考核、分析重点,还得因地制宜,视项目的具体情况而定。

三、公路工程竣工决算报告的编制程序和编制方法

(一)编制程序

竣工决算一般应在已编好工程竣工图表文件,并经交工验收各标段达到合格以上的工程时,才能进行竣工决算的编制工作,其编制程序如下:

(1)认真熟悉竣工图表资料,凡涉及工程费用支付(结算)的工程量,应进行必要的核对;应使竣工图纸、工程现场、有关表格(含计量支付表格)“三对口”;要审核工程量计量是否符合合同文件规定,竣工图表资料是否符合国家《基本建设项目档案资料管理暂行规定》的要求。

(2)审查施工过程中各项工程变更、索赔、价格调整、暂定金额等支付项目是否符合合同文件规定，签证手续是否完备；审查各中期支付和最终支付是否与竣工图表资料、合同文件相符。

(3)统计汇总设计和实际完成的主要工程量以及钢材、木材、水泥、沥青等主要材料消耗量。

(4)摘取各种实物量、财务数据等资料，填入各种相应的竣工决算表格内，编制竣工平面图和竣工决算说明书。

(二)编制方法

根据经审定的期中支付证书、最后(终)支付证书及其支付表格(结账单)，对原概、预算进行调整，重新核定各单项工程、单位工程造价。原概(预)算中的费用项目，建筑安装工程费归属于"建筑安装工程投资"；设备、工具、器具购置费归属于"设备投资"；办公和生活用家具购置费归属于"其他投资"；工程建设其他费用一般归属于"待摊投资"；预备费用部分在施工期中已转化为建筑安装工程费，因此应归属于"建筑安装工程投资"。通过实际对属于增加固定资产价值的其他投资或待摊投资，如建设单位管理费、研究试验费、土地征用及拆迁补偿费等，应分摊于受益工程，随同受益工程交付使用的同时，一并计入新增固定资产价值。

竣工决算图表的编制方法，不像编制概预算那样，要进行各种资料的分析计算，主要是对建设工程的各种原始资料进行全面的审查与统计汇总，然后按照竣工决算表格的要求，将各种数据资料摘录填入，同时做好决算与概预算的对比分析，编制技术经济指标比较表。

1. 交通基本建设项目竣工决算报告封面

(1)"主管部门"指建设单位的主管部门。

(2)"建设项目名称"填写批准的项目初步设计文件中注明的项目名称。

(3)"建设项目类别"是指"大中型"或"小型"。

(4)"建设性质"是指建设项目属于续建、新建、改建、迁建和恢复建设等内容。

(5)"级别"是指中央级或地方级的建设项目。

2. 竣工决算审批表(交建竣 1 表)

中央级大中型基本建设项目，其项目竣工决算报告经省级交通主管部门或部属一级单位签署意见后报部备案(一式四份)。

3. 建设项目概况表(交建竣 2-1 表、2-2 表)

(1)建设时间开工和竣工日期按照实际开工和办理竣工验收的日期填列。如实际开工日期与批准的开工日期不符应做出说明。

(2)表中初步设计、调整概算的批准机关、日期、文号应按历次审批文件填列。

(3)表中有关项目的设计、概算、决算等指标，根据批准的设计文件和概算、决算等确定的数字填写。

(4)表中"总投资"按批准的概算和调整概算数及累计实际投资数填列。

(5)表中"基建支出合计"是指建设项目从开工起至竣工止发生的全部基本建设支出，根据财政部门或主管部门历年批准的"基建投资表"中有关数字填列。

(6)表中所列工程主要特征、完成主要工程量、主要材料消耗量、主要技术经济指标等，根据主管部门批准的概算、建设单位统计资料和施工企业提供的有关成本核算资料等分别填列。

(7)"主要收尾工程"填写工程内容和名称、预计投资额及完成时间等。如果收尾工程内容较多，可增设"收尾工程项目明细表"。这部分工程的实际成本，可根据具体情况进行估算，并作说明，完工以后不再调整竣工决算，但应将收尾工程执行结果按规定程序补报有关资料。

(8)“工程质量评定”填列经工程质量监督部门检测评定的单项工程质量评定及工程综合评价结果。

4. 财务决算总表、资金来源情况表、待核销基建支出及转出投资明细表

这些表格可反映竣工工程从开始建设起至竣工时为止全部资金来源和运用情况。

(1)基本建设项目竣工财务决算总表(交建竣 3-1 表)。

①表中有关“交付使用资产”、“基建拨款”、“项目资本”、“基建借款”等项目，填列自开工建设至竣工止的累计数。上述指标根据历年批复的年度基本建设财务决算和竣工年度的基本建设财务决算中资金平衡表相应项目的数字进行汇总填列(包括收尾工程的估列数)。

②表中其余各项目反映办理竣工验收时的结余数，根据竣工年度财务决算中资金平衡表的有关项目期末数填表。

③资金占用总额应等于资金来源总额。

④补充资料的“基建投资借款期末余额”反映竣工时尚未偿还的基建投资借款数，应根据竣工年度资金平衡表内的“基建投资借款”项目期末数填列；“应收生产单位投资借款期末数”应根据竣工年度资金平衡表内的“应收生产单位投资借款”项目的期末数填列；“基建结余资金”反映竣工时的结余资金，应根据竣工财务决算总表中有关项目计算填列。

⑤基建结余资金的计算。基建结余资金＝基建拨款＋项目资本＋项目资本公积＋基建投资借款＋企业债券资金＋待冲基建支出－基本建设支出－应收生产单位投资借款。

(2)资金来源情况表(交建竣 3-2 表)。

本表反映建设项目分年度的投资计划与资金拨付到位情况，表中有关基建拨款、项目资本、基建投资借款等资金来源内容，根据历年批复的年度基本建设财务决算和竣工年度的基本建设财务决算中资金平衡表相应项目的数字填列(包括收尾工程的估列数)。

(3)待核销基建支出及转出投资明细表(交建竣 3-3 表)。

①“待核销基建支出”反映非经营性项目发生的江河清障、航道清淤、补助群众造林、水土保持、取消项目的可行性研究费以及项目报废等不能形成资产部分的投资支出。

②“转出投资”反映非经营性项目为项目配套而建成的、产权不归属本单位的专用设施的实际成本，按照规定的内容分项逐笔填列。

5. 工程造价和概算执行情况表(交建竣 4 表)

(1)本表反映工程实际建设成本和总造价，以及概算投资节余和概算投资包干部分节余的情况，应按照概算项目或单项工程(费用项目)填列。

(2)待摊投资按照某一单项工程投资额占全部投资的比例分摊到单项工程上，不计入固定资产价值的支出不分摊待摊投资。

6. 外资使用情况表(交建竣 5 表)

本表反映建设项目外资使用情况，按照使用外资支出费用项目填列。应说明批准初步设计时的汇率、记账汇率、竣工时的汇率以及外资贷款的转贷金额和转贷单位等情况。各有关表格中，外币折合人民币时，应以项目竣工时的汇率为准。

7. 交付使用资产总表和交付使用资产明细表

(1)交付使用资产总表中各栏数字应根据交付使用资产明细表中相应项目的数字汇总填列。交付使用资产明细表作为建设单位管理项目资产使用，可不纳入上报的竣工决算报告，其具体格式各单位可根据情况进行修改。

(2)交付使用资产总表中固定资产、流动资产、无形资产和递延资产各栏的合计数，应分别

与竣工财务决算表交付使用资产的相应数字相符。

竣工决算审批表

交建竣1表

建设项目法人(建设单位)		建设性质	
建设项目名称		主管部门	

主管部门(单位)意见

盖章

年 月 日

省级交通主管部门
或者部属一级单位意见:

盖章

年 月 日

交通部审批意见:

盖章

年 月 日

公路建设项目工程概况表

交建竣2-1表

建设项目或单项工程名称			工程主要特征、完成的主要工程量及主要技术经济指标	设 计	实 际
建设地址或地理位置			1. 公路等级		
建设时间	计划	从 年 月 日开工至 年 月 日竣工	2. 计算行车速度(km/h)		
	实际	从 年 月 日开工至 年 月 日竣工	3. 路线总长(km)		
初步设计和概算批准机关、日期、文号			4. 路基宽度(m)		
			5. 路基土石方(万 m^2)		
调整概算批准机关、日期、文号			6. 路面结构		
			7. 路面铺筑(万 m^2/km)		
开工报告批准时间			8. 桥梁总长(m/座)		
主要设计单位			9. 隧道总长(m/座)		
主要监理单位			10. 涵洞总长(m/座)		
主要施工单位			11. 互通式立交(处)		
主要质量监督部门			12. 分离式立交及平交(处)		
总投资	批准概算	竣工决算	13. 防护工程(万 m^3)		
			14. 连接线长度(km)		
主要材料消耗	设计	实际	15. 管理及养护用房(m^2)		

续上表

建设项目或单项工程名称			工程主要特征、完成的主要工程量及主要技术经济指标	设　计	实　际
钢材(t)			16. 服务区(处)		
木材(m^3)			17. 停车区(处)		
水泥(t)			18. 养护工区(处)		
沥青(t)			19. 封闭工程(km)		
			20.		
			21.		
基建支出合计(万元)	批准概算	竣工决算	22.		
建筑安装工程			23.		
设备工具器具			24.		
待摊投资			25.		
其中:建设项目管理费			26. 平均每公里造价(万元)		
其他投资			27. 拆迁房屋(m^2)		
待核销基建支出			28. 迁移人口(人)		
非经营项目转出投资			29. 占地面积(亩)		
			30.		
			31.		
主要收尾工程			32.		
工程内容或名称	投资额(万元)	预计完成时间	33.		
			34.		
			工程质量评定:优良　项;合格　项;不合格　项;总评		

桥梁隧道建设项目工程概况表　　交建竣 2-2 表

建设项目或单项工程名称			工程主要特征、完成的主要工程量及主要技术经济指标	设　计	实　际
建设地址或地理位置			1. 桥梁隧道全长(m)		
建设时间	计划	从　年　月　日开工至　年　月　日竣工	2. 主桥、隧道长度(m)		
	实际	从　年　月　日开工至　年　月　日竣工	3. 引桥、引道长度(m)		
初步设计和概算批准机关、日期、文号			4. 最大跨径、隧道净宽(m)		
			5. 通航净空、隧道净高(m)		
调整概算批准机关、日期、文号			6. 桥梁墩数(个)		
			7. 桥梁荷载 (t)		
开工报告批准时间			8. 断面形式		
主要设计单位			9.		
主要监理单位			10.		
主要施工单位			11. 接线公路等级		
主要质量监督部门			12. 连接线长度(km)		

续上表

建设项目或单项工程名称			工程主要特征、完成的主要工程量及主要技术经济指标	设 计	实 际
总投资	批准概算	竣工决算	13.		
			14.		
主要材料消耗	设计	实际	15.		
钢材(t)			16.		
木材(m^3)			17.		
水泥(t)			18.		
沥青(t)			19.		
			20.		
			21.		
基建支出合计(万元)	批准概算	竣工决算	22.		
建筑安装工程			23.		
设备工具器具			24.		
待摊投资			25.		
其中:建设项目管理费			26. 平均每公里造价(万元)		
其他投资			27. 拆迁房屋(m^2)		
待核销基建支出			28. 迁移人口(人)		
非经营项目转出投资			29. 占地面积(亩)		
			30.		
			31.		
主要收尾工程			32.		
工程内容或名称	投资额(万元)	预计完成时间	33.		
			34.		
			工程质量评定:优良 项;合格 项;不合格 项;总评		

建设项目竣工财务决算总表(单位:元)　　交建竣 3-1 表

资 金 来 源	金 额	资 金 占 用	金 额
一、基建拨款		一、基建支出	
1. 预算拨款		1. 交付使用资产	
2. 基建基金拨款		2. 在建工程	
3. 进口设备转账拨款		3. 待核销基建支出	
4. 器材转账拨款		4. 非经营项目转出投资	
5. 煤代油专用基金拨款		二、应收生产单位投资借款	
6. 自筹资金拨款		三、拨付所属投资借款	
7. 其他拨款		四、器材	
二、项目资本		其中:待处理器材损失	
1. 国家资本		五、货币资金	
2. 法人资本		六、预付及应收款	
3. 个人资本		七、有价证券	

续上表

资金来源	金额	资金占用	金额
三、项目资本公积		八、固定资产	
四、基建借款		固定资产原值	
五、上级拨入投资借款		减：累计折旧	
六、企业债券资金		固定资产净值	
七、待冲基建支出		固定资产清理	
八、应付款		待处理固定资产损失	
九、未交款			
1. 未交税金			
2. 未交基建收入			
3. 未交基建包干节余			
4. 其他未交款			
十、上级拨入资金			
十一、留成收入			
合计		合计	

补充资料：基建投资借款期末余额：

应收生产单位投资借款期末数：

基建节余资金：

资金来源情况表(单位：元)　　　　交建竣 3-2 表

资金来源	年度		年度		年度		……		合计	
一、基建投资拨款合计	计划数	实际数	计划数	实际数	计划数	实际数	计划数	实际数	计划数	实际数
1.										
2.										
3.										
4.										
二、项目资本										
1.										
2.										
3.										
4.										
三、项目资本公积										
四、基建投资借款										
1.										
2.										
3.										
4.										

续上表

资金来源	年度	年度	年度	……	合计
五、上级拨入投资借款					
六、企业债券资金					
七、					
合计					

待核销基建支出及转出投资明细表(单位:元)　　交建竣 3-3 表

项目	金额	内容	批准单位	文号	备注
一、待核销基建支出合计					
1.					
2.					
3.					
4.					
……					
二、非经营项目转出投资合计					转入单位
1.					
2.					
3.					
4.					
……					

工程造价和概算执行情况表(单位:元)　　交建竣 4 表

项目	工程总概算			概算包干系数	工程造价			其中						概算投资节余			概算投资包干节余	备注
	合计	人民币	外币		合计	人民币	外币	建安投资	设备投资	其他投资	待摊投资	待核销基建支出	转出投资	合计	人民币	外币		
1	2=3+4	3	4	5	6=7+8 或 =9+10+11+12+13	7	8	9	10	11	12	13	14	15=2−6	16=3−7	17=4−8	18=2−5	

续上表

项目	工程总概算			概算包干系数	工程造价			其中						概算投资节余			概算投资包干节余	备注
	合计	人民币	外币		合计	人民币	外币	建安投资	设备投资	其他投资	待摊投资	待核销基建支出	转出投资	合计	人民币	外币		

外资使用情况表(单位:外币种类( ))　　　　交建竣 5 表

项　　目	计 量 单 位	工程量或数量	外币概算金额	外币实际支出金额	外币实际支出较概算增减	备　　注

注:按费用项目填列。

基本建设项目交付使用资产总表(单位:元)　　　　交建竣 6-1 表

单项工程项目名称(1栏)	总计(2栏)	固 定 资 产				流动资产(7栏)	无形资产(8栏)	递延资产(9栏)
		建安工程(3栏)	设备(4栏)	其他(5栏)	合计(6栏)			

交付单位盖章:　　　　年　月　日　　　　　　　　接收单位盖章:　　　　年　月　日

基本建设项目交付使用资产明细表(单位:元)　　交建竣 6-2 表

单项工程项目名称	建筑工程			设备、工具、器具、家具						流动资产		无形资产		递延资产	
	结构	面积(m^2)	价值(元)	名称	规格型号	单位	数量	价格	设备安装费(元)	名称	价值(元)	名称	价值(元)	名称	价值(元)

交付单位盖章:　　　年　月　日　　　　接收单位盖章:　　　年　月　日

(三)新增资产价值的确定

正确核定新增资产的价值,有利于建设项目使用期中的财务管理,并能为建设项目进行经济后评价提供依据。根据现行财务制度,新增资产是由各个具体的资产项目构成的,按其经济内容的不同,可以将资产划分为固定资产、流动资产、无形资产、递延资产及其他资产等类别。资产的性质不同,计价方法也有差异。

1.新增固定资产价值的确定

(1)新增固定资产的含义

新增固定资产又称交付使用的固定资产,它是投资项目竣工投产后所增加的固定资产价值,是以价值形态表示的固定资产投资最终成果的综合性指标。新增固定资产价值包括:

①已经投入生产或交付使用的建筑安装工程价值。

②达到固定资产标准的设备工器具的购置价值。

③增加固定资产价值的其他费用,如建设单位管理费、施工机构转移费、项目可行性研究费、勘察设计费、土地征用及拆迁补偿费、联合试运转费等。

(2)新增固定资产价值的计算

新增固定资产的价值计算是以独立发挥生产或服务能力的单项工程为对象的,当单项工程建成经有关部门验收、鉴定合格,正式移交生产或使用,即应计算新增固定资产价值。一次交付生产或使用的工程,一次计算新增固定资产价值;分期分批交付生产或使用的工程,应分期分批计算新增固定资产价值。

(3)固定资产价值计算中应注意的几个问题

①为了提高服务质量、改善劳动条件、保护环境等而建设的附属、辅助工程,只要全部建成,正式验收或交付使用就要计入新增固定资产价值。

②单项工程中不构成生产或服务系统,但能独立发挥效益的非生产或服务性工程,如住宅、食堂、医务室、托儿所、生活服务网点等,在建成并交付使用后,要计入新增固定资产价值。

③凡购置达到固定资产价值标准而不需要安装的设备、工器具,应在交付使用后,计入新增固定资产价值。

④属于新增固定资产价值的其他投资,应随同受益工程交付使用的同时一并计入新增固定资产价值。

(4)交付使用财产的成本费用计算

交付使用财产的成本费用应按下列内容计算：

①线路、桥梁、房屋、管线、建筑物、构筑物、沿线设施等固定资产的成本费用包括建筑安装工程成本和应分摊的待摊投资。

②动力设备、通风设备、监控设备、收费系统等固定资产的成本，包括需要安装设备的采购成本、设备的安装成本、设备基础、支柱等的建筑工程成本和应分摊的待摊投资。

③运输设备及其他不需要安装的设备、工具、器具、家具等固定资产和流动资产的成本，一般仅计算采购成本，不分摊待摊投资。

(5)共同费用(待摊投资)的分摊方法

增加固定资产价值的共同费用(待摊投资)，如果能够确定应由某项交付使用财产负担的，应直接计入该项交付使用资产成本中；如果是属于整个建设项目或两个以上的单项工程的，在计算新增固定资产价值时，应在各单项工程中按比例分摊。分摊时，哪些费用应由哪些工程负担，又要按具体规定。一般情况下，建设单位管理费应按建筑工程、安装工程、需要安装设备价值的总额作等比例分摊；而土地征用费、迁移补偿、勘察设计费等费用则只按有关构筑物、建筑物的建筑工程价值分摊。

【例 13-1】 某公路建设项目建筑安装工程投资中，桥梁工程投资 4258 万元，路线及其防护、排水工程等投资为 19288 万元，需要安装设备价值为 1565 万元，待摊投资为征地、迁移补偿等费用为 3250 万元，建设单位管理费 895 万元，试计算路线工程、桥梁工程、需要安装设备各自应分摊的待摊投资。

解：(1)计算分摊率

对建设单位管理费分摊的分摊率＝[895÷(4258＋19288＋1565)]×100％＝ 3.5642％

对征地、迁移补偿等费用分摊的分摊率＝[3250÷(4258＋19288)]×100％＝ 13.8028％

(2)分摊额的计算

桥梁工程分摊额＝ 4258×(3.5642％＋13.8028％)＝ 739.49(万元)

路线工程分摊额＝ 19288×(3.5642％＋13.8028％)＝ 3349.75(万元)

需要安装设备分摊额＝ 1565×3.5642％＝ 55.78(万元)

2. 新增流动资产价值的确定

新增流动资产是指新增加的在一年内或者超过一年的一个营业周期内变现或者运用的资产，包括现金及各种存款、存货、应收及预付款等。在确定流动资产价值时，按以下原则处理：

(1)货币性资金，即现金、银行存款及其他货币资金，根据实际入账价值核定。

(2)应收及预付款项包括应收票据、应收账款、其他应收款、预付款和待摊费用。一般情况下，应收及预付款项按企业销售商品、产品或提供服务、提供劳务时的实际成交金额入账核算。

(3)各种存货应当按照取得时的实际成本计价。存货的形成主要有外购和自制两种途径。外购的，按照购买价加运输费、装卸费、保险费、途中合理损耗、入库前加工、整理及挑选费用以及缴纳的税金等计价；自制的，按照制造过程中的各项实际支出计价。

3. 新增无形资产价值的确定

新增无形资产是指新增加的、可供今后企业长期使用但是没有实物形态的资产，包括专利权、商标权、著作权、土地使用权、非专利技术、商誉等。无形资产的计价，原则上应按取得时的实际成本费用计价；企业取得无形资产的途径不同，所发生的支出也不一样，无形资产的计价也不相同。按现行财务制度，无形资产价值的计价原则和计价方式如下：

(1)无形资产的计价原则

①投资者将无形资产作为资本金或者合作条件投入的，按照评估确认或合同协议约定的金额计价。

②购入的无形资产按照实际支付的价款计价。

③企业自创并依法申请取得的，按开发过程中的实际支出计价。

④企业接受捐赠的无形资产，按照发票账单所持金额或者同类无形资产市价作价。

(2)无形资产的计价

①专利权的计价：

a.自创专利权的计价，其价值为开发过程中的实际支出，主要包括专利的研究开发费、专利申请费、专利登记费、专利年付费、法律诉讼费等。

b.专利转让(包括购入或卖出)的计价，其价值主要包括转让价格和手续费。由于专利是具有专有性并能带来超额利润的生产要素，因而其转让价格不能按其成本估价，而是要依据其所能带来的超额收益来估价。

②非专利技术的计价：

a.自创的非专利技术，一般不得作为无形资产入账，自创过程中发生的费用，现行财务制度允许作当期费用处理，这是因为非专利技术自创时难以确定是否成功，这样处理符合财务会计的稳健性原则。

b.购入非专利技术时，应由具有资格的评估机构确认后再进一步估价，往往是通过其产生的收益来进行估价的，其基本思路同专利权的计价方法。

③商标权的计价：

a.自创的商标，自创时发生的各项费用，如商标设计、制作、注册和保护、宣传广告等费用，一般不作为无形资产入账，而是直接作为销售费用计入当期损益。

b.当企业购入或转让商标时，才需要对商标权计价。商标权的计价一般根据被许可方新增收益来确定。

④土地使用权的计价：

a.建设单位(业主)向土地管理部门申请土地使用权，并为其支付了一笔出让金的，这时作为无形资产进行作价。

b.土地是通过行政划拨的，不能作为无形资产计价，只有在将土地使用权有偿转让、出租、抵押、作价入股或投资，按规定补交土地出让金后，才作为无形资产计价。

4.递延资产及其他资产价值的确定

递延资产是指不能全部计入当年损益，应当在以后年度内分期摊销的各项费用，包括开办费、租入固定资产的改良支出等。

(1)开办费的计价。开办费是指在筹建期间发生的费用，包括筹建期间人员的工资、办公费、培训费、差旅费、印刷费、注册登记费以及不计入固定资产和无形资产购建成本的汇兑损益和利息支出等。根据现行财务制度的规定，除了筹建期间不计入资产价值的汇兑净损失外，开办费从企业开始生产经营月份的次月起，按照不短于5年的期限平均摊入管理费用。

(2)以经营租赁方式租入的固定资产改良工程支出的计价，应在租赁有效期限内分期摊入制造费用或管理费用。

(3)其他资产，包括特准储备物资等，主要以实际入账价值核算。

【例13-2】 某投资公司承担的某高速公路工程项目，竣工时反映的财务核算资料如下：

(1)经验收合格，交付使用的资产有：

①线路、桥梁、隧道等建筑安装工程资产价值 218560 万元；设备、收费、通信系统价值 54775万元。

②为运营准备使用期在一年以内的工器具、物品等 125 万元；使用期在一年以上，单件价值在 2000 元以上的工、器具 40 万元。

③建设期间购买非专利技术 75 万元，摊销期 5 年。

④筹建期间的开办费 136 万元。

(2)收尾零星工程支出的项目有：

①建筑安装工程支出 185 万元。

②设备、工器具投资 45 万元。

③建设单位管理费、勘察设计费等待摊投资 25 万元。

④其他支出 35 万元。

(3)非经营性项目发生待核销基建支出 60 万元。

(4)购置需安装设备 65 万元，其中待处理设备损失 8 万元。

(5)货币资金 1560 万元。

(6)应收有偿调出材料款 45 万元。

(7)建设单位自有固定资产原值 8750 万元，累计折旧 2140 万元。

(8)反映在《资金平衡表》上的各类资金来源的资金余额有：

①预算拨款 72350 万元。

②自筹资金拨款 62639 万元。

③商业银行借款 145962 万元。

④交付使用资产价值中，有 120 万元属利用投资借款形成的待冲基建支出。

⑤应付设备商设备款 965 万元，应付承包人工程款(原扣留的保留金未归还部分)8123 万元尚未支付。

⑥未交税金 158 万元；未交基建收入 24 万元。

试编制建设项目竣工财务决算表。

解：根据以上资料编制的建设项目竣工财务决算表见表 13-1。

竣工财务决算表

表 13-1

资金来源	金额	资金占用	金额
一、基建拨款	134989	一、基本建设支出	274061
1. 预算拨款	72350	1. 交付使用资产	273711
2. 基建基金拨款		2. 在建工程	290
3. 进口设备转账拨款		3. 待核销基建支出	60
4. 器材转账拨款		4. 非经营性项目转出投资	
5. 煤代油转用基金拨款		二、应收借款	
6. 自筹资金拨款	62639	三、应收生产单位投资借款	
7. 其他拨款		四、器材	65
二、项目资本		其中：待处理器材损失	8

续上表

资金来源	金额	资金占用	金额
1.国家资本		五、货币资金	9560
2.法人资本		六、预付及应收款	45
3.个人资本		七、有价证券	
三、项目资本公积		八、固定资产	6610
四、基建借款	145962	固定资产原值	8750
五、上级拨入投资借款		减:累计折旧	2140
六、企业债券资金		固定资产净值	6610
七、待冲基建支出	120	固定资产清理	
八、应付款	9088	待处理固定资产损失	
九、未交款	182		
1.未交税金	158		
2.未交基建收入	24		
3.未交基建包干结余			
4.其他未交款			
十、上级拨入资金			
十一、留成收入			
合计	290341	合计	290341

参考文献

[1] 中华人民共和国行业推荐性标准. JTG/T M21—2011 公路工程估算指标[S]. 北京：人民交通出版社,2011.

[2] 交通公路工程定额站. 公路工程施工定额[M]. 北京：人民交通出版社,2009.

[3] 中华人民共和国行业推荐性标准. JTG/T B06-01—2007 公路工程概算定额(上、下册)[S]. 北京:人民交通出版社,2007.

[4] 中华人民共和国行业推荐性标准. JTG/T B06-02—2007 公路工程预算定额(上、下册)[S]. 北京:人民交通出版社,2007.

[5] 中华人民共和国行业推荐性标准. JTG/T B06-03—2007 公路工程机械台班费用定额[S]. 北京:人民交通出版社,2007.

[6] 中华人民共和国行业标准. JTG B06—2007 公路工程基本建设项目概算预算编制办法[S]. 北京:人民交通出版社,2007.

[7] 中华人民共和国标准施工招标文件(2007 年版)[M]. 北京:中国计划出版社,2008.

[8] 中华人民共和国交通运输部. 公路工程标准施工招标文件(2009 年版). 北京:人民交通出版社,2009.

[9] 中华人民共和国行业标准. JTG M20—2011 公路工程基本建设项目投资估算编制办法[S]. 北京:人民交通出版社,2011.

[10] 交通运输部职业资格中心. 公路工程造价的计价与控制[M]. 北京:人民交通出版社,2011.

[11] 薛随云. 公路施工企业标后预算管理理论与实务[M]. 北京:人民交通出版社,2006.

[12] 王清池,等. 公路工程招标与投标指南[M]. 北京：人民交通出版社,2002.

[13] 沈其明,等. 公路工程造价编制与管理[M]. 北京：人民交通出版社,2002.

[14] 周直,等. 公路工程造价原理与编制[M]. 北京：人民交通出版社,2002.

[15] 龚维丽. 工程造价的确定与控制[M]. 北京：中国计划出版社,2001.

[16] 周述发,等. 建筑工程造价管理[M]. 武汉：武汉理工大学出版社,2001.

[17] 刘钟莹. 工程估价[M]. 南京：东南大学出版社,2002.

[18] 胡明德. 建筑工程定额原理与概预算(第二版)[M]. 北京：中国建筑工业出版社,1996.

[19] 张起森. 公路施工组织及概预算(第二版)[M]. 北京：人民交通出版社,1999.